图书在版编目(CIP)数据

岳麓年鉴. 2017 / 长沙市岳麓区史志档案局编. ——北京:方志出版社,2018.5

ISBN 978-7-5144-3089-9

Ⅰ.①岳… Ⅱ.①长… Ⅲ.①区(城市)—长沙—2017—年鉴 Ⅳ.①Z526.44

中国版本图书馆 CIP 数据核字(2018)第 113458 号

岳麓年鉴(2017)

编　　者:长沙市岳麓区史志档案局
责任编辑:刘　珊
出 版 人:冀祥德
出 版 者:方志出版社
地址 北京市朝阳区潘家园东里 9 号(国家方志馆 4 层)
邮编 100021
网址 http://www.fzph.org
发　　行:方志出版社图书经销中心
电话 (010)67110500
经　　销:新华书店
印　　刷:湖南省日大彩色印务有限公司
开　　本:889×1194　1/16
印　　张:14
字　　数:425 千字
版　　次:2018 年 5 月第 1 版　2018 年 5 月第 1 次印刷
印　　数:0001~1000 册
ISBN 978-7-5144-3089-9　定价:200.00 元

《岳麓年鉴》编辑委员会

《岳麓年鉴》编辑部

《岳麓年鉴(2017)》组稿人员

（名字按篇目顺序排列）

郑旭辉　陈平焰　龙苏琼　周亿金　黄学成　陈　烨　朱梦靓
李世雷　陈　瑶　罗　茜　彭　彬　周义娟　罗迎军　高育敏
吴御罡　谭智勇　曹　娟　任　颖　刘　星　蒋　娟　梁子君
康利民　郭强华　刘　建　周　磊　王歧捌　余　祥　何　韬
张　康　黄元德　王瑞军　胡玉良　龙　帅　林　娟　彭波静
王　俐　李余庆　单　良　李仕生　林千又　黄松杰　陈新喆
张晟荣　陈灿鹏　李　昱　金　奥　万　珊　骆青桦　陈　雯
罗　信　石庆丹　彭　鹏　罗干平　韩娟娟　李炜路　邓亚妮
刘　卓　彭俊英　欧阳佳　王　朵　杨　晶　罗　瑶　陈　锋
左　乐　刘紫春　李　斌　王　清　毛世栋　余　南　凌　杰
胡　泉　吕美柃　黄知明　谭　楚　高　莹　李　晶　张　峥
江兰芬　杨　灿　张文峰　袁　野　刘振峰　彭上红　肖向晶
李珊珊　吴红杰　沈　姣　曾清娟　陈　灿　方　彤　陈　娟
陈芳芳　段存权　李勇焜　孙　萍　戴路尧　戴湘蓉　张智权
胡　忻　房华建　李文郁　何仕蓉　彭　丹　任　佳　彭鳞凯
杨湘平　王淑捷

编辑说明

一、《岳麓年鉴》以马克思列宁主义、毛泽东思想、邓小平理论、“三个代表”重要思想、科学发展观、习近平新时代中国特色社会主义思想为指导，坚持辩证唯物主义、历史唯物主义立场观等方法。由中共岳麓区委、岳麓区人民政府主办，岳麓区史志档案局承办，记述岳麓区自然、政治、经济、文化、社会等方面情况的年度资料性文献。

二、《岳麓年鉴(2017)》主要记载 2016 年岳麓区各部门、各行业、各地区的主要工作、重要事件，收录若干文献和统计资料，集中反映岳麓区改革开放的新进程和经济建设、社会发展的新成绩、新经验及存在的问题。所载资料全面、系统、翔实、准确，是国内外人士了解岳麓区的权威性工具书。

三、本卷采用分类编辑法，设类目、分目、子目、条目等层次，全书共分 13 个类目。

四、本卷所载内容均由各部门各单位专人撰写、领导审核，《岳麓年鉴》编辑部整理编辑，经区领导审查后付印。岳麓区领导班子成员及各单位副科级以上领导干部名单，由各单位办公室提供，并经区委组织部审定。同时，为方便读者阅读，本卷所有副科级及以上单位领导名单均设在文前。

五、本卷各项数据均由相关各部门各单位提供。

目 录

特 载

大事记

岳麓区概况

中国共产党长沙市岳麓区委员会

长沙市岳麓区人民代表大会常务委员会

长沙市岳麓区人民政府

政协长沙市岳麓区委员会

中共长沙市岳麓区纪律检查委员会

人民团体

军　　事

城乡建设管理

财政·税务·金融

旅游服务

教育·科技·文体·卫计

社会事务

街道·镇

榜上有名

附录

8月26日，省委常委、常务副省长陈向群率队赴湖南湘江新区调研滨江国际金融中心项目

1月5日，省委副书记孙金龙调研岳麓区现代农业

5月3日，市委书记易炼红到麓山青年创业沙龙调研共青团工作

1月26日，市长胡衡华调研后湖项目建设

2月，省人大常委会副主任李友志深入岳麓区检查节日食品安全和特种设备安全工作

1月27日，区委副书记、区长刘汇深入一线检查安全生产工作，走访慰问困难群众

1月7日，湖南首个智慧街道服务平台正式上线

4月6日，岳麓区与中汽零部件工业公司正式举行中汽（湖南）汽车服务产业基地项目签约仪式

4月7日，中国经济体制改革杂志社调研岳麓区创新驱动发展工作

5月25日，湖南省检验检测特色产业园正式授牌成立

6月29日，长沙博才培圣学校举行签约仪式暨招生发布会

9月6日，岳麓区与湖南中医药大学签署区校合作协议

9月14日，湖南湘江新区智能驾驶测试区（一期）PPP项目开工建设

9月22日，举行长沙金融服务节开幕式暨岳麓区银企对接会

12月16日，长沙市岳麓区文学艺术界联合会成立

2月3日，美丽岳麓和谐家园社区群众文艺迎春晚会

3月4日，岳麓区含浦街道官埠口村举办金轮侨心卫生站落成典礼

3月11日，岳麓区开展种爱心树，植文明树活动

和谐民生

HEXIEMINSHENG

3月28日，岳麓区开展“互联网+”消防演练，10万名师生在线观摩

6月29日，幸福岳麓第六届社区文体节红旗颂群众合唱比赛

7月26日，岳麓区莲花镇首届生态果蔬采摘节开幕

8月20日，雨敞坪首届国际虾趣节暨田园奇乐嘉年华

10月18日，幸福岳麓第六届社区文体节全民健身广场舞大赛决赛

3月30日，岳麓区开展留守（流动）儿童关爱保护工作经验交流活动

3月31日，新民小学举行“吟清明怀先烈 画清明知民俗”活动

4月1日，岳麓区文明校园创建活动暨湖南师大附中博才实验中学“博欣”第六届学生社团节启动

4月19日，举办长沙市文明校园创建活动暨岳麓区中小学第一届“师生同台诵经典”展示活动

4月23日，岳麓区开展义工拓展活动

5月10日，岳麓幼教集团第六幼儿园开展传统文化进校园活动

6月7日，区环卫局举行“我运动·我健康”全民运动会

6月17日，咸嘉湖街道开展引领“两型”新风尚，推广垃圾五分类活动

7月25日，第28届CPBA全国“苗苗杯”小篮球联赛在长沙开幕

7月29日，“幸福岳麓”第二届群众个人、家庭才艺大赛决赛

8月3日，第二届全国小学生柔道嘉年华在岳麓区滨江小学开幕

9月2日，“抗日战争图书馆学雷锋志愿服务站”授牌仪式在岳麓区举行

和谐莲花

城市新貌
CHENGSHIXINMAO

莲花花木场

莲花镇桐木村

①
②
③

① 恒海桃花园
② 南洲湖休闲农庄
③ 梅溪湖文化艺术中心

城市新貌
CHENGSHIXINMAO

① 保利西海岸
② 合能·洋湖公馆
③ 楷林国际
④蓝光coco蜜城
⑤万科里金域国际

①万科·金域缇香
②湘熙水郡
③云顶·梅溪湖
④长郡滨江
⑤卓越浅水湾

城市新貌

CHENGSHIXINMAO

特 载

保持定力 只争朝夕 奋力谱写建设长沙西引擎西高地的精彩篇章

——在区委经济工作务虚会上的讲话

区委书记 周志凯

（2016 年 12 月 24 日，根据录音整理）

同志们：

时间过得很快，2016 年即将画上句号。今天，我们用一整天时间召开经济工作务虚会，主要是学习贯彻中央经济工作会议精神，就新形势下岳麓经济工作的调子、盘子、路子怎么定，进行分析、商量、研究。这是统一思想、凝聚共识的会议，也是启发思维、开拓思路的会议。刚才，各位区领导就如何做好明年的经济工作谈了看法、提了建议，特别是刘汇同志的讲话很全面、很透彻、很到位。这次务虚会取得的共识和成果，要充分吸纳到区委经济工作会议之中，对岳麓明年的经济工作作出科学铺排。

12 月 14—16 日，一年一度的中央经济工作会议在北京召开。中央经济工作会议精神主要体现在习近平总书记和李克强总理的重要讲话中。习近平总书记在会上发表重要讲话，深入总结了今年和党的十八大以来的经济工作，全面分析了当前国内国际经济形势，深刻阐释了明年经济工作指导思想，明确提出了明年经济工作主要任务、重大政策和基本要求，具有很强的思想性、指导性、针对性。李克强总理在讲话中总结了今年经济工作，阐述了明年宏观经济政策取向，对明年经济工作作出具体部署，并作总结讲话。

会议指出：2017 年是实施“十三五”规划的重要一年，是供给侧结构性改革的深化之年。要坚持稳中求进的工作总基调，牢固树立和贯彻落实新发展理念，适应把握引领经济发展新常态，坚持以提高发展质量和效益为中心，坚持宏观政策要稳、产业政策要准、微观政策要活、改革政策要实、社会政策要托底的政策思路，坚持以推进供给侧结构性改革为主线，适度扩大总需求，加强预期引导，深化创新驱动，全面做好稳增长、促改革、调结构、惠民生、防风险各项工作，促进经济平稳健康发展和社会和谐稳定，以优异成绩迎接党的十九大胜利召开。

会议明确了 2017 年经济工作三个方面重点任务：一是要继续深化供给侧结构性改革。供给侧结构性改革，最终目的是满足需求，主攻方向是提高供给质量，根本途径是深化改革。第一，深入推进“三去一降一补”；第二，深入推进农业供给侧结构性改革；第三，着力振兴实体经济；第四，促进房地产市场平稳健康发展。二是要按照统筹推进、重点突破的要求加快改革步伐，更好发挥改革牵引作用。三是要坚持党的基本路线，充分调动各方面干事创业的积极性，形成推动科学发展的合力，扎实做好各项工作。

对中央的部署要求，我们要认真学习、吃透精神、深入贯彻。全区各级各部门要把思想统一到中央对经济发展新论述上，统一到中央对当前国际国内形势的分析判断上，统一到中央对明年经济工作的总体要求和决策部署上，认真研判岳麓经济发展面临的机遇和挑战，坚定信心，保持定力，狠抓落实，确保岳麓经济发展又稳又好。下面，我立足区情实际，结合个人的一些思考，重点围绕如何顶住压力、精准发力、持续用力，推动岳麓经济社会迈向更高层次，讲八个方面的意见。

关于发展信心的问题

在市场经济环境中，对商人

来讲，信心直接影响市场预期，对政府来讲，信心直接决定工作效能。作为一个加速崛起的省会城区，实现岳麓快速发展必须要靠坚定的发展信心，来引导形成良好的市场预期，从而快速集聚要素、实现发展突破。客观地说，今年是换届之年，对于未来怎么看、信心哪里来，区委四届十六次全会、区第五次党代会以及人大、政协“两会”都作出了深入的分析。那么，我想在上述几个会议作出判断的基础上，再跟大家细致地谈谈信心问题。

第一，立足国内第四次结构调整的关口，岳麓的发展前景越来越看好

最近，我参加市委中心组学习，现场聆听了中央政策研究室原副主任郑新立的讲课（这位老领导参与起草十八届三中全会决议等一系列中央决策，是有历史贡献的）。坦率地说，听完之后，我是越想越兴奋，越回味就越感到岳麓未来大有希望、大有作为。从大势来看，结构转换从来都是经济增长的动力源泉。回顾改革开放30多年历程，我国主要经历了三次结构调整，凡是抓住了结构调整机遇的地区都得到了大发展。那么现在，我们正面临着第四次结构的大转换，这次大转换我看是以城乡协调发展为主要内容，就是说“以人为核心”的新一轮城镇化将带来新一轮城乡结构的大调整。同样是中心城区，对比武汉，长沙城镇常住人口整整少200万人，现在还是300多万人。依照市委十三五规划建议提出的构建500万人以上的特大型城市格局，长沙保守估计可以增加常住人口200多万人。岳麓区面积为河东四区之和，未来人口在现有基础上翻一番是没有问题的。这将为我们的项目建设、产业发展、公共服务带来超量的有效需求，提供源源不断的发展动能。作为一座新城，人气的聚集就是我们发展的希望。因此大家要从这个大势中看到信心。

同时，这次城镇化与过去不同，就是要以新的理念构建城市格局，搞大集中、小分散，走产城融合、城乡融合的道路。从5月10日炼红书记调研的高度肯定，到市党代会提出的“一江两岸、一城多区”“多中心、网络状、串珠式”的城市工作思路，再到这次中央政策研究室郑主任的讲课，应该说我们“产业融合、产城融合、城乡融合”的发展战略，“城市组团式发展、产业多点式突破”的工作思路在各个层次得到了反复肯定和充分印证，完全契合了第四次结构调整的大势，把准了未来城市发展的走向，更是中央、省、市发展思想在岳麓的具体化和方法论。因此，我们必须坚定道路自信，不争论、不折腾，精准用力、持续发力，沿着这条路走下去，我们一定能迎来更大的胜利、迈向更高的层次。

第二，对标省、市发展的战略大局，岳麓的发展地位越来越重要

这个判断主要来自于三个方面：从重大会议出现的次数来看，市党代会报告有9次、省党代会报告有2次提到了湘江新区，特别是家毫书记赴长沙代表团参加讨论时先后两次提到岳麓山大学城。从省、市的战略目标来看，省委实施“创新引领、开放崛起”的战略，以及科教强省的目标，这些都将在岳麓集中发力；在市委“长沙建设国家中心城市”的总体目标中，岳麓区是“西引擎、西高地”，提出的“国家创新创意中心、智能制造中心、交通物流中心”三大中心，有两个在岳麓境内都有涉及。从省、市主要领导调研情况来看，家毫书记履新首站调研湖南师大；炼红书记市党代会后首站调研岳麓区；文浩市长刚刚就任，马不停蹄调研岳麓山大学城，等等。为什么省市各级领导不约而同地把目光投向岳麓？我想这绝不是偶然，绝不是心血来潮，虽然有过去成绩、自身基础的原因，但最关键是岳麓的发展优势、资源禀赋为省、市经济社会转型创新发展提供了战略资源、战略优势。在这样的密集关注下，我相信不久的将来必将有一批规划、政策、项目、产业在岳麓加速布局。当前，上级关注就是最大的发展红利。所以，大家一定要从中读懂领导用意、找寻潜在机遇、获得发展自信。

第三，回顾开局之年的发展业绩，岳麓的发展基础越来越坚实

我认为，今年既是“十三五”发展的开局之年，也是岳麓发展史上令人难忘的一年、具有里程碑式意义的一年。一年来，全区党员干部一起打拼、攻坚克难，应当说创造了令人瞩目的业绩、留下了不少令人难忘的记忆。刚刚刘汇区长通报了数据情况，我就不讲了。身为一名参与者、一名亲历者，我认为这一年有这么几个方面的财富最为宝贵。一是有一种“势”得来弥足珍贵，这就是我们举全区之力抓产业的强势。产业是历来是岳麓区最大的区情，也是最大的短板。自产业发展年活动实施以来，我们迎来了全省唯一金融中心落户滨江、恒大童世界入驻坪塘以及长沙科技城规划选址岳麓山大学城等一系列过去想也想不到的重大机遇。同时，我们欣喜地看到，全区产业发展的氛围浓厚了、意识上来了，招商引资、产业培育等方面的实效也在彰显。应该说,全区“六大主导产业”发展已经“起势”、正在“成势”,必须再加一把力、再添一把柴,使之转化为“优势”、“胜势”。二是有一条“路”务必坚定不移,这就是抓创新驱动的大路。新常态下,抓发展关键是要抓新兴经济。今年,我们启动了泛岳麓山创新创意集聚区建设,相继与中南大学、湖南大学、湖南师范大学、湖南中医药大学、湖南商学院签署了战略合作协议,区校合作氛围越来越浓。目前,透明计算、固高机器人、钨合金、碳铅等一大批新项目、好项目相继落户。只要我们在这个方面持续用力,那么必将加速科技与产业的融合,催生岳麓发展的新优势。三是有一股“劲”必须始终保持,这就是我们干部愈挫愈勇的拼劲。今年,我们经历了7.7事故带来的巨大挑战。坦率地说,那段时间,外界对岳麓发展、岳麓干部的质疑、抨击甚至抹黑,那是非常多的。但是,在事故面前,全区四大家班子和党员干部紧紧地团结在一起,从挫折中奋起、在困难中成长,齐心协力、共闯艰险,啃下了全市50%以上的征拆工作量,创造了三汊矶、未来科技城、恒大童世界等征拆“岳麓速度”。这样一种苦干实干加巧干的精气神,是岳麓发展最为重要的精神财富。在这次项目观摩过程中,炼红书记给予岳麓高度评价和充分肯定。

关于发展优势的问题

岳麓区有四大发展优势,这应该已经成为大家的共识,但是资源好牌不等同发展“赢牌”,如何将四大优势转化为“真金白银”,我们必须保持定力、精准发力、持续用力。

一是发挥科教优势。作为一个全国少有、全省唯一的科教大区,如何将岳麓区的科教优势转化成发展优势,这篇文章我们一直在做,但是确实还是有差距。我认为转化科教优势要做好两篇文章。一个是区校合作的文章要做实。应该说,通过这几年的磨合、沟通,校地之间牢固树立了“利益共同体”的理念。那么,对于区校合作协议的落实,我们不能写在纸上,尤其是我们的两个园区、几个街道要有这个意识。我那天讲过,透明计算不管怎么样,可以先试水,一旦透明计算被其他区拿走了,别人会嘲笑我们。我们的区校合作有概念,也不缺思路,但是绝不能只写在纸上,吹吹牛。另一个是优质教育的文章要坚持。毫不夸张地说,没有优质教育就没有岳麓发展的今天。事实证明我们抓优质教育的路子走对了。为什么大家愿意到我们岳麓区来买房子?为什么我们一房难求?过去常说“宁要河东一张床,不要河西一间房”,现在我们的房价是长沙市最高的,靠的是什么?就是优质教育!但是我又不得不感到遗憾地说,最近为了读书的问题,有人接二连三的上访,给我们带来了巨大的负面影响,这个事是不应该发生的。在座的职能部门都应该反思。我常想,如果能把全省有一定经济基础家庭中的小孩都汇集到岳麓区来读书,那我们就不愁发展了。因此,大家要坚定维护好、发展好岳麓的教育优势,把“读书在岳麓”品牌擦得更亮、叫得更响。

二是发挥平台优势。我们岳麓区有三大国家级战略平台,一个是国家级湖南湘江新区,一个是国家两型建设综合配套区,一个是长株潭国家自主创新示范区,其中对我们经济社会发展影响最直接的就是湘江新区。今年我们与湘江新区在体制机制方面已经理顺了关系、达成了共识。那么,明年我们如何在双方宏观对接已形成默契、达成共识的基础上,进一步发挥湘江新区的平台优势,关键还是要做到两个发展。一是“融合”发展。我经常跟大家讲,没有湘江新区的崛起,就没有岳麓区的辉煌;只有服务好湘江新区,岳麓区才能迎来更大的发展。这两句话,不是凭空而来的,而是我们与湘江新区多年的实践证明的。在这一点上,大家一定要积极维护、自觉服务“国家级新区+”的大局,主动为湘江新区重点项目建设、重点片区发展提供坚强有力的征地拆迁、环境维护和民生事业保障,进一步推动资源共享,要素集聚。另一个是“借力”发展。今年,省第十一次党代会报告提出要以湘江新区为创新引领、开放崛起的核心。那么,我们岳麓作为湘江新区的核心区,我们要把这张“金字招牌”合理利用起来,借当前湘江新区的强劲发展态势为我所用,建立更加紧密的合作机制,深化部门与部门、平台公司与街镇之间的协调对接,搭建统一的招商平台,共同开展产业招商、二次招商和以商招商,推进信息共享、平台共用、政策互通、活动同办,增强产业发展的强大合力。

三是发挥生态优势。当前经济社会的发展要牢记,生态就是生产力。这一点,我是颇有体会、深有感受的。第一点感受和体会是,良好的生态环境,能够为地方发展集聚人气、汇聚财气。2013年3月,家毫书记履新湖南后,主抓的第一件大事就是湘江保护与治理工作,这是立足全局、高瞻远瞩的战略举措。近几年,我们全面贯彻家毫书记的部署，尝到了生态环境带来的福利和甜头。一个是湘江西岸的“蝶变”,过去是重化工企业遍地、污水横流,如今成为了聚集大王山文化旅游、洋湖总部经济、岳麓山创新创意、渔人码头及湘江玖号、湖南省金融中心等黄金节点资源的产业带、观光带。大家回想一下,坪塘、观沙岭过去是个什么样子，现在又是什么样子,老岳麓人都知道,这不就是湘江西岸的蜕变吗？这就是良好生态环境为地方经济社会发展带来的人气、汇聚的财气。另外一个就是区域价值的提升。近年来，我们牢固树立绿色发展的理念，全力打造河西靓城,“宜居在岳麓”的共识更加深入人心。如今我们的房地产业连续四年领跑长沙市中心城区，这从侧面反映了岳麓区域价值被广泛看好。第二点感受和体会是，良好的生态环境,不是放弃开发,而是要因地制宜地发展低碳产业。“金山银山”是保护“绿水青山”的重要保障。因此，我们提出的“六大主导产业”都是绿色产业、低碳产业,既顺应绿色发展、绿色惠民的大势,又契合“两型社会”的要求。在发挥生态优势方面，我们要从两个层面发力。一方面站在美丽湖南的层面,打造“山水洲城”升级版。继续打好清霾、碧水、静音、净土四大攻坚战,扎实推进新一轮“三年造绿大行动”,全面建设绿色城市,全方位展现岳麓的山水之美、人文之美、城市之美。另一方面站在绿色崛起的层面,探索“点绿成金”新典范。大力发展文化旅游、健康养生等“绿色经济”和“美丽产业”,促进生态与经济的相互支撑、相互转化,在保护绿水青山中赢得“金山银山”。

四是发挥空间优势。对于省会城区来说，发展空间是一个很关键的因素，谁有空间谁就有后劲、就有潜力。文浩市长到岳麓区调研时也指出，我们与河东四个区相比，最大的优势就是空间优势。客观地讲,交通方面我们没有长沙县的临空优势，没有雨花区的临铁优势，没有开福区的临港优势,大交通我们是没有优势的,但我们有 552 平方公里的面积,有新城、旧城、农村三大板块,这对一个省会城区来说，是一笔宝贵的资源和财富。未来,我们要进一步增强发展协调性、整体性,突出新城、旧城、农村三者联动,将发展的空间优势转变为战略优势,切实增强发展的带动力、支撑力和承载力。为什么今天的务虚会我再次强调四大优势，就是说我们不能人云亦云、左顾右盼,而是要保持定力、精准发力、持续用力。

关于发展潜力的问题

如果说,人气、人口为城市的发展提供旺盛的需求，那么城市产业的发展就是做供给侧的文章。在刚刚闭幕的中央经济工作会议上，振兴实体经济也成为明年供给侧结构性改革的一项重点任务。我讲过,一个城市的发展分为几个阶段，第一个是规划、征地、拆迁;第二个是基础设施和公共产品建设；第三个是通过房地产的发展聚集人气；第四个阶段就是产业经济的发展。照此规律,应该说,经过 2008 年以来的大拆迁、大建设、大发展,岳麓已经到了大抓产业发展的阶段，已经具备了高端产业特别是现代服务业发展所需要的公共配套、人口规模、消费能力和高端载体等各种条件,是天时、地利、人和叠加汇聚。一代人有一代人的梦想,一代人有一代人的使命。我们新一届区委、区人大、区政府、区政协的历史使命就是要走好走稳岳麓产业发展的“长征路”。我反复讲过,产业发展是前人栽树后人乘凉的工作，既需要一种精神、一种胸怀,更需要一种超常的力度。没有超常的措施、超常的力度是不可能有超常的发展。这就是为什么我们要坚定不移地发展“6+1”产业体系，为什么我们要提出更加明确的错位发展、特色发展、优势发展路径，就是要实现岳麓区产业发展后来居上，形成岳麓产业的比较优势、竞争优势。所谓“错位发展”，就是我们的检验检测业、都市农业。所谓“特色发展”,就是我们的文化旅游业、健康养老业、商贸服务业。所谓“优势发展”,就是我们的金融业、房地产业。由于时间问题我就不在这里详细阐述。这里重点强调一下房地产业。刚刚蔡锋副区长分析的,请相关部门一定要认真研究。房地产业还是我们的支柱产业,一定要保持持续健康的发展。包括我们的金融业，金融中心的竞争就是发展主导权的竞争，一个城市只有成为区域金融中心，才能成为区域经济中心；一个城市只有高度聚集金融资本，才能大力发展高端产业。从重庆的两江新区、天津的滨海新区,到上海的浦东新区都设有金融中心。那么我们如何打造全牌照、全业态,多功能、创新型的金融产业。当然,这方面我们依赖于湘江新区，要主动配合支持。现在核心的就是要定位帮扶、彰显一流,要通过我们的建设品质，通过我们的文化和设施来吸引企业，靠环境来凝聚人气。我们区与河东最大的差距就是现代金融业，现在银行的竞争是相当激烈。我们一定要理直气壮，大张旗鼓地宣传推介我们的滨江金融中心是全省的金融中心，要按照向群常务副省长强调的，保持战略定力。

关于发展品质的问题

炼红书记主政长沙以来，始终把城市品质看得很重，作为“一把手”工程来推进，亲自部署、亲自过问、亲自督办。那么如何深入推进清洁城市、造绿城市、绿色城市、靓丽城市建设，以及更高水准文明城市的建设。客观地说，我们有优势，但是不能沉浸于过去所取得的成绩。大家可以看看河东四区现在是个什么样的状况，看看我们存在哪些方面的差距。所以我想，关于发展品质的问题，我们一定要处理好三种关系。一是处理好面子与里子的关系。把我们的面子擦得更亮，把我们的里子做得更足。就是我们的市府、大学城周围要锦上添花，我们的背街小巷、老旧社区要雪中送炭。老百姓关心的是生活环境是否静悄悄地发生了变化。我一直有这么一个想法，明年能不能将潇湘大道、岳麓大道、金星大道、枫林路、咸嘉湖路、西二环线全面提质改造，现在潇湘大道、金星大道已经在做。市府周围我们应该有更高的品质，因为这是我们岳麓区的核心区。二是处理好局部与全域的关系。我们有时候觉得岳麓很漂亮，看了后心情特别舒畅，有时候觉得乱糟糟，看了后特别沉重。就是我们局部与全域的关系。三是处理好建设与管理的关系。我们一直存在重建设轻管理的问题，我们的管理、养护一定要跟上来，做到建设、管理两手抓，能不能将我们的三年造绿、社区提质提档、城管品质工程来做统筹结合、综合整治的文章。对于我们的建设，之前我提出了六个标准，我们一定要按照六个标准要求，落实到位。

关于发展瓶颈的问题

目前对岳麓区来讲，最大的发展瓶颈就是拆迁征收。今年我们拆迁征收有过痛点，也有过兴奋点。最大的痛点就是“7·7”事故，最大的兴奋点就是领导给予的高度评价。未来3~5年拆迁征收仍然是我们的中心工作，仍然是我们的重点任务。这是我们的区情决定的，也是我们事业发展决定的。那么如何来破拆迁征收的瓶颈。一是从面上讲，要做好顶层设计。今年我们“6·30拆迁新规”推行后，恒大童世界、未来科技城、洋湖街道先后三批次的集体土地拆迁创造了历史，实现了全面清零，就是因为做好了制度设计、顶层设计。包括我们集体土地的楼栋私房为什么实现全面清零，也是制度在发挥优势。这次文浩市长调研岳麓时也讲了制度设计的问题。我们国有土地的独栋私房、单位征收，内街集体土地拆迁，推进仍很艰难。现在我们拆迁难度最大的第一是岳麓街道，第二是观沙岭街道，第三是望岳街道，第四是天顶街道，第五是西湖街道，还有橘子洲街道。所以我们的征地办、征收办一定要围绕这个问题，认真思考，深入研究，在顶层设计上下功夫，寻求突破。二是从点上讲，要做到精准破题。明年岳麓山大学城肯定是我们的重点，这也是一项政治任务。如果说明年岳麓山大学城能够破题，对岳麓区来讲有六大好处：有利于环境综合整治，有利于景区形象提升，有利于高校长远发展，有利于高端人才集聚，有利于新兴产业培育，有利于民生福祉改善，是一举多赢的发展工程、民生工程。如果能够借助长沙科技城项目带动岳麓山大学城周边提质，就是我们最大的成功。岳麓山片区既是景区、也是校区，既是商业区、也是居民区。受景区规划控制，利益调整和冲击巨大，既需要资金的破题、拆迁的破题，更重要的是合力的破题。

关于发展资金的问题

财政是保运转、保民生。现在财政的压力是巨大的。至少有三方面压力。一个是营改增的压力；二是明年刚性支出的压力；三个是明年房地产大气候带来的压力。这是不可规避，是我们必须面对的现实。如果作为区委区政府主要领导没有这样的前瞻性，我们的工作会很被动。那么在这样的一个背景下，我们如何多元融资，如何适当举债？在这里，我想讲一个观点。我们岳麓要不要举债、能不能举债、如何适度举债的问题。我认为，举债要与两个方面相匹配，一个是偿债能力，一个是发展预期。如果一个地方政府的偿债能力强、发展预期向好，哪怕债务占比高一些，也不会成为问题。反之，一些地方政府偿债能力较弱、经济预期不佳，哪怕债务占比并不高，也会有问题。重庆、无锡、苏州等地的负债都是万亿级的，这些地方并没有因为负债规模影响发展速度，也并没有产生风险。如果这些地方因不举债务而丧失发展机会，那就是最大的风险。所以岳麓发展到今天最大的核心就是不能停止发展。我们一定要算大账、算长远账、算发展账。所以，大家一定要高度统一思想。当前是政府融资的最佳时期，我们要利用这个最佳时期解决两个问题：一个是化解街道历史遗留问题，让街道轻装上阵；第二个就是一些发展规划需要的建设融资，就是提高中心城区的承载功能。那么我们如何实现大整合、大融资、大破题。我也多次跟街道讲过,你们的资产要变资源,只有变资源才能变资金。过去融资是我们求银行,现在是银行来找我们。在这个背景和前提下,我们要加大融资力度,化解街道历史遗留问题,加快中心城区、核心板块的基础设施建设。何况目前我们城投和园区的资产按现代企业规律来算的话,负债都不是真正的负债,所以没有什么可怕的。我们一定要抓住融资的最佳时期,如果你不抓住就会被别人抢走。我希望人大政协和在座的同志们一定要支持政府适度举债搞建设,花明天的钱做今天的事。机会稍纵即逝,岳麓区适度举债是没有问题的,我赞同刘汇区长、蔡锋同志讲的城投至少保证200亿元的规模。同时我们融资的资金一定要精打细算,反对浪费,要集中投入,不允许分散使用资金,要形成良性的循环。

关于发展环境的问题

最近,一些媒体对福耀玻璃董事长曹德旺海外投资事件持续刷屏。12月22日,《人民日报》评论就这一现象精准点出了我国发展环境的一些深层矛盾和问题。我认为,一个地方如果没有良好的发展环境作保障,那么再好的企业也引不进来,引进来了也留不住,留住了也长不大。所以说我们一定要营造一个良好的营商环境、建设环境、政务环境,要形成政府与企业的良性互动,要为企业的发展保驾护航。炼红书记也讲过,服务企业发展要尊重企业家、服务企业家。因此,我们一定要营造岳麓区独特的经济社会发展环境。在这里,我强调一下建设环境,一定要纯化民风。建设环境关键看民风,纯化民风关键看干部,营造良好的建设环境,关键是看我们的街道干部敢不敢担当?能不能驾驭?坦率地讲,外界对岳麓区的建设环境有很多的质疑,当然这个也有多方面因素。我讲这个话的意思,就是要在服务上亮出"一路绿灯",让在岳麓投资的企业和客商找到归属感,更多关注岳麓、投资岳麓、安居岳麓。如果发展环境不好,我们的资源优势、战略机遇、美好蓝图都将成为"空中楼阁"。

关于发展能力

我认为,不管是街镇书记、主任,还是局长,能不能有出色的表现,关键取决于我们具备的素质和能力。怎样提高素质和能力,我认为最有效的办法,就是尽职尽责、千方百计做好工作,干什么、学什么,缺什么、补什么。如果我们离开工作去谈素质和能力是没有意义的。岳麓区处于大发展、大开发、大建设的时期,需要的是高素质人才,需要的是在座"关键少数"的精气神。我认为,主要是两个方面的能力。

一是抓经济的能力。经济是门大学问,我们不一定要是经济学专业毕业,也不一定要成为经济学家,但我们既然在行政岗位,就要学经济、懂经济,绝不能当"外行"、当经济工作的"门外汉"。要从三个层面发力。一是要转观念、转思维。观念决定行动,思路决定出路。我们要用新思维、新理念、新办法推动经济发展。当前的经济和过去的经济完全是两回事情,所以我们不能用惯性的传统思维来看问题。第二,要学政策、用政策。政策是经济发展的"风向标"和"指路牌",政策支持是最大支持。当前形势是哪里有政策,哪里就有发展,哪里就有希望。所以,大家必须熟悉政策、吃透政策。如果不学习、不了解,谈什么发展。我们街镇的党镇一把手都要成为经济的操盘手。第三,要善学习、多借鉴。现在有三个城市值得我们学习。一个是深圳。深圳市现在的经济总量是17500亿,这么大的体量靠什么支撑,就是创新。去年深圳申请的国际专利的数量占全国的47%,中国企业申请国际专利,进入全世界前十名的一共有5家企业,全部在深圳。我们岳麓有科教优势,创新能力强,但是真正给我们带来了多少财富和经济发展优势呢?我们创新制度层面的设计可能还有问题。一个是重庆。11%的增长速度领跑全国,最大的优势是什么?就是城乡一体化,重庆把农村土地这块资源完全撬动起来了。一个是杭州。杭州是靠"互联网+"新经济,以及特色小镇搞起来的。所以,明年我们要引进30个经济专业人才,我们全区需要这样一批懂经济的人充实到我们的街镇和经济职能部门。

二是抓落实的能力。我们的工作难在落实,贵在落实,重在落实。"落实"两个字我是讲得最多的,也是批评人最多的。我认为,抓落实一是讲政治,二是体现能力。我们有些工作一推再推,一次部署、二次调度、三次会商,交代的事情一拖就是十天半个月。什么叫执行力?就是办事能力,就是实干善为,不讲条件、不打折扣、不推责任。我们的项目建设、产业发展、招商引资等都要靠落实,所以一定要确保政令畅通、执行有力。当前岳麓在加速发展的关键时期,在这片领导高度关注的热土,如果没有一个懂经济、抓落实的团队,我们的工作将会非常的被动,也会有愧于岳麓经济社会发展。

长沙市岳麓区人民代表大会常务委员会工作报告

——在长沙市岳麓区第五届人民代表大会第一次会议上

区人大常委会主任　胡杰夫

（2016年11月29日）

各位代表：

我受长沙市岳麓区第四届人民代表大会常务委员会的委托，向大会报告工作，请予审议。

本届工作回顾

四年来，区人大常委会在区委的正确领导下，认真贯彻落实党的十八大及十八届三中、四中、五中、六中全会和习近平总书记系列重要讲话精神，紧紧围绕区委提出的“三融共进”“五化同步”，打造西引擎西高地的战略目标，认真履行宪法和法律赋予的职责，圆满完成了区第四届人大历次会议确定的目标任务。四年内共召开常委会会议36次、主任会议93次，听取和审议“一府两院”、人大常委会各工作机构的工作报告117项，作出决议、决定26项，各项工作都取得了新的成绩，在打造西引擎、建设西高地的进程中发挥了重要作用。

过去的四年，是把握新常态，服务发展取得新成效的四年。常委会坚持围绕中心，服务大局。

一是凝心聚力审查规划编制。围绕“十二五”规划执行和“十三五”规划编制，多次专门听取审议区政府相关工作情况,并就规划重点内容开展专题调研和视察，组织到江浙发达地区考察学习先进规划理念和经验，督促政府紧扣中央、省、市、区委重大决策部署，抢抓国家级湖南湘江新区、全国两型社会建设综合配套改革试验区、国家自主创新示范区等重大战略叠加的历史发展机遇，坚持创新、协调、绿色、开放、共享发展理念，高起点、高视野、高质量谋划岳麓区“十三五”时期国民经济社会发展的总体定位、战略部署、指导思想、基本原则、发展目标、主要任务等，为岳麓“十三五”发展提供了科学顶层设计和刚性制度保障。二是精准发力助推项目建设。从2013年起，按照区委要求，组织开展了“项目建设岳麓行”活动。围绕全区重大项目建设，采取常委会组成人员督办、政府副区长领办、责任单位承办的工作机制，对桐梓坡、溁湾镇、坪塘片区棚户区改造、岳华、洋湖垸保障性住房、区素质教育基地、八方生态公园、湘江航电枢纽治理等重点项目进行观摩督办；应对全市建安市场现状，组织开展对住建工作的评议，为支持全区建安企业发展，支持政府出台加快建安企业发展意见，跟踪督办建安市场、小区物业、产权办证遗留问题的解决；适应新安全生产法的实施，开展对全区安全生产监管的评议，督促政府建立健全安全生产隐患清单体系、安全责任体系、安全长效管理体系建设。三是主动助力培育产业发展。围绕区委“产业发展年”主题活动，常委会通过听取和审议园区、商务、总经、旅游、文化等产业发展情况报告，支持政府加快三产业的发展。通过专题视察园区“大检测、大健康、大数据、大创意”产业情况，积极帮助破解园区融资难题，依法监督园区产业规范发展；鼓励支持各级代表充分发挥自身资源优势，积极参与招商引资、以商招商、二次招商，服务总部经济、商务经济和相关产业发展。四是持续给力开展“五行”活动。充分依托人大“五行”活动品牌，认真组织和积极参与省、市人大开展的“三湘农民健康行”活动，深入开展母婴保健法执法检查，视察坪塘、学士、莲花、雨敞坪等基层卫生场所建设，推动基层特别是农村地区医疗健康卫生服务条件不断改善。围绕“清霾、净水、静音、清洁”“守护碧水蓝天，建设美丽长沙”“保护母亲河，共建长沙文明城”、《岳麓山风景名胜区保护条例》宣传周、湘江截污、流域治理等主题活动，深入开展“三湘环保世纪行”活动，视察建筑工地扬尘治理和餐饮油烟治理情况，调研靳江河、白泉河、八曲河等流域治理情况，现场督办龙王港截污治理及排污口、黑臭水整治、地下管网建设等。深入开展“民族团结进步行”活动，视察宝宁寺、麓山寺、云麓宫、霖瑞寺等宗教场所的建设和发展，调研少数民族学生就学、助学情况，组织代表支持帮助贫困学生实现圆梦行动。深入开展“农产品质量安全行”活动，通过调研考察，持续关注农村畜禽水产品质量安全体系建设和天泉草业、蓝莓基地、沃之园、众益玉江等现代农业产业基地建设，助推农业产业发展和农产品质量安全保障水平提档升级。深入开展“司法公正岳麓行”活动，以公正司法、依法行政为重点，定期视察活动成员单位工作，健全阳光行动、典型带动和整改推动机制，不断提高司法公信力。

过去的四年，是探索新实践，依法监督提升新高度的四年。常委会坚持依法履职，主动监督。

一是加大了经济运行监督。按照新预算法要求，全面深化对政府预算编制、调整、执行的全口径监督，初步实现了纳税人的每一分钱收支都纳入预算监督目标。加强对预算的预先审查和预算执行监督，督促政府强化财政预算和收支管理，督促政府实现民生投入比例逐年提高；通过听取审议审计工作报告以及对区财政、教育、城管、农林、观沙岭街道、咸嘉湖街道、莲花镇等单位审计指出问题的整改，监督预算刚性执行。加强债务监督，督促政府清理债务存量，控制年度政府债务总额、政府负责债务额度和政府债务率，有效防范债务风险。二是加大了生态两型监督。通过深入调研，在全市率先出台具有区域规范性功能的《关于加强古树名木保护的决定》，构建保障、保护古树名木责任体系和长效投入机制。按照相关法律法规，将环保、规划两项群众关注度高、利益关联度大的工作，列入常委会常态监督计划，每年重点跟踪调研视察听取情况，有效促进相关民生问题解决；并根据新环保法的要求，开展对环保建设评议和每年听取审议工作情况，督促加大投入，设立专项资金和增加人员，有力推进全区生态环境保护。三是加大了法律监督。深入推进法治岳麓建设，连续四年开展“法治岳麓”建设系列活动。组织开展法律知识抢答赛，促进普法工作开展；以公正司法、依法行政为重点，专门听取区人民法院关于执行工作、区人民检察院关于反渎职侵权工作情况报告，组织代表视察法制主题公园、基层律师事务所、市民法制学校等；深入开展庭审评议活动，引入满意度测评机制，制定实施《长沙市岳麓区庭审评议办法(试行)》，推动公、检、法、司整体工作水平提升。着力推进法治政府建设，组织视察区政府政务公开情况，听取审议区政府行政审批工作情况报告，备案审查区政府规范性文件 34 份。着力监督法律实施，开展“六五”普法宣传，组织对禁毒法、义务教育法、人民调解法等 22 部法律法规进行执法检查，有效推动相关法律法规在我区贯彻实施，特别是通过重点跟踪监督禁毒法执法检查整改落实，全区查获贩卖毒品和登记吸毒人员同比大幅度下降，公安、检察、法院形成了从快从重进行打击的合力，毒品蔓延趋势明显回落；通过开展义务教育法执法检查和专题询问，对区政府及 12 个相关部门的工作情况进行了深入询问，有效强化相关部门法律责任和工作责任，推动教育强区和城乡教育均衡发展，产生较大影响。四是加强了民生问题监督。围绕事关人民群众切身利益的新医改及基本药物零差价制度执行、农村危房改造补贴、村规民约清理、关闭非煤矿山、水泥和化工企业、城市污水管网建设、畜牧养殖退出、饮用水源保护、农村抗旱、低保社保清查、失地农民就业培训、农村小学、幼儿园建设等民生热点问题，通过听取专项工作报告、调研视察、执法检查、专题询问等监督方式，支持和推动相关民生问题解决。

依法决定重大经济社会事项。依法审查批准岳麓科技产业园玉江片区新型城镇化建设项目委托代建、回购长株潭两型社会岳麓区道路畅通及配套设施建设工程项目以及政府、园区融资等重大经济社会决策事项，有效支持政府和园区投融资体系创新。全力支持区划改革。按照省、市、区委关于乡镇区划调整改革精神，通过听取和审议相关事项，协助区委、区政府完成省市下达的乡镇撤并任务。

不断规范人事任免工作。坚持党管干部和依法任免相结合，确保了区委人事意图全部实现和任免工作顺利进行。制定实施《岳麓区人大常委会人事任免办法》，规范开展任前呈报、资格审查、法律考试、陈词等法律程序，加强常委会组成人员对拟任人员了解，认真落实向宪法宣誓制度。四年来任免人大干部 167 人次，决定、任免政府组成人员 79 人次，任免法官 91 人次，任免人民陪审员 237 人次，任免检察官 18 人次，组织向宪法宣誓 81 人次，国家机关组织建设得到不断增强。

过去的四年，是建立新机制，代表工作迈上新台阶的四年。常委会以打造“代表之家”为抓手，把扩大代表参与、发挥代表作用贯穿于各项工作之中，努力为代表履职拓宽渠道、创造条件。

一是全面深化“双联”活动。持续开展“深化双联双建，共筑岳麓梦想”活动，不断加强常委会组成人员与代表、代表与人民群众的联系，累计走访代表700余人次，走访接待群众1.2万余人次。制定实施《长沙市岳麓区人大常委会代表述职评议办法》，263名代表到原选区开展了口头或书面述职，代表履职测评满意率大都在90%以上；196名代表参加了常委会组织的视察调研、执法检查、专题询问及人大实事工程、助学助困活动。不断巩固加强基层“双联”活动阵地建设，按照“八有、五薄、三上墙”标准，建成19个代表活动室，部分村、社区建立了代表工作站。各代表小组依托“双联”阵地，积极服务代表履职，涌现出望岳街道、西湖街道、咸嘉湖街道、含浦街道、梅溪湖街道、橘子洲街道、雨敞坪镇等一批先进基层人大代表小组，在搭建人大履职平台，履行人大法定职权，联系服务人大代表和基层群众方面作出了良好示范。二是强力督办代表建议。创新代表建议督办机制，坚持主任会议成员带头督办和重点督办代表建议机制，定期听取政府办理代表建议情况，延伸听取区工务局、教育局、民政局、文体局、水务局等建议重点办理单位的情况报告，88件代表建议得到有效办理，农村公路建设、社区阵地建设、千子小学建设、西湖村幼儿园建设、后湖整治、水库山体保护、农村文化广场建设、城乡基础设施建设问题等，24件重点建议办理成效明显，取得较好办理效果。三是不断强化履职服务保障。任期内基本实现代表列席区人大常委会会议，参加执法检查、专题询问、工作评议、视察调研等活动全覆盖；定期召开市、区“一府两院”向人大代表通报工作情况会议；累计组织代表460余人次，赴全国人大深圳、北京、延安基地和厦门大学参加履职培训，安排系统学习宪法法律和人大业务知识。注重代表履职推介，连续三年在省委权威党报开设专版报道代表履职事迹，推送先进代表事迹到《长沙晚报》《动力》等书刊进行宣传。代表整体履职能力、履职效果和履职热情不断提升，涌现出赵希求、余海艳、黄成浩、王毅清、李升、肖肯登、张元初、陈立新、唐祖怡、刘正秋、谢永红、周永强、吴建新、李志文、阎茂林、钟谦、杨有余、武菊华等一大批优秀代表。四是精心组织代表换届。常委会始终坚持党的领导、充分发扬民主、严格依法办事，深入贯彻中央、省、市、区委决策部署，按照“五个统一”“五个满意”的工作目标，重点抓好选区划分和选民登记、流动人口服务、代表素质和身份认定、代表候选人与选民见面、选民投票组织、代表资格审查等相关工作，依法有序完成了区、镇两级人大换届选举工作任务。

过去的四年，是树立新标杆，自身建设实现新突破的四年。常委会始终把自身建设放在重要位置，以自身建设提升，助推机关全面工作提升。

一是机关文化建设更加丰富。以建设学习型人大、务实型人大、快乐型人大、健康型人大为抓手，积极营造和谐机关文化氛围，在人大系统倡导终身学习、崇尚务实、快乐工作、健康生活理念，重视机关支部、工青妇、老干、关协建设，开展学习、参观、健身、关爱等机关活动30余次，不断深化“四个人大”机关文化内涵，增强人大机关凝聚力。二是人大制度宣传更加深入。组织在《湖南日报》开辟专栏，开展纪念人民代表大会制度成立60周年活动，组织编纂区第四届人大履职与工作探索创新纪实书籍，开展了人大新闻、信息调研，制定了新闻信息奖励办法，办好了人大网，加强了与代表选民联系。三是机关制度建设更加完善。坚持依法履职、集体行权、不断规范人大议事规则，坚持用制度管人管事，制定并完善常委会会议制度、常委会集体学习制度、主任会议成员集体调研制度、宪法宣誓制度、人事任免制度、庭审评议制度、代表“双联”制度、代表述职评议制度、代表依法履职和参加活动制度、常委会机关公务接待制度等17项制度，机关各项工作基本实现程序化、制度化、规范化。四是机关队伍建设更加科学。将机关干部能力建设作为人大自身建设重点，与代表履职能力建设一并纳入区委干部教育培训体系研究、部署、实施。建立机关干部传帮带机制，有针对性地对年轻干部搭台子、压担子，积极向区委推荐人大优秀干部到街道和“一府两院”重要岗位任职。届内，有46人次人大干部得到提拔、交流、轮岗，人大机关内部提拔重用5人，解决副县级待遇7人。注重协调配合、上下联动，狠抓街镇人大业务指导，不断提升人大工作者整体履职能力。五是机关廉政建设更加系统。主动适应作风建设新要求，认真开展“三严三实”专题教育，深化“四风”整治，制定《区人大常委会党组为民务实清廉“八带头八表率”公开承诺》，有效解决“不严不实”等突出问题。严格落实党风廉政建设责任制，自觉担负“两个责任”，组织机关干部、基层人大工作者参观廉政教育基地和观看警示教育片700余人次。始终将党纪党规挺在前面,防微杜渐,注重小节,落实反腐倡廉各项措施,机关党员干部作风不断好转。

各位代表,四年来,区人大常委会工作所取得的进展和成效,是区委高度重视、正确领导的结果,是常委会组成人员、全体人大工作者认真履职、辛勤努力的结果,是"一府两院"密切配合、共同奋斗的结果,是各位代表和全区人民关心帮助、监督支持的结果,是区政协、武装部、景区管理局及各部门和基层单位关心支持的结果。在此,我代表区第四届人大常委会,向所有从事、关心和支持我区人大工作的同志们表示衷心的感谢!

四年的实践,我们体会到:做好人大工作,必须始终坚持党的领导。常委会始终把坚持党的领导放在首要位置,坚持在区委领导下开展工作,保持人大工作正确的政治方向。积极推进区委重大决策部署的贯彻落实,善于把区委决策通过法定程序变成全区人民的共同意愿。坚持与区委同心、同向、同步,人大重大活动和重要安排,及时向区委汇报,各项工作得到区委的高度重视和支持。2016年,区委召开人大工作会议,出台了《关于进一步加强全区人大工作和建设的实施意见》,有效解决人大专委会设立、街道人大工委正副职进入班子的问题。做好人大工作,必须始终坚持服务发展。常委会始终坚持把促进发展作为应尽职责,牢牢把握权力机关服务经济社会发展的着力点,与政府充分沟通,找准监督与支持的平衡点,主动帮助政府破解难题,特别是对棚改、政府债务等事项适时依法作出决定。做好人大工作,必须始终牢固树立法治意识。人大及其常委会必须带头严格依法、依程序办事,不断加强对执行法律法规的监督,加强对人大作出的决议、决定和审议意见的跟踪监管,切实维护社会主义法制的统一。做好人大工作,必须始终坚持以民为本。人大的根基在人民、血脉在人民、力量在人民,必须情系人民,紧紧围绕人民群众关注的教育、医疗、低保、环境保护等热点问题开展执法检查、专题询问等,推动民生问题解决。做好人大工作,必须充分发挥代表主体作用。四年来,常委会着力创新工作机制,强化服务保障,人大代表的主体作用得到了有效发挥。

各位代表,区第四届人大常委会的工作虽然有新的作为、新的进步、新的成绩,但离宪法和法律赋予的重大职责,离党和人民的殷切期待,离率先建成更高层次的全面小康和实现基本现代化的时代要求,还有不少差距。例如:法律监督与工作监督的广度、深度还不够,推动解决面上复杂民生诉求的力度还不够,人大工作创新还不够,代表履职水平离选民群众的新期盼还有差距,常委会对街镇人大工作指导、支持还不够等等,这些问题都需要在今后工作中认真研究并加以解决。

今后工作建议

各位代表,本次大会是一次承前启后、继往开来,着眼未来、共谋发展的盛会。大会即将承载全区八十多万人民的殷切期望,选举产生新一届的人大常委会,赋予加快推进岳麓建成更高层次全面小康和实现基本现代化的历史重任。新一届区人大常委会和全体人大代表,要在区第五次党代会精神的指引下,更加卓有成效地全面履行宪法和法律赋予的重要职责。在此,区第四届人大常委会对今后五年工作提出以下建议:

(一)要围绕建设长沙西引擎、西高地的战略定位履行法定职权

区第五次党代会就岳麓建设长沙西引擎、西高地的战略定位作出了全面部署,通过了今后一个时期推进全区各项工作的行动纲领。区人大常委会要进一步增强责任感、使命感,切实把思想和行动统一到区党代会精神上来,紧紧围绕区委决策部署,统筹安排监督"一府两院"、决定重大事项、人事任免等各项工作和重要活动。要进一步落实请示报告制度,对人大工作中的重大问题、重要事项,及时向区委请示报告,将区委要求贯穿人大工作全过程。要在服务长沙建设国家中心城市,全力推进岳麓"三融共进"、"五化同步"率先建成更高层次的全面小康和加快实现基本现代化,打造长沙西引擎西高地的伟大实践中,找准依法履职与服务中心的结合点,做到改革有需求、人大有呼应,不断发挥人大制度优势,提供人大支持。

(二)要紧扣"五大发展理念"探索创新依法监督机制

重点围绕区委提出的将我区得天独厚的科教、空间、生态、平台等优势转换为发展态势,探索创新依法监督机制,助力"五大发展理念"在岳麓开花结果。要立足构筑省会经济核心增长极目标,重点听取审议区政府关于产城融合、产业融合、城乡融合以及相关产业发展情况报告,助推我区经济转型升级。要立足中部宜居新都会建设,专项审议城市规划、城区配套公共服务、美丽乡村、城乡统筹等相关情况报告,切实增强群众幸福指数。要立足全国两型建设首善区目标，采取专项调研、专题询问等方式，加强对生态环境和国土资源保护等工作监督，进一步改善群众宜居条件。要立足开启国际交流新篇章目标，适时听取审议区政府关于平台建设、园区发展、产业招商等工作情况报告，着力增强我区经济张力和活力。要立足打造市民幸福家园升级版目标，专项审议和专题询问城乡社会保障体系、义务教育、社会治安、公共医疗等相关工作情况，推动发展成果更加普惠于民。要进一步创新监督方式，增强监督刚性，不断推动执法检查、专题询问常态化，注重从单一监督、事后监督拓宽到事前、事中、事后全监督，对推进不力、成效不好、群众不满意的工作，敢于顶真“亮剑”，使人大监督更具深度、更有实效。

（三）要围绕社会公平正义持续深化法治岳麓建设

要加强行政监督，切实发挥人大法制专门委员会、财政经济专门委员会两个新设机构的职能作用，加强对政府法制、财经两个重要领域的专业监督。要加强民生领域执法检查，有计划地选择相关法律法规进行执法检查，切实维护群众法定权益。要加强司法监督，督促法、检两院认真落实司法体制改革任务，探索人大司法监督的新途径，不断规范司法工作，促进公正司法，努力让人民群众在每个司法案件中感受到公平正义。要进一步加强法制宣传，坚持弘扬社会主义法治精神，大力开展“七五”普法教育，推动辖区国家机关工作人员带头学法守法，形成崇尚法律、信仰法律的社会环境。

（四）要充分聚集代表智慧不断提升代表科学履职水平

要进一步突出人大代表的主体作用，把代表工作摆到一个更加重要的位置，充分释放代表活力。要继续深化“双联”活动，扩大代表对常委会工作的参与，保障和支持人大代表依法行使职权。要加强代表培训，不断提高代表的政治素质、法治意识和履职能力，切实增强代表视察调研、审议决定、执法检查、专题询问和提出议案建议的工作水平。要不断健全代表建议办理机制，督促有关部门办好代表议案建议批评意见，不断提高代表建议质量，增强代表建议办理效果，提升代表履职效能。要精心组织代表活动，不断加强阵地建设、优化信息平台，完善代表履职登记制度，健全代表履职情况向选区单位通报、代表向选民述职制度。要积极创造条件，探索更加广泛直接的工作途径，不断创新人大代表履职机制，最大限度激发区镇两级代表主体作用发挥和履职效能提升。

（五）要强化自身建设不断开创人大工作局面

要主动适应中央、省、市、区委新的更高要求，敢于接受新时期经济社会发展和民主法治建设新的更大挑战，积极回应新环境下广大代表群众新的更高期盼，坚持和完善人民代表大会制度，自觉担负历史责任。要始终坚持党的领导，把握正确政治方向，在区委的坚强领导下，遵循人大工作规律，不断研究新形势，解决新问题。要进一步增强人大创新意识，不断总结新经验、探索新方法，努力提高常委会组成人员履职能力；要创新运用质询、工作评议等刚性监督方式，不断增强监督实效；要进一步增强基层意识，加强对街镇人大工作指导，提高人大整体工作水平；要进一步增强廉洁意识，严格落实中央“八项规定”精神和党风廉政建设责任制，自觉接受人民和法律监督，始终保持清正廉洁的良好形象。

各位代表，宏伟蓝图已经绘就，扬鞭奋进正当其时。区第四届人大常委会圆满完成了肩负的历史使命，区第五届人大常委会即将开始履职。我们坚信，新一届人大及其常委会一定能够在区委的坚强领导下，依法履职，创新作为，为全面完成区第五次党代会和本次会议所确定的各项目标任务，加快建设国家中心城市西引擎西高地，实现基本现代化而努力奋斗！

政府工作报告

——在长沙市岳麓区第五届人民代表大会第一次会议上

岳麓区人民政府区长　刘　汇

（2016年11月28日）

各位代表：

现在，我代表岳麓区人民政府向大会作工作报告，请予审议，并请政协委员和列席人员提出意见。

本届政府工作回顾

四年来，在市委、市政府和区委的正确领导下，我们牢牢把握国家级湖南湘江新区建设发展的战略机遇，统筹推进稳增长、促改革、调结构、惠民生，预计2016年全区实现地区生产总值900亿元，年均增长9.9%，经济总量实现大幅跃升；财政总收入76.6亿元，年均增长16.4%，增幅连续四年位居中心城区前列；全社会固定资产投资830亿元，年均增长22.5%，增幅连续四年稳居中心城区首位；社会消费品零售总额300亿元，年均增长14.3%；规模以上工业增加值220亿元。区域综合实力跻身全国科学发展百强区行列。

（一）这四年，我们紧抓第一要务，力推转型创新，产城融合进发强劲动力

传统产业稳中有进。实现商品房销售面积1735万平方米、销售额1187亿元，房地产业连续四年领跑全市中心城区。麦德龙、王府井、沃尔玛等一批重大项目建成营业，宜家、红星美凯龙等知名企业相继入驻，商贸服务业迈向高端。形成圣峰果业、泉水韭黄等农业品牌，都市农业稳步发展。新兴产业来势喜人。第三产业经济增长贡献率由2012年的34%增至今年的52%，产业转型迈出实质步伐。滨江金融中心被确定为全省唯一金融中心，进驻民生银行、海南海药基金等金融机构总部8家，金融业税收贡献率由2%增至7%，成为全区新的支柱产业。岳麓科技产业园获批湖南省检验检测特色产业园，集聚瑞士SGS、苏州苏试、清华博奥等检验检测企业60余家，成为中部唯一初具规模的检验检测产业集群。中汽（湖南）汽车服务产业基地、未来科技城等项目启动建设，抢占了汽车后服务、智能驾驶等新兴领域制高点。恒大国际健康城等项目进驻梅溪湖区域，健康养老产业发展基础更为坚实。恒大童世界、湘江欢乐城等项目建设推进顺利，文化旅游业加速转型，连续三年获评全省旅游产业发展十佳县（市区）。内外动能集聚释放。启动泛岳麓山创新创意集聚区创建，深度对接中南大学、湖南大学、湖南师范大学、湖南中医药大学等驻区高校，开展战略合作，共建创新园区。58众创、麓客空间等10个双创平台投入运营。新增市场主体5万余个，新设企业1.9万余家，创新创业蔚然成风。全区引进产业项目238个、亿元以上项目108个、企业区域总部38家。新增楼宇企业1300余家。"四上"企业达775家，涌现亿元纳税企业10家、本土上市企业5家。获评全国投资潜力百强区。

（二）这四年，我们统筹城乡发展，拓延战略空间，岳麓大地实现精彩蝶变

项目建设大步推进。铺排重点项目823个，完成投资1980亿元；实施征拆项目267个，腾地4万余亩；桐梓坡等20余处棚户区征收工作顺利推进，惠及居民9000余户；川塘村等7个城中村改造稳步推进，项目规模及征拆总量连年位居全市首位，滨江、梅溪湖、洋湖、坪塘等区域面貌日新月异。交通建设阔步前进。湘江新区综合交通枢纽、地铁2号线及西延线投入运营，长株潭城际铁路及地铁3、4号线加快建设，长韶娄高速、坪塘大道南延线等80余条骨干道路竣工通车，过江通道增至10处，改造支路街巷33条，按规划要求拉通循环路网12条，新增公共停车位7200余个，新建、提质各类公路432公里，农村公路通车里程达1360公里，超限超载治理成效显著，立体交通网络更加完善。乡村建设快步并进。落实《岳麓区城乡融合发展规划》，打造美丽乡村示范村7个、特色村5个。改造农村危房880户、危旧桥梁23座。实施水利工程850余项,解决7.5万余农村人口安全饮水问题,全区39座水库全面实现除险加固。推进农村土地确权颁证及土地经营权流转试点。获评全国新型城镇化百强区。

(三)这四年,我们深化两型改革,打造河西靓城,宜居品质引领省会新潮

城市管理全域提质。以职责重心下移为抓手,落实"门前三包"责任,环卫保洁更加精细。推进拆违控违、造绿增绿、社区提质提档、城乡接合部环境整治等攻坚行动,拆除违法建设320万平方米、户外广告17万平方米;新增绿地750公顷,乡村造绿3.3万亩,提质云栖路、雷锋大道等主次干道绿化24条,新建社区公园14个,建成区绿化覆盖率达48%;改造社区42个,涌现了长华单位型社区、咸嘉智慧型社区、阳明山庄安置型社区、湖中老旧社区等改造典范;高标准提质湘江西岸、岳麓山山线等夜景亮化。全时段、全覆盖的城市管理格局基本形成。环境质量明显提升。超额完成主要污染物减排任务;完成42个村的农村环境连片综合整治;关闭非煤矿山12家;开展湘江流域治理,实施黑臭水体、水上餐饮及趸船系列整治,提质后湖区域环境,新增污水管网54公里,含浦等3家污水处理厂正式运行,湘江长沙综合枢纽库区排水改造和截污工程全面完成。清霾、碧水、静音、净土行动取得实质进展。两型示范扩面提效。坚持资源节约、环境友好,一批绿色建筑投入使用,地源热泵、江水热源技术在滨江、洋湖等片区推广运用。慢行交通系统正式运行。爱国卫生运动广泛开展。创建省级生态村3个、省级两型示范单位29家,绿心区域得到有效保护,梅溪湖国际新城获评联合国全球人居环境奖,洋湖湿地晋升国家4A级景区,西湖文化园、巴溪洲水上公园成为长沙新名片,"山水洲城"生态优势加速释放。

(四)这四年,我们不忘奋斗初心,繁荣社会事业,民计民生得到极大改善

公共服务持续加力。投入民生资金130亿元,占公共财政预算支出比重超70%,完成省市民生实事102项,获评全省首批全面小康达标区。新增城镇就业3.6万人、农村劳动力转移就业2.3万人,城镇居民人均可支配收入达4.6万元,年均增长9.5%。新改扩建中小学校36所,新增学位2.5万余个,获评全省首批教育强区、全国首批义务教育均衡发展合格区。新改扩建社区卫生服务中心5个、乡镇卫生院1个,人口计生工作连续10年保持"国优"。新建、提质市级示范性街道(镇)综合文化站7个,创建市级示范性社区(村)综合文化服务中心48个,获评全国公共文化服务体系示范区。完成34个社区服务用房达标建设,获评全国和谐社区建设示范城区。实现城乡居民养老、医保、低保一体化,发放社保卡18.4万张,2.5万名征地农民纳入社保体系。建成养老机构8家,新增养老床位1300余张。筹建公租房2540套,竣工农民安置房300万平方米,解决2.3万余户产权办证遗留问题。安全保障坚实有力。初步构建安全生产隐患清单、责任落实、长效管理"三大体系",持续开展交通、建筑、消防、非煤矿山、危险化学品、特种设备等重点领域安全隐患整治,青山、望城坡商贸城、火炬城等重点区域安全治理成效明显。理顺食品药品安全监管体制,"舌尖上的安全"得到有效保障。基本实现"天网工程"全覆盖,加强网络安全等非传统安全监管,连续9年获评全省平安县(市区)。社会治理彰显活力。创新开展"三服务"一线工作,获评"全国社会治理十佳经验"。坚持依法治访、诉访分离,推动矛盾调解关口前移,进京非访率下降幅度居全市首位。完成"六五"普法,全民禁毒、安置帮教、社区矫正和法律援助工作扎实推进。新增社会服务组织178个,涌现全国道德模范廖月娥、时代楷模段江华、中国好人谢海华等先进人物,凡人善举传递了强大的正能量。

(五)这四年,我们锤炼工作作风,优化政务服务,政府自身建设全面加强

行政以法律为准绳。主动接受人大和政协监督,办结人大代表建议329件、政协委员提案509件,办复率100%,认真听取各民主党派、工商联、无党派人士、人民团体和社会各界的意见建议。坚持"三重一大"集体决策和行政决策合法性审查,审查政府规范性文件27件、政府合同180余件。施政以服务为核心。完成两轮政府机构改革,精简议事协调机构57个。深化行政审批制度改革,公布权力清单、责任清单和流程清单,承接市级经济社会管理权限152项,精简、调整、取消行政审批事项95项,行政审批效率提速50%以上,社会公认评估连续四年位居中心城区首位。处理"12345"市民服务热线工单1.6万余件,办理区长信箱来信2200余件,办结率100%。推进政务公开,政务网络实现全域覆盖。廉政以纪律为底线。深入开展党的群众路线教育实践活动、"三严三实"专题教育和"两学一做"学习教育,清理腾退办公用房1.2万平方米,党风廉政建设责任全面履行。严格政府投资项目建设管理,强化预算执行刚性,“三公”经费大幅下降。加强行政监察、审计监督和财政评审,查处违反政纪案件51起、处分86人,审计和评审财政投资项目4100余个,审减金额约16亿元,财政资金使用效益明显提升。

同时,国防、人防、外事、侨务、民族、宗教、对台、史志、档案、保密、机关事务管理、老干、关工委、老龄等工作取得新进步,工会、共青团、妇联、残联、侨联、科协等群团组织作用进一步发挥,为全区获得150余项国家、省级荣誉作出了积极贡献。

各位代表,过去的四年,是“创业在岳麓、宜居在岳麓、读书在岳麓”成为社会广泛共识的四年。回首四年实践,我们深刻体会到:目标引领方向,精准定位、久久为功才能跨越发展;思路决定出路,抢抓机遇、改革创新才能做优做强;民生连着民心,利民惠民、共建共享才能凝聚力量;作风就是保障,苦干实干、拼搏担当才能崛起西岸。四年的成绩来之不易,这归功于市委、市政府和区委的正确领导,得益于区人大、区政协的支持和监督,凝聚了全区广大干部群众的汗水与智慧。在此,我代表区人民政府,向各位人大代表和政协委员,向各民主党派、工商联、人民团体和各界人士,表示衷心的感谢,并致以崇高的敬意!

充分肯定成绩的同时,我们也清醒看到:发展不足、发展不优、发展不平衡仍然是最大的区情,科教资源、生态禀赋、平台优势尚未充分释放,调优产业结构、促进科技成果就地转化、培育增长新动能仍需继续发力;城乡建设管理新旧矛盾交织,征拆任务依然繁重,城市现代化、新型城镇化水平有待提高;人居环境提质、服务设施配套、安全隐患整治等工作压力加大,一些历史遗留问题尚未得到根本解决,基层治理面临新的挑战;政府自身建设有待进一步加强。对此,我们必须增强忧患意识,坚持问题导向,采取有效措施切实加以解决。

今后五年工作任务

今后五年,是长沙建设国家中心城市、实现基本现代化的关键五年,也是岳麓建设长沙西引擎、西高地的关键五年。作为国家级湖南湘江新区、全国两型社会建设综合配套改革试验区、国家自主创新示范区三大战略平台的叠加区,岳麓已经跻身国家战略要津,必须为长沙发展迈上更高层次担当重任、贡献力量。我们要不负重大使命,满怀奋斗激情,善于创新创造,铸就忠诚团队,在推进转型创新上打头阵,在提升城乡品质上当中坚,在改善民生福祉上作示范,在展现实干有为上树标杆,奋力书写“三融共进、五化同步”的精彩篇章。

今后五年政府工作的总体思路是:深入贯彻习近平总书记系列重要讲话精神,以“四个全面”战略布局和“五大发展理念”为指导,以长沙建设国家中心城市为契机,担当湖南湘江新区建设主力,加快推动产业融合、产城融合、城乡融合“三融共进”,着力实现新城国际化、产业高端化、城乡一体化、治理现代化、民生普惠化“五化同步”,在建设长沙西引擎、西高地的征程中大步前进。

今后五年的主要奋斗目标是:地区生产总值年均增长9%以上;地方财政总收入年均增长10%以上;全社会固定资产投资年均增长17%以上;规模以上工业增加值年均增长6%以上;社会消费品零售总额年均增长11%以上;城镇居民人均可支配收入年均增长10%以上;城镇登记失业率控制在4%以内;空气质量优良率达80%。

实现上述目标,我们将重点聚焦四个方面工作:

(一)聚焦产业转型,坚持创新驱动和内外联动,打造省会经济增长引擎

主动融入国家“一带一路”“长江经济带”等重大战略,紧紧抓住产业这个“牛鼻子”,深入推进供给侧结构性改革,激发创新动能,发展开放经济,全面增强区域创造力和产业竞争力。

精致雕琢组团轴带。按照六大功能组团、三大产业轴带规划布局,保持建安业及房地产业平稳健康发展,推动现代服务业特别是六大主导产业集聚发展,致力形成现代金融业、文化旅游业、检验检测业三大百亿级产业集群。泛岳麓山组团:坚持校区、园区、景区、社区“四区联动”,推动产学研政金一体化,促进“科技+资本”融合,将泛岳麓山创新创意集聚区建成全省双创领航区。结合白沙液街有机棚改,提质溁湾镇传统商圈,发展文化创意、教育培训等业态,实现旅游、消费、文化、休闲无缝对接。市府滨江组团:优化规划布局和交通组织,完善空间结构和基础配套,提升景观品质和建筑品位,实现湘江财富金融中心等地标性项目开业运营;着眼金融全业态,大力引进银行、保险、证券、期货等金融机构总部,同步进驻信用评级、资产评估、商业保理、第三方支付等中介机构,培育集聚结算中心、数据中心等金融配套服务机构,实现金融业增加值超百亿元，加快建成湖南省金融中心。以商贸服务业为引领，聚集高端商贸元素，做强电子商务平台，持续浓厚市府中心商务氛围。环梅溪湖组团：完善健康养老产业链条，推进亿达健康科技城等重点医养项目建设，引进一批综合性、专科性医院和高端医养中心，发展多样化健康服务和个性化精准医疗，加快建成享誉全国的健康养老名城。推动梅溪湖区域内涵发展。引导进驻科技研发、城市综合服务体等业态，做大做强枢纽型经济圈。洋湖大王山组团：实现宜家等项目投产达效，引导上市公司总部进驻，打造智慧化、国际化总部经济区。促成恒大童世界等项目开业运营，提升大王山旅游度假区国际影响力，实现文化旅游业总收入超三百亿元。岳麓科技产业园组团：实施检验检测产业发展行动计划，五年集聚检验检测企业300家，实现产值超百亿元，建成国家级检验检测服务业集聚区。深化区校战略合作，创建国家级科研成果转化基地，综合实力跻身省级园区前列，加快晋升国家级园区步伐。莲雨含组团：发挥岳宁大道及莲花“一带一中心”引领作用，推进涉农街镇一二三产业深度融合，创建坪浦服务业功能区，打造融观光休闲、生态绿色于一体的都市农业示范基地。湘江西岸现代服务业走廊：按照连点、串线、成片的发展思路，精心设计沿线景观，依托“六大黄金节点”，加快形成具有国际品质、湖湘特质的现代产业发展轴、生态休闲景观带、城市风貌展示区。金星路先进服务业国际街区：巩固“六位一体”提质改造成果，提升城市综合体、甲级楼宇、星级酒店服务功能，努力打造辐射长沙的河西第一商街。云栖路国际汽车长廊：促成中汽（湖南）汽车服务产业基地、智能驾驶测试区等项目投产达效，挖掘汽车品牌内涵，建设集汽车体验、定制服务、交易展示、检测研发于一体的汽车产业长廊。

精心推动创新创业。强化创新驱动，夯实创业支撑，推动创新资源向企业集中，实现科教优势向发展优势转化。深化“高校 + 平台”的双创合作。依托大学科技园、岳麓科技产业园，建成区校战略合作创新园区，引进布局一批重大产学研项目。集成省市、湘江新区人才奖励政策，推动科技成果就地转化，吸引更多在外校友、留学归国人员创业岳麓。强化“科技 + 资本”的双创支撑。以科技创新为引领，加强知识产权保护和专利运营，设立引导基金，搭建服务平台，鼓励科技型企业创新发展。以金融服务为支撑，支持企业进驻资本市场，鼓励天使投资、风险投资、股权投资等机构助力双创，集聚资本力量助推科技创新。推进投融资体制改革，构建多元融资格局，更大力度服务创新创业。优化“改革 + 服务”的双创环境。深化“放管服”、行政审批制度及商事制度改革，推行“互联网 + 政务服务”，提升政务服务质量，降低双创制度成本。完善政策体系和服务链条，解决创业者后顾之忧，支持企业二次创业，扶持一批本土企业，形成“鼓励创新、宽容失败”的社会风尚。

精准开展择商选资。坚持引资、引技、引智相结合，汇聚优质产业资源，推动岳麓开放崛起。凸显战略平台的引领作用。依托国家级湖南湘江新区平台优势，围绕六大主导产业龙头企业、市场核心环节、行业领军团队开展总部招商、产业链招商，力争五年引进50亿元项目10个、10亿元项目50个、区域总部企业150家。激活重大政策的引导作用。扩大国家、省市、湘江新区及岳麓区产业政策叠加效应，特别是发挥建设湖南省金融中心、湖南省检验检测特色产业园等政策优势，设立产业引导基金，开展定向招商、敲门招商，推动政策红利向发展动力转化。迸发合力招商的引动作用。借力国际商务代理、省市商（协）会、专业行业协会，整合部门街镇资源，构建专业招商、梯队招商、二次招商机制，培育一批特色亿元楼宇。完善奖励政策和激励机制，严肃治理损害发展环境的行为，加快项目投产达效。

（二）聚焦品质升级，坚持城乡并进和建管并举，建设中部现代宜居都会

以创造优良人居环境为核心目标，协调推进新城建设、旧城改造和乡村发展，建设更加宜居宜业、精致精美、人见人爱的品质岳麓。

构建城乡建设“大统筹”格局。坚持规划引领、梯次推进，推动新城精明增长、旧城涅槃重生、乡村统筹发展。提升新城功能品质。着眼完善基础设施、提升承载功能，推进轨道交通、常规公交、快速公交、慢行系统高效衔接，加快建成“公交都市”，进一步优化教育、文化、卫生、体育等公共配套。建设海绵城区，统筹铺排水电气讯、防灾应急等市政工程，启动河西应急水源建设，2020年新建城区地下综合管廊系统普及率达35%。推进旧城改造更新。落实“四增两减”要求，推进三汊矶、坪塘老工业基地、望新等棚户区改造，全面完成二环线内城中村、集中式安置小区、开放式老旧社区改造，让市民共享城市化发展成

果。实现乡村美丽蝶变。围绕布局美、产业美、环境美、生活美、风尚美"五美"目标,创新农村土地制度管理改革,推进农村公路提质、水生态修复、电力扩容、燃气入户、农村自来水工程,规范农村建房,完成农村危房改造,建设全域美丽乡村。

构建精细长效"大城管"格局。集合专业部门、市场公司、街镇社区三重力量,比照一流城区标准,塑造更美人居环境。治源头。坚持联合执法,严控新建违法建设,规范建筑工地、渣土扬尘管理,基本消除城市斑点。强基础。落实重心下移职责,实施街区制和社区提质提档行动,提升"门前三包"管理标准,综合治理城乡接合部环境,完成农贸市场提质改造,营造清新清爽的市容市貌。提品质。优化城市设计,注重细节营造,统筹推进城市品质工程,提升湘江西岸、主次干道、出入城口等重点区域景观绿化、灯光亮化、建筑美化、管理序化水平。促共管。把人的文明放在首位,保持文明创建常态,引导市民群众、门店业主、社会组织、物业公司等共同参与城市管理,推动实现共治共管。

构建全民参与"大环保"格局。坚持保护先行、综合治理,精心呵护"山水洲城"独特风貌,让岳麓大地青山常在、绿水长流、蓝天永驻。推进清霾、碧水、静音、净土行动。开展湘江流域环境治理,完成黑臭水体整治,实施水系连通工程,2020年集中污水处理率达100%。加强大气污染防治和噪音治理。全面退出非煤矿山,加快修复矿山生态环境。整治农村面源污染。推进岳麓山风景名胜区综合整治,完成岳麓山大学城等区域环境治理,提升鹅洲、傅家洲等湘江洲岛生态品质。实施新的"三年造绿行动",建成环城绿带生态圈,2020年建成区绿化覆盖率达55%、人均公共绿地面积达28平方米,创建国家绿色生态示范城区和国家生态园林城区。推进最严环保执法行动。完成环保管理体制改革,健全生态文明制度体系,实行生态补偿机制、生态环境损害终身责任追究制,严格项目准入,增强执法刚性,实现绿水青山与金山银山相得益彰。推进两型示范共创行动。加强绿心保护,提高市民环保意识,推广运用清洁低碳技术,开通绿色公交,新创一批两型品牌,建设更高水准的两型新区。

(三)聚焦民生普惠,坚持保障提档和治理提效,共享安居乐业幸福生活

坚持以人民为中心的发展思想,为群众解难事、干实事、办好事,实现经济发展指标与群众幸福指数同步提升。

提高民生保障水平。把民生关注点作为施政着力点,建成更高质量的全面小康。健全就业服务体系,年均新增城镇就业6000人,实现居民收入稳定增长、家庭财产普遍增加。优先发展教育事业,新增南雅红桥中学等中小学校40所、中海幼儿园等公办幼儿园15所,全面实现阳光招生,推动教育事业更高层次均衡发展,率先在全省基本实现教育现代化。高标准建好区图书馆、文化馆、全民健身中心、公共卫生中心,开展"全民健身"运动,发展体育产业,构建现代化的公共文化卫生体育服务体系。坚持寓教于乐、贴近基层,办好社区文化艺术节等活动,丰富群众精神文化生活。建设"健康岳麓",支持中医药事业发展。落实计划生育基本国策,推进计划生育服务管理改革。发展慈善事业。加强住房保障,有效解决困难家庭安居问题。实施全民参保计划,健全社会保障体系,实现法定人员全覆盖。以实实在在的发展变化增强群众的获得感。

提高安全监管能力。坚持党政同责、一岗双责、失职追责,健全安全生产隐患清单、责任落实、长效管理"三大体系",落实企业主体责任、街镇属地责任和部门监管责任,防范遏制重特大安全事故发生。加强食品药品安全监管,健全食品安全追溯体系,创建国家食品安全城区。完善突发事件应急机制,加强应急演练,提高危机预警管理能力。加强国防教育和民兵预备役建设。深化全民禁毒工作。抓好社会公共安全管理,健全立体化社会治安防控体系,注重非传统安全监管,依法惩治违法犯罪活动,以生命至上的责任担当保障社会安全。

提高治理服务效率。践行社会主义核心价值观,健全社会诚信体系,引导市民崇德向善。坚持依法治访、诉访分离,畅通社情民意表达渠道,完善社会矛盾调处、重大决策社会稳定风险评估机制,维护人民群众合法权益。建设智慧城区,推行"互联网+"治理模式,深化"三服务"一线、城市管理、天网工程"三网融合",提高社会治理智慧化、现代化水平。坚持社区、社会组织、社会工作"三社联动",统筹推进新建城区社区建设,有序提质社区(村)公共服务中心,形成以社区(村)需求为中心的资源配置体系。

(四)聚焦政府建设,坚持依法行政和廉洁勤政,担当发展为民历史使命

从自身做起,转变政府职能,创新服务供给,进一步提升执行力和公信力,努力建设人民满意政府。

建设法治政府。实现政府机构、职能、权限、程序、责任法定化，推进政府决策科学化、民主化、规范化。善于运用法治思维和法治方式履职尽责，凡属重大改革必须于法有据，凡是政府行为必须依法推进，做到法无授权不可为、法定职责必须为。自觉接受人大法律监督、政协民主监督和社会舆论监督，办好人大代表建议和政协委员提案。推进普法教育，完善法律服务体系，增强全民法治意识，让法治成为社会共同信仰。

建设服务政府。牢固树立“管理就是服务”的理念，坚决扭转政府职能错位、越位、缺位现象，以“马上办”的作风、敢担当的行动回应群众诉求、帮扶企业发展。坚持容错纠错与追责问责相统一，补好科技、产业、金融、治理等能力“短板”，激励干部更加积极地想为、敢为、勤为、善为。树立督查权威，创新绩效考核，构建以目标倒排节点、以节点倒逼进度、以进度倒查责任的落实机制，进一步强化工作执行、提升政府效能。加强社区(村)阵地建设，关心爱护基层干部，着力畅通服务群众“最后一公里”。

建设廉洁政府。严格落实党风廉洁建设责任，严肃执行党纪法规，教育引导公务人员增强廉洁意识。驰而不息纠治“四风”，着力查处损害群众利益的不正之风。加强政府投资项目建设管理，突出抓好工程招投标、公共资源交易、政府采购、资金运行、征拆安置、行政执法等重点领域监管，零容忍惩治腐败。严格预算管理，严控“三公”经费支出，厉行节约、勤俭办事，确保财政资金更加高效使用。

各位代表，当前的岳麓，正处于“激情燃烧的岁月”。我们坚信，通过五年的顽强拼搏、勤勉奋斗，一个发展气场更宏大、创新气势更磅礴、秀美气质更迷人、国际气息更浓郁的新岳麓，必将以崭新的姿态崛起西岸、引领中部、走向全国!

2017年主要工作

各位代表，2017年是长沙建设国家中心城市、实现基本现代化的开局之年，也是岳麓建设长沙西引擎、西高地的关键一年，我们务必奋发有为、真抓实干、再创佳绩，力争实现地区生产总值增长10%左右；财政总收入增长10%以上；全社会固定资产投资增长17%以上；规模以上工业增加值增长6%以上；社会消费品零售总额增长11%以上；城镇居民人均可支配收入增长10%以上。重点抓好以下六个方面的工作：

(一)助力双创升级

做强泛岳麓山创新创意集聚区，新增重大区校合作产业化项目10个，展现中南大学科技园研发总部、湖南大学、湖南师范大学创新创业园、后湖国际艺术园、西湖文化园等创新平台新风貌。成立众创联盟，落实双创政策，鼓励创业者进楼宇、进园区、进平台创业，新增众创平台5个、创业团队200个。发展创业服务业，精准扶持双创主体开展项目路演、金融沙龙、创业学院等活动，持续浓厚双创氛围。强化金融支撑，引进天使投资、风险投资、股权投资等机构，支持本土企业挂牌上市，实现融资60亿元，让金融更好地服务实体经济。深化商事制度改革，新增商事主体1.6万个，新设企业5000家。

(二)聚力产业发展

稳住优势产业，壮大主导产业，提升现代服务业发展质量和效益。坚持优化供给与去化库存并力。鼓励房产企业相互合作，增加优质房源供给，实现商品房销售稳定增长；加大二次招商力度，引导商务楼宇推行租售结合模式，力争去化商务楼宇存量40万平方米以上，保持建安业和房地产业持续健康发展。坚持高端发展与特色发展并举。做精做特园区经济，大力推进湖南省检验检测特色产业园建设，促成苏州苏试、中汽检测等20个项目投产达效，进驻检验检测企业120家，实现产值50亿元，争创国家级检验检测服务业集聚区，推动检验检测业特色发展。围绕建设湖南省金融中心，完善基础设施配套，创新治理维护模式，提升区域环境品质，为金融机构入驻创造条件；落实产业扶持和人才奖励政策，吸引专业人才集聚滨江；服务湘江财富金融中心、广发、浦发等项目建设，力争新引进金融机构总部5家，实现金融业增加值30亿元，开启现代金融业西进岳麓的新格局。促成湘江玖号全面开业、绿地湖湘中心主体竣工，推进宜家等项目建设，新增限额以上商贸企业20家，加快商贸服务业高端转型步伐。推进恒大国际健康城、亿达健康科技城、洋湖妇女儿童医院等项目建设，新增医养机构2家，实现健康养老业扩容增量。服务恒大童世界、天择传媒、华谊电影小镇等项目建设，丰富生态旅游、观光旅游、水上旅游内涵，促进文化旅游业提质增效。支持爱格花卉、金霖羊肚菌等项目发展，新创一批都市农业品牌。坚持精准招商与精致服务并重。全过程服务项目引进落地和投产达效，力争引进50亿元项目2个、10亿元项目5个、区域总部企业

30家、楼宇企业500家。

(三)加力项目建设

全力支持湘江新区重大片区发展，实现长株潭城际铁路全线通车，服务地铁3、4、6号线等省市重大工程,推进岳宁大道、长沙南横线等跨区域干线及麓景路、新学士路等项目建设，加快区域互联互通。坚持阳光公开、全程公示,严守政策标准、操作程序,突出抓好坪塘、洋湖、滨江、青山等重点区域项目征地拆迁，引导战略投资者落户桐梓坡、熊家湾等地块,完成白沙液街、老咸嘉湖路棚户区改造征收,推进三汊矶、观音港等棚户区及城中村改造,启动望新、麓山水泥厂、新生水泥厂等项目征收，力争全年腾地1万亩,实现扫尾项目上半年清零、新项目三季度前全面启动。加快地下综合管廊、海绵城区建设,持续完善新开发区域公交、水、电、气、讯等基础设施，进一步增强城区综合承载功能。坚持新型城镇化和美丽乡村建设同步,新建、提质农村公路140公里，改造危旧桥梁5座,实施渡改桥2座,扩大农村自来水村村通覆盖率，打造曾家桥、学华等示范村6个。

(四)着力环境提质

巩固城市管理重心下移成果,落实"门前三包"责任,实现城市主干道"五分钟"快速保洁。推进岳麓山大学城及城乡接合部环境整治,保持拆违控违高压态势,加强建筑工地、渣土扬尘、城市斑点治理。加快推进街区制和社区提质提档行动，综合改造社区30个，新建及改造望月湖等农贸市场,提质主次干道6条、背街小巷10条,拉通银安路、望藕路等道路2条，实施支路微循环改造3处，新增公共停车位3500个。启动新的"三年造绿行动",加强绿心保护,加大绿化维护力度,提质金星路、潇湘大道、学士农趣谷等区域绿化,新增绿地30公顷。推进龙王港流域及黑臭水体整治，加强大气污染防治和重点区域降噪隔音处理，推进矿山安全治理和生态修复,营造优美人居环境。

(五)致力民生改善

全面完成重大民生实事年度任务。新增城镇就业6000人,培训失地农民4300人。新建区第二十幼儿园等公办幼儿园3所、栗山学校、西雅中学等中小学校14所,改扩建麓山外国语实验中学、麻田中学等学校8所。加快区图书馆、文化馆、全民健身中心、公共卫生中心及教育、卫生系统公租房建设。改造洋湖街道等社区卫生服务中心3个、农村卫生室5个。落实全面两孩政策,优化人口计生服务，争创新一轮全国计划生育优质服务县(市区)。完善优抚、助残、救孤、济困制度,发展慈善事业。推进全民参保,巩固城乡低保一体化成果。继续做好企业办社会职能分离工作。加大住房保障力度,建成金溪湾二期、岳华新苑等安置小区,更好实现"住有所居"的民生目标。完成村居同步换届,提高基层组织服务能力。

(六)全力保障安全

严格落实安全生产责任,从严治理建筑、消防、交通、非煤矿山、危险化学品、特种设备等领域安全隐患,加强校车、电梯安全监管,定期开展应急演练,坚决防止较大安全事故发生。加强校园周边、乡村聚餐等重点领域食品药品安全监管，加快农贸市场和生鲜超市的快检室建设，创建国家食品安全城区。依法做好信访工作，突出抓好首访初访疏导和信访积案化解。深化"三服务"一线工作,健全"网格化+"治理模式。完善社会治安立体化防控体系,妥善应对信息化时代网络安全问题,继续保持全省平安县(市区)称号,全方位建设平安岳麓。

各位代表,麓山屹立担重任,湘水奔腾再起航。让我们在区委的坚强领导下,团结奋进、锐意创新、砥砺前行,为建设国家中心城市西引擎、西高地而努力奋斗!

名词解释:

1.六大功能组团:泛岳麓山组团、市府滨江组团、环梅溪湖组团、洋湖大王山组团、岳麓科技产业园组团、莲雨含组团。

2.三大产业轴带:湘江西岸现代服务业走廊、金星路先进服务业国际街区、云栖路国际汽车长廊。

3. 六大主导产业：商贸服务业、现代金融业、健康养老业、文化旅游业、检验检测业、都市农业。

4.六大黄金节点:大王山新兴旅游、洋湖总部经济、后湖文化创意、涞湾镇高端商贸、滨江情景商业、滨江现代金融。

5."六位一体"提质改造:道路路面、人行道、立面、绿化、亮化、管线综合提质改造。

6.精明增长:一种在提高土地利用效率的基础上控制城市扩张、保护生态环境、服务经济发展、促进城乡协调发展和人们生活质量提高的发展模式。

7.四增两减:增加公共绿地、增加公共空间、增加配套设施、增加支路网密度，减少居住人口密度、减少开发强度。

8.街区制:是城市建设布局的一种形式，它的特点是在城市规划的道路边上建设房子，且不设围墙，有利于增加公共道路和路网密度，兼顾公共交通和居住品质,提升公共综合质量。

政协长沙市岳麓区第四届委员会常务委员会工作报告

——在政协长沙市岳麓区第五届委员会第一次会议上

区政协主席　袁精华

（2016 年 11 月 27 日）

各位委员、各位同志：

我受政协长沙市岳麓区第四届委员会常务委员会的委托，向大会报告工作，请予审议，并请列席会议的同志提出意见。

四年工作的简要回顾

过去的四年，在中共岳麓区委的坚强领导下，区政协高举爱国主义、社会主义伟大旗帜，牢牢把握团结、民主两大主题，按照“求实效、创特色、上水平、出影响、争一流”的工作思路，以“争当‘六好’委员、建设美丽岳麓”主题活动为抓手，始终坚持围绕中心，认真履行职责职能，扎实推进工作创新，为促进我区政协事业的健康发展和经济社会的科学发展作出了积极贡献。

（一）认真履行职责职能，贡献了政协组织的智慧和力量

一是有序开展专题协商。贯彻落实加强人民政协协商民主建设的精神，认真组织开展政协民主协商，为全区经济社会发展集中议大事、谋良策，提出了许多有价值的意见和建议。坚持政协全体会议协商，每年对区政府工作报告、区财政工作报告、区人民法院和区人民检察院工作报告等进行全体会议协商。召开区政工作通报协商会，邀请区人民政府区长向全体委员通报区政府上半年工作情况和下半年工作任务，并组织委员协商议政。有序开展专题协商，按照中共十八届三中全会关于协商民主建设的新部署，区委、区政府、区政协一道研究制定年度协商工作计划，重点对“十三五”规划编制、健康养老工作、现代金融业发展、招商引资与产业发展、半年度财政预算执行情况等 10 多项工作进行主席会议专题协商。

二是深入开展重点调研。紧扣全区经济社会发展的重点难点，发挥政协组织智力密集、人才荟萃的优势，每年确定一至两个重点课题组织调研，先后对加快建设岳麓科技产业园、深化区校合作、推进城乡一体化建设、推进泛岳麓山创新创意集聚区建设发展等工作开展重点调研，积极为区域经济社会发展建有用之言、献务实之策，为区委区政府科学决策提供了重要参考。撰写的《科技引领，产业兴园——加快建设岳麓科技产业园》和《深化区校合作，推动共赢发展》两篇调研报告分别获省政协一、二等奖；《关于岳麓区城乡一体化发展的调研报告》和《把握机遇、发挥优势，奋力打造全国一流创新创意产业新高地》的调研报告得到市政府领导和区委区政府主要领导的充分肯定，《关于岳麓区城乡一体化发展的调研报告》和《深化区校合作，推动共赢发展的调研报告》分别被市委《长沙通讯》和市政府《调研参考》推介。

三是规范开展民主评议。坚持“肯定成绩、查找不足、提出建议、促进工作”的基本原则，先后对区教育局、莲花镇政府、岳麓科技产业园、区文化产业发展和区旅游产业发展等工作开展民主评议，区委区政府主要领导对区政协提交的民主评议报告分别作出批示，并以区委区政府文件形式转发到全区各单位。其中，对莲花镇政府工作的评议，在全省首开了对基层乡镇政府民主评议的先河。我区开展民主评议的经验做法，在省政协协商民主专题调研会上作了典型发言，并被《中国政协理论与实践汇编》和省政协《湘声报》重点推介。

四是精心组织专题视察。紧紧围绕党委政府工作重点和人民群众关心关注的热点，对区法院民事诉讼审判、区检察院检务公开、区公安分局打击侵财性犯罪、生态文明建设、城市管理、服务总部经济发展、网格化社会治理创新、棚户区改造项目征收等工作开展主席会议专题视察 18 次，提出了务实、管用的意见和建议。区

政协提交的关于全区城市管理工作等视察报告，区委主要领导作出重要批示，推动了城市管理工作的创新发展。区政协主席会议还对部分街(镇)产业发展和拆迁安置等工作开展视察，帮助和推动街(镇)提振工作信心，提升工作标准。

五是切实加强提案工作。协助区委完善了《岳麓区政协提案办理工作规程(试行)》。先后组织开展“提案工作年”、“提案工作提质年”、“提案工作创新年”和“提案工作实效年”系列活动。加大提案业务培训和提案审查力度，组织和引导委员认真撰写提案，切实提高提案质量。四年来，委员共提交提案555件，区政协立案507件，遴选重点提案11件，评选优秀提案40件。坚持主席会议成员督办提案制度，探索开展区政府领导同志领衔办理(督办)重点提案制度，开展提案对口协商督办和界别协商督办、热点难点提案专项督办，促进了提案办理工作的有效落实，发挥了政协提案推动区域经济社会发展的积极作用。

六是认真组织议政建言。全区政协组织和广大委员围绕区域经济社会发展积极建诤言、献良策，提交大会发言材料108篇，对我区转型创新发展和民生事业改善提出了很多有质量、有分量的意见建议。广大政协委员深入基层、深入群众，听取群众呼声，反映群众诉求，四年来，共反映社情民意信息436条。一批高质量的社情民意信息被省、市政协采纳并得到省、市、区领导的批示，促进了相关问题的妥善解决。社情民意信息工作在全市政协系统保持先进行列。

七是积极参与中心工作。区政协多名主席会议成员和机关干部参与了省美术馆、湖大支路、岳麓街道西片区、未来科技城等10多个重点项目的征拆工作。广大政协委员积极参与和支持配合项目拆迁和建设，80多名委员直接参与滨江新城片区、窑坡山片区、梅溪湖片区等30多个项目的拆迁建设，并为企业项目发展、重点工程建设等推动解决实际问题60多个。同时，区政协主席、副主席认真落实区委信访维稳问题包案责任制，切实负起信访维稳包案责任，及时解决信访积案；广大政协委员积极协助党委、政府做好信访维稳工作，化解矛盾60多起。政协委员共开展法律援助80多次，提供法律咨询120多次。

八是注重加强文史工作。进一步发挥文史资料存史、资政、团结、育人的积极作用，在中国人民抗日战争暨世界反法西斯战争胜利70周年之际，以“铭记历史、开创未来”和“弘扬抗战精神、建设岳麓新城”为主题，组织委员和有关专家加强对岳麓抗战历史的回顾、学习和研究，编撰印制了《岳麓文史(第三辑)——抗战实录》，既在全区传承和弘扬了伟大的抗战精神，也在省市政协系统产生了很好的影响。

(二)深入开展主题活动，增添了委员队伍的生机与活力

为了动员和组织广大政协委员“立足本职作表率、忠实履职比奉献”，创新开展了以“政治把握好、履行职责好、服务发展好、促进和谐好、联系群众好、社会形象好”为主要内容的“争当‘六好’委员、建设美丽岳麓”主题活动。同时，十分注重将主题活动与提高政协委员的履职能力相结合，与推进市政协“三服务”主题活动相结合，与落实区委“‘三服务’一线工作法”相结合，进一步深化和拓展了主题活动的丰富内涵，有效地激发了委员队伍的生机与活力，使主题活动收到了更好更大的实效。加强政协委员的学习培训。分专题、有计划地组织全体政协委员和常委会议成员分别进行集中学习，重点围绕中共十八大精神、深化改革、法治中国建设、反腐倡廉建设、湖湘文化建设、基层统战知识、政协业务知识、供给侧结构性改革等专题，邀请专家、教授和有关领导进行重点辅导，举行各类专题报告会15场次。分两批组织部分委员赴浙江大学和复旦大学开展提升履职能力的培训学习，进一步提高了政协委员的综合素质。加强政协理论的研究探索。在认真学习贯彻中央统战工作会议精神和习近平总书记在纪念人民政协成立65周年大会上的讲话精神的基础上，积极开展政协理论的探索和研究，在全省纪念人民政协成立65周年理论研讨会上，区政协作了重点发言，委员撰写的5篇理论文章获省政协理论研究成果一等奖1个、二等奖3个、三等奖1个，并被编入《湖南省政协理论研讨文章汇编》；2篇理论文章获市政协理论研究成果二等奖和优秀奖。组织现场经验的学习交流。区政协在望城坡街道召开主题活动现场推进会，6个街(镇)联络处和2个界别分别介绍了工作经验，省政协《湘声报》开辟专版进行了推介。积极协助市政协在我区召开“三服务”主题活动经验交流会，现场观摩了天顶街道政协委员工作室和望城坡街道长华社区政协委员民情室，区政协在会上重点介绍了典型经验。发挥先进典型的示范作用。收集汇编24名优秀委员的履职事迹，召开委员风采报告会，组织8名委员作了典型发言，生动展现了政协委员在我区经济社会发展中的突出成效。每年开展“六好”委员评选表彰活动，共评选表彰“六好”委员157人次，进一步激发了全区政协委员履职尽责的饱满热情。引导委员深入基层第一线。结合区委“一线工作法”的总体要求，组织委员开展“下基层、进网格、听民声、解民忧”活动和“三联三帮”扶贫帮困活动，引导政协委员深入一线、深入实际，认真听取意见呼声，积极化解矛盾纠纷，促进了社会大局的和谐稳定。广大政协委员推动解决人民群众关心的现实利益问题180多个，举办公益慈善活动180多场次，结对帮扶困难对象259户，资助困难学生和困难群众900多名，捐款捐物1200多万元。通过“争当‘六好’委员、建设美丽岳麓”主题活动的深入开展，广大政协委员积极投身岳麓发展建设的伟大征程，政协委员在本职工作中的带头作用、在政协工作中的主体作用、在界别群众中的代表作用得到进一步发挥。《人民政协报》《人民文摘》《湖南日报》《长沙晚报》《湘声报》《红网》、长沙新闻频道《政协之声》等新闻媒体先后80多次对我区开展主题活动的情况进行了宣传报道。

（三）切实加强自身建设，提高了政协工作的质量和水平

一是强化党建工作的坚实保障。充分发挥政协党组的领导核心作用，认真落实管党治党的政治责任，切实加强政协组织党的建设和党的领导。认真组织开展党的群众路线教育实践活动、“三严三实”专题学习教育和“两学一做”学习教育，区政协领导班子和党员干部的政治意识、大局意识、核心意识、看齐意识进一步增强。认真贯彻落实中央和省市区委关于加强作风建设的规定要求，制定了《区政协关于改进工作作风，密切联系群众的实施办法》，主席会议成员和机关党员干部切实转变作风，带头遵守“十个严禁”，政协机关和政协组织的作风建设明显加强。扎实开展反腐倡廉学习教育，全面落实党风廉政建设主体责任，认真贯彻《条例》、《准则》等从严治党的相关规定。突出“政治保障作用、先锋模范作用、团结凝聚作用、骨干表率作用”，不断加强机关党组织和党员队伍建设。大力弘扬以“和谐、凝聚、向上”为核心内容的政协文化，积极营造健康向上、开拓创新、民主团结、和谐共进的浓厚氛围。

二是提升政协工作的“三化”水平。通过完善议事规则、健全考核机制、规范日常管理，有力地促进了政协工作的制度化、规范化、程序化建设。研究制定了《全体会议工作规则》《常务委员会议工作规则》《主席会议工作规则》和《区政协党组关于贯彻落实“三重一大”事项集体决策制度的实施办法》。建立健全了界别工作考核办法、街（镇）联络处工作考评细则和委员履职考核办法，加强了对联络处、界别工作和委员履职情况的检查督促和考核讲评。规范完善了政协机关党员干部经常学习、办文办会、公务接待、财务管理、联系委员和服务群众等学习教育和日常管理制度，将本届区政协研究制定和完善的25项制度，编印成《政协长沙市岳麓区委员会机关工作制度汇编》，形成了覆盖较全面、执行更严格、管理更科学的制度体系。

三是夯实政协履职的基层基础。十分重视政协专委会建设，重大决策和重要工作部署充分听取专委会的意见建议；在开展调研视察、对口协商等履职活动中，充分发挥专委会的基础作用；落实专委会联系界别和街（镇）政协联络处工作制度，注重发挥政协专委会的协调和指导作用。坚持界别联系机制、目标任务机制、考评激励机制、经费保障机制、平台搭建机制，有效调动界别履职的积极性和主动性，政协界别工作呈现出活跃有序、务实有效的生动局面。切实加强对街（镇）政协联络处工作的指导，坚持主席会议成员联系街（镇）联络处工作制度，协商决定各联络处年度主要工作安排，完善联络处年度工作考评细则，定期召开联络处主任工作会议，不断加强对街（镇）联络处工作的指导和督促，街（镇）政协联络处工作的整体水平进一步提升。进一步加强对政协委员的服务管理，坚持主席联常委、常委联委员、委员联群众制度，开展经常性的联系走访活动；支持有条件的委员设立“委员工作室”；依照《委员履职管理办法》，开展委员履职考评，增强委员履职责任感。

各位委员、各位同志，过去四年成绩的取得，是中共岳麓区委坚强领导和市政协正确指导的结果，是区人大常委会、区人民政府等大力支持的结果，是全体政协委员忠实履职和政协工作者和谐奋进的结果。在此，我谨代表政协长沙市岳麓区第四届委员会常务委员会，向全体政协委员，向所有重视、关心和支持政协工作的各位领导、各界人士表示衷心的感谢并致以崇高的敬意！

回顾四年来的工作，我们也清醒地认识到，过去的工作还有许多亟待加强和改进的地方。如，街（镇）政协联络处工作发展不够平衡，少数界别工作存在一定的差距，委员整体素质有待进一步提升等。我们真诚希望，广大政协委员对常委会工作提出批评和建议，以利于我们把今后的工作做得更好。

四年工作的几点启示

四年来的政协工作，我们坚持在继承中创新,在巩固中提升。四年来的履职实践，我们对做好新时期的政协工作有了更加清晰的认识，为推进我区人民政协事业的健康发展提供了重要启示。

(一)必须始终坚持党的领导

政协工作是党的工作的重要组成部分，必须始终把保持正确的政治方向作为政协工作的首要原则,牢固树立核心意识,坚决维护区委的统一领导，认真贯彻落实区委的决策部署，切实做到区委区政府的工作推进到哪里,政协工作就积极跟进到哪里，政协力量就主动汇聚到哪里。四年来，区委对政协工作非常重视，区委常委会议多次听取政协工作情况汇报，区委主要领导和相关领导对政协工作进行专题调研，多次出席指导区政协的重要会议和重大活动，关心爱护政协委员和政协干部的成长进步，研究解决政协工作的困难和问题，对政协工作既提出了明确的要求，也给予了大力的支持。我们深刻认识到，只有自觉地坚持党的领导，政协工作才能沿着正确的政治方向前进,才能不断开创新局面。

(二)必须始终坚持服务大局

政协工作要出成效，必须弘扬“主旋律”、突出“最强音”,积极、主动、自觉地把政协工作放在全区经济社会发展的大背景、大前提中去审视和思考，放在服务发展、推动发展的定位上去谋划和推进,放在围绕中心、服务大局的实践中去检验和衡量。四年来，我们自觉围绕区委区政府重大决策部署履职尽责，把工作重点紧扣在支持解决改革发展稳定的重大问题上。一方面,通过组织重点调研、民主评议、专题协商、大会发言等多种履职方式，积极为全区经济社会转型创新发展建真言、献良策;另一方面,通过引导政协委员主动参与项目建设、产业发展、城市管理、环境整治等工作，直接为岳麓经济社会持续健康发展给力量、给支持。我们深刻认识到,只有坚持围绕中心、服务大局,政协工作才能准确定位,政协工作才能有为有位。

(三)必须始终坚持履职为民

人民政协鲜明的人民性决定了必须把履职为民作为根本的价值追求。我们自觉坚持走群众路线，把工作的着力点放在推动解决群众关心关注的热点难点问题上,把反映群众意愿、倾听群众呼声、体察群众疾苦作为履职尽责的重点。四年来,我们组织对社区卫生服务中心(镇卫生院)建设、社区文化建设、乡村环境综合治理、后湖环境综合整治等进行专题调研视察,在坚持“履职为民”上作出了积极努力。广大委员围绕民生问题提交提案355件，聚焦民生问题积极反映社情民意,在坚持“为民进言”上付出了辛勤劳动。我们积极开展“下基层、进网格、听民声、解民忧”等活动,组织委员投身社会公益事业、结对帮扶困难群众，在坚持“为民服务”上奉献了一份真诚。我们深刻认识到,只有坚持心为民所系、言为民所进、利为民所谋,人民政协才能彰显其自身价值。

(四)必须始终坚持务实创新

政协工作要创特色、求实效，必须始终坚持用创新的理念来找准政协工作的基点，用创新的精神来推进政协工作的重点，用创新的办法来破解政协工作的难点，努力提升新形势下政协工作的整体水平。我们积极探索履行职能的新途径、新办法,在完善专题协商形式、彰显界别工作特点、搭建委员履职载体、加强委员履职管理、改进民主监督方式、创新提案办理机制等方面推出了一系列创新举措，树立了政协工作新品牌,提升了政协工作新水平。同时,我们还十分注重制度创新,建立完善了学习教育和日常管理等系列制度，形成了比较系统的制度体系,为政协工作的顺利开展提供了务实有效的制度保障。我们深刻认识到,只有勤于实践,勇于创新,政协工作才能不断焕发新的生机,政协事业才能永葆活力。

今后五年的主要任务

各位委员、各位同志:中共岳麓区第五次代表大会提出了我区未来五年推进“三融共进、五化同步”、建设长沙西引擎西高地的战略目标,吹响了我区迈步新征程、实现新跨越的嘹亮号角。

新的征程期待同舟共济,新的使命需要奋力担当。未来五年，区政协要高举爱国主义、社会主义伟大旗帜，深入学习贯彻中共十八大和十八届三中、四中、五中、六中全会精神,更加紧密地团结在以习近平同志为核心的中共中央周围，在中共岳麓区委的坚强领导下，继续深入开展“争当‘六好’委员、建设美丽岳麓”主题活动,更好地发挥协调关系、汇聚力量、建言献策、服务大局的作用，为实现岳麓区第五次党代会提出的各项目标任务,为推进“三融共进、五化同步”、建设长沙西引擎西高地、率先建成更高层次的全面小康、加快实现基本现代化进程作出新贡献。

(一)强化五大发展理念,在服务发展大局上出实招

“创新、协调、绿色、开放、共享”五大发展理念既是经济社会发展的“指挥棒”,也是人民政协服务科学发展的“指南针”。全区政协组织和广大政协委员要自觉把五大发展理念作为根本遵循,切实贯穿于政协履职的全过程，在全力服务科学发展中彰显政协价值、体现政协作为。要重点围绕推动泛岳麓山、市府滨江、环梅溪湖、洋湖大王山、岳麓科技产业园、莲雨含六大功能组团发展，围绕高端商贸、文化旅游、健康服务、现代金融、检验检测、休闲农业六大特色主导产业发展，认真组织开展专题协商、调研视察，积极撰写提案建议，努力为全区经济社会发展建务实之言、献发展之策、谋长远之计。要结合工作实际，发挥自身优势，积极支持参与重点项目建设和主导产业发展，以实际行动和工作成效推动区域经济社会的转型创新发展。

（二）突出团结民主主题，在促进社会和谐上聚合力

团结和民主是人民政协的永恒主题。要不断扩大团结面，进一步拓宽各党派团体参与民主协商的广度和深度，努力营造平等协商、民主议事、真诚沟通的良好环境，使社会各界团结的氛围更加浓厚、团结的基础更加牢固、团结的实效更加显现。要不断增进共识度，把全区各族各界人士的思想进一步统一到中共中央和省市区委的决策部署上来，增进共识、凝聚共识，形成共推改革、共谋发展、共建和谐的社会合力。要发挥人民政协作为党委政府联系人民群众的桥梁、纽带作用，让社会各界能通过政协发表主张，人民群众能通过政协表达诉求，党委政府能通过政协了解民意。要认真做好协调关系、理顺情绪、凝聚人心的工作，维护安定和谐的政治局面。要恪守宪法法律，遵守政协章程，自觉践行社会主义核心价值观，积极凝聚正能量、释放正能量、传递正能量，以广大委员的模范行动团结和影响各族各界群众。

（三）践行履职为民宗旨，在改善民生福祉上建真言

人民政协的性质、地位和职能决定了我们必须把履职为民作为根本宗旨，贯穿于政协各项工作的始终。坚持履职为民，就要坚持紧密联系群众、热情服务群众、真情关爱群众，把群众的呼声和要求作为第一信号，把群众最需要解决的问题作为第一选择，积极为民代言、为民服务、为民解难、为民履职。要把教育、医疗、就业、社保等事关民生发展的重大问题，作为政治协商的重要议题、民主监督的重要内容、参政议政的重要任务，深入基层、深入一线、深入群众，倾听群众的呼声、愿望和诉求，找到问题的根源和症结，拿出有分量的调研报告，提出有见地的意见建议，努力推动解决人民群众最关心、最直接、最现实的利益问题，让改革发展成果更多更公平地惠及全区人民，让人民群众有更多的获得感和幸福感。

（四）坚持务实创新精神，在推动科学履职上添活力

创新是政协事业前进和发展的动力，是政协工作开创新局面的必然选择。在履行政协职能的过程中，要在理念创新、机制创新、载体创新和自身建设创新等方面多下功夫，不断改进履职方式，增强履职实效。要加强委员特别是新任委员的履职培训，重点抓好中国特色社会主义政治理论的学习教育和政协履职的业务培训，组织和引导委员深入了解省情、市情、区情，增强履职的使命感和责任感，提高履职的自觉性和针对性。要注重提高委员履职能力，扩大委员在专题协商、调研视察、民主评议、提案督办等实践活动中的参与面，帮助委员在实践中学习提高。要加强政协机关与政协委员的双向互动，使委员能够及时了解政协开展的履职活动，并根据自身专长选择参加的议题。

（五）注重夯实工作基础，在加强自身建设上求突破

加强自身建设，事关政协事业的长远发展，任何时候都容不得半点松懈。要切实加强常委会建设，坚持常委会学习制度，每年组织2—3次专题学习报告会，有计划、分批次组织常务委员赴高校学习，提高常委会的履职能力。要加强街（镇）政协联络处建设，加强工作指导，推进规范履职，不断提高全区政协工作的整体水平。要进一步探索开展界别履职的新途径和新方法，进一步健全界别工作机制，更加彰显政协界别特色，更好体现政协界别优势。要进一步做好专委会工作，加强专委会建设，更好地发挥专委会在政协履职中的基础性作用。要加强委员队伍建设，严格委员学习教育、服务管理和履职考评，努力提高委员的政治把握、调查研究、联系群众、合作共事能力。要加强政协机关建设，提高办事效率，提升服务质量，把政协机关建设成为委员之家、各界人士之家。

各位委员、各位同志，新的征程、新的起点，人民政协面临新的形势、新的任务。让我们更加紧密地团结在以习近平同志为核心的中共中央周围，在中共岳麓区委的坚强领导下，求真务实、开拓创新、凝心聚力、团结奋进，努力为我区推进“三融共进、五化同步”、建设长沙西引擎西高地、率先建成全面小康、加快实现基本现代化作出新的更大贡献！

大事记

1月

1日,长沙地铁2号线西延线正式运营,岳麓区设有溁湾镇、西湖公园、金星路、望城坡、梅溪湖东、文化艺术中心、麓云路等站点。

3日,区委副书记、代区长刘汇组织召开岳麓街道西片区项目调度会。

4日,省委常委、长沙市委书记易炼红一行到岳麓区调研,就加强联系和服务群众"最后一公里"工作听取群众意见建议。区委书记周志凯,区委副书记、代区长刘汇陪同调研。

5日下午,副省长戴道晋到岳麓区调研现代农业工作,区领导刘汇等陪同调研。

同日,召开全区2015年度"六个走在前列"大竞赛暨绩效考核述职测评大会。

同日,省委副书记孙金龙来岳麓区莲花镇调研现代农业。省委常委、市委书记易炼红,市领导徐宏源、夏建平、陈中参加调研。

6日,召开区委四届十六次全体(扩大)会议暨全区经济工作会议。

同日,长沙市岳麓区装饰行业协会成立。

7日,湖南省首个智慧街道服务平台——"咸嘉里手"正式上线。

8日,区委召开常委会议。

10日,岳麓区谷山宝宁寺举行恭迎全堂佛像祈福法会,1000多名护法居士、信教群众参加庆祝活动。

11—16日,长沙市连日降雨降雪低温,区内含浦街道、学士街道、莲花镇等街道(镇)的道路结冰,农作物遭受冰冻灾害。面对冰灾,区人武部紧急调集民兵预备役人员和区民兵应急队员,投入抗冰救灾,共清除道路结冰12公里,紧急覆盖各类农作物薄膜1230多块,突击抢修机耕道路和破损道路100余条。

11—29日,区委、区人大、区政府、区政协领导带队开展安全生产检查工作。

12日上午,召开中国人民政治协商会议长沙市岳麓区第四届委员会第五次会议。248名委员和252名代表应邀参加和列席会议,共商岳麓发展大计。

12—15日,岳麓区召开四届人大五次会议、政协四届五次会议。

16日,区委书记周志凯率队到洋湖考察对接湖南妇女儿童医院项目,区委副书记、区长刘汇,区委常委、区委办主任蔡峰,副区长刘雄辉,湖南省妇幼保健院院长盛小奇,先导洋湖建设投资有限公司总经理汪洁等参加调研。

同日,省军区参谋长郭辑山率机关检查组一行5人,到区人武部检查安全稳定和防事故工作。

18日,"咸嘉里手"智慧服务平台荣获"民生飞跃奖",这是全国唯一入选的街道智慧服务平台。

19日,省政府副秘书长、市委副书记、湖南湘江新区管委会主任虢正贵,副市长李蔚等到大王山旅游区调研。

同日,警备区政治部主任曹清军率机关工作组到区人武部检查指导"拥护改革,投身改革"专题教育工作情况。

23日,区委、区政府召开全区离退休干部区情通报会。

同日,中宣部理论局教育处在岳麓区望城坡街道长华社区举行《全面小康热点面对面》赠书活动。中宣部理论局教育处处长何成,学习出版社副社长陈玮,省、市、区相关领导出席活动。

26日,市政府副市长陈中一行调研岳麓区农业农村工作,区委书记周志凯,区委副书记、区长刘汇等陪同考察爱格设施农艺园、长沙众益农业科技有限公司、环城绿带建设项目。

27日,副市长李蔚带队检查安全生产,对岳麓区谷山乐园以西白马小学垃圾消纳场和长沙联泰水质净化有限公司安全生产工作进行实地察看。

同日,区政府召开第二十八次常务会议,部署2016年《政府工作报告》主要目标任务实施责任分解、研究城建投融资、桐梓坡棚改等工作。

28日,岳麓区举行大王山片区"百日整治大行动、建设秀美旅游区"誓师动员大会。副市长李蔚,区委副书记、区长刘汇等参加会议。

29日,区委副书记、区长刘汇,区政协副主席喻英姿,区政府副调研员汪世震等领导和相关部门负责人到岳麓区园林管理局看望慰问职工,向干部职工拜年。

同日,区委副书记、区长刘汇调研高新区信息产业园项目拆迁进展情况。区领导蔡峰、肖文辉,高新区信息产业园党工委书记李平波参加调研,区政府相关部门负责人陪同调研。

同日,区委召开常委会议。

30日,区政协主席袁精华一行到岳麓街道看望慰问困难群众。

31日,区委召开常委会议。

同日,湖南国乐学府在区文化馆麓山剧场举办古筝古琴专场音乐会,共演奏17首乐曲,吸引200多位群众聆听。

2月

1日,省委常委、市委书记易炼红率队检查长沙城区部分大型超市、长途汽车站点、社区和市博物馆等地节前春运秩序、市场供应、安全生产及群众文化生活。区领导刘汇等陪同。

同日,市长胡衡华带队检查岳麓区安全生产工作。

3日,区委副书记、区长刘汇,副区长李舜、刘雄辉调研学士街道重点项目建设工作。

4日22时18分许,辖区时代帝景大酒店一楼茶室发生枪击案,两人受伤,其中一人因救治无效死亡。案发后,岳麓分局迅速启动大要案件侦查机制,在省、市、益阳市公安机关支持配合下,5日16时许,主要犯罪嫌疑人段某和另两名开枪犯罪嫌疑人到益阳市公安局赫山分局投案自首。该案在案发18小时后快速侦破。

5日,区政府召开第二十九次常务会议,审议重点产业项目建设、房地产市场发展、专改公项目投资等事宜。

14日,区委召开常委会议。

15日,区委副书记、区长刘汇一行到湘江新区交通枢纽察看项目建设情况和交通运输情况;到洋湖街道调研柏宁地王广场项目,重点查看柏宁地王广场、柏宁酒店过街天桥建设情况。

16日,召开全区政法工作先进单位和先进个人表彰大会。

19日,举行岳麓区环城绿带建设项目一期开工仪式,区委书记周志凯,区委副书记、区长刘汇等领导及区直相关部门(单位)负责人参加仪式。

22日,区委副书记、区长刘汇率队调研岳麓街道驾校违规建筑拆除情况,督查国土卫片执法整治工作。

24日,湘江新区岳宁大道(岳麓区段)开工仪式在莲花镇龙台村沙坪组举行。岳宁大道起于雷锋镇坪山,止于宁乡县汽车南站与宁乡二环线交叉处,全长32.93公里,项目建设投资额约12.7亿元。

25日,区委副书记、区长刘汇率队调研岳麓科技产业园工作。

同日,全国政协委员杨春光到岳麓区望城坡街道长华社区,调研城乡改造建设工作。省、市政协,省、市住建局等相关负责人陪同调研。

同日,区委召开常委会议。

26日,岳麓区召开2016年度公安工作会,市局副局长何正良,区委书记周志凯,区委常委、区政法委书记张铁炎,区委常委、区委办主任杨利成及区人大、区政协相关领导参加会议。

28日,区委书记周志凯一行到洋湖街道洋湖景园小区网格接待点,对"三服务"一线工作实地调研。

29日,召开区第四届人大常委会第二十七次会议。

3月

2日,市委书记易炼红到岳麓区调研农业农村工作,考察圣峰果业。

同日,区人大常委会主任胡杰夫一行到岳麓区人民法院考察。院党组书记、院长袁征等陪同考察。

同日,区政协主席袁精华率区政协主席会议成员赴咸嘉湖街道调研商业综合体建设、小区提质改造、社区建设等工作。

3日,警备区司令员王忠斌率机关工作组到中联重科股份有限公司,考察调研基层抓建试点工作。

4日,含浦街道官埠口村举行金轮侨心卫生站落成典礼。中国侨联顾问王钦贤为金轮侨心卫生站揭牌。

同日,区委召开常委会议。

5日,湖南省武警总队医院派出3支医疗小分队,分别到驻地3个社区,开展义务巡诊活动,共为100多名群众看病。

同日,省委宣传部副部长、省文明办主任刘进能一行到岳麓区望城坡街道长华社区调研"学雷锋"志愿服务工作。省、市相关领导陪同调研。

7日,召开全区民兵预备役整组工作会议,各街道(乡镇)和企业负责人,高校100多名分管武装工作的领导,武装专干参加会议。

8日,省政府副省长戴道晋到长沙调研农业农村工作,考察岳麓区天泉草业、森蓝农业,听取相关情况介绍。

同日,区政协党组召开"三严三实"专题民主生活会,围绕

“严以用权、严以修身、严以律己，谋事要实、创业要实、做人要实”要求，查摆问题，开展批评和自我批评。

9日，黑龙江省牡丹江市委常委、宣传部部长闫岩率队到岳麓区望城坡街道长华社区考察文明创建工作。

10日，湖南省水利厅副巡视员陈子年带队检查岳麓区防汛准备工作。

11日，区政府召开区长办公室会议，研究2016年民政、农业林业畜牧、水务、交运运输等工作。

12日，省委常委、市委书记易炼红率队到岳麓区莲花镇圣峰果业等基地实地调研现代农业和水利工作。

13日，区委副书记、区长刘汇统一调度西片区拆迁项目。

同日下午，区政府召开区长办公会议，研究2016年教育、卫生和计生、文化体育新闻出版、食品药品监管、民族宗教和外事侨务等工作。

14日，区政协主席、党组书记袁精华带领区政协主席会议成员到后湖，实地调研后湖环境综合治理工作。

16日，区委书记周志凯率区委、区政府领导和区直相关部门负责人调研岳麓山风景名胜区。

21日，国家民政局调研组调研陆军第七十三军抗战阵亡将士公墓。

同日，区政府召开第三十次常务会议，研究谷山森林公园、电子政务内网建设、调整区对街道(镇)财政管理体制等工作。

22日，区委书记周志凯到后湖片区调研后湖国际艺术园综合整治项目。

同日，区政协召开四届十九次常委会议暨集中学习，会议邀请湖南省委党校肖万春教授做关于供给侧改革专题辅导报告。

23日，区纪委召开四届八次全会。

同日，长沙市委常委、市委秘书长夏建平，副市长陈中一行到岳麓区调研环城绿带生态圈建设推进情况。

24日，区政协召开“加快推进泛岳麓山创新创意集聚区建设发展调研工作”动员会议。区政协全体机关干部、部分区政协委员、区直相关部门及有关街道负责人参加会议。

25日，省市基层抓建工作现场经验交流暨现场观摩会在中联重科股份有限公司召开。省市党、政、军相关领导及来自全省基层武装部门负责人共60人出席。

同日，区委召开常委会议。

26日，政府召开区长办公会议，研究2016年商务、总部经济、旅游、科技、经信、大学科技园、工商等工作。

27日，政府召开区长办公会议，研究2016年金融、财政、发展和改革、统计、人力资源和社会保障、政务服务、电子政务信息等工作。

28日，区委书记周志凯，区委副书记周春晖，区委常委、区委办主任杨利成一行督查尖山村“三服务”一线工作开展情况。

3月，举行2016“幸福岳麓”送戏送电影进社区(村)文化惠民活动，确保每个街道、社区群众都能享受服务，到全区17个街道(镇)送戏送电影，累计数万人在家门口观影。

4月

3—5日，天顶、莲花等地发生3起山林火灾。区人武部接警后，迅速调集民兵、消防和应急分队150名队员、3台消防车辆和200多套救援器材赶往现场灭火救援，避免了集体和人民群众的更大损失。

6日，岳麓区与中国汽车零部件工业公司举行中汽(湖南)汽车服务产业基地项目合作签约仪式。

同日，区人大常委会主席胡杰夫主持召开区第四届人大常委会第二十八次会议。

7日，江西省宜春市司法局局长彭坤明率领所属区县司法局局长一行13人，在长沙市司法局副局长贝先明陪同下，参观岳麓区公共法律服务中心。

8日，区政府召开第三十一次常务会议，研究非煤矿山关闭整顿、规范全区拆迁征收机构设置、财务管理及操作流程相关事宜。

10日，区委副书记、区长刘汇，副区长潘旺明及相关部门、街道负责人赴长沙县、宁乡县、高新区及内五区观摩造绿情况。

13日，召开全区防汛抗旱暨城区防涝排渍工作会议。

同日，区委副书记、区长刘汇率队到区地税局调研指导工作。

14日，省委党校第78期厅级领导干部进修班全体学员到天顶街道，考察金茂梅溪湖国际广场项目及梅溪湖片区产业发展情况。区委书记周志凯、副书记周春晖、政协主席袁精华等陪同考察。

同日，中国疾病控制中心传染病所副所长万康林一行到望城坡街道长华社区督导检查第28个爱国卫生月宣传活动及春季“灭四害”工作开展情况。湖南省爱卫办主任倪友新和市、区相关负责人陪同。

同日，洋湖街道新生水泥厂发生氯气泄漏事故，无人员伤亡。

15日，湖南省学雷锋志愿服务工作推进会在岳麓区召开，来自全省14个市州、省直44个厅局机关、23名获奖代表及社会各界代表共计130余人出席会议。

20日，湖南省委书记、省人大常委会主席徐守盛一行到咸嘉湖街道咸嘉新村社区实地考察，调研长沙现代公共文化服务体系建设。

21日，区委书记周志凯，区委副书记、区长刘汇率队调研天顶街道经济社会发展工作。

同日，“湖南五星汽车主题公园”项目签约仪式在岳麓街道五星村举行。

22日，最高人民法院“多元化纠纷解决机制研究基地”揭牌仪式暨多元化纠纷解决机制理论与实务研讨会在湖南湘潭大学举行。长沙市岳麓区人民法院院长袁征在揭牌仪式上做题为《创新推进多元衔接，凝聚化解纠纷合力》的主题发言。

23日，区委副书记、区长刘汇一行到全区造绿复绿项目提质改造现场调研。

同日，区委召开常委会议。

同日，区政府召开区长办公会议，研究2016年城市管理品质工程项目、园林绿化项目。

26日，湖南省“我爱我家·同悦书香”亲子阅读活动在橘子洲街道学堂坡社区启动。

27日，区委书记周志凯率队调研望岳街道经济社会发展工作。

同日下午，召开省委巡视组整改落实情况通报会暨全区“两学一做”学习教育工作部署会。

28日，公安部法制局局长孙茂利、副局长赵斌一行到岳麓分局检查全国公安机关网上执法巡查工作。听取有关执法规范化建设情况汇报，参观分局执法办案中心。

29日，区委书记周志凯率队到望城坡街道调研城市环境综合整治、产业发展等经济社会发展情况。区委副书记、区长刘汇等参加调研。

5月

3日，区人大常委会召开主席会议，听取和审议岳麓区环境保护工作情况汇报。

4日，区委书记周志凯率队到岳麓街道调研项目建设、产业发展等经济社会发展情况。

同日，区委副书记、区长刘汇率队调研中铁城建集团总部工作。

6日，区委书记周志凯率队到西湖街道调研项目建设、道路提质改造工程及产业发展等经济社会发展情况。区领导胡杰夫、胡德强等参加调研。

9日，省政府副秘书长、市委副书记、湘江新区管委会主任虢正贵一行到洋湖街道督查防汛工作。市、区相关领导陪同。

10日上午，副市长陈中率队到岳麓区督查环城绿带生态圈(岳麓区段)建设项目。

11日，区第四届人大常委会召开第二十九次会议。

同日，教育部科技司信息化处主任任昌山、中央电教馆副馆长蔡耘等到岳麓区调研信息化“网络学习空间人人通”建设，听取博才咸嘉小学和湖南师大附中博才实验中学学校网络空间建设及应用工作汇报。

12日，省政协副主席袁新华一行调研岳麓区公共法律服务中心。省司法厅厅长谈敬纯、市政协副主席段安娜等领导陪同调研。

同日，长沙市中级人民法院院长罗衡宇一行到区人民法院调研指导工作。区委书记周志凯出席调研活动。

同日，区政协召开专家座谈会，来自高校、企业、政府机关的八名创新创意产业发展专家为泛岳麓山创新创意集聚区建设发展齐献智、谋良策。区政协全体机关干部、企业家代表参加会议。

13日，区委书记周志凯调研梅溪湖街道阳明山庄社区提质提档工作。

14日，区委书记周志凯率队调研坪塘街道、洋湖街道经济社会发展工作，区领导刘汇等人和相关部门负责人陪同调研。

15日，举办全区“5·15”国际家庭日暨健康知识竞赛活动，岳麓街道代表队夺得第一名。

同日，区委书记周志凯，区委副书记、区长刘汇率队督查环城绿带生态圈建设。

同日，国务院发展研究中心“长沙市绿色发展评价考核体系研究”课题组到岳麓区咸嘉湖街道白鹤咀社区调研两型社区建设情况。

17日，区委书记周志凯率队调研含浦街道民生实事项目建设工作。区委副书记、区长刘汇等区领导及相关部门负责人陪同。

同日，区人大常委会主任胡杰夫率队查看梅溪湖湖泊防洪调蓄水闸、靳江河—湘江入口中节能工地、潇湘大道南沿线高排闸等防汛设施。

18日，江苏省无锡市农委系统一百余人到岳麓区莲花镇考察学习农业产业发展和新农村建设。

同日，区政协开展泛岳麓山创

新创意集聚区建设发展专题视察。

同日，区委书记周志凯到咸嘉湖街道调研工作，刘汇等区领导及相关部门负责人参加调研。

同日，区委召开常委会议。

19日，区政府召开区长办公会议，研究审计、企业安置用地、租办公场地等事宜。

20日，区委副书记、区长刘汇带队督查二环线绿化提质提标工程。

24日，最高人民法院办公厅副主任陈志远、办公厅院长办副主任海伟一行到岳麓区人民法院调研执行工作机制及司法公开运行情况。

25日，湖南省妇联主席杜亚玲、新疆生产建设兵团妇联副主席朱桂花一行到咸嘉湖街道白鹤咀社区考察妇女儿童工作。市、区相关领导陪同。

26日，长沙市市长胡衡华、副市长张迎春一行到岳麓区考察调研58众创。

同日，区政府召开区长办公会议，研究含浦大道(一段)拆迁建设工作。

同日，岳麓区召开征兵工作会议。各街道(镇)企事业单位和驻区高校有关领导、武装专干和区有关部门负责人共100余人参加会议。区委副书记、区长刘汇主持会议并讲话，区委常委、区人武部部长龙斌对2016年夏季征兵工作进行部署。

28日，湖南首家道德模范示范基地落户观沙岭街道。

29日，举行岳麓区第六届社区文化体育节暨区校共建大学生道德高地校园文化进社区开幕式。郭贝贝大学生志愿服务团队在咸嘉湖街道步步高广场开展文艺演出活动，吸引1000余名群众观看。

30日，湖南省委常委、市委书记易炼红，市委副书记、湖南湘江新区管委会主任虢正贵等领导到58众创考察园区发展情况。

6月

1日，区委召开常委会议。

2日，市委副书记、市长胡衡华率队调研观沙岭街道三叉矶棚改项目。区委书记周志凯，区委副书记、区长刘汇等陪同调研。

3日，在王府井商业广场举行以“推进绿色发展，共建品质岳麓”为主题的岳麓区2016年庆祝“6·5”世界环境日生态文明宣传活动。

4日，区委书记周志凯率队调研望月湖街道经济社会发展工作。

6日，区政府召开2016年岳麓区古树名木普查及保护工作会议。

7日，区政府召开全区2016年度涉市重大项目调度会议。

同日，区政协开展以“发展科教优势、推动区校合作”为主题的专题协商，为深化区校合作献计策、聚合力、促发展。

13日，区政府召开区长办公会议，研究全区黑臭水体整治、渔民转产等工作，研究对市审计局《2014年至2015年岳麓区产业发展类资金使用情况专项审计调查报告(征求意见稿)》的反馈意见等事宜。

15日，区委书记周志凯率队调研后湖景区综合整治工程。

16日，北京市海淀区委宣传部副部长、区文明办主任吴琢如一行到望城坡街道长华社区考察文明城市创建工作，市文明办主任郭润葵等陪同考察。

同日，桂阳县政协主席刘革新一行到岳麓区考察征地拆迁工作。

19日，2016“幸福岳麓”第三届“岳麓杯”全民健身篮球赛开赛。

20日，深圳大型文化创意企业代表团一行到岳麓区后湖项目实地考察，并与区委、区政府洽谈招商事宜。区委书记周志凯等领导出席会议。

21日，区政府召开全区卫计工作半年度形势分析暨创建计生“新国优”工作动员会议。

同日，区委召开常委会议。

22日，区政府召开第三十二次常务会议，研究园区兑现产业发展引导资金、城市管理“门前三包”等工作。

同日，区人大常委会主任胡杰夫率队赴长沙市廉政警示教育基地参观和接受警示教育。

22—30日，区委、区人大、区政府、区政协领导带队检查安全生产工作。

23日，区委召开常委会议。

24日，召开全区半年度城市管理工作讲评会议，区委书记周志凯，区委副书记、区长刘汇等领导，区城市管理委员会成员单位负责人及17个街道(镇)分管副职、城管办主任参加会议。

同日，公安部治安局局长刘邵武在省公安厅副厅长谭和平、省治安总队总队长丁阳云等陪同下，到岳麓区调研高校安保、景区治安秩序维护、社会面防控等工作。

同日，区委书记周志凯，区委副书记、区长刘汇一行对含浦大道项目进行考察调研。

27日，区委召开全区庆祝中国共产党成立95周年大会。

29日，召开区第四届人大常委会第三十次会议。

同日，2016“幸福岳麓”第六

届社区文体节之庆祝中国共产党成立95周年“红旗颂”群众合唱比赛开赛，来自各街道(镇)19支合唱队共800余人观看比赛，评选出金奖2名、银奖3名、铜奖4名、优秀组织奖10名。

同日，区委召开常委会议。

30日，区政协召开四届二十次常委会议。

同日，区委书记周志凯、区人大常委会主任胡杰夫分别慰问看望西湖街道龙王港党支部困难老党员毛淑娟和罗栋自，为他们送上节日祝福。

同日，区政府召开全区集体土地新启动项目拆迁动员大会。区委书记周志凯，区委副书记、区长刘汇，湖南湘江新区国土规划局局长唐子可，区人大常委会主任胡杰夫，区政协主席袁精华等出席会议，区直机关、街道(镇)负责人，拆迁一线工作人员及有关村党支部书记、主任参加会议。

7月

1日，最高人民法院组织山西、黑龙江、河南、海南、云南代表团部分全国人大代表到岳麓区人民法院考察反家暴审判等特色工作。

同日，区政协主席袁精华到岳麓街道为全体党员讲党课。

2日，省委统战部副部长、省工商联党组书记汤新华一行到58众创考察交流，58集团总裁姚劲波、58众创CEO吴阔陪同交流。

5日，省政府副秘书长、长沙市委副书记、湖南湘江新区管委会主任虢正贵一行到岳麓区督查防汛工作。

7日，区政府召开区长办公会议，研究区图书馆、文化馆、档案馆概念设计方案，研究金星大道、潇湘大道综合提质改造设计方案。

同日，国家卫生计生委统计信息中心举办健康卡建设技术培训，西湖街道卫生服务中心为湖南省居民健康卡首发单位。

同日，区委副书记、区长刘汇，副区长李舜，区政府副调研员调研美丽乡村、农村公路建设。

7日8时许，观沙岭街道茶子山村村民安置房第三期项目建筑工地拆迁废墟内发现一具尸体。案发后，区委、区政府及时组织人员赶赴现场调查处理。市委、市政府成立处置工作组，赶赴现场依法依规指导调查处理工作。对相关责任人，视其情节轻重一一给予相应处理。

8日，区委召开常委会议，专题研究观沙岭街道“7·7”事件处置工作。

10日，区人大常委会召开第四届人大常委会第三十一次会议。

12日，区委召开常委会议。

同日，区人大常委会召开第四届人大常委会第三十二次会议。

14日，武夷山市政协副主席金文莲率队到岳麓区考察，交流书院文化保护传承与开发利用。

同日，湖南省住建厅住保处副处长杨健一行，对岳麓区安居工程项目蜂巢颜料化工厂棚户区改造、海普声域信息技术服务有限公司公租房、湖南第一师范学院公租房进行巡查。

19日，市人大常委会主任袁观清率队视察岳麓区城乡接合部环境综合整治及环卫工作情况。

同日，区委召开常委会议。

22日，市“一府两院”向市第十四届人大代表岳麓区联组通报上半年工作。

25日，区政协召开党组（扩大)会议，学习习近平总书记7月1日在庆祝中国共产党成立95周年大会上的讲话。

同日，区人大常委会主任胡杰夫率队考察岳麓区水利工程建设及人大代表所提建议落实情况。

同日，第二十八届CPBA全国(U13)“苗苗杯”小篮球联赛开幕式在博才阳光实验小学举行，省体育局副局长、省篮协主席杨再辉等省、市、区领导出席开幕式。

27日，区委召开常委会议。

28日，省委常委、副省长、省公安厅厅长黄关春一行到岳麓交警大队枫林路口执勤点、消防支队岳麓大队看望慰问一线执勤交通民警、消防官兵、文明交通劝导员。

同日，市人大常委会执法检查组就《岳麓山风景名胜区保护条例》贯彻实施情况进行现场检查。

29日，区政协召开政情工作通报协商暨辅导报告会。

同日，举行“幸福岳麓”第二届“百姓大舞台　有艺你就来”群众个人、家庭才艺大赛决赛，评选出一等奖5名、二等奖9名、三等奖15名、优秀奖32名。

同日，中国侨联秘书长陈迈调研望月湖街道岳龙社区侨务工作。

同日，区委书记周志凯，区委副书记、区长刘汇率区委、区人大、区政府、区政协领导到区人武部和驻区部队进行慰问。

8月

1日，召开全区信访维稳安全工作会议。

3日，区委召开常委会议。

同日，国家旅游局做出撤销湖南省长沙市橘子洲景区AAAAA级旅游景区质量等级的决定。

4日，区政府召开第三十三次常务会议，研究安全生产、桐梓坡棚改、党员干部违纪处分等事宜。

同日,区政协领导班子召开以“深刻反思衡阳破坏选举案教训,切实加强换届风气监督,努力营造良好政治生态”为主题的民主生活会。

9日,区委副书记、区长刘汇等领导慰问区市政公司、环卫公司、园林公司、城管执法大队等一线工作人员。

同日,市委副书记、湖南湘江新区管委会主任虢正贵就岳麓山风景名胜区管理体制调整问题进行调研。

10日,召开全区2016年生态环境保护工作半年度讲评会,区环委会主任、区长刘汇主持会议,区环委会成员单位主要负责人参加。

同日,市委副书记、湖南湘江新区管委会主任虢正贵到咸嘉湖街道白鹤咀社区接访居民代表,就湖湘中医院宿舍环境提质提档整治工作进行专题调度。

11日,区人大常委会主任胡杰夫率区人大常委会主任会议成员和部分区人大代表考察全区城市管理和三年造绿工作。

同日,区委召开常委会议。

12日,召开区长办公室会议,研究融资“美丽乡村”公路提质改造、玉赤河流域环境整治及景观工程PPP项目实施方案。

同日,区政府召开第三十四次常务会议,研究恩瑞万豪项目产业引导资金、公务用车制度改革工作,听取1—9月财政预算执行情况和调整方案汇报。

13日,召开区长办公会议,研究区城市道路交通管理、湘江长沙综合枢纽库区岳麓区段排水口运行管理维护工作。

16日,市委副书记、市长胡衡华带队检查岳麓区安全生产工作。

17—19日,山西省农业厅组团考察岳麓区工商资本租赁农地监管和风险防范工作,考察学习农村土地经营权流转交易市场建设、农村土地流转管理和服务工作等。

18日,市委副书记徐宏源、副市长陈中率队考察望月湖街道社区提质提档工作。

19日,区委召开常委会议。

同日,区政协召开主席(扩大)会议,传达学习区委书记周志凯在党代会上所作报告精神。

22日,召开区长办公会议,研究国土资源管理、非煤矿山退出整治等工作。

24日,区委书记周志凯率队调研后湖景区综合整治工程。

同日,区人大常委会召开区第四届人大常委会第三十三次会议。

26日,省委常委、常务副省长陈向群率队赴观沙岭街道调研滨江国际金融项目,省、市、区相关领导陪同调研。

28日,区委书记周志凯一行到西湖街道先锋社区、咸嘉湖街道荷叶塘社区调研“三服务”一线工作情况。

29日,区委副书记、区长刘汇到咸嘉湖街道调研社区提质提档工作情况。

同日,区委召开常委会议。

9月

1日,世界500强企业恒大地产集团与湖南湘江新区在长沙签订协议,省委常委、常务副省长陈向群,省委常委、长沙市委书记易炼红,市委副书记、湖南湘江新区管委会主任虢正贵以及恒大集团董事局主席许家印等出席签约仪式。

同日,区政府召开区长办公会议,研究2016年社区提质提档经费投入问题。

2日,市委常委、常务副市长陈泽珲到咸嘉湖社区调研提质提档工作。区委书记周志凯等领导陪同调研。

5日,区委副书记、区长刘汇率队到坪塘街道调研项目拆迁安置建设情况。

6日,区委召开常委会议。

7日,区委召开人大工作暨人大、政协换届选举动员大会。

8日下午,副市长陈中率队到岳麓区调研望岳街道恒华社区全面提质提档工作。市、区相关领导陪同调研。

同日,区人大常委会召开区、镇两级人大换届选举工作培训会。

9日,区政府召开庆祝2016年教师节暨教育工作会议。

同日,区政协组织开展乡村环境综合整治工作专题视察。

同日,2016年“欢乐潇湘　品质长沙”全省群众文艺会演举行决赛,岳麓区翼之梦艺术团合唱《我们是一家》和贝贝文化志愿者团队舞蹈《狐仙秀英》进入长沙市专场表演。

10日,俄罗斯媒体代表团到咸嘉新村社区考察采访,参观社区“绿色出行”自行车租赁点、垃圾分类回收站、社区绿化广场、“道德银行”,听取社区两型建设、多元共治模式和便民服务中心建设等情况介绍。

同日晚,“挑战21天·一起来跑吧”荧光夜跑暨庆祝第32个教师节大型公益健身活动在岳麓区西湖公园举行,400多人参加。

15日至10月31日,万花灯火·2016橘洲艺术花灯节在橘子洲沙滩公园举行。

19—20日,长沙市森林消防队伍进行集训考核,岳麓区在水泵架设、泵车结合、班组紧急避险等科目考核中胜出，其中泵车结合1分38秒,创全市森林消防队伍单科考核新纪录。

20日,区委副书记、区长刘汇率队调研坪塘街道海花谷项目建设情况,区领导蔡峰、邹刚、汪世震等参加调研。

同日，副市长陈中带领8家中央媒体和10家省、市媒体采访团对岳麓桃花岭景区、梅溪湖音乐喷泉、洋湖再生水厂、洋湖湿地公园等进行采访报道。

21日，区委召开五届二次全体会议。

同日，区人大常委会主任胡杰夫主持召开区第四届人大常委会第三十四次会议。

22日，中纪委派驻文化部纪检组副组长单威率在湘参加全国文化系统纪检工作座谈会代表110余人,到望岳街道调研基层综合文化站建设情况，省文化厅领导禹新荣、廖星等陪同调研。

同日，区人大常委会主任胡杰夫率队到西湖街道检查安全生产工作情况。

同日晚,区委书记周志凯率队到坪塘街道集体土地拆迁指挥部,看望慰问征拆一线工作人员。区委常委、常务副区长蔡峰等陪同。

23日,区委、区政府和区人武部联合组织国家安全发展与国防建设形势报告会，聘请国防科技大学、省委党校军事战略专家和国家安全发展战略专家专题授课。全区副科级以上负责人参加。

28日，长沙市公安局警察运动会登山比赛在岳麓山风景区举行,岳麓分局12名运动员参加本次比赛,勇夺团体第一。

29日，省国家安全厅组织全省各区、县国家安全工作负责人一行50余人的观摩团,到岳麓区天顶街道和川塘村观摩指导国家安全人民防线建设工作。

同日，区委召开五届三次全体(扩大)会议。

10月

6日,湖南湘江新区党工委副书记、管委会主任虢正贵到坪塘街道集体工地拆迁指挥部南片分部调研坪塘片区(恒大海花谷)项目征拆工作，并看望慰问一线拆迁工作人员。区委书记周志凯,区委副书记、区长刘汇等陪同。

8日,省委常委、市委书记易炼红到咸嘉湖街道王府井商业广场调研经济社会发展工作，市领导虢正贵、夏建平参加调研,区领导周志凯、刘汇、周凡等陪同。

同日，岳麓区安全文化展演活动第一场在岳麓街道王家湾步步高广场开演。

同日，邀请全国健康素养巡讲专家、国家中医药管理局中医文化科普专家肖长江作“养生从‘心’开始”为题的健康知识讲座。区直机关离退休老干部职工和街道、社区(村)居民代表共260余人参加听课。

10日，银盆岭街道成立长沙市首个街道联合办税服务厅。

10日晚,区委书记周志凯,区委副书记、区长刘汇调研坪塘街道南片指挥部拆迁工作，副区长蔡峰、邹刚陪同调研。

11日,区委召开常委会议。

12日,省委常委、市委书记易炼红,市委副书记、市长胡衡华率市四大家领导及市直部门、区、县(市)主要负责人,考察梅溪湖街道阳明山庄社区提质提档工作。市、区相关领导陪同。

13日，区政府召开区长办公会议，研究区公共卫生服务中心项目、农业林业畜牧、水务等方面工作。

14日，民政部副部长一行八人调研西湖街道普亲先锋社区老年养护中心,副省长蔡振红、省民政厅厅长段林毅、市长胡衡华、区委书记周志凯、西湖街道工委书记王军等陪同调研。

18日,区政府召开2016年重点项目建设“百日会战”总结表彰大会。

19日，区政府召开第三十五次常委会议,研究安全生产工作、审议《政府工作报告》等。

同日,召开全区农村“四冬”工作会议,安排部署冬种、冬修、冬防、冬造工作。

同日，新疆吐鲁番100名基层干部到咸家湖街道咸嘉新村社区考察社区党建和服务型社区建设工作。

20日，区政府召开区长办公会议，研究西二环拓改项目征拆推进、中南大学科技园研发总部建设项目、长沙特种硬质合金工业公司周边零星用地补征项目等工作。

21日,区委召开常委会议。

25日，中央电视台和中国人口宣传教育中心在西湖街道社区卫生服务中心拍摄流动人口享受基本公共卫生服务均等化情况，制作有关全国流动人口宣传片《人口大迁徙》。

同日,“放飞梦想·共赢未来”全国未成年人网络春晚长沙专场展示活动在岳麓区举行。

26日，区政府召开区长办公会议，研究2017年道路建设计划、综合治税、物业管理等工作。

27日，岳麓区召开棚改工作调度会,区委书记周志凯主持。会议总结全区棚改工作情况，研究部署下一阶段棚改工作。区委副书记、区长刘汇等领导和区直17个部门单位及7个街道负责人参加会议。

28日，区人大常委会召开第四届人大常委会第三十五次会议。

31日，区政府召开全区物业管理工作暨城市管理“门前三包”工作推进会议。

11月

2日，市委副书记、湖南湘江新区管委会主任虢正贵率队到咸嘉湖街道白鹤咀社区，考察湖湘中医肿瘤医院宿舍区环境提质改造工程。

3日，区委召开常委会议。

4日，省环保厅自然生态处处长张志光、省财政厅经建处副处长姬广科率队到岳麓区坪塘街道进行绿心地区农村环境综合整治现场验收。

9日，省文物局和中国文物报社一行调研岳麓区长沙国王陵安全工作。省局领导和《中国文物报》记者对长沙国王陵安全工作给予充分肯定。

11日，区政府召开区长办公会议，听取区食品药品监管工作、教育工作情况汇报。

12日，区委召开常委会议。

14日，召开“保护风景资源，践行绿色发展”《岳麓山风景名胜区保护条例》暨《岳麓山风景名胜区特许经营管理办法》宣传动员会。

17日，长春市质监局组团到岳麓科技产业园学习考察。

同日，召开《政府工作报告》征求意见座谈会，部分区人大代表、政协委员、民主党派人士、基层干部代表参加会议。

18日，区人大常委会召开区第四届人大常委会第三十六次会议。

同日，市国土局组织9个区、县(市)项目征拆负责人到岳麓区学习交流。

同日，召开区长办公会议，审议《2017—2019年岳麓区造绿大行动总体方案》、岳麓大学科技城片安置小区项目争创优质工程、麻园路项目结算等工作。

20日，“浪漫枫情　惬意人生”2016中国(长沙)麓山红枫节暨文明旅游志愿服务活动在岳麓山东大门广场举行，全国红叶景区联合发布《麓山宣言》。

21日，区委、区政府召开全区负责干部会议。

同日，黑龙江省民政厅领导参观夕阳红社区家庭。

23日，市关工委主任董学生率队调研岳麓区望岳街道恒华社区关心下一代工作，区关工委、区老干局相关负责人陪同调研。

25日，区委召开常委会议。

同日，区政府召开区长办公会议，研究湘岳化工厂资产处置工作。

28日至12月1日，召开区五届人大一次会议、区政协五届一次会议。

30日，深圳市福田区组团到岳麓区考察社会治安综合治理工作。

11月，区地税局推出掌上办税系统，开发微信预约排队、涉税资料网上预审、办税事项二维码事项告知、智能机器人答疑、涉税信息查询等多项功能，率先在全市地税系统实现微信预约预审。

12月

1日，区政府召开区第五届人民政府第一次全体会议。

4日，省司法厅联合长沙市政府主办，岳麓区协办，在咸嘉湖街道王府井广场开展“践行志愿者精神，法律服务走进你我”主题志愿者活动。

6日，中国学前教育研究会学前教育管理专业委员会专家组到岳麓区调研学前教育，重点调研岳麓区申报教育部学前教育改革发展实验区后的工作情况。

同日，市政协主席会议成员视察岳麓区工作。区委副书记、区长刘汇等陪同。

9日，区残联开展第25次国际残疾人日活动。

12日，区政府召开空气污染黄色预警期应急工作调度会议，区住建、城管、环保等27个职能部门和街镇负责人参加。

13日，含浦街道召开第一次妇女代表大会。

14日，区第五届人民政府召开第一次常务会议，研究《岳麓区2017年建设项目投资计划》编制，通报机关事业单位工作人员工资标准调整及津补贴有关事项。

15日，省两型委办公室副主任余学进率省两型委调研组到岳麓区鹅洲村进行调研，市两型办副主任伍进、两型办发展规划处处长张业武参加调研。省两型委拟将鹅洲村生态环境综合治理工程纳入2017年省级两型发展项目。

16日，区人大常委会主任胡杰夫率区民族团结进步行活动组委会成员赴龙山县里耶民族中学开展助学捐赠活动，向部分少数民族学生提供助学金，并向里耶民族中学捐赠二十万元贫困助学经费和文体设备。

19日，区人大常委会主任胡杰夫率队考察指导西湖街道金星小区提质提档工作。

20日，召开全区2016年度党

风廉政建设责任制检查考核暨述责述廉大会。

22日，在由共青团湖南省委、省民政厅、新华网联合主办的湖南省首届青年社会组织公益创投大赛中，岳麓街道社会组织智天使公益联合会获“十佳项目”荣誉称号。

22日，市委书记易炼红，市委副书记、代市长陈文浩率市辖区县（市）园区和市直部门负责人，实地观摩、点评、督导湘江欢乐城项目建设推进工作。

24日，区政府召开全区2017年经济工作务虚会。

26日，区委召开五届四次全体会议。

同日，区第五届人民政府召开第二次常委会议，研究2017年度区财政预算（草案）编制、麓谷街道析置等工作。

同日，举行区直机关联合工会第一次代表大会。

27日，省、市人大代表岳麓区代表联组视察岳麓区湘江财富金融中心、后湖国际艺术区、湖南省检验检测特色产业园。

同日，召开第三次全国农业普查培训会。

29日，区人大常委会主任胡杰夫率区人大常委会主任会议成员和部分区人大代表视察坪塘街道重点项目、三汉矶棚改项目、李自健美术馆、恒大海花谷项目和华谊电影小镇等项目建设。

岳麓区概况

自然地理

【区域位置】 岳麓区因境内国家5A级风景名胜区岳麓山得名,位于长沙市湘江西滨,东经112° 36′ 17″ ~112° 57′ 21″,北纬27° 58′ 30″ ~28° 27′ 65″,东与开福区、天心区隔湘江相望,南与湘潭县九华乡、龟头镇相连,西与宁乡县道林镇、花明楼镇、夏铎铺镇接壤,北与望城区白箬铺镇、黄金镇、星城镇毗邻。辖区东西最大直线距离35.3千米,南北最大直线距离33.5千米,总面积545.57平方千米。其中陆地480.9平方千米,占86.2%;水域77.1平方千米,占13.8%。区治位于金星北路一段517号,电话区号0731,邮政编码410013,距长沙市政府驻地一千米。

【地貌资源】 境内大部为岗地丘陵区,地势略为西高东低、南高北低,地面高程一般在海拔60~80米,最高点稽家山海拔474.9米,最低点洋湖垸海拔21.6米。境内矿藏资源有灰岩、石英岩、砂岩、粘土、铁矿、锰矿、煤矿,主要分布在坪塘街道及雨敞坪镇。

【水文气候】 境内有四条主要河流:湘江、靳江、龙王港、八曲河。湘江是湖南省最大河流,为长江主要支流之一。发源于广西兴安县南部白石乡境内海洋山脉的近峰岭,干流全长856千米,流域面积9.466万平方千米,流经岳麓区境内34.2千米。靳江为湘江下游一级支流,发源于宁乡县白鹤山寨子冲,于岳麓区柏家洲注入湘江。干流河长85.0千米,平均坡降0.55‰,全流域面积781平方千米,流经岳麓区境内长26.5千米,流域面积320平方千米。龙王港为湘江下游一级支流,发源于望城区南角岭,流经岳麓区溁银桥汇入湘江。全流域面积173平方千米,河长31.0千米,主河道坡降0.84‰,岳麓区境内长11千米,流域面积75平方千米。八曲河是一条防洪排涝的骨干河道,属湘江二级支流,发源于岳麓区雨敞坪镇甑皮岭,于望城县高塘岭镇胜利村与沩水河汇合后流入湘江,流域总面积331平方千米,干流全长53千米,岳麓区境内长12.7千米。岳麓区气候属亚热带季风性湿润气候,特点是:气候温和,四季分明,热量充足,雨热同期。年平均气温在17.4℃,年平均生长期244天(稳定通过10℃的天数),年平均无霜期344天,年平均日照时数1583小时,年平均降水量1476毫米,年平均降雨日数为155天。2016年年平均气温18.3℃,年内最高气温39.4℃,最低气温-7℃,年降水量1727毫米。岳麓区自然山水资源得天独厚,集长沙“山水洲城”的城市风貌特色于一体。

人口·民族

【人口】 2016年年末,全区公安户籍人口67.49万人,常住人口71.71万人,全年人口出生率为18.04‰,死亡率为3.10‰,自然增长率为14.94‰。

【民族】 岳麓区境内人口以汉族为主,占总人口的96.7%;土家族7225人,占1.1%;苗族4598人,占0.7%;侗族、蒙古族、回族、白族、瑶族等46个少数民族9852人,占1.5%。

建置·区划

【建置】 岳麓区区域春秋时期属楚地。秦始皇时期属长沙郡。自汉至民国初期属长沙、荆州、潭州等地域。民国二十三年(1934年)设区,民国二十六年(1937年)撤区设太平、黄兴两镇。民国三十三年(1944年)撤镇改区。1949年10月成立城西区人民区公所,1951年9月撤区公所设西区人民政府。1956年水上区并入西区。1975年原岳麓区并入西区。1996年撤西区设岳麓区。2008年原望城县坪塘镇、含浦镇、莲花镇、雨敞坪镇划入岳麓区。

【区划】 2016年,岳麓区辖岳麓、橘子洲、望月湖、银盆岭、观沙岭、西湖、望城坡、望岳、咸嘉湖、梅溪湖、天顶、坪塘、洋湖、学士、含浦15个街道办事处,莲花、雨敞坪2个镇,共17个乡级政区;有85个社区居民委员会、83个村民委员会、1个管区;下设1675个居民小组、1598个村民小组。

国民经济和社会发展

【概况】 2016年实现地区生产总值912.19亿元,同比增长9.8%。

全年实现工业增加值313.85亿元,同比增长7.0%,其中规模以上工业实现增加值255.39亿元,同比增长7.0%。第一产业增加值20.00亿元,同比下降4.2%;第二产业增加值390.42亿元,同比增长7.4%;第三产业增加值501.77亿元,同比增长13.0%。三次产业的结构比为1.6∶46.4∶52,全年人均地区生产总值109612元,比上年增加10094元。全年完成一般公共预算收入769854万元,同比增长10.7%;一般公共预算支出合计518487万元,同比增长10.9%。

项目建设。全年完成固定资产投资829.22亿元,同比增长16.0%。计划总投资超过5000万元非房地产项目完成投资391.77亿元,同比增长74.6%,占固定资产投资总额的47.2%。443个项目投资计划、69个市对区绩效考核项目的年度任务全面完成。地铁3号线、4号线、城际铁路等省、市重大基础设施项目建设稳步推进;岳宁大道、莲坪大道、学士路改造工程、西二环拓改等城建基础设施项目,素质教育基地、"两馆一中心"等民生项目进展顺利。实施水利工程450处,新建提质农村公路112公里,农村板块综合承载能力稳步提升。推行"6·30"拆迁新政,按照"一线服务、两级联审、三榜公示、四月签约腾房、五月交地结算"的操作模式,强力攻坚项目征拆,74个扫尾项目实现48个全面清零,90个新启动项目中有58个正式启动签约,24个全面清零,累计签约4200余户,腾房近4000户,腾地近万亩。其中,未来科技城、恒大童世界、二环线拓改、三环绿带等项目拆迁工作创造了新速度,三汊矶、蜂巢化工、观音港、白沙液街、老咸嘉湖路等项目征收工作成效显著。

商贸服务业。全年实现社会消费品零售总额310.93亿元,同比增长13.3%。全年进出口总额(海关口径)11085万美元,同比增长21.5%。宜家、绿地等项目加快建设,王府井购物中心、渔人码头、奥克斯缤纷广场、郡城跨境商品直购体验中心开业运营。文化旅游业蓄势待发,全年共接待国内外旅游者1071.8万人次,同比增长15.8%;实现旅游总收入134.7亿元,同比增长23.1%。投资500亿元的恒大童世界启动建设,湘江欢乐城、华谊电影小镇等项目加快建设,坪塘—大王山"东西比翼"的旅游格局加速成型。健康养老业前景看好,全区共有各类医疗卫生机构617个,新增62个,梅溪湖恒大国际健康城、亿达健康科技城正式落户,洋湖妇女儿童医院入驻开建。现代金融业集聚发展,滨江金融中心被确定为湖南金融中心,2016年相继引进长沙银行、吉祥人寿、三湘银行3家金融总部,浦发、广发、湘江财富金融中心等项目建设顺利推进。检验检测业初具规模,岳麓科技产业园获批全省唯一检验检测特色产业园,集聚检验检测企业60家,中汽(湖南)汽车服务产业基地、未来科技城智能驾驶测试区等项目建设顺利推进,抢占了汽车后服务、智能驾驶等新兴领域制高点。都市农业健康发展,制定美丽乡村发展建设三年行动计划,城乡一体化发展步伐明显加快,爱格花卉、金霖羊肚菌等农业项目运行良好。建安业房地产业持续健康发展,实现商品房销售面积超590万平方米、销售额超460亿元。突出楼宇招商、总部招商、平台招商,新增楼宇企业326家、总部企业37家,产业转型态势更为强劲。

创新创业。启动泛岳麓山创新创意集聚区创建,与湖南中医药大学、湖南商学院签约战略合作协议,后湖国际艺术园规划设计、节点打造、道路建设等工作有序推进,中南大学科技园研发总部即将启动建设,透明计算、固高机器人、钨合金等项目顺利入驻。成立岳麓创业学院,58众创、麓客空间等众创平台相继进驻或投入使用,吸引创客团队200余个,孵化企业84家,诞生专利32个,实现A轮融资7000万元。商事登记、行政审批等领域改革取得明显进展,新增商事主体1.8万余个,新设企业8200家,营商环境更加优化。

全年完成农林牧渔业总产值26.74亿元,同比下降4.1%。其中,农业产值16.83亿元,同比增长1.9%;林业产值7058万元,同比下降9.6%;畜牧业产值7.12亿元,同比下降16.4%;渔业产值13616万元,同比下降10.6%;农林牧渔服务业产值7109万元,同比增长3.2%。全年粮食总产量86828吨,出栏肉猪22151吨,肉禽出笼70.56万羽,水产品产量10100吨。

民计民生。全区农村公路里程1357.0千米,已硬化里程921.4千米。坚持新增财力向民生领域倾斜,省、市涉及岳麓区的重大民生实事工程全面完成。教育更公平。新增中小学校6所、公办幼儿园4所,增加学位1.6万余个。看病更容易。全区共有各类医疗卫生机构617个,含浦社区卫生服务中心即将竣工,完成7个村卫生室标准化改造。住房保障更完善。解决5500余户的产权办证遗留问题,金溪湾一期投入使用,全面实现公租房保障小区物业考核。城市管理更高效。强力推进城市管理攻坚提质大行动，大王山区域、城乡接合部环境综合整治两个“百日会战”成效明显“门前三包”、斑点整治等重点难点问题有效破解。锲而不舍抓控违拆违，实行新增违法建设“零容忍、零增长、零指标”管理，累计拆除违法建设47万平方米。有序推进拆违复绿复建，新建社会停车场18个，新增停车位3200个。居住环境更优美。大力实施社区提质提档行动，阳明山庄、八方社区提质改造全面竣工，湖中、火炬城等社区提质改造有序推进。高标准实施新的“三年造绿行动”，二环线绿化提质、环城绿带生态圈（一期）建设顺利完成，新增绿地52公顷。金星路、潇湘大道“六位一体”提质改造稳步推进。安全保障更坚实。严格落实安全生产责任，深入开展重点领域安全隐患治理，全区安全生产形势稳定向好。

困难与问题：发展不足、发展不优、发展不平衡仍然是最大的区情，科教资源、生态禀赋、平台优势尚未充分释放，调优产业结构、促进科技成果就地转化、培育增长新动能仍需继续发力；城乡建设管理新旧矛盾交织，征拆任务依然繁重，城市现代化、新型城镇化水平有待提高；人居环境提质、服务设施配套、安全隐患整治等工作压力加大，一些历史遗留问题尚未得到根本解决，基层治理面临新的挑战；政府自身建设有待进一步加强。

中国共产党长沙市岳麓区委员会

书　　记　周志凯
副 书 记　刘　汇(女)
　　　　　周　凡
　　　　　喻志军
常　　委　贺赤兴
　　　　　彭利芝(女)
　　　　　蔡　锋
　　　　　吴　江
　　　　　罗予武
　　　　　张铁炎
　　　　　杨利成
　　　　　黄军其
　　　　　龙　斌
区委办公室
主　　任　杨利成
副 主 任　李思远
　　　　　程　勇
　　　　　宾哲强
区纪委驻区委办
纪检组长　席文诗
区委机要局
副 局 长　阳　卿
区委政研室
主　　任　王　军
区委督查室
主　　任　潘雄健
区委改革办
主　　任　杨利成
常务副主任
　　　　　王　军
副 主 任　刘海岸
　　　　　周丽娟(女)

【区委四届十六次全体（扩大)会议】 1月6日,召开区委四届十六次全体(扩大)会议和区委经济工作会议。区委书记周志凯代表区委常委会作《推进“三融共进”着力“五化同步”率先建成全面小康加快实现基本现代化》报告,全面总结“十二五”时期岳麓区经济社会发展主要成绩，部署“十三五”时期岳麓区经济社会发展主要任务。会议审议通过《中共长沙市岳麓区委关于制定国民经济和社会发展第十三个五年规划的建议》。会议针对2016年经济工作发展情况,要求做好四方面工作:顺应供给侧改革,开展“产业发展年”活动,实现更高质量的发展;坚持需求侧发力，促推项目建设大提升,实现更大能级的发展;注重城市化品质，加快城乡一体统筹,实现更可持续的发展;发展普惠型民生,增进市民群众获得感,实现更加公平的发展。

【区委五届二次全体会议】 9月21日,召开区委五届二次全体会议。酝酿讨论省第十一次党代会代表候选人推荐人选建议名单，并就区委常委会集体研究的街道、乡镇党政正职拟任人选(提名人选)进行审议表决。区委书记周志凯强调,一是思想上主动看齐,认识人大、政协换届的重要性;二是工作上精益求精,强化代表、委员推荐提名的严肃性；三是纪律上严字当头，确保换届风气的纯洁性。

【区委五届三次全体(扩大)会议】 9月29日,召开区委五届三次全体(扩大)会议。传达学习市第十三次党代会的主要精神，并结合岳麓区实际抓好贯彻落实。周志凯强调，全区各级各部门要立足部门职能,迅速掀起学习热潮,把党代会精神学深悟透、活学活用,自觉用党代会精神统一思想、凝聚力量、推动工作。

【区委五届四次全体会议】 12月26日,召开区委五届四次全体会议，酝酿讨论岳麓区推荐长沙市出席中共十九大代表候选人初步人选建议名单。

【区委常委会议】 2016年，区委共召开常委会议30次。1月8日下午，召开区委常委会议。研究《岳麓区国民经济和社会发展第十三个五年规划纲要（草案)》编制、《岳麓区2016年建设项目投资计划》及涉市重大项目投资计划申报工作、与湖南湘江新区体制机制理顺相关建议和区工商联换届工作。1月29日下午,召开区委常委会议。会议听取“三严三实”专题教育民主生活会准备情况汇报和全区绩效考核相关工作情况汇报，研究春节前后有关工作。1月30日上午,召开区委常委“三严三实”专题教育民主生活会。2月14日上午,区委常委会议研究《2016年产业发展年的实施意见（送审稿)》《岳麓区2016年区领导联系重点产业项目建设实施方案（送审稿)》《关于明确2016年全区项目征收拆迁专项指挥部及年度工作任务的通知（送审稿)》等文件的编制情况及党风廉政建设和反腐败工作。2月25日上午,常委会议听取2016

年区人大常委会、区政协工作要点的汇报,研究有关工作。3月4日下午,区委常委会议研究省委巡视第一组反馈意见整改落实工作,2016年区委常委会工作要点和全区办公室、组织、宣传、统战、政法、“三服务” 一线工作及2015年度“五好”班子、“五好”干部评选工作。3月25日上午,区委常委会议研究《岳麓区政府投资建设项目管理实施细则》、区对街道(镇)财政管理体制、《2016年产业发展年街道(镇)财源建设绩效考核办法》、驻外定点招商方案及招商引资中介人奖励办法。4月22日上午,区委常委会议听取区纪委工作情况汇报、区总工会工作情况汇报,研究干部人事有关问题。4月26日下午,区委常委会议传达学习上级有关文件精神,研究“两学一做”学习教育工作,听取白沙液街有机棚改设计方案情况汇报和社区全面提质提档三年行动计划工作情况汇报。5月18日上午,区委常委会议研究绩效考核工作、美丽乡村建设工作、乡村公路提质改造工作、纪念建党95周年先进集体和先进个人评选工作以及换届工作。6月1日下午,区委常委会议听取绩效考核工作情况汇报、全面深化改革工作情况汇报、全区商品房办证遗留问题处理情况汇报、岳麓山大学科技园工作情况汇报,研究干部人事问题、干部违纪问题。6月21日上午,区委常委会议研究区城建投资公司工作、城市管理工作、纪念建党95周年先进集体和先进个人评选表彰工作和意识形态有关工作。6月23日下午,区委常委会议专题研究岳麓科技产业园有关工作。6月29日上午,区委常委会议研究全区集体土地拆迁相关工作和湘江新区项目建设“百日会战”征拆相关工作,传达上级有关文件精神。7月8日下午,区委常委会专题研究观沙岭街道茶子山村“7·7”事件处置工作,市委副书记、湖南湘江新区管委会主任虢正贵出席会议并讲话。7月12日上午,区委常委会议传达市委关于观沙岭街道茶子山村“7·7”事件处置精神,研究观沙岭街道茶子山村“7·7”事件区派工作组进驻问题和干部人事问题。7月19日下午,区委常委会议传达学习习近平总书记在庆祝中国共产党成立95周年大会上的重要讲话精神,听取区第五次党代会筹备工作情况汇报,研究干部违纪问题和当前有关工作。7月27日上午,区委常委(扩大)会议研究半年度经济工作。7月27日下午,区委常委会议研究干部人事问题和有关工作。8月3日下午,召开区委常委专题民主生活会,部署第五次党代会换届相关工作。8月11日上午,区委常委会议研究中国共产党长沙市岳麓区第五次代表大会报告、区纪委工作报告、关于区委工作报告的决议(草案)、关于区纪委工作报告的决议(草案)及党代会筹备工作报告,听取区第五次党代会筹备工作情况汇报和五届区委委员、候补委员、纪委委员候选人建议名单及市党代表酝酿推选情况汇报。8月19日上午,区委常委会议传达学习《湖南湘江新区管理委员会关于对理顺新区与岳麓区体制机制及实现和谐共融发展建议的回复》,听取社区全面提质提档工作情况汇报、区人大换届选举工作情况汇报和区人大创先争优活动考核情况汇报,研究干部人事问题和部分区级领导联系街道、镇工作安排。8月29日下午,区委常委会议听取区政协换届工作筹备情况汇报,研究《关于市区镇人大代表、市区政协委员推荐提名的工作方案》、科级领导干部有关人事政策和区委、区政府班子成员分工。9月6日上午,区委常委(扩大)会议传达学习省委常委、常务副省长陈向群调研滨江金融中心时的讲话精神,研究恒大湖南海花谷项目征地拆迁、安全生产和教育工作。9月21日上午,常委会议听取区委常委会议事规则的起草情况汇报和省党代表候选人推荐人选酝酿推选情况汇报,研究信访工作和干部人事问题。10月11日上午,区委常委会议听取区第五届人大代表建议人选推荐提名情况汇报,研究干部违纪问题和有关工作。10月21日下午,区委常委会议听取区第五届人民代表大会第一次会议和区政协第五届委员会第一次会议筹备工作情况汇报、《关于促进岳麓区建筑业发展的意见》起草情况汇报和长沙市第十五届人大代表推荐工作情况汇报,研究干部人事有关问题。11月3日下午,区委常委会议研究《区“两会”筹备工作机构及其职责》、党管武装、基层党建及非公经济组织和社会组织党建工作、干部人事有关问题。11月12日下午,区委常委会议审议“两会”相关报告,研究《长沙市岳麓区第五届人民代表大会第一次会议选举办法(草案)》《政协长沙市岳麓区委员会第一次会议选举办法(草案)》、区人大法制委员会和财经委员会设立相关问题,听取区第五届政协委员建议人选提名情况汇报、区第五届人大常委人选和区第五届政协常委人选情况汇报,研究干部人事问题及有关工作。11月25日上午,区委常委会议传达中央、省、市关于做好人大、政府、政协换届工作有关精神,研究车改革、防范和处理邪教工作。

【政策研究工作】 以做好前瞻性、战略性与对策性研究为宗旨,跟进领导思路,主动调研谋划,全年撰写各类文稿200余篇。在《人民日报》《湖南日报》等中央、省市主流媒体和刊物上刊发经验文章31篇。其中,《秀美了村庄,敞亮了心房——春暖岳麓又一年》等文章在《人民日报》刊发,《变资源为资本,化潜力为动力让"五大发展理念"在岳麓开花结果》等文章在省级刊物发表。改版提质《岳麓工作》,创新开办《工作交流》,注重用好平台载体,总结交流经验,指导推动工作。围绕发挥党委信息主渠道作用,在加强向省、市上报信息的同时,立足服务区委决策,开办《岳麓要情》,全年编报42期,及时反映全区面上情况、各单位特色亮点工作和突发重大紧急情况,为区委领导掌握岳麓经济社会动态提供一手信息。全年共向省、市上报各类信息2300余条,被采用350余条,信息工作继续走在省市前列。

【统筹协调服务工作】 立足换届之年的实际情况,直面挑战,迎难而上,主动担当,积极牵头统筹调度,全力做好区党代会和区人大、政协"两会"等重要会议的服务保障工作,确保了会议全程顺利圆满。围绕深化区校合作,主动加强与中南大学、湖南大学、湖南师范大学等驻区高校的对接协调,密切区校联系,拉近区校关系,用实际行动赢得了驻区单位的关注和支持。完成九大类45大项117小项改革任务,区校合作推动创新创业、美丽乡村建设等改革实践在《人民日报》等主流媒体获得推介,学前教育改革发展实验区、家庭审判改革试点法院获批国家级试点。坚持坚守"三服务"一线工作,继续深化"五星网格"创建,指导联点干部当好企业底数"普查员"、项目服务"联络员"、特色产业"招商员",拓展一线工作内涵。全力推动社区提质提档工作,打造了阳明山庄、湖中、火炬城等一批示范社区,主要做法在《人民日报》宣传推介。建立重要文件、重大活动清单管理和党内规范性文件前置审查制度,确保重大活动统筹有方、重要会议协调有力、重要文件规范无误。全年接待各级领导到区考察、调研60余批次,统筹安排和组织协调全区会议和活动220余次,制发公文280余件,收转、传批文件1800余份,实现了"零差错"。编印《办公室业务工作和流程指南》,以流程图形式明确和规范办公室各项工作,为全区办公室系统业务开展提供了根本遵循。

【督查落实工作】 围绕区委、区政府年初铺排部署的重大事项,区委常委会、区委常委办公会等作出的重要决策,逐项细化任务、分解责任,坚持跟踪问效、一督到底。全年组织开展产业发展年工作、主要领导调研街镇交办问题落实情况等重点督查24次,覆盖17个街镇和大部分区直部门。编发《岳麓督查专报》8期、《岳麓督查》9期,督促解决房产证遗留办证等相关问题30余件。坚持顶真碰硬,综合运用通报、问责、考核等手段,传导工作压力,确保了政令畅通。全年办结省、市领导批示件27件,区委主要领导批示查办件120余件,督促解决了房产证遗留办证、拆违控违等一批重点难点问题。 (郑旭辉)

附录

中共长沙市岳麓区委2016年文件目录

1.岳发〔2016〕1号 印发《关于2016年产业发展年的实施意见》的通知

2.岳发〔2016〕2号 关于成立长沙市岳麓区第四届人民代表大会第五次会议临时党委和各代表团临时党支部的通知

3.岳发〔2016〕3号 关于同意调整政协长沙市岳麓区第四届委员会换届时间的批复

4.岳发〔2016〕4号 关于制定长沙市岳麓区国民经济和社会发展第十三个五年规划的建议

5.岳发〔2016〕5号 关于印发《岳麓区2016年建设项目投资计划》的通知

6.岳发〔2016〕6号 关于2015年度"六个走在前列"大竞赛暨领导班子和领导干部绩效考核结果的通报

7.岳发〔2016〕7号 关于印发《长沙市岳麓区开展国家食品安全城市创建工作实施方案》的通知

8.岳发〔2016〕8号 关于转发《长沙市岳麓区第四届人民代表大会第五次会议至第五届人民代表大会第一次会议期间常务委员会工作要点》的通知

9.岳发〔2016〕9号 关于印发《中共长沙市岳麓区委常委会2016年工作要点》的通知

10.岳发〔2016〕10号 关于转发《政协长沙市岳麓区委员会2016年工作要点》的通知

11.岳发〔2016〕11号 关于同意召开中国共产党莲花镇第六次代表大会的批复

12.岳发〔2016〕12号 关于同意召开中国共产党雨敞坪镇第

六次代表大会的批复

13.岳发〔2016〕13号　关于进一步贯彻执行民主集中制的意见

14.岳发〔2016〕14号　关于巡视整改情况的通报

15.岳发〔2016〕15号　关于全面推进区纪委派驻机构统一管理工作的意见

16.岳发〔2016〕16号　关于推进纪检监察工作一体化建设的实施意见

17.岳发〔2016〕17号　关于莲花镇第六届党委和纪委候选人预备人选的批复

18.岳发〔2016〕18号　关于雨敞坪镇第六届党委和纪委候选人预备人选的批复

19.岳发〔2016〕19号　关于中国共产党莲花镇第六届代表大会第一次会议和第六届委员会、纪律检查委员会第一次全体会议选举结果的批复

20.岳发〔2016〕20号　关于中国共产党雨敞坪镇第六届代表大会第一次会议和第六届委员会、纪律检查委员会第一次全体会议选举结果的批复

21.岳发〔2016〕21号　关于表彰优秀党组织书记、优秀党务工作者、先进基层党组织、优秀党小组长、优秀党员志愿者服务团队、优秀共产党员的决定

22.岳发〔2016〕22号　关于成立全区换届工作领导小组的通知

23.岳发〔2016〕23号　关于促进岳麓科技产业园转型创新发展的若干意见

24.岳发〔2016〕24号　印发《关于深入学习宣传贯彻＜习近平总书记在庆祝中国共产党成立95周年大会上的讲话＞的实施方案》的通知

25.岳发〔2016〕25号　关于中共长沙市岳麓区第五次代表大会和第五届委员会第一次全委会、纪律检查委员会第一次全委会选举结果的报告

26.岳发〔2016〕26号　关于中共长沙市岳麓区第五次代表大会和纪律检查委员会第一次全委会选举结果的报告

27.岳发〔2016〕27号　关于调整区委常委、调研员、县级干部分工的通知

28.岳发〔2016〕28号　关于印发《抢抓机遇　乘势而上在建设长沙西引擎西高地的征程中大步前进——在中国共产党长沙市岳麓区第五次代表大会上的报告》的通知

29.岳发〔2016〕29号　关于成立区人大、区政协换届工作领导小组的通知

30.岳发〔2016〕30号　关于印发《坚持挺纪在前　全面从严治党为建设长沙西引擎西高地提供坚强纪律保障——中共长沙市岳麓区第四届纪委向区第五次党代会的工作报告》的通知

31.岳发〔2016〕31号　关于进一步加强全区人大工作和建设的实施意见

32.岳发〔2016〕32号　关于印发《中共长沙市岳麓区委常委会议事规则》的通知

33.岳发〔2016〕33号　关于同意召开雨敞坪镇第六届人民代表大会第一次会议的批复

34.发〔2016〕34号　关于雨敞坪镇第六届人民代表大会主席团和人民政府候选人预备人选的批复

35.岳发〔2016〕35号　关于同意召开莲花镇第六届人民代表大会第一次会议的批复

36.岳发〔2016〕36号　关于莲花镇第六届人民代表大会主席团和人民政府候选人预备人选的批复

37.岳发〔2016〕37号　关于成立长沙市岳麓区第五届人民代表大会第一次会议临时党委和各代表团临时党支部的通知

38.岳发〔2016〕38号　关于成立政协长沙市岳麓区第五届委员会第一次会议临时党委和各街道(镇)活动组临时党支部的通知

组织工作

区委组织部

区委常委、组织部长

彭利芝(女)

常务副部长

唐南沙(女)

区委新经济组织工委常务副书记

李利明(女,1—9月)

副部长(兼)、区绩效考核办主任

李玲艳(女,1—9月)

副部长、区委基层办主任

何宗晔(女)

副部长(兼)、区委老干部局局长

齐坚真

副部长(兼)、区人社局局长

江　南(1—9月)

副部长(兼)、区信访局局长

晏应龙(1—9月)

纪检组长　段　敏(女,10—)

区绩效考核办副主任

张　康

区委基层办副主任

张湘君(女,4—)

区党员干部现代远程教育管理中心主任　陈　烨(4—)

区绩效考核办副主任

吴晓东(女,11—)

【概况】 2016年,区委组织部在编干部21人。区委组织部内设办公室、党建科、干部科、研究室4个科室,下辖区委基层办、区委非

公有制经济组织和社会组织工委、区绩效考核办、区远教中心、区党代表联络办5个二级事业单位。全年区委组织部认真贯彻落实中共十八大和十八届三中、四中、五中、六中全会精神，以深入开展“两学一做”学习教育活动为抓手，统筹推进组织工作开展，取得新成绩，打造新亮点，开创新局面，在全市综合考评中位居前列。“三三制”、“责任清单”、党课学习创新、“一体四化” 等特色亮点工作得到《人民日报》《半月谈》《组织人事报》《湖南领导专报》等媒体充分肯定。

基层党建。扎实推进“两学一做”学习教育工作。创新实施党员教育“四个一”工程，打造区级党员教育基地，组建党员教育师资库，编印党员学习刊物《先锋园地》，创新“党小组互动式微党课”等党课学习模式，全面提升学习教育针对性与实效性。依托微心愿、微团队、微平台、微公益、微服务等“微”系列活动，解决群众身边的“小微”事情2100余件。搭建“岗位大练兵”“三比三争”等活动载体，引导广大党员立足岗位做贡献，全面彰显岳麓党员干部精气神。扎实抓好7项重点任务整改工作，查出失联党员85人，对50名违法违纪党代表和党员给予相应处理，22个基层党组织完成换届整改，落实党员档案室建设“五个一”要求，补交党费400余万元，完成40家非公有制经济组织和社会组织党组织组建任务，抓严抓实领导机关党员干部学习教育工作。准确把握换届工作总体要求，坚持把加强党的领导贯穿始终，圆满实现了选出好干部、配出好班子、换出好面貌的目标。健全完善六类《党组织书记履行基层党建工作责任清单》，持续推进“月督查通报、季主题观摩、半年交叉检查、年终述职评议”工作机制，确保从严治党的责任、压力在党（工）委、党支部、党小组三级之间有效贯通。严格落实党员发展与管理的“三个办法”，处置不合格党员52人。加大党员队伍正向激励，224个优秀“草根”党员、志愿服务团队等先进组织和个人得到表彰，其中学堂坡社区被中共中央表彰为全国先进基层党组织。坚持以党建促社建，强力推进社区全面提质提档，打造恒华、阳明山庄、咸嘉新村等精品示范社区。紧扣基层治理新形势，构建“一体四化”党建服务体系，形成党建引领、党员带头、群众参与、团队发力、社会组织补台的基层治理与服务新格局。扎实做好“天天书记助理”、“家长里短帮帮团”、基层民主管理“山塘模式”等社会治理创新工作法推广，全面提升岳麓区基层治理工作水平。（陈平焰）

干部教育培训。举办产业发展专题培训班，开展“重走赶考路”主题异地教学，组织青年干部到龙山开展“三同”实践体验教学。一年来，全区共举办各类培训班21期次，培训轮训党员干部4200余人次。（龙苏琼）

干部监督管理。建立健全电话、信访、网络和短信“四位一体”举报受理平台，协调联动纪检（监察）、政法、审计、信访等部门，定期向干部监督联席会议成员单位函询干部信访、违法违纪等情况。审批因私出国（境）人员134人次，审核档案1476本，对100余名干部的信息进行更正，对档案存在涂改的10余名干部进行干部信息的调查认定。抽查核实科级领导干部有关事项报告152人次，对9名少报漏报的领导干部进行组织处理。（周亿金）

绩效考核管理。全区绩效考核工作在不断探索中前进和完善。通过不断创新考核手段、提升考核理念，及时发现和解决在实践中不断遇到的新问题和新情况，逐步形成一套科学管用的考核办法和指标体系。6月，区委、区政府在原有绩效考核管理体系的基础上，进一步修订和完善全区绩效考核管理《实施办法》和《实施细则》，重点突出差异化、常态化、刚性化考核原则，使得考核标准更加从严从实，考核手段更为科学有效。全区上下紧抓绩效考核“牛鼻子”，发挥绩效考核“指挥棒”作用，有效激发全区各级领导干部在深入贯彻落实市委、区委决策部署上奋勇争先的积极性，助推全区干部作风大转变，工作效能整体大提升，实现产业发展、项目建设、环境保护、民生保障、社会管理创新以及党的建设等重点领域的大跨越。（黄学成）

调研和信息。全年，在中央、省、市等主流媒体刊物上宣传报道、发表调研文章63篇，基层党建责任清单等先进经验得到《人民日报》专题推介，党课学习创新等特色亮点工作受到《半月谈》等权威媒体推介，课题“新形势下加强党员教育管理的实践与思考”荣获全市组织系统调研课题优秀成果奖。（陈烨）

【区、镇换届选举】 认真做好区本级换届有关工作，严格标准，推选省、市、区党代表和区“两委”委员，严把人大代表、政协委员“入口关”，区第五次党代会和区“两会”各项组织工作严谨规范。始终坚持正确导向，坚持好干部标准和市委“六用六不用”原则，选优配强莲花镇、雨敞坪镇领导班子，市委提名的区换届人选全部满票或高票当选。始终强化纪律规矩。突出教育在先、警示在先、预防在先,细心耐心做好思想政治工作,切实加强换届政策和“九个严禁”等换届纪律的宣传,充分发挥反面典型警示作用,区、镇两级换届平稳有序、风清气正。(周亿金)

【组织非公企业、单位党组织】 坚持“分类指导,灵活组建”原则,采取单独建、联建、挂建等方式推进非公企业组织党组织组建工作,全年新组建40个非公经济组织和社会组织党组织。选好配强非公经济组织和社会组织党组织班子,鼓励、引导企业配备专职党务工作者,负责党建工作日常事务。定期举办党支部书记、委员培训班;规范党员队伍管理,严把党员发展入口,严格按照发展党员“三三制”综合管理办法,切实做好入党积极分子培养和党员发展工作,努力把企业优秀人才、骨干人员、中层干部培养成为党员,把党员培养成为企业优秀人才、骨干人员、中层干部。全面落实党员分类积分管理办法,让非公党组织的党员身份亮出来、积分晒出来、形象树起来。不断丰富活动载体,改进服务方式,充分彰显共产党员的先锋模范作用和党组织的战斗堡垒作用。基层党(工)委与企业工会联合在项目工地开展“岗位大练兵、技能大比武”等岗位练兵、技能竞赛活动。建立党建工作示范点,选树工作标杆,展现党员风采。在全区评选表彰“优秀基层党组织”“十佳党组织书记”“十佳支持党建工作业主”“优秀共产党员”,工作氛围不断浓厚。

宣传工作

区委宣传部

区委常委、宣传部部长

吴　江(1—8月)

罗予武(8—12月)

常务副部长

冯　莹(女)

副部长、区文明办主任

雷云飞

副 部 长　舒　拉(5—12月)

纪检组长　黎中华(12—)

区文明办副主任

倪　伟(1—11月)

区网管办主任

潘振兴

区文明办副主任

张凯博(11—)

【概况】 2016年,区委宣传部全面贯彻落实中共十八届四中、五中、六中全会和习近平总书记系列重要讲话精神,紧紧围绕“四个全面”的战略布局、“五个发展”理念和“三融共进、五化同步”现代化进程,把牢方向导向,坚持创新作为,为率先建成全面小康社会、加快实现基本现代化提供了强有力的思想保证、精神力量、道德滋养和文化条件。

担当作为,恪守职责,意识形态领域安全稳定。一是强化政治担当,落实责任。严格落实党委(党组)意识形态工作责任制要求,印发相关文件,区委常委会两次专题研究意识形态工作,并通过区委中心组(扩大)学习、街镇党(工)书记年度工作述职及区党校、行政学院主体班教学等途径贯彻落实。二是强化阵地管理,提升实效。全面落实各项管理制度,加强阵地管理,对区属各单位组织开展的社科理论类报告会、讲堂、讲座实行分级归口管理和申报备案制度,加大“扫黄打非”执法力度,坚决封堵政治性非法出版物,有效管控户外广告设置、网吧及宗教场所,形成“党委统一领导、党政齐抓共管、宣传部门组织协调、有关部门分工负责”的工作格局。三是强化分析研判,夯实基础。建立健全意识形态领域舆情汇集、分析和处置机制,对重大事件、重要情况、重要社情民意中的倾向性、苗头性问题,有针对性地进行引导和处理,及时处置两起非法集会活动。

紧扣中心,凝心聚智,理论武装全面深化。一是扎实推进理论学习和宣讲。围绕“两学一做”等系列教育主题,按照“六个环节”要求,邀请中央党校教授李民等专家作专题报告,组织区委中心组学习8次。采取专家学者集中讲、网格干部定期讲、草根明星灵活讲的形式,深入开展“微理论·微宣讲”和“理论宣讲进网格”3000余场,惠及群众10万人次。二是扎实推进学习型城区建设。开展以“书香岳麓——阅读引领未来”为主题的读书活动及“清风岳麓——党风廉政书籍专题书架”宣传活动30余场,以学习型党组织建设引领学习型城区建设。启动全民终身学习活动周,开展终身学习精品课程进社区等大型主题活动,为广大社区群众和市民朋友提供丰富多彩的学习充电机会。三是扎实推进智库建设。成立岳麓区新型智库领导小组和区社科联,聘请湖南大学马克思主义学院院长陈宇翔等五位专家为顾问,结合区域实情和经济社会发展要求,联合省社科联、湖南日报社开展文化创新创意集聚区建设和岳麓道德强区课题研究,推动全区哲学社会科学事业发展。《区校共建,筑就道德高地》经验材料在中宣部全国基层宣传思想文化工作创新研讨会上作经验交流。理论成果《推动核心价值观落地生根》荣获2015—2016年度全国经济建设与科学发展理论实践成果特等奖。

服务大局，浓厚氛围，舆论引导创新作为。一是宣传报道实现新突破。全年在《人民日报》、《新华每日电讯》、《光明日报》中央人民广播电台等重要央媒发稿130多篇。向新浪、网易、红网等主流网站推送并采用稿件1081篇，位居全省分站前列。《春暖岳麓又一年》《长沙岳麓区做足生态文章》等文章在《人民日报》头版刊发，有力展示岳麓形象。二是媒体整合频现新思路。整合区域资源及“指尖岳麓”、“岳麓新闻网”官方微信及手机报等移动媒体平台，建成岳麓微信矩阵，策划“岳麓创客行”、“我叫岳麓”名片等系列主题报道，大力推广岳麓区政策、资源、区位、产业和环境优势，不断提升区域价值。三是舆情引导创建新机制。实施“街道+工作人员+舆情专业软件”的三级舆情监看，推行“短信快报、每日摘报、重大舆情专报、舆情信息周报”的“四报”机制，历练一支60余人参加的网评员队伍，筑牢监看、发现、处置环节，成功化解“洋湖街道氯所泄露”“橘子洲景区挂牌”等10多起重大负面舆情，营造和谐舆论氛围。

综合施策，多方联动，文明创建再上台阶。一是细化责任，高效督查。制定出台《岳麓区2016年度文明创建目标管理考核实施细则》《岳麓区2016年督查要点责任细化标准》《岳麓区建设更高水准文明城区2016年工作要点》等文件，进一步明确了各责任单位的创建任务与具体要求。开展地毯式督查，组织督查讲评会3场，摸排问题1000余个，下发督查台账80余期，创建成效居于全市前列。二是丰富载体，提升内涵。以中央、省、市部署的文明创建重点工作为主要内容，以各传统节日和重要纪念日为时间节点，主办、承办“2016年全国未成年人网络春晚”长沙专场、“学中国好人夫妻　用爱书写最美”道德讲堂、湖南省学雷锋志愿服务工作推进会等中央、省、市各级各类活动100余场，中国文明网、湖南文明网等多家媒体宣传推介。深入开展未成年人工作，1000余件未成年人优秀作品在中国未成年人网上展示，《微孝吧少年》等7篇优秀案例入选《长沙未成年人思想道德建设工作创新案例集》。三是典型引领，榜样带动。共推荐国家和省、市级各类先进典型近200人，其中谢海华、谢芳夫妇双双获评“中国好人”、湖南省首例“中国好人夫妻”，李奇峰家庭获评“全国最美家庭”，长华社区再获“全国最美志愿服务社区”，阳明山庄社区提质改造建设荣获“全国社区学雷锋志愿服务联络工作示范站”称号。《岳麓山下，道德新风拂面来》《创新“四化”服务　助力区域发展——岳麓区探索实施学雷锋志愿服务工作新模式》等多篇经验文章被《人民日报》《精神文明报》等刊物刊载。

外引内培，延拓平台，文创产业稳步推进。一是确立空间布局。在明晰思想、科学研判基础上，推动岳麓区文化产业的空间布局逐步实现由分散到集中、由全面发力到重点突破、由健全业态到注重特色的调整。联合省社科院，就产业集聚、资源整合、注重特色、强化运营等内容开展课题研究。助推产业跨界融合，以后湖国际艺术区为代表的艺术教育、岳麓科技产业园为代表的创意设计、大王山—洋湖片区为代表的文化休闲三大特色产业布局初步形成，泛岳麓山创新创意集聚区建设初具雏形。二是加大扶持推介。推荐28家骨干企业成为市文创协会会员单位，抱团发展。先后指导企业包装项目组团参加深圳文博会、中国企业500强湖南招商会，邀请省内外专家开展泛岳麓山创新创意聚集区建设研讨会等活动，加强与深圳文创协会联络与沟通，圆满完成“创意长沙等您来”后湖项目推介、“深商长沙行”考察活动，为文创企业搭建交流和展示平台。畅通信息渠道，加强协调指导，推荐岳麓科技产业园、锦绣潇湘文化创意产业园为长沙市首批文化产业示范园区、基地。实行文产项目台账服务管理，并广泛发动21家文化企业申报中央、省、市等各级文化扶持资金。三是力推项目建设。积极引进和推动重大项目建设，按照“一个项目，一套班子，一抓到底”的机制，加强服务，省美术馆、恒大海花谷、冰雪世界、湘江欢乐城、华谊兄弟电影文化城等项目进展顺利，李自健美术馆已开门迎客，梅溪湖国际功能区高端娱乐休闲产业陆续建成，后湖国际艺术园节点打造、水系治理、道路建设、招商签约工作加速推进，世界华人建筑师协会正着手对部分环湖民居进行改造。58众创、麓客空间等8个双创平台投入运营。（朱梦靓）

统战工作

区委统战部

部　长　黄军其（8—）
　　　　　彭利芝（女，1—7月）

常务副部长
胡　斌(10—)
黄志伟(1—9月)
副部长、工商联党组书记
张　祥
副部长、台办主任
周　兰(女,1—9月)
陈　忠(女,10—)
台办副主任
刘　成(1—4月)
曾志勇(5—)
区侨联主席
曾琼柳
区侨联副主席
王小玲(女,1—11月)
黄友良(12—)
区纪委驻区委统战部纪检组组长
凌松明(12—)

【概况】 中共长沙市岳麓区委员会统一战线工作部是区委主管统一战线工作的职能部门，内设办公室。现有工作人员14人。主要工作领域是：民族工作，宗教工作，非公有制经济人士工作，党外知识分子工作，无党派人士工作，党外人士工作，调查研究和信息工作，民主党派、港澳同胞和海外经济统战工作。

坚持党委领导，党外人士共识共为。成立区委统一战线工作领导小组，全面构建大统战工作格局。召开全区党外代表人士"两学一助"学习教育动员部署会，引导党外代表人士积极投身"凝心聚力'十三五'行动"。以换届工作为契机，精心指导区工商联顺利换届，并协同区委组织部等相关部门共同做好党外人大代表、政协委员的推荐提名、民主协商、实地考察工作，切实做好党外代表人士政治安排。组织开展"集中走访月""民主党派共识教育"活动，不断深化与党外人士的联谊交友。

紧扣主题主线，"四同创建"扩面提质。开展创建"同心社区(乡村)"验收暨区对街镇统战工作考核，进一步深化"四同创建"工作。各街镇积极发挥资源优势，创建点呈现出特色化、差异化特征。望月湖街道岳龙社区成立了以侨务资源为特色的"毅英工作室"，望岳街道恒华社区创建了以社会组织为特色的"社区大学"，咸嘉湖街道白鹤咀社区组建了以党外代表人士为特色"七彩志愿服务队"等。2016年，全区已创建省级"同心社区"2个，省级"同心乡村"1个，市级"同心社区"6个，市级"同心项目"3个，区级"同心社区(乡村)共39个。

创新方式方法，特色品牌优化升级。引导民主党派参与社区建设和创新社会治理，在全区共驻共建7个"同心社区"；组织实施《2016年岳麓区各民主党派"双联"活动及联点社区(村)安排方案》，开展"双联"社会实践帮扶、为民办事活动30余个。积极开展岳麓区民主党派争先创优活动，并将评选结果上报各民主党派市委，督促各民主党派不断创新，共同致力区域和谐、稳定发展。

主动服务大局，创新实践亮点纷呈。完善高校统战部部长联席会议平台，深化区校合作。联合市统战理论研究会高校联合研究中心开展课题调研，荣获2016年度长沙市统战理论研究工作优秀组织奖，并被评为全市统战信息工作先进单位。组织开展多形式对台活动，不断增强涉台宣传教育；印度尼西亚华侨、中国香港金轮集团对口援建含浦街道官埠口村侨心卫生室项目顺利竣工；接待港澳台及海外人士到区参观考察，全方位展示、推介新岳麓；引导全区统一战线成员主动投身扶贫帮困工作，全年捐助资金共计约950万元。　（李世雷）

区直机关党的工作

区直机关工委
书　　记　熊颖佳(女)
副 书 记　张文联(11—)
区纪委驻机关工委纪检组长
邓世东

【概况】 区直属机关工作委员会为区委派出工作机构，人员编制3人，其中书记1人，副书记1人，办公室人员1人。管理服务51个党委、总支、支部，管理和服务党员1532人。

构建党建责任体系。研究制定区直机关示范党支部的创建细则，培育5个示范支部，抓好支部建设。出台《支部书记责任清单》，首次开展支部书记集中"双述双评"，在西柏坡举办一期书记培训班，开展支部书记任前谈话，调整和约谈工作不力的支部书记，抓实"支部书记工程"，让支部书记的责任从会上落实到肩上，变笼统履职为精准履职。深化党员积分管理办法，结合党员民主评议，强化对机关党员的管理和监督，引导党员认真履行义务，充分发挥党员的先锋模范作用。执行党员发展"三三制"，发展党员11人，"七一"前开展党员转正对象和发展对象"对党说些心里话"感言征集活动，严把党员思想入口关。通过督支部、抓书记、促党员，从点、线、面三个层次构建形成科学完善的党建责任体系。

开展五项工作。根据市委、区委组织部的有关要求，对机关党建五大专项工作进行回头看，以查促改,以改促建。完成对区直机关各党支部党组织关系集中排查,进一步理顺党员组织关系,摸清党员底数;完成党代表和党员违纪违规未处理情况全面清理排查;督促指导32个党支部开展按期换届工作,规范换届程序;做好党费收缴、使用和管理,1167名党员完成党费补缴工作;抓严抓实领导机关党员干部学习教育工作,制定专项整治方案,防止出现"灯下黑"的问题。

落实"两学一做"。在"两学一做"学习教育中,区直机关工委切实履行指导职责,充分发挥牵头抓总的作用,全年召开汇报会、督导会、调研会15次,下发总体实施方案,成立指导协调组、督导组和宣传组,全程指导,分段督导,准确掌握机关支部工作动态;建立机关支部书记微信群,及时在线释疑解惑,高效便捷推动工作。针对过去机关广大普通党员成为学习教育"薄弱区"的现象,2016年,机关工委将副科职以下855名党员干部列为重点对象,组织4期"机关党员大课堂"学习活动,邀请省市专家向机关党员授课。同时将集中学习和"我是共产党员"专题学习、"支部书记讲党课"、"微党课"评优活动有机结合起来,在机关党员中引起较大反响,得到了区委的充分肯定,在省直工委机关党建网、"长沙党建"微信平台、市直工委机关党建网均予以推介。

开展党建活动。推进城乡党组织结对共建。区直机关44个党支部和村(社区)党支部结对子,围绕组织共建、党员共管、实事共办、资源共享开展党建活动100余次。组织开展机关"在职党员进社区"。统筹指导机关支部950余名在职党员参与社区、网格各类特色服务活动3100余件次。3月,组织100余名机关党员志愿者参加"增绿添彩我先行"植树造林活动。9月,组织160余名党员干部参加无偿献血活动,献血合格人数达134人,参与率和合格率创历史新高,超额完成任务的35%,获评先进单位。

群团组织生活。区直机关妇工委组织300余名女干部职工参加庆"三八"趣味运动会,充分展示区直机关女干部职工的良好风貌。区直机关关工委举办"我的岳麓我的家"主题亲子诵读会,市关工委常务副主任唐得之对活动给予高度评价。区直机关团工委以创新务实、激发青年干事创业活力为引领,开展"岳麓发展知多少"有奖问答宣传周活动,通过民情问卷调查,收集群众建议200余条。区直机关工会牵头组织区直机关"凝心聚力金秋拔河"比赛;走访慰问困难党员职工54人,慰问金额4.78万元。12月,举行岳麓区直机关联合工会第一次代表大会,选举产生区直机关联合工会第一届委员会、区直机关联合工会第一届经费审查委员会。同时通过以文化蓄内力、催动力、聚合力,不断提升机关党建科学化水平,和相关单位共同组织"美丽岳麓·和谐家园"文艺会演,"绿色岳麓"摄影大赛,"幸福岳麓·我在现场"文学、摄影、原创歌曲作品征集,"欢乐潇湘·幸福岳麓"全民健身广场舞大赛等主题活动。在广场舞大赛中,区直机关代表队荣获第一。 (陈瑶)

【"七一"表彰和换届选举工作】 在全区"七一"表彰中,区直机关工委系统中有党员17人被评为优秀共产党员。2人被评为优秀党组织书记。5人被评为优秀党务工作者。3个党支部被评为先进基层党组织。8月5日,召开中国共产党长沙市岳麓区直属机关工作委员会党代表会议,47名党员当选中国共产党长沙市岳麓区第五次代表大会代表。10月27日,组织区直机关工委选区人大代表换届选举投票工作,3人当选岳麓区第五届人大代表。

【创新建立作风建设联合督查机制】 区直机关工委结合自身职能和实际,整合区直机关纪检人员力量,创新制定机关作风建设联合督查制、机关作风建设定期通报讲评制和机关作风建设"双约谈"制,下发《区直机关作风建设联合督查实施方案》。紧盯"四风"问题新形式、新动向,定期开展联合督查暗访行动24次。

【"岳麓机关党建"微信平台升级】 2016年,对"岳麓机关党建"微信平台进行提质升级,特增设"两学一做"" 支部建设""机关纪检监察""党员心声""书香机关"等专栏。 (陈瑶)

机构编制工作

机构编制委员会办公室

主　　任 王阳清(女,5—)

　　　　　刘　波(女,1—4月)

副 主 任 李昕彤(女,1—)

事登局局长

　　　　　何喜春

【概况】 区机构编制委员会办公室为区机构编制委员会常设机构,既是区委的工作机构,又是区人民政府的工作机构。核定行政编制3人,其中主任1人,副主任1人。

加强机构编制管理。坚持机构编制“一支笔”审批，充分发挥机构编制管理的“总闸门”作用，对区直部门送审机构编制事项，严格按程序审批，实行“三个一”制度，凡涉及职能配置和调整、机构设立与变动、编制与领导职数的核定、单位性质的确定与变更等机构编制事项，统一由机构编制部门一家承办，由主管机构编制工作的领导“一支笔”审批，机构编制部门一家行文。贯彻并坚持机构编制实名制管理，确保机构编制实名制管理系统数据库的实时更新和完善。

服务经济社会发展。坚持从全区经济社会发展大局着眼，积极主动作为，通过优化职能职数配置，不断提升服务效能，营造良好环境，激发创造活力，促进区域经济发展。为优化全区教育资源提供保障，促进义务教育均衡化发展，调整全区中小学布局；完成岳麓山大学科技园岳麓分园创业服务中心加挂牌子工作和区妇幼保健计划生育服务中心等机构的更名、重新核定领导职数及区人大及其常委会相关机构领导职数、区人民政府法制办公室领导职数的确定工作等。

园区行政审批制度改革。全面完成园区“三张清单”(权力清单、责任清单、流程清单)的编制及对外公示工作。编制《岳麓工业集中区申请下放的市级行政职权》和《岳麓工业集中区申请下放的区级行政职权》，申请下放涉企行政审批权限35项，中小微企业认定等6项区级行政职权（第一批)已下放至园区。召开市级经济社会管理权限承接会议，涉及4个单位共计32项管理权限全部承接到位。设立区政府政务服务中心园区办事绿色通道，园区投入506万元建成营业面积535平方米的生产力促进中心（园区政务中心)，为长沙市内五区第一个园区政务中心，区发改、环保等10个区直部门入驻办公。

清理公共服务和中介服务事项。开展全区政府部门公共服务事项的清理工作，编制《长沙市岳麓区公共服务事项目录（征求意见稿)》，涉及23个单位，涵盖与群众日常生产生活及创业创新密切相关的公共服务事项共计178项，已在岳麓区政府门户网站上公开向社会征求意见。牵头制定全区清理规范政府部门行政审批中介服务实施方案，开展各单位行政审批中介服务事项的自查清理工作，形成《长沙市岳麓区政府部门行政审批中介服务事项目录》，共保留29项，规范调整11项，取消3项，在岳麓区政府门户网站上对外公示。

规范行政管理。为6个单位的15项事项进行了动态调整，其中新增3项，取消9项，修改3项。开展第二轮机关事业单位中文域名注册工作，为107家事业单位统一注册了“公益”中文域名，全区党政机关和事业单位的中文域名注册率达100%。为全区所有党政群机关办理了统一社会信用代码赋码、换证及变更业务。（罗茜）

党校工作

区委党校

常务副校长　邓　晖(女)

副 校 长　杨国春(1—9月)

黄林峰

办公室主任　吴漫红(女，1—11月)

教研室主任　王　敏

【概况】 中共长沙市岳麓区委员会党校内设办公室、教研室，核定全额拨款事业编制15人，其中：行政管理和党务工作人员编制5人，专业教研工作人员编制8人，后勤服务人员编制2人。

干部教育培训。一是主业主课地位凸显。把干部教育培训与“两学一做”学习教育活动相结合，将习近平总书记系列重要讲话精神、党章党规、中共十八届五中全会精神、党风廉洁教育作为必修内容贯穿全年培训班，全年培训班理论教育和党性教育课程70%以上。二是办学模式和教学方式有效创新。强化合作办学和开放办学理念。与石家庄市委党校、江西省委党校合作开展“重走赶考路”等主题异地教学，强化理想信念教育实效。强化体验教学，组织青年干部到龙山县开展“三同”实践体验教学，与基层群众同吃、同住、同劳动。充分依托周边资源开展现场教学，根据班次需要，先后组织学员到天心区新开铺街道新天社区、青园街道湘园社区、长沙县金井镇、长沙县开慧镇、新民学会、湖南省党史馆、静园等地开展现场教学，提升培训实效。落实区委、区政府产业发展年工作要求，与湖南省委党校合作举办“2016年岳麓区产业发展专题培训班”，组织学员赴武汉、深圳、安吉、成都等地进行考察，召开学习调研成果汇报会，区委书记周志凯全程参与并给予高度评价。三是教学管理不断加强。实施联络员制度、出勤通报制度、班委会自主管理制度、课堂教学评价制度，开发学员管理系统，用于分析统计干部参加党校培训情况，推进干部教育培训精细化管理。充分发挥基层党校作用，通过分层分类培训，实现党员和基层党组织书记的全员轮训。2016年，举办各类培训班18期、理论宣讲进网格20期，培训轮训3400余人次。

科研咨政。坚持将科研工作作为提升党校核心竞争力的重要途径，紧紧围绕服务中心大局，打造岳麓智库。一是强化科研管理。年初，明确党校科研任务，根据科研工作需要组成课题组进行集体攻关。科研保障有力，全年安排科研专项经费18万元，积极鼓励教师参与课题调研，撰写调研报告或论文。创新科研协作机制，聘请省委党校、市委党校专家担任课题顾问，提升科研质量。二是深化科研咨政。深化社会治理体系创新，课题成果《咸嘉里手：智慧街道　幸福家园——长沙市岳麓区以“互联网＋”推进基层治理精细化》受到原省委书记徐守盛的高度评价，并报送中央党史研究室进行经验推介。《大力发展文化旅游，打造国际旅游目的地》在《岳麓工作》刊发。围绕岳麓区“6+1”主导产业，开展“岳麓区金融产业发展研究”“深化区校合作，促进产业发展”课题研究。三是提升科研影响。全年有3个省级课题、1个市级课题结题，4个省级课题、2个市级课题立项。科研成果《关于岳麓区发展文化创意产业的调查与思考》《“五星网格”编织居民幸福网》分获第十一届全省党校行政学院系统优秀科研成果二、三等奖。区委党校连续3年获评全市党校行政学(院)校系统理论研讨会优秀组织奖。2016年8月召开的全市党校工作会上，区委党校“科研咨政”工作经验《服务中心大局，打造岳麓智库》得以推介。全年有10余人次获省、市党校系统理论研讨会三等奖以上奖项，获奖质量与数量居全省区县党校前列。多篇理论文章在国家级、省级刊物公开发表。

社区教育。在全区新建立并认定33个社区(村)学习中心，社区(村)一级社区教育阵地覆盖面34%；新建立并认定5个区级优秀社区学习中心、2个市级示范社区学习中心。在全区23个社区开设七大门类常态化课程，开课900余次，广受社区居民好评。2016年9月，在江苏南通召开的全国社区教育工作年会上，岳麓区作为大会指定五个发言单位之一作经验推介。成功举办2016年全民终身学习活动周；先后接待来自江苏昆山、常德、益阳、湘潭、株洲等地的社区教育考察团，社区教育经验广泛流传。

队伍建设。实施人才强校战略，为区委、区政府培养人才，年内2人得到区委区政府重用，调入区政协、橘子洲街道任职。加大教职工培训力度，全年选派9人次赴中央党校、省委党校、市委党校等进行专题培训，6人次赴南通、成都、天津等地学习考察。重视教师的实践锻炼，选派5人次参加重点项目拆迁、“两会”等全区中心工作。组织教师参加市区“微理论微宣讲”活动、区直机关“两学一做”电视知识竞赛、区直机关“两学一做”演讲比赛，成绩均名列前茅。落实领导上讲台制度，全年区委常委到党校授课13人次。加强兼职教师队伍建设，聘请复旦大学马种会、省政协经科委主任吴金明及省委党校、市委党校、湖南大学等单位的知名专家作为兼职教师，进行专题教学，指导课堂教学和科研咨政工作，推动教学科研工作水平整体提质。

校园文化。科学管理体系进一步完善，形成全面系统的制度体系，管理效率逐步提升，全校各科室按制度办、按规矩办、按程序办的意识不断提高。设置教室设备借用、公车使用、教材用品、办公用品领取台账，管理服务水平进一步提高。严格执行中央“八项规定”和省委“九条规定”，三公经费逐年下降。后勤保障工作不断改善和提升，服务更加精准到位。推进校园文化建设，充实图书室、阅览室，更新理论宣传长廊和廉政文化长廊，校园文化凸显鲜明的党校特色，育人氛围愈加浓厚。

作风建设。校领导班子落实“一岗双责”，讲党课、学条规、警示教育更加及时，职能转变、制度建设等机制建设及时主动，办公用房整改、公车使用、财务使用、人员招聘等具体事务更加到位，检查、考核等效能建设更加科学。积极配合区纪委迎接市对区党风廉政建设责任制考核工作，健全党风廉政教育长效机制。利用“三服务一线”“一推行四公开”“一进二访”等平台，将群众工作常态化、制度化，建立党校网格化管理统一协调机制，努力为群众办实事、做好事。区委党校联点清水村，年初承诺办的3件实事，全部兑现，获评区“一推行四公开”群众工作先进工作组。　（彭彬）

党史地方志档案工作

区史志档案局

局　　长　喻剑平

副 局 长　周义娟(女)

【概况】 2016年，岳麓区史志档案局内设办公室、史志科和法制教育科，在职人员6人，其中局长

1人,副局长1人。办公地点为岳麓区政府大院9栋4楼。全年围绕党史、区志、档案工作,服务中心大局,积极完成各项工作。

党史工作。依托街道(镇)、部门平台,做好挖掘、整理党史资源工作。一是建立联络员制度,每个街道(镇)、部门确定一人为史志专干,负责该单位、部门党史资料的收集、整理、上报工作。二是指导街道(镇)、部门办好自办刊物和宣传读物,如参与《岳麓文史》《创业在岳麓》《光荣写在党旗上》《纪念抗战胜利七十周年》等的编撰。依托党校平台,加强党史宣教工作。党史联络组的领导义务为党校参训人员讲党史,让参训的党员干部更加详细地了解中国共产党在血雨腥风年代经历的苦难与曲折,在残酷的对敌斗争中不断成长壮大的辉煌。依托自媒体平台,推出《岳麓故事》。从3月15日起,正式开通微信公众号,通过自媒体宣传党史。同时在建党95周年、红军长征胜利80周年、抗战胜利71周年时,开办了三期系列专题。《岳麓故事》现已有固定订阅用户1623户,读者遍及全国。

地方志工作。启动《岳麓年鉴2016》编纂工作。4月,通过两办(岳麓区政府办公室和岳麓区区委办公室)发文,成立编辑部,举办培训班,对全区各单位执笔人进行了业务培训。8月,开展《岳麓区镇(街道)简志》编修工作。全面系统地反映和记述全区街道(镇)的自然、历史与现实的发展变化,特别是改革开放30多年来在经济、社会等方面取得的辉煌成就。按时完成市志资料组稿任务。5月,按时按质完成了《湖南年鉴2016》《长沙年鉴2016》的组稿任务和彩版的采集。6月,完成对全区"年度人物""年度事件"的推荐参评工作。

档案工作。加大档案法律法规宣传,开展多次专题宣传活动。除区史志档案局到社区开展档案宣传活动外,积极参与市档案局的登山活动,在门户网站和宣传栏对档案法律法规进行解读,订购《档案时空》杂志,免费发放到区直、区属各单位,加强干部群众的档案意识。提高全区档案业务水平,注重档案岗位培训。8月18日,举办村、社区档案业务培训班,邀请省档案局专家授课,增强基层档案员依法行政理论,提高档案业务水平。同日,举办贯彻落实国家发改委第8号令培训班,对全区各部门如何制定保管期限表和归档范围的划分标准进行培训,为全区各单位的档案归档提供业务指导。12月上旬,对区委办、区政府办、区纪委办、区法院的省一级标准化档案室进行复查,并指导洋湖街道顺利通过省一级档案规范化管理工作的定级工作,以点带面,促进单位的档案工作。加快档案新馆建设和完善数字馆方案,区档案馆新馆建设已正式启动,项目位于区政府区治大院北面谷丰路旁,交通便利,新馆建设解决了档案库房问题和档案技术用房难题,对区档案工作有很大推进。加大档案资源的开发利用。注重档案种类齐全,不断收集各种类型的档案以丰富馆藏。加快到期档案的进馆工作,请专人拍摄全区建设新貌。全年,知青档案提供利用43人次,为广大老知青查找下乡时间证实工龄以及调资分房提供了大量材料。乡镇企业档案提供利用212人次,为相关人员解决办理退休及社保难题提供帮助。提供文书档案利用379人次,为机关各部门提供了政策参考。婚姻档案查询3721人次,出示证明3809次,公证档案提供利用96人次,充分发挥档案的原始记录作用。全区城建档案归档意识进一点深化,为全区城建工作发挥了独特作用。

(周义娟)

老干部工作

区老干部局

局　　长　齐坚真

副 局 长　邓星萍(女)

周娴静(女)

【概况】 区老干部局内设办公室、关工委办公室,下设老干部(老年)大学(事业单位)。有在职在编人员9人(含二级事业单位1人)、临聘人员2人,直接管理离退休干部近300人,局党委下设2个党总支、9个党支部,共有党员233人,宏观指导、协调管理区属离退休干部3850人。

2016年,在区委、区政府领导下,认真贯彻落实全国老干部局长会议和省、市老干部工作会议精神,坚持老干部工作为党和人民事业增添正能量的价值取向,引导老干部投身"'五老四教'添新彩　言传身教润长沙"主题实践活动,为建设长沙西引擎、西高地,加快岳麓"三融共进、五化同步"的现代化进程贡献智慧和力量。区老干部局被评为湖南省关心下一代工作先进集体。在区委、区政府2016年度"六个走在前列"大竞赛暨领导班子绩效考核中,获"党群政务类"一等。

政治待遇全面落实。区委、区政府重视离退休干部工作,将离退休干部工作纳入全区党建整体规划和全区年度工作目标考核范畴。年初,区委优先安排离退休干部区情通报会,区政府召开《政府工作报告》征求意见座谈会,邀请老干部代表参加全区经济工作会议、党代会、人大和政协“两会”,让老干部广泛知晓岳麓区经济、社会发展情况,向老干部问计城市建设管理的意见与对策。区委多次听取老干部工作专项汇报,对老干部提出的门球场改建、离休干部就近购药等请求、老干部用车保留与置换、遗属生活帮扶及老干部工作中存在的困难第一时间给予支持解决。区委、区政府主要负责人多次主动出席老干部相关会议、活动,批示老干部局报告,强调老干部工作特殊重要的地位,春节、“七一”等重要节庆前夕带头上门走访慰问老干部、老党员,推动全区形成党委、政府重视、尊敬、关爱老干部的良好氛围,为做好老干部党建工作提供坚实的人力、财力和制度保障。

生活医疗待遇提高。2016年,在区委、区政府的关心下,通过区委常委会专题研究,全区离退休干部一次性生活补贴有较大幅度提标,确保老干部切实共享改革发展成果。元旦、春节期间和年中走访慰问生活困难、生病住院的老干部350人,生日祝寿老干部140余人次,吊唁去世老干部12人,解决实际问题40余起。针对离休干部“两高”的医疗需求,积极与区医保中心协商,经区委、区政府领导专题会议研究,特事特批,除门诊费用全报外,每年每位离休干部可按市级标准报销定点药店零售药费。为破解离休干部非定点医院住院、门诊个人垫付医药费不便等问题,区财政安排离休干部医药费备用20万元,用于离休干部住院专项借支。按省老干局要求,缩短医药费报销周期,一月一报,特殊情况,随到随报,深受离休干部的好评。为区老干局直管的200余名退休干部发放社保卡。

贴心服务落在实处。运用自学与集中、学理论与实地学、单位组织与参加培训相结合方式,开展“做老干部贴心人”活动,当好老干部的勤务员,提供热情周到的个性化服务。对老干部提出的机关门球场提质改造问题,第一时间请示区委、区政府,并会同财政、机关后勤服务中心、物业公司等单位做好经费申报、项目询价、队伍选择、现场施工监督等工作,改建后的门球场被老干部誉为河西最好的门球场。与区一线办、区信访局多方协商,稳妥解决一位离休干部遗属养老诉求。局班子成员每月定期在网格点接待村民,走访群众。指导网格所在村创建市级老年教育网络课堂示范点和区级“五老”团队工作室,引导支村“两委”在安置小区建设中充分考虑老干部“四就近”和关工委阵地作用,为银发扶贫提供条件、搭建平台。加强基层老干部队伍建设,推动全区涉老工作均衡发展,针对基层老干部专干队伍更换快、经验不足等问题,组织全区老年教育网络课堂社区站点专干培训,举办全区老干部专干专题培训班,打造一支贴心服务团队。

队伍建设常抓不懈。一是党建活动有常态。坚持每月集中政治学习3天,离退休干部党支部不定期组织老党员参加理论讲座、参观学习,及时传达中央、省、市相关精神,学习党纪党规新政策。通过定期学习交流,及时了解掌握老干部思想动态和精神状况,进一步强化老干部政治理论素养,坚定理想信念。引导全区离退休干部党支部争创“五好”,争当先进。有10个离退休党支部创建为市级“五好”离退休干部党支部。6月,举办为期3天的离退休干部党组织建设暨“两学一做”学习交流活动,邀请党组织建设方面的专家学者主讲“加强离退休干部党组织建设　为建设‘四更’长沙增光添彩”“形势与使命”“扎实推进‘两学一做’活动　争做合格共产党员”等内容,赴雨花区东塘街道政院社区参观学习先进经验。7月1日,组织老干部到王震故居重温入党誓词。9月9日,赴毛泽东故居参观缅怀。年内,还先后组织到省党史陈列馆、刘少奇纪念馆、罗盛教纪念馆、红军长征通道转兵纪念馆等地开展学习教育活动10多次。二是“两学一做”有创新。下发《中国共产党党章》《中国共产党纪律处分条例》《习近平总书记系列重要讲话读本》等学习资料,举办离退休干部理论学习大课堂,通过邀请专家学者、优秀“五老”讲党课和利用微信、QQ多媒体网络教学等形式,确保老干部学习经常化,发动老党员撰写学习心得,开展专题讨论、手抄党章、重温入党誓词、共忆“入党那一天”等活动,支部比学、党员赛学,针对部分老党员年事已高、身体不便、长期卧病在床无法参加学习的实际情况,以支部为单位,采取支部书记、支部委员送学上门的方式,将党课开到党员家中,实现党员学习教育全覆盖。离退休干部三支部党员自发捐款4000多元购买学习用品,送给长沙盲聋哑学校特殊学生;四支部老党员在西湖街道金星社区成立义务巡逻队,每天戴着红袖章轮流值班,用实际行动为改善小区环境、构建和谐社区出力。

协会活动精彩纷呈。全区涉老协会经常组织活动,协会成员充分展现新时代老年人风采。区老年诗词书画协会多次到街道、社区、网格义务为群众写春联、剪窗花、送祝福,受到基层群众的热烈欢迎,发动30多位老干部参加区纪念建党95周年、长征胜利80周年书画作品比赛。区老年保健协会开展保健知识进社区活动,邀请市中心医院老年医学专家夏苏英教授、湖南中医研究院附属医院消化内科主任肖长江教授开展讲座;承办市保健协会二季度区县(市)会长联席会;开展“阳光故事”征文、“阳光老人”“金婚家庭”评选(范志明等10位老干部荣获长沙市“阳光老人”称号),引导老同志正确看待个人得失,乐观面对各种困难,积极参与公益事业,做心态阳光、受人尊敬的时代老人。区门球协会开展季度赛、友谊赛10余场,区钓鱼协会、舞蹈协会、棋牌协会活动交替举行。

实施老年教育“三年行动”计划。按照市委、市政府办公厅印发的《长沙市推进老年教育发展三年行动计划(2016—2018)的通知》精神,成立岳麓区老干部(老年)大学橘子洲街道学堂坡社区分校,解决南片区老干部、老年人“入学难”的问题。全年区老年大学主校区和橘子洲街道学堂坡分校共开班70个,学员2500余人次。在区老年大学的示范带动指导下,全区17个街镇、30个社区纷纷办起社区老年学校、老年教育网络课堂,先后培训学员5万余人次。学校艺术团组建舞蹈队2支、合唱队1支、模特队1支,多次承担市区禁毒、安全生产宣传、文艺进社区等演出任务,舞蹈队在“幸福岳麓”第六届社区文体节广场舞比赛中荣获金奖。网络课堂收看工作已形成常态,每周四40个社区(村)站点同步收看直播,3年内已有29个站点被评为市级网络课堂示范点。

发挥“三支”队伍的独特作用。一是区关工委主动作为,传递关爱成就梦想精神。为学习贯彻《国务院关于加强农村留守儿童关爱保护工作的意见》,3月,留守儿童相对集中的雨敞坪镇举办全区留守(流动)儿童关爱保护工作经验交流活动,全面总结、及时交流关爱留守儿童工作经验,要求基层关工委号召“五老”、专业社会组织关爱帮扶留守儿童等特殊青少年群体。在区关工委的积极推动下,莲花镇积极推动关爱留守儿童的公益组织——农家学舍在全镇建立7个教学点,为该镇留守儿童开展服务注入强劲动力。区直机关工委持续3年开展“牵手同行,放飞梦想”主题活动,与含浦街道干子小学的留守儿童和贫困学生携手相助;举办“我的岳麓我的家”亲子诵读会,紧扣时政要点、区域发展,把新岳麓的理念传递到每个孩子心中。天顶街道关工委发挥老党员、老干部的先锋模范作用,每年,“五老”自发捐款资助该镇贫困学子。洋湖街道关工委以大爱无疆俱乐部为基础,在市民政局注册成立大爱无疆扶贫帮困促进会,每年不仅帮扶当地50户以上的贫困学生和特困家庭,还前往靖州苗族侗族自治县开展“走出长沙 牵手靖州 以梅为媒 爱心助学”活动,帮扶该县的贫困学生。为进一步激励各级关工委和广大“五老”更好地开展关心下一代工作,12月29日,区关工委召开成立30周年纪念大会,表彰30个先进集体、50名优秀“五老”、30名先进个人。二是“讲师团”与时俱进,传播知识,引领风尚。年初,对区“五老”金牌讲师进行调整充实,并重新发放聘书。以区级35位“五老”金牌讲师为核心的青少年德育讲师团,以“宏图励志、创新图强”为主题,围绕“两学一做”、社会发展变迁、青少年思想道德教育、传统经典文化、红军长征等内容,积极撰稿、精心备课,应邀进机关、进社区、进支部、进学校、进楼栋,开展微党课、公益宣讲等400余场,受众3万余人次。吴献成等4位讲师被区委组织部纳入全区党员教育师资库,范志明在全区“微理论 微宣讲”比赛中荣获一等奖。“五老”讲师张运和,致力环保公益事业30年,不仅自己身体力行,还带动家人和周边的人参与其中。年内,他在不同层级学生中开展讲座百余场,以自己的亲身经历和具体事例,教育广大青少年和居民群众牢固树立环保意识,告别不文明行为。“五老”讲师们用内涵丰富、形式活泼、贴近实际的宣讲,使青少年对社会主义核心价值观的认识内化于心、外践于行。三是“五老”团队不辞辛劳,助力基层,服务群众。扎实推进市区发挥“五老”作用示范阵地创建活动,年初,综合2015年度阵地建设、活动开展、作用发挥、信息报送、群众反映等方面情况,根据现场督查结果,按照优胜劣汰原则,对择优评选出的30个区级“五老”团队工作室采取以奖代补的形式下拨经费30万元。按照“一年一申请”的原则,全区18个“五老”队伍力量强、作用发挥好的团队创建市级示范阵地。结合全市社区全面提质提档三年行动,橘子洲街道学堂坡社区孙立明团队“五老”出任“党风廉政监督员”,对社区日常事务、惠民项目资金的立项使用情况进行全程监督。银盆岭街道“家长里短”帮帮团自成立以来,按照分片包干的原则，定期深入居民楼栋走访，主动调整矛盾纠纷，成功处理空调滴水、房屋漏水、房屋租赁、小区停车、门店经营等矛盾纠纷300余起，真正成为推动邻里和谐的“润滑剂”、孩子成长路上的“守护神”和社会安定的“稳定器”。观沙岭街道在全街道推广“天天书记助理”、“五老”人员周一至周五到社区值班，协助支部书记开展走访群众、帮扶联系、调解纠纷等工作，成效明显。

开展“三服务”一线工作。局班子成员带头投身“三服务”一线工作，每月28日准时进入联点的天顶街道川塘村各网格，在网格点接待村民、走访群众，对于群众反映的各类问题，及时进行调查、了解，主动给予书面答复。主动配合八家湾和水荷塘小区城中村改造工程，协调文体新局为小区配套安装健身器材。排查处理网格内骑龙大街等项目存在的多处较大的安全隐患，协调做好村物业楼招标建设工作，指导创建市级老年网络课堂示范点和区级“五老”团队工作室。到清水村和川塘村分别开展“名家挥毫送祝福 福赠丹青迎金猴——春联进万家”“金猴献瑞舞激情人生 翰墨飘香书幸福川塘——迎新春文化下乡”活动，争取市、区两级资金1.5万元，为村文化发展提供资金和智慧支持，丰富农村老年人的业余文化生活。春节前，对结对共建支部坪塘街道狮峰山村和“三服务”一线网格川塘村的60多名村干部、困难群众进行慰问，发放慰问金1.66万元，全年走访网格和结对村的干部群众260多户、580多人，收集民情民意60余条，解决干部群众提出的困难和问题10多个，进一步提高服务群众的能力。充分发挥老干部局人才、信息、资源优势，开展送书画下乡、送党课下乡等活动，引导支村“两委”在安置小区建设中充分考虑老干部“四就近”和关工委阵地，为老少活动提供条件、搭建平台。

（罗迎军　高育敏）

长沙市岳麓区人民代表大会常务委员会

人大长沙市岳麓区第五届委员会

主　　任　胡杰夫

副 主 任　钟红剑

杨利双(女)

辜显旺

王剑鸣

曾跃平(女)

人大常委会工作部门

办公室主任

周　云

办公室副主任

赵洪卫

刘　娜(女)

内务司法工委主任

彭庆余

内务司法工委副主任

吉秀珍(女)

农业财经工委主任

李振元

教科文卫工委主任

文树根

城建环保工委主任

黄建成

城建环保工委副主任

王菲菲(女)

选举任免联络工委主任

彭德华

【长沙市岳麓区第四届人民代表大会第五次会议】 1月13—15日，召开长沙市岳麓区第四届人民代表大会第五次会议。会议期间，全体代表认真听取和审议了区人大常委会、区人民政府、区财政、区人民法院、区人民检察院工作报告。审议表决通过《关于岳麓区人民政府工作报告的决议（草案）》《关于岳麓区国民经济和社会发展第十三个五年规划纲要的决议（草案）》《关于2015年区预算执行情况与2016年预算草案报告的决议(草案)》《关于区人大常委会工作报告的决议（草案）》《关于区人民法院工作报告的决议(草案)》《关于区人民检察院工作报告的决议(草案)》。选举刘汇为岳麓区人民政府区长，选举文树根、周云、黄建成为区人大常委会委员，选举张权、郑耀平为岳麓区出席长沙市第十四届人民代表大会代表。区委书记周志凯出席并作重要讲话。

【长沙市岳麓区第五届人民代表大会第一次会议】 11月28日至12月1日，召开长沙市岳麓区第五届人民代表大会第一次会议。会议期间，全体代表认真听取和审议了区人大常委会、区人民政府、区财政、区人民法院、区人民检察院的工作报告，并完成各项选举任务。区委书记周志凯出席大会并作重要讲话。

【长沙市岳麓区第四届人大常委会常委会议】 2月29日上午，长沙市岳麓区第四届人大常委会第二十七次会议召开。区人大常委会主任胡杰夫主持会议，区人大常委会副主任钟红剑、杨利双、辜显旺、王剑鸣、曾跃平等参加会议。区委常委、常务副区长周凡，区委常委、副区长提名人选蔡锋，区人民法院院长袁征、区人民检察院检察长盛智列席会议。会议听取审议并表决通过了《长沙市岳麓区人民政府关于提请蔡锋同志任职的议案》等人事事项，《长沙市岳麓区第四届人民代表大会第五次会议至第五届人民代表大会第一次会议期间常务委员会工作要点(草案)》。4月6日上午，长沙市岳麓区人大常委会主任胡杰夫主持召开区第四届人大常委会第二十八次会议，区人大常委会副主任钟红剑、杨利双、辜显旺、王剑鸣、曾跃平出席会议，区人民法院院长袁征、区人民检察院检察长盛智等列席会议。会议听取和审议《长沙市岳麓区人大常委会主任会议关于提请接受易罗平辞职的议案》。会议表决通过接受易罗平辞去长沙市第十四届人大代表职务请求，并报长沙市第十四届人大常委会备案；接受易罗平辞去长沙市岳麓区第四届人大常委会委员职务和长沙市岳麓区第四届人大代表职务请求，并报长沙市岳麓区第四届人民代表大会备案。5月11日，长沙市岳麓区第四届人大常委会第二十九次会议召开。上午，区人大常委会全体成员、部分市人大代表视察以长沙市国际会展中心、磁悬浮列车运营为代表的规划工作情况，听取规划理念的介绍并就规划标准和可持续技术进行了交流。下午，区第四届人大常委会召开第二十九次会议，会议由区人大常委会副主任钟红剑主持。会议审议通过了会议议程(草案)，听取审议了长沙市城乡规划局岳麓区分局关于长沙市岳麓区规划工作情况报告，听取审议并表决通过区人大常委会《关于长沙市岳麓区规划工作情况的审查结果的报告(草案)》。听取审议区人民政府关于长沙市岳麓区环境保护工作情况的报告，听取审议并表决通过区人大常委会《关于长沙市岳麓区环境保护工作情况的审查结果的报告(草案)》;听取审议《长沙市岳麓区人民法院关于提请任命夏新华同志职务的议案》、《长沙市岳麓区人民法院关于提请免去周建华等职务的议案》及议案的说明、区人大常委会主任会议《关于提请任免刘娜等同志职务的议案》及议案的说明,表决通过人事事项。会议最后听取审议并表决通过了区人大常委会主任会议《关于提请接受鲁力同志辞去长沙市岳麓区第四届人民代表大会代表职务的议案》。6 月 29 日上午，长沙市岳麓区第四届人大常委会第三十次会议在区人大常委会会议室召开。会议听取审议了《关于长沙市岳麓区 2015 年决算草案和 2016 年 1—5 月预算执行情况的报告》、《关于长沙市岳麓区 2015 年政府性债务工作情况的报告》《关于长沙市岳麓区 2015 年度区本级预算执行和其他财政收支的审计工作报告》《关于长沙市岳麓区 2015 年决算草案的审查报告(草案)》。听取审议并表决通过了《长沙市岳麓区人大常委会关于批准 2015 年决算的决议(草案)》《关于长沙市岳麓区 2015 年度区本级预算执行和其他财政收支的审计工作报告》。会议听取审议了长沙市岳麓区人民政府《关于提请尚变丽同志任职的议案》《关于提请刘双知同志任职的议案》《长沙市岳麓区人民法院关于提请任命单优艳等同志职务的议案》《长沙市岳麓区人民检察院关于提请任免袁建军等同志职务的议案》,表决通过任命尚变丽为区人民政府副区长等人事事项。听取审议了区住建局《关于长沙市岳麓区住房和城乡建设工作评议意见整改情况的报告》、区安监局《关于长沙市岳麓区安全生产工作评议意见整改情况的报告》、区人民政府《关于〈中华人民共和国义务教育法〉执法检查审议意见落实情况的报告》《关于〈中华人民共和国人民调解法〉执法检查审议意见落实情况的报告》和《关于〈长沙市岳麓区古树名木保护决定〉落实情况的报告》。7 月 10 日，长沙市岳麓区第四届人大常委会第三十一次会议召开。区人大常委会副主任钟红剑、杨利双、辜显旺、王剑鸣、曾跃平出席会议。会议听取和审议了《长沙市岳麓区人大常委会主任会议关于提请接受万智辞职的议案》。会议表决通过接受万智辞去长沙市岳麓区第四届人大代表职务请求，并报长沙市岳麓区第四届人民代表大会备案。7 月 12 日，长沙市岳麓区第四届人大常委会第三十二次会议召开。区人大常委会副主任钟红剑、杨利双、辜显旺、王剑鸣、曾跃平出席会议。会议听取和审议《长沙市岳麓区人大常委会主任会议关于提请接受厉军辞职的议案》。会议表决通过接受厉军辞去长沙市岳麓区第四届人大代表职务请求，并报长沙市岳麓区第四届人民代表大会备案。8 月 24 日上午,长沙市岳麓区第四届人大常委会第三十三次会议召开。区人大常委会副主任钟红剑、杨利双、辜显旺、王剑鸣及常委会委员华良等出席。区委常委、副区长蔡锋,区人民检察院、区人民法院、岳麓科技产业园管委会负责人，区人大常委会副调研员肖志贤列席会议。会议听取审议了《长沙市岳麓区人民法院关于提请任命陈立民同志职务的议案》《关于提请接受袁征同志辞去长沙市岳麓区人民法院院长职务的议案》《关于提请决定陈立民同志为长沙市岳麓区人民法院代理院长的议案》《长沙市岳麓区人民检察院关于提请任命谢勇同志职务的议案》《关于提请接受盛智同志辞去长沙市岳麓区人民检察院检察长职务的议案》《关于提请任免周迎宾等同志职务的议案》,表决通过陈立民为区人民法院代理院长、任命谢勇为区人民检察院副检察长等人事事项。听取审议了区人民政府《关于长沙市岳麓区园区、商务、总部经济、旅游、文化等产业发展情况的报告》,书面听取了区人民政府《关于长沙市岳麓区贯彻实施＜中华人民共和国母婴保健法＞情况的报告》,听取审议了区人大常委会《中华人民共和国母婴保健法》执法检查组《关于长沙市岳麓区贯彻实施＜中华人民共和国母婴保健法＞执法检查情况的报告》,听取审议并表决通过《长沙市岳麓区人大常委会开展庭审评议工作实施办法（试行)》《长沙市岳麓区区、镇两级人民代表大会换届选举工作实施方案(草案)》《关于提请设立长沙市岳麓区选举委员会的议案》和《关于提请任命长沙市岳麓区莲花镇、雨敞坪镇选举委员会组成人员的议案》。9 月 21 日下午,区人大常委会主任胡杰夫主持召开长沙市岳麓区第四届人大常委会第三十四次会议。区人大常委会副主任钟红剑、杨利双、辜显旺、王剑鸣、曾跃平及常委会委员华良等出席。区委常委、副区长蔡锋，区人民法院代理院长陈立民、区人民检察院检察长提名人谢勇，区人大常委会副调研员肖志贤、宁伟豪等列席会议。会议听取审议《关于提请依法补选长沙市第十四届人民代表大会代表的议案》,依法补选段海波为长沙市第十四届人民代表大会代表并报长沙市人民代表大会常务委员会代表资格审查委员会确认代表资格。听取审议《关于提请接受周凡同志辞去长沙市岳麓区人民政府副区长职务的议案》《长沙市岳麓区人民政府关于提请肖文辉同志免职的议案》,表决通过接受周凡辞去区人民政府副区长职务,免去肖文辉的区人民政府副区长职务。10月28日上午,区人大常委会主任胡杰夫主持召开长沙市岳麓区第四届人大常委会第三十五次会议。会议听取审议了《长沙市岳麓区人民政府关于提请龚毅夫等同志职务任免的议案》《关于提请决定谢勇同志为长沙市岳麓区人民检察院代理检察长的议案》,表决通过谢勇为区人民检察院代理检察长,任命龚毅夫为区民政局局长、谢英姿为区商务局局长、晏应龙为区食品药品监督管理局局长、李玲艳为区文化体育新闻出版局局长、张武强为区审计局局长、周永为区城市管理和行政执法局局长等人事事项,胡杰夫向新任命人员颁发了任命书,新受任人员面向宪法进行宣誓。会议听取审议并表决通过区审计局《关于2015年度区本级预算执行和其他财政收支审计工作报告指出问题的纠正情况和处理结果的报告》,听取审议《长沙市岳麓区第五届人民代表大会第一次会议筹备工作方案(草案)》,听取审议并表决通过《长沙市岳麓区人民代表大会常务委员会关于召开第五届人民代表大会第一次会议的决定(草案)》。11月18日上午,区人大常委会主任胡杰夫主持召开长沙市岳麓区第四届人大常委会第三十六次会议。会议听取审议并表决通过《长沙市岳麓区人大常委会工作报告》,听取审议《政府工作报告》《关于长沙市岳麓区2016年1—10月预算执行情况的报告》《长沙市岳麓区人民法院工作报告》和《长沙市岳麓区人民检察院工作报告》。听取审议《关于长沙市岳麓区2016年1—10月预算执行情况和2016年预算调整方案的报告》,审查了《关于长沙市岳麓区2016年1—10月预算执行情况和2016年预算调整方案的审查结果的报告》,听取审议并表决通过《长沙市岳麓区人民代表大会常务委员会关于批准岳麓区2016年预算调整方案的决议》。听取审议《长沙市岳麓区第四届人民代表大会第五次会议以来代表建议、批评、意见办理情况的报告》,审查了《关于长沙市岳麓区第四届人民代表大会第五次会议以来代表建议、批评和意见办理与督办工作情况的报告》。会议听取审议《长沙市岳麓区第五届人民代表大会第一次会议关于设立长沙市岳麓区第五届人民代表大会专门委员会的决定(草案)》《长沙市岳麓区第五届人民代表大会各专门委员会主任委员、副主任委员、委员名单(草案)》和《长沙市岳麓区第五届人民代表大会第一次会议选举办法(草案)》。会议听取审议并表决通过《长沙市岳麓区第四届人民代表大会常务委员会代表资格审查委员会关于长沙市岳麓区第五届人大代表资格审查的报告(草案)》。会议听取审议《长沙市岳麓区人大常委会主任会议关于提请延长长沙市岳麓区第五届人民代表大会第一次会议会期的议案》,听取审议并表决通过《长沙市岳麓区人大常委会关于延长长沙市岳麓区第五届人民代表大会第一次会议会期的决定》。会议听取审议《关于提请吕瑛等同志职务任免的议案》,听取拟任人员陈词,电子表决通过任命吕瑛为长沙市岳麓区人大常委会办公室主任等人事事项,胡杰夫向新任命人员颁发了任命书,新受任人员面向宪法进行宣誓。

【围绕全区工作中心,服务大局】 一是精准发力,助推项目建设。按照区委要求,组织开展了“项目建设岳麓行”活动。围绕全区重大项目建设,采取常委会组成人员督办、政府副区长领办、责任单位承办的工作机制,对重点项目进行视察督办。二是主动助力,培育产业发展。围绕区委“产业发展年”主题活动,通过听取和审议园区、商务、总经、旅游、文化等产业发展情况报告,支持政府加快三产业的发展。积极帮助破解园区融资难题,依法监督园区产业规范发展;鼓励支持各级代表充分发挥自身资源优势,积极参与招商引资、以商招商、二次招商,服务总部经济、商务经济和相关产业发展。三是持续给力,开展“五行”活动。充分依托人大“五行”活动品牌,认真组织和积极参与省、市人大开展的“三湘农民健康行”活动,深入开展《中华人民共和国母婴保健法》执法检查,视察坪塘、学士、莲花、雨敞坪等基层卫生场所建设,推动基层特别是农村地区医疗健康卫生服务条件不断改善。深入开展“三湘环保世纪行”活动,视察含浦美丽乡村建设等。深入开展“民族团结进步行”活动,赴龙山县里耶民族中学开展助学捐赠活动,向部分少数民族学生提供助学金,并向里耶民族中学捐赠了二十万元的贫困助学经费和一批文体设备。深入开展“农产品质量安全行”活动，通过调研视察，持续关注农村畜禽水产品质量安全体系建设，助推农业产业发展和农产品质量安全保障水平提档升级。深入开展“司法公正岳麓行”活动，以公正司法、依法行政为重点，定期视察活动成员单位工作，健全阳光行动、典型带动和整改推动机制，不断提高司法公信力。

【坚持依法履职，主动监督】 一是加大经济运行监督。按照新《中华人民共和国预算法》要求，全面深化对政府预算编制、调整、执行的全口径监督，初步实现了纳税人的每一分收支都纳入预算监督目标。加强对预算的预先审查和预算执行监督，督促政府强化财政预算和收支管理，督促政府实现民生投入比例提高；通过听取审议审计工作报告以及对部分单位审计指出问题的整改，监督预算刚性执行。加强债务监督，督促政府清理债务存量，控制年度政府债务总额、政府负责债务额度和政府债务率，有效防范债务风险。二是加大生态两型监督。按照相关法律法规，继续监督环保、规划这两项群众关注度高、利益关联度大的工作，重点跟踪、调研视察听取情况，有力推进全区生态环境保护。三是加大法律实施监督。深入推进法治岳麓建设，开展“法治岳麓”建设系列活动。深入开展庭审评议活动，引入满意度测评机制，制定实施《长沙市岳麓区庭审评议办法（试行）》，推动公、检、法、司整体工作水平提升。着力推进法治政府建设，备案审查区政府规范性文件 10 份。着力监督法律实施，开展“六五”普法宣传，组织对《母婴保健法》进行执法检查，有效推动相关法律法规在岳麓区贯彻实施。四是加强民生问题监督。围绕事关人民群众切身利益的民生热点问题，通过听取专项工作报告、调研视察、执法检查、专题询问等监督方式，支持和推动了相关民生问题解决。

依法决定重大经济社会事项。持续跟踪区国民经济社会发展计划执行情况，为推动“十三五”实现良好开局提供应有支持，发挥相应作用。

不断规范人事任免工作。坚持党管干部和依法任免相结合，确保了区委人事安排全部实现和任免工作顺利进行。严格实施《岳麓区人大常委会人事任免办法》，规范开展任前呈报、资格审查、法律考试、陈词等法律程序，加强常委会组成人员对拟任人员了解，认真落实向宪法宣誓制度。任免国家机关工作人员 90 人次，组织向宪法宣誓 53 人次。

【建立新机制，拓宽履职渠道】 一是全面深化“双联”活动。持续开展“深化双联双建，共筑岳麓梦想”活动。严格实施《长沙市岳麓区人大常委会代表述职评议办法》，组织代表到原选区开展口头或书面述职，代表履职测评满意率多数在 95%以上；多名代表参加了常委会组织的视察调研、执法检查及人大实事工程、助学助困活动。二是强力督办代表建议。创新代表建议督办机制，坚持主任会议成员带头督办和重点督办代表建议机制，定期听取政府办理代表建议情况，延伸听取区工务局等建议重点办理单位的情况报告。代表建议得到有效办理，特别是水库涵闸改造等 6 件重点建议办理成效明显，取得较好办理效果。三是不断强化履职服务保障。科学安排代表列席区人大常委会会议，参加执法检查、专题询问、工作评议、视察调研等活动；定期召开市、区“一府两院”向人大代表通报工作情况会议；组织代表开展初任培训，赴厦门大学参加履职培训，安排系统学习宪法法律和人大业务知识。注重代表履职推介，积极推送先进代表事迹到《长沙晚报》《动力》等书刊，并编印《代表》进行宣传。代表整体履职能力、履职效果和履职热情不断提升。四是精心组织代表换届。始终坚持党的领导，充分发扬民主，严格依法办事，深入贯彻中央、省、市、区委决策部署，按照“五个统一”“五个满意”的工作目标，重点抓好选区划分和选民登记、流动人口服务、代表素质和身份认定、代表候选人与选民见面、选民投票组织、代表资格审查等相关工作，依法有序完成了区、镇两级人大换届选举工作任务。

【树立新标杆，自身建设实现新突破】 一是机关文化建设更加丰富。以建设学习、务实、快乐、健康“四型”人大机关为抓手，积极营造和谐机关文化氛围，在人大系统倡导终身学习、崇尚务实、快乐工作、健康生活理念，重视机关党支部、工青妇、老干、关协建设，组织开展学习、参观、健身、关爱等机关活动，不断深化机关文化内涵，增强人大机关凝聚力。二是人大制度宣传更加深入。组织编纂区第四届人大履职与工作探索创新纪实书籍，开展人大新闻、信息调研，制定新闻信息奖励办法，办好长沙市岳麓区人大常委会网站，加强与代表选民联系。三是机关制度建设更加完善。坚持依法履职、集体行权，不断规范人大议事规则，坚持用制度管人管事，机关各项工作基本实现程序化、制度化、规范化运行。四是机关队伍建设更加科学。将机关干部能力建设作为人大自身建设重点，与代表履职能力建设一并纳入区委干部教育培训体系研究、部署、实施。建立机关干部传帮带机制，有针对性地为年轻干部搭台子、压担子，积极向区委推荐人大优秀干部到街道和“一府两院”重要岗位任职。五是机关廉政建设更加系统。主动适应作风建设新要求，认真开展“两学一做”学习教育活动，按照“学党章党规、学系列讲话，做合格党员”的要求，通过举办专题党课、组织专题研讨、召开专题民主生活会等多种形式，有针对性地解决党员队伍在思想、组织、作风、纪律等方面存在的问题，用心用力，抓细抓实，真正把党的思想政治建设抓在日常、严在经常，做到教育活动与各项工作相互促进。严格落实党风廉政建设责任制，自觉担负“两个责任”，组织机关干部、基层人大工作者参观廉政教育基地和观看警示教育片500余人次。始终将党纪党规挺在前面，落实反腐倡廉各项措施，要求机关党员干部率先垂范、防微杜渐。（吴御罡）

长沙市岳麓区人民政府

区委副书记、代区长
刘　汇(女)
区委常委、常务副区长
蔡　锋
副 区 长　潘旺明
李　舜(女)
谭应林
刘雄辉
张永久
邹　刚

区政府办公室
主　　任　蒋志国
副 主 任　杨　懿(女)
龚　常
许　博
舒　平
易　佳
李明清
钟昭华
区纪委驻政府办纪检组长
谭　言

【政府常务会议】 1月27日,召开区第四届人民政府第二十八次常务会议,部署2016年《政府工作报告》主要目标任务实施责任分解工作,传达长沙市创建国家食品安全城市动员会议精神,研究区城建投资公司融资相关事宜,研究桐梓坡棚改项目移交单位公房处置方案,研究麓江春项目复工方案,研究30.36亩社保融资用地相关事宜,研究天顶街道一宗企业安置用地挂牌出让事宜。2月5日,召开区第四届人民政府第二十九次政府常务会议,审议《关于2016年产业发展年的实施意见》,审议《岳麓区2016年产业发展年100项重点产业项目建设计划》,审议《关于促进全区房地产市场持续健康发展的实施意见》,研究观沙岭街道观沙岭村两安用地合作开发事宜,审议《岳麓区2016年专改公项目投资计划》。3月21日,召开区第四届人民政府第三十次常务会议,研究谷山森林公园·生命文化园项目有关工作、研究金麓小区2-1栋项目有关事项,研究区电子政务内网建设工作,研究湖南城际铁路有限公司落户岳麓区相关扶植政策,研究调整区对街道(镇)财政管理体制相关工作和审议《2016年"产业发展年"街道(镇)财源建设绩效考核办法》,研究《岳麓区驻外定点招商试点工作方案》和审议《岳麓区招商引资中介人奖励(暂行)办法》。4月8日,召开区第四届人民政府第三十一次常务会议,审议省委巡视组反馈意见整改落实工作拟出台相关制度,研究非煤矿山关闭整顿工作,研究规范全区拆迁征收机构设置,财务管理及操作流程相关事宜。6月22日下午,召开区第四届人民政府第三十二次常务会议,研究园区兑现产业发展引导资金相关事宜,审议集体土地拆迁操作规程,研究城市管理"门前三包"工作,审议《关于加强道路交通安全工作的实施意见》,研究清理规范区政府部门行政审批中介服务事项。8月4日,召开区第四届人民政府第三十三次常务会议,研究安全生产工作、应急工作、桐梓坡棚改项目移交单位公房处置方案事宜、党员干部违纪处分事宜。8月12日,召开区第四届人民政府第三十四次常务会议,研究恩瑞万豪项目产业引导资金第二笔资金拨付事宜,研究公务用车制度改革工作,听取2016年1—9月财政预算执行情况和2016年财政预算调整方案汇报。10月19日,召开区第四届人民政府第三十五次常务会议,研究安全生产工作,审议《政府工作报告》,研究长沙含浦科教产业园开发建设有限公司发行企业债相关事宜,研究《西湖街道处置区财政局移交的国有资产搬迁补偿安置方案》相关事宜。12月14日,召开区第五届人民政府第一次常务会议,研究《岳麓区2017年建设项目投资计划》编制工作,通报机关事业单位工作人员工资标准调整及津补贴有关事项。12月26日,召开区第五届人民政府第二次常务会议,研究2017年度区财政预算(草案)编制工作、麓谷街道析置工作。

【统筹协调与专项推进】 一是参谋服务。抓好文字综合服务。坚持"文风朴实、观点新颖、切合实际"的原则,务实做好综合调研、文稿起草、信息报送等工作。高标准完成政府工作报告、经济形势分析报告等各类重要文字材料的起草撰写,及时准确上报工作信息。抓好决策决议落实。认真落实中央、省、市、区领导指示批示精神,切实承担起市政府常务会议、市长办公会议中所涉及的岳麓区的任务,严格执行区政府常务会议、区长办公会以及专题工作部署会等会议的决议议定。确保政令畅通。全年牵头办理省、市领导批示件148余件(次);承办区政府领导批示件1093余件,办结率100%;组织集中督查20次,印发督查通报20期,办理市长信箱信件500余件、区长信箱信件2200余件,全部做到了按时回复。抓好建议提案办理。高效办理人大建议65条、政协提案103件,确保办复率、见面率、满意率100%。二是协调保障。机要公文办理工作严谨高效。按时、按质、按程序完成文件的起草、核稿、呈签、校对、印制、分发、存档、销毁工作,全年共登记办文台账10余本,收文3302件,发文550余件。协调职能充分发挥。立足单位实际,牵头抓好实事工程,全年完成省、市"为民办实事"指标任务22项,及时、准确报送月进度数据;积极组织落实市对区绩效考核任务,协调推进"六个走在前列"大竞赛活动各项任务的落实等;全力做好文明创建、两型社会建设、计划生育、综合整治、安全生产、信访等工作,接待滨江新城二期、桐梓坡、窑坡山等拆迁项目及川塘中学、伤残复员军人上访群众80余批次,有力维护社会大局稳定。后勤保障务实到位。坚持勤俭节约原则,认真抓好日常财务管理,做到各项保障工作有序到位,确保工资发放、医疗保险金、住房公积金缴纳等工作按时到位,做好计生工作服务,全力保障好干部职工权益。电子政务成效显著。在政府门户网站发布各类政务信息23000余条次,不断优化和升级政务外网、内网办公平台,对全区网络及重要数据服务器实施24小时安全防护,确保全区电子政务办公稳定高效。三是专项推进。金融工作稳步推进。编制全区"十三五"金融产业发展中长期规划,组织承办了2016年长沙金融服务节开幕式暨岳麓银企对接会,规范投融资企业管理,开展"打击非法集资宣传月活动"等,对中小企业开展上市专题培训,并指导中小企业上市,金融环境不断优化。协调全区各融资平台完成融资85.08亿元。政府应急能力进一步提高。进一步健全和完善领导机构、预案体系和应急平台建设,严格实行领导干部24小时带班和工作人员24小时应急值守制度,确保政令畅通和及时有效处置突发事件。爱国卫生运动深入开展。以城乡环境卫生整洁行动、病媒生物防制等工作为重点,带动和促进卫生创建等各项工作的深入开展,进一步改善城乡环境卫生状况,提升城乡居民的文明卫生意识和健康水平,为全区经济社会协调发展创造良好的卫生环境。法制工作扎实有效。组织司法行政干部、街道干部、社区工作人员、律师和基层法律工作者组成岳麓区"法润三湘"志愿者队伍,与省、市志愿者共同开展活动,现场共发放法制宣传资料3000余份,走访困难群众14户,调处纠纷10余起,将普法工作深入基层、深入民心。对政府6份规范性文件进行审查备案,审查政府合约50余份,参与处理重大事项40多起。全年共接到市政府行政复议答辩通知书8件,按时完成答辩8件,复议决定维持率100%。认真办理状告区政府的行政应诉案件,最大限度化解矛盾,维护区政府形象和权威,全年以区政府为被告的行政诉讼案件34起,无一起案件在诉讼过程中败诉。四是抓好党建工作。抓好党建基础工作。严格落实民主集中制,积极研究部署党建工作。严格执行领导干部双重组织生活会相关规定,认真执行"三会一课"制度,扎实推进党务公开及党员分类积分管理工作,积极开展党员党组织关系集中排查工作,及时办理党组织关系转接手续,细致做好党费收缴工作,对2008年4月至2016年12月的缴费情况进行了全面清理,并按规定进行了补缴。积极维护党员信息平台,严格按程序发展入党积极分子,认真完成党统年报等基础工作。2016年,支部有2名预备党员转正,新发展入党积极分子2人。抓好支部结对共建活动。按照"五联五共"的要求,与含浦街道官埠口村党支部制订共建计划,明确共建措施,深入开展共建活动。开展一对一帮扶活动,指导官埠口村美丽乡村创建工作,深入推进官埠口村新农村建设,并走访慰问困难群众。抓好在职党员进社区工作。党员干部按时到所在社区或所联系社区报到,积极开展慰问、帮扶、志愿服务等活动,为群众解决实际困难,加强与社区的沟通交流,进一步融洽党群干群关系,增进党员干部与普通群众的感情。抓好"三服务"一线工作。结合"三服务"一线工作法,党支部每名副科职以上的党员干部积极完善所联网格的党小组建设,指导网格党小组落实组织生活制度和开展服务活动,全力服务群众,同时积极争创"五星网格"。

【注重廉洁与增进团结】 一是遵守纪律。区政府办公室班子成员以中共十八届六中全会精神为基本遵循,认真贯彻落实中央、省委、市委、区委各项党风廉洁建设要求，注重操守自持、洁身自好，时时注重自省、自警、自励，模范遵守各项廉政纪律规定，踏踏实实做事，堂堂正正做人。一年来区政府办没有任何违反党风廉洁建设相关规定的问题产生。二是忠诚履职。严格落实党风廉洁建设“一岗双责”要求，“一把手”定期与班子成员开展交心谈话，及时了解心理动态，做好廉政提醒，筑牢党风廉洁建设的思想防线。按照逢班子碰头会必念、逢全办干部大会必念的要求，就相关经费开支、过节风气等问题进行多次强调，树牢全体工作人员的纪律意识。三是凝聚合力。坚持民主集中制，把团结看成一种政治纪律、一种人生境界、一种为人品行，时刻维护班子的团结。严格落实“三重一大”集体决策和“一把手”末位表态，充分调动全办工作人员的积极性，区政府办公室展现出力争上游的良好风貌。（谭智勇）

附录

2016年区政府主要文件目录

1.岳政发〔2016〕1号　关于做好第三次全国农业普查的通知

2.岳政发〔2016〕6号　关于清理规范区政府部门行政审批中介服务事项的决定

3.岳政发〔2016〕10号　关于2015年度征兵工作考核结果的通报

4.岳政发〔2016〕16号　关于依法关闭长沙市岳麓区莲花镇龙台采石有限公司等9家非煤矿山的决定

5.岳政办发〔2016〕1号　关于印发《岳麓区旅游突发公共事件应急预案》的通知

6.岳政办发〔2016〕3号　关于印发《岳麓区重大火灾事故应急处置预案》的通知

7.岳政办发〔2016〕4号　关于印发《长沙市岳麓区食品药品安全社会共治实施方案》的通知

8.岳政办发〔2016〕9号　关于印发《2016年度防雷安全与气象灾害防御工作方案》的通知

9.岳政办发〔2016〕14号　关于印发《长沙市岳麓区突发公共卫生事件应急处理预案》的通知

10. 岳政办发〔2016〕16号关于印发《长沙市岳麓区防汛应急预案》的通知

11. 岳政办发〔2016〕17号关于印发《长沙市岳麓区突发环境事件应急预案（修订）》的通知

12.岳政办函〔2016〕2号　关于同意成立川塘社区筹备委员会的批复

13.岳政办函〔2016〕3号　关于同意学士街道社区优化调整批复

14.岳政办函〔2016〕7号　关于转发《长沙市人民政府办公厅关于加强人感染H7N9流感防控工作的通知》的通知

15.岳政办函〔2016〕8号　关于成立岳麓区小微企业创业创新工作领导小组的通知

16.政办函〔2016〕9号　关于做好2015年政府信息公开年度报告编制工作的通知

17. 岳政办函〔2016〕17号关于成立岳麓区创建平安校园建设工作领导小组的通知

18. 岳政办函〔2016〕20号关于2015年度建议提案办理工作考核情况的通报

19. 岳政办函〔2016〕23号关于明确区政府办公室领导班子分工的通知

20. 岳政办函〔2016〕26号关于切实做好当前防汛抗灾工作的紧急通知

21. 岳政办函〔2016〕27号关于进一步加强橘子洲烟花燃放安全管理工作的通知

22. 岳政办函〔2016〕44号关于对全区政府网站开展常态化监测的通知

23. 岳政办函〔2016〕46号关于印发《2016年长沙市岳麓区深化行政审批制度改革工作要点》的通知

24. 岳政办函〔2016〕47号关于印发《长沙市岳麓区2016年暑期政府购买服务向中小学生免费开放体育场所工作方案》的通知

25. 岳政办函〔2016〕49号关于公布褚桂亭太极拳为岳麓区区级非物质文化遗产名录的通知

26. 岳政办函〔2016〕50号关于印发《岳麓区农作物秸秆露天禁烧和综合利用实施方案》的通知

27. 岳政办函〔2016〕54号关于明确区政府办公室领导班子分工的通知

28. 岳政办函〔2016〕55号关于2015年度岳麓区两型社会示范创建考核结果的通报

29. 岳政办函〔2016〕57号关于印发《岳麓区承接32项市级经济社会管理权限工作方案》的通知

30. 岳政办函〔2016〕58号关于印发《岳麓区城镇燃气“大排查、大管控、大整治”百日行动工作方案》的通知

31. 岳政办函〔2016〕61号关于建立岳麓区商事登记制度改革工作联席会议制度的通知

32. 岳政办函〔2016〕62号关于调整区打击传销工作联席会议成员的通知

33. 岳政办函〔2016〕67号关于印发《岳麓区建筑工地扬尘

污染“百日”联合整治行动实施方案》的通知

34. 岳政办函〔2016〕68 号 关于进一步规范公文处理的通知

35. 岳政办函〔2016〕73 号 关于印发《长沙市岳麓区消除血吸虫病规划(2016–2025 年)》的通知

36. 岳政办函〔2016〕79 号 关于做好 2017 年度全区无偿献血工作的通知

37. 岳政办函〔2016〕82 号 关于调整岳麓区治理车辆超限超载工作领导小组成员的通知

38. 岳政办函〔2016〕84 号 关于建立长沙市岳麓区优化经济发展环境联席会议制度的通知

39. 岳政办函〔2016〕86 号 关于印发《岳麓区 2016 年粪污无害化处理工作方案》的通知

民族宗教和外事侨务工作

区民族宗教和外事侨务局

局　　长 张　选

副 局 长 邓　薇(女)

裴国恩

纪检组长 骆红勇(1—11 月)

【概况】 区民族宗教和外事侨务局为区人民政府直属事业单位，有工作人员 4 人。

民族事务。积极参与全区创建国家食品安全城市工作。3 月，对全区 19 个拉面馆进行全面摸底，详细了解他们的经营状况、生活现状。全年为 80 名参加高考的少数民族考生审核民族成分，协调解决 3 起到长沙务工少数民族子女入学问题和 2 起涉及少数民族的矛盾纠纷。10 月，成立岳麓区民族联谊会，依托联谊会平台，建立了长沙市首批“少数民族群众服务站”。

宗教事务。2 月，稳妥处理岳麓街道中海社区一处非法设置佛堂事件。4 月，组织对全区宗教活动场所和民间信仰场所进行全面调查摸底，建立完备的电子档案。5 月，完善区、街、社区(村)三级联动的宗教工作网络。6 月，开展民族政策法规宣传月活动，把街道、社区等基层单位作为创建活动的主阵地，形成基层党组织领导、各方面共同参与的工作格局。7 月，妥善处理北京香柏企业管理咨询有限公司非法传教活动，维护大局稳定。配合和指导全区宗教活动场所建设工作，宝宁寺用地手续办理、泉湖寺改扩建用地预征，灵瑞寺改扩建用地手续办理均按计划推进，桐溪寺正进入内部装修阶段。

外事侨务。配合做好外国签证中心落户长沙的协调服务工作。法国、德国新签证中心于 4 月落户岳麓区裕湘纱厂。成功承办 2016 年海外华裔青少年“中国寻根之旅”夏令营(湖南营)，6 月，来自美国的 41 名华裔中学生在湖南师大博才实验中学开展了为期 3 天的学习体验活动。11 月，组织 3 所学校 63 名师生赴韩国参加“第十五届中韩青少年文化交流营暨第五届安东儒教文化交流活动”，并与当地学校签署《缔结姊妹学校意向书》，该活动为岳麓区首次政府受邀、官方组织的国际性教育文化交流活动。11 月，长沙市侨务代表团一行 5 人应邀赴马来西亚、菲律宾出访，为友好国家交流打好基础。全年共接待中联部外宾高访团——俄罗斯媒体考察团和菲律宾议员考察团 2 批次 51 人到访，接待国内侨务系统参观学习 2 批次 11 人；联合区侨联打造岳麓侨务品牌，成功举办“以侨为桥通达四海，恋祖爱乡助力岳麓”活动启动仪式，与 50 名侨务对象联谊并致以春节祝福；以走访慰问为抓手，关心老侨生活起居，2016 年，走访困难归侨侨眷 37 户，发放慰问金及生活补贴 4.82 万元。　　(曹娟)

政务公开与政务服务

区政务服务中心

党组书记、主任

谢立华(1—10 月)

李扬波(11—)

党组副书记、副主任

刘孙成

党组成员、副主任

陈　涛(女)

副 主 任 欧阳娟(女)

党组成员、副主任

吴　广

党组成员、纪检组长

李哲鹏

【概况】 区政务服务中心与区政务公开政务服务领导小组办公室合署办公，内设办公室(监察室)、业务科、热线办。设置窗口 68 个，2016 年进驻中心的部门有 21 个，共有工作人员 80 名。

行政审批工作。2016 年，中心接待群众 251862 人次，办结各类许可、服务事项 214685 件，按期办结率 100%。根据《长沙市人民政府办公厅关于向区(县)市下放 39 项市级经济社会管理权限的通知》《岳麓区承接 32 项市级经济社会管理权限工作方案》精神和区审改办的要求，完成市级下放审批事项的接收工作，根据审批事项的动态变化，完善审批事项流程清单编制，督促事项进窗上线。对照部门权力清单，协调园区和区直相关部门按要求编制行政许可、行政确认、行政备案流程清单。流程清单通过政府门户网进行公布。按照“两集中两到位”原则,先后安排区人社局大病救助、区食药监局食品药品经营许可进厅办理审批事项;将结婚登记窗口和离婚登记窗口分开,将食药监局窗口由2个增加至4个,解决群众排队时间长、办证难问题。2016年,区食药监局窗口受理事项5571件,颁发食品药品经营许可证4555张,新增商事主体21511家,其中新增企业8281家,新增个体工商户13230户。进一步深化商事制度改革,推进个体工商户登记注册便利化,营造更加宽松平等的准入环境。9月,率先在全市推行个体工商户“三证合一”登记制度,工商窗口发出全市首张个体工商户“三证合一”营业执照。新政实施后,个体经营者只需一张申请表、一份材料,在一个工作日内便能完成登记注册。为进一步规范行政审批流程,提高行政效能,打造阳光政务服务,区政务中心会同区信息中心,以“三张清单”为基础,以信息技术为支撑,投入经费70万元开发集行政审批、网上办事、电子监察于一体的“互联网+政务”服务新平台,借助电子政务系统,让数据多跑路,办事群众少跑腿,不断提升办事效率和为民服务水平。

服务市民热线。2015年12月1日至2016年11月30日,全区按时签收热线工单7386件,按时办结工单7213件,按时签收率、按时办结率均为100%;市级回访工单7060件,不满意工单416件,满意率为94.11%(比2015年度上升8个百分点);信息库信息更新录入601条。

政府信息公开。协调各部门、街道(镇)编制信息公开年报,按省、市要求编制2015年岳麓区政府信息公开工作年度报告,在市、区两级门户网站对外公布。开展全区性政务公开工作相关业务培训。按照“公开是原则、不公开为例外”的原则,建立完善政府信息主动公开工作机制,推进决策公开、执行公开、管理公开、服务公开、结果公开,完善公开目录,规范公开程序,扩大公开范围,丰富公开形式。全年在政府门户网站公开政府信息14362条,在信息公开栏目发布信息10289条。受理依申请公开政府信息45件,对受理的申请公开件均进行严格审查与处理,建立登记台账,并在法定期限内给予答复。因政府信息依申请公开答复引起的行政诉讼(复议)7件,无败诉。

党建工作。按照年度制定的计划安排,以党组理论学习中心组学习、支委会成员理论学习、党员大会、中心例会等形式,学习相关讲话、会议精神和法律知识,邀请在市政务中心组织的“爱岗位,树形象,讲规矩,做贡献”演讲比赛中获奖的选手开展“优质服务宣讲”;组织党员外出考察行政审批制度改革、网上审批系统建设。组织窗口党员干部开展“亮身份、亮承诺、亮业绩,服务对象评、上下互动评、对照标准评”活动,统一穿着工装,统一佩戴胸牌,推出“两立三声一双手”服务标准,创建文明服务窗口。以创先争优为动力,争创共产党员示范岗、争做政务服务明星、争当岗位能手,充分展示窗口工作人员的精神风貌。丰富党性教育形式,组织参观杨开慧故居,进行革命传统教育,结合学雷锋焦裕禄,做群众贴心人活动,开展学习笔记心得评比活动,“快乐读书吧”“筑梦”2016乒乓球赛等系列活动,率先在机关推行常态化健身“工间操”。

(任颖)

人力资源和社会保障

区人力资源和社会保障局

党组书记 江 南(1—9月)
李学军(10—)

局 长 江 南(1—)

党组副书记、副局长
吕 瑛(1—9月)
张美兰(1—11月)

党组成员、副局长
李 晔
康景洋(12—)
崔 凯

党组成员、纪检组长
朱能文

【概况】 区人力资源和社会保障局有在编干部职工61人(其中局机关及二级机构59人,政府雇员2人),退休人员4人,内设办公室、公务员综合管理科、教育培训科、仲裁科、社会保险科、就业管理科,下辖区社会劳动保险管理所、区医疗保险管理服务中心、区就业服务中心、区城乡居民基本养老保险管理服务中心、区劳动监察大队、区小额贷款担保中心、区人才交流服务中心7个全额二级事业单位,其中区社会劳动保险管理所、区医疗保险管理服务中心、区就业服务中心为二级副科级事业单位。全区17个街道(镇)均设立人力资源和社会保障服务站。

创业就业工作全面提升。落实就业扶持政策,提高就业资金使用效率,全年认定就业困难对象3800人,拨付就业专项资金719万元用于社会保险补贴(其中被征地农民750人246万元),让1753名就业困难人员实现灵活就业。对全区385名离校时未实现就业的高校毕业生进行就业帮扶,帮扶率100%,连续多年在全市名列前茅。新增就业15000人,小额担保贷款发放1150万元,民生实事指标和绩效考核指标均圆满完成。为驻区企业项目在公共就业服务方面提供高质量的服务,搭建"就业超市",开展空岗报告制,为驻区企业招聘用人提供平台,利用"春风行动""民营企业招聘周"等活动,组织招聘活动26场,824家用人单位提供岗位21406人,求职人员18280人。2016年,岳麓区被评为全市城区2个创业带动就业示范区之一,出台《岳麓区创业带动就业工作实施意见》和《岳麓区关于开展创新创业带动就业创建活动的通知》。橘子洲街道、咸嘉新村社区和火炬城社区被评为省级创业带动就业工作示范单位。湘浙小商品市场作为省级创业带动就业示范基地,成为农民工返乡创业和失业人员创业的典型示范点。中南大学、湖南大学、湖南商学院、湖南商务职业技术学院、岳麓山大学科技园和库可创客文化公司成为市级创业孵化基地。

*城乡社会保障体系不断完善。*启动全区机关事业单位及其工作人员基本养老保险改革,2016年在职参保5870人,退休参保3257人,基金征缴收入1.07亿元。企业养老参保63651人,基金征缴收入8.54亿元。城乡居民养老保险参保116102人,基金征缴收入910.55万元。坪塘街道、莲花镇被评为"2016年度长沙市城乡居民基本养老保险经办服务示范点"。2016年,全区城乡居民医保实际参保276825人,参保率98.7%。共审批门诊定点医疗机构43家,现场核查定点医疗机构16家。不断完善内控稽核制度,严把基金"入口关"和"出口关",确保基金绝对安全。2016年6月在市局社保基金专项检查中,区人力资源和社会保障局获得高度评价。

*人事人才工作有序推进。*面向社会公开选调、招考67人,选调公务员(含参公)6人,选调事业单位工作人员3人,考试聘用编内事业单位工作人员58人。对全区机关事业单位6303名非领导职务工作人员进行了考核。共获批引进国外智力项目2项(其中省级项目1项、市级项目1项),完成专业技术人员中、高级职称评审57人,完成专业技术人员有关系列相关等级职称资格认定294人。完成6442人次的晋档(晋薪)、486人次的晋级工作及区县以下机关公务员职务与职级并行的初核、审批457人次。

*劳动关系持续和谐稳定。*区、街(镇)两级劳动监察机构精心协作,全年主动监察用人单位326家,涉及劳动者31680人。重点检查了辖区5家从事职业介绍和境外劳务输出的机构和场所,处理各类投诉举报案件247起,追讨劳动者工资793万元;参与处理群体性上访事件15起,涉及工程款1.5亿元及农民工工资1000万元。全年正式受理劳动人事争议案件301起,结案285起,结案率95%。 (刘星)

信访工作

区信访局

党组书记、局长
曹志武(10—)
晏应龙(1—9月)

党组副书记
周国界

副 局 长 鲁爱华(女)
刘 忠
程宇标(11—)

党组成员 黎 明
张文联(1—11月)
林长茂(1—10月)
谭水清(1—10月)

【概况】 区信访局为区委管理的全额拨款行政单位,内设办公室、群众来访接待中心、督查督办室、复查复核办公室、驻京劝返办公室和机关党支部,共有干部职工12人。

*信访件处理。*加强日常信访基础工作,贯彻落实信访积案化解"千案攻坚"要求,化解信访积案。全年接待到区上访群众888批2911人次,其中集体访41批511人次。办理群众来信281件,全年受理省信访联席办化解信访积案"千案攻坚"行动交办信访积案12件,化解10件。受理群众网上信访238件,办理上级交办案件16件,复查复核案件28件。调处望城坡街道、梅溪湖街道、洋湖街道等意外死亡事件引发的社会矛盾纠纷20余起。

*畅通信访渠道。*推进"互联网+信访"模式,运用互联网思维,依托湖南省网上信访信息系统,在全区17个街(镇)和78个区直部门覆盖网上信访平台,建立网下办理、网上流转的群众信访事项办理程序,实现"让数据多跑腿、群众少跑路"的工作目标。建立"岳麓区信访局"微信公众号、湖南长沙岳麓信访(百度头条)等新闻媒体,及时汇集社情民意,进一步拓宽和畅通信访渠道。

*信访宣传。*2016年5月5日、7日,分别在步步高商业广场和桐

梓坡指挥部开展依法逐级走访和网上信访宣传活动，在人口密集场所集中宣传《信访条例》，并延伸到全区17个街、镇和社区(村)。 (蒋娟)

信息中心工作

区信息中心

主　　任　葛建武(5—)

【概况】 区信息中心为区政府管理的副科级实职全额拨款事业单位，内设办公室、网络科、网站科、运维科。有在岗工作人员10人，另有运维外包驻场服务技术人员7人，其中IT运维5人，网站运维2人。

政务网络基础建设。一是夯实政务外网建设。完成全区政务外网宽带扩容工作，将政务外网宽带扩容至1.3G，同时，以全区社区综合信息服务平台建设为契机，对全区各单位政务外网接入进行优化，改善网络办公环境，提高网络办事效率。二是完善政务专网建设。梳理政务专网线路，完成约30处线路新增、迁移、关闭等工作，确保政务专网与省、市专网的互联互通，保障各职能部门专网业务系统高速、稳定运行。三是启动政务内网建设。由区委机要局牵头，以区信息中心为建设主体，启动区政务内网项目建设(一期)。已完成政务内网汇聚节点机房屏蔽壳体，机房装修，精密空调，UPS(不间断电源)等设备安装等事项。12月底，区政务内网机房投入试运行。

政务门户网站管理。一是强化网站管理。完成全区59个子网站点整合，保留区政府门户网站并在国办普查系统中登记。督促整改信息更新不及时等问题，严防"僵尸网站""睡眠网站"出现。二是强化内容保障。围绕全区中心重点工作，及时、准确公开重要方针政策、重大决策部署，区级重大政务活动及行政权力运行、财政资金等信息。运用微信、微博平台，及时推送区一级政务动态信息。2016年，全区政府网站累计发布各类政务信息23000余条。三是深化政民互动。加强"区长信箱""咨询投诉"等互动栏目建设，及时回应社会公众关切。通过调查问卷、民主进言的形式收集民意，了解并处理公众反映的热点问题。2016年，"区长信箱" 等互动栏目累计收到有效信件560余封，回复率100%。四是强化运维保障。区信息中心办公室具体负责对接省、市主管部门。网络科负责政府网站监管、数据备份、资源共享、安全防范工作，网站科负责政府网站栏目开发、设计、采集、审核、发布、互动类栏目处理等事项。采用运维外包方式，安排2名派驻专业人员负责网站运维。强化资金投入，将网站建设经费列入专项业务经费。2016年，网站建设与运维经费实际投入超100万元。

政务系统应用。一是启动社区综合信息服务平台建设。对全区各级政务服务大厅信息化建设工作进行摸底。根据市、区安排，开展咸嘉湖街道及咸嘉新村社区平台试点一期项目建设，完成全区40%社区综合信息服务平台建设推广部署工作。二是强化系统升级。完善短信发送平台建设，实现三网合一，为全区各单位及时发布各类重要信息提供平台保障。优化行政审批系统，强化系统维护，对模块功能实施扩展，确保行政审批系统正常运行。配合商事制度改革，完善市商事登记平台建设。推进网格化平台建设，完善网格化平台与市级、区级基础数据的共建共享。三是开展人员培训。开展网络信息安全培训，提升网络信息安全意识及安全防护能力。依托新版政府门户网站上线运行，开展网站后台操作培训，网络诊断及电脑维护等业务技能培训，提升网络故障排查能力及电脑故障维护水平。2016年，组织各类技能培训3次，培训学员200余人。

政务项目服务。一是加强项目管理。按照上级电子政务工程项目管理相关文件精神及《岳麓区电子政务工程项目建设管理办法》要求，对全区政务工程项目实施统筹规划、协调指导和归口管理。做好项目审查、评审，竣工验收和运行后评价。2016年，完成区计划生育奖励扶助智能信息系统建设项目、咸嘉湖街道无线WiFi全域覆盖项目等10余个项目方案技术评审工作。二是强化运维管理。2016年，终端运维共受理运维事件1196件。其中，终端系统运维768件，网络系统运维373件，服务器存储运维25件，应用业务系统19件，机房基础设施运维11件。中心机房巡检50余次，二级机房巡检10余次，保障了全区电子政务办公的稳定、高效。三是强化会务管理。2016年，两办会议室设备使用支持、会议会标制作及播放约200余次，保障了两办各类会议的正常开展。完成区内3次大型会议活动的技术保障(省、市对区干部考核，学士环城绿带考察)，完成2016年政府工作报告PPT图片收集、整理、修改，PPT动画制作、播放及技术支撑等事项。

政务数据信息安全管理。建

立完善网络与信息安全防范、应急处理和信息安全保障体系。杜绝各类网络及应用系统安全事故的发生，保障网络畅通。3月,对区电子政务外网和门户网站系统等级保护进行测评备案，对全区网络及重要数据服务器（包括政府网站数据存储等设备)实施7×24小时安全防护。采用绿盟WEB防护、IDS抗拒绝等综合安全网关、安全设备防御网络攻击和网站数据篡改,确保数据信息安全。加强数据中心机房管理，定期开展巡检,调优政务网络。细化各街道(镇)汇聚机房管理,指导各街道(镇)做好与社区(村)光纤连接和维护工作。做好政务网络点位新增、迁移等工作,确保网络畅通及安全。2016年，全区未发生任何网络安全事件。（梁子君）

机关事务管理

机关后勤服务中心

主　　任　彭国宏
副 主 任　黄维浩
　　　　　刘定见
　　　　　邓志勇
　　　　　刘俊霞(女)
　　　　　欧阳均
纪检组长　肖　虎

【概况】 区机关后勤服务中心是区政府直属事业单位，内设办公室、综合科、后勤保障科、安全保卫科、膳食科。有工作人员26人。加强物业监管，确保良好办公环境。按照《机关物业考核办法》,对两家物业公司进行严格监督管理。一是加强清扫保洁力度,保障干净舒适的办公环境。二是加大人防、技防力度,充实安保力量，完善机关大院、湘麓金座安全监控系统,做到人防、技防和物防三位一体,对机关重点部位实行24小时专人值守，坚持执行白天进入办公楼登记、夜间凭卡出入、白天每2小时一次巡逻、夜间3次查楼，全年巡查共查出各办公室未关门329次、未关灯1852次，拾到遗留在办公室门上的钥匙27串,未发生安全事故。三是提升服务水平。认真做好党代会、人大会、政协会等主要会议服务,抽调专业服务人员及各部门人员为主要会议服务，认真检修会议设备设施,确保设备设施正常运行,优化、美化环境。全年完成大小会议服务2600余场次,确保会议服务质量。全年对45个部门发放服务意见满意调查表8次，物业服务满意率平均98.8%。按照分工,中心领导每周对物业服务情况进行检查,定期对物业公司进行考核，全年按照《机关物业考核办法》进行考核打分，珠江物业考核得分97分，鲲鹏物业考核得分95分。收发室协助征订各类报刊112种、杂志365种，收发准确率达99%以上。四是组织专业培训。全年2次组织机关人员、物业公司员工进行安全培训，讲授专业安全知识并进行消防演习，提高机关人员消防意识、安全意识。五是协助做好信访维稳工作。全年协助相关部门处理30人以上的大型上访事件18次，其他各类上访316场次,处理各类应急事件20场次，参与各项接待工作30场次。

*加强维修维护工作，确保机关优质运行。*加大对机关大院、湘麓金座设施设备的维护维修力度。一是设备维护保养。完成机关大院空调换季检查、日常维护与维修,空调水循环水质处理,垃圾站维修和维护,10栋、13栋会议室话筒、投影仪等设施维修及更换,机关大院水泵房维修维护,电梯年检及日常维护、维修,机关大院各栋自动玻璃门维修，大院南北门电动伸缩门维修,机关食堂、厨房设备增补及维修，烟罩管道清洗等维护保养工作，确保机关大院正常运行。二是工程项目维修。全年完成实施、评审、结算维修工程项目46个,合计结算金额220万元。已审工程项目有12个,合计金额约70万元。已完工但未进入区财政评审的工程项目有10个,合计预算约45万元。所有项目均做到维修及时、维护高效、支出节俭。大的维修维护项目都经政府审批，并经政府采购和招投标等相关程序。小的维修项目与区财政局对接，确保项目维修维护手续齐全、维修质量优良。全年机关大院、湘麓金座房屋和公用设施完好率97%，设备完好率97.5%以上,维修合格率99%。实现机关大院内无刑事案件、无食品安全事故、无重大交通事故、无重大火灾事故、无重大破坏案件、无重大盗窃案件的目标，实现机关大院优质高效运行。

*加强节能宣传，提升节能意识。*组织全区公共机构节能专干业务培训,邀请市、区公共机构节能管理相关领导系统讲解节能数据统计。开展绿色低碳生活宣传日、“关灯一小时”等宣传活动,发放节能宣传资料2000余份,在全区公共机构范围内倡导绿色建筑、绿色环境、绿色办公、绿色用能,创造健康、舒适、安全的工作空间，不断创新合同能源管理模式，初步形成整体调度、协调一致、不断赶超的节能工作格局。莲花镇五峰中学、雨敞坪镇麻田村太阳能路灯申报项目已获准,并争取区财政安排预算资金30万

元用以支持公共机构节能项目建设。

加强食堂管理，提升服务品质。继续实施“文明餐桌行动计划”。一是通过张贴宣传画、摆放提示牌等方式，营造“文明用餐”氛围。二是不断提高员工素质，提升服务水平。组织员工进行业务培训、知识竞赛，组织小餐厅服务人员到专业酒店进行学习。优化就餐环境，维修改造充值间，增加售买窗口，减少就餐排队时间。三是把好食品安全、环境卫生关。坚持日常食品24小时留样台账登记制度，让安全事故可以追溯到源头。四是不断更新菜品、菜式，在选料、用料、配料上下功夫，加工菜品尽可能体现本色、本味，满足不同需要。

加强综合协调，提升保障能力。一是做好办公室综合协调、内勤文秘、人事、财务、后勤保障、日常党务工作，如集体户口上户管理、机关办公电话新装移机等。二是做好机关国有资产管理。加强对机关国有资产的清查调配，对湘麓金座西栋办公单位办公家具进行合理调配，继续做好党政机关办公用房的清理腾退，完成地下车库、走廊报废家具的处置，对部分单位办公用房面积不足和新成立部门办公用房合理调剂。三是落实卫生计生、健康卡统计发放工作，确保健康卡发放到位。推行人口网格化信息管理，对机关育龄妇女情况进行重新核对、查漏补缺，建立人口信息集中式资源数据库，完善科学统筹、动态监测、信息共享、功能兼容的全员人口管理服务信息化工作机制。加强计生知识和政策宣传，定期对育龄对象进行随访，为流动人口提供生殖健康状况检查，为机关女职工代买计划生育保险240人次。四是做好交通、通讯工作。通过强化教育管理，确保交通车正点安全接送机关干部上下班，机要通讯无错报、误报、泄密事件。五是支持重要工作建设，抽调两名有拆迁工作经验的干部参加滨江三期项目拆迁，并圆满完成任务。六是配合做好公车改革工作。成立岳麓区公务用车服务管理中心办公室，对公车改革后留用车辆进行集中管理，按照要求派遣公务用车，保障公务用车改革后公务出行正常有序。　（康利民）

政协长沙市岳麓区委员会

政协长沙市岳麓区第五届委员会

主　　席　袁精华

副 主 席　曾高杰
喻英姿(女)
刘　平
卜茂荣
彭首志

秘 书 长　杨国春

常务委员　丁　刚
王　敏
王如民
王国梅(女)
文志斌
宁联芳(女)
刘　湘(女)
刘世雄
刘红艳(女)
刘国才
李　杰
李万安
李蜜心(女)
杨正龙
吴小宁
吴松祥
张　浪(女)
张湘华
陈　念(女)
周　立(女)
郑明方
胡　斌
禹明华(女)
禹海慧
饶　艳(女)
徐　平(女)
唐南沙(女)
唐湘辉(女)
盛文硕
崔康乐
彭志军
释演法
曾　斌
谢　芳(女)
谭　旭
魏志波

工作部门

办公室主任
范　璐(女)

副 主 任　成应时

经济科技委员会主任
盛文硕

文教卫体委员会主任
王　敏

群团联络委员会主任
徐　平(女)

副 主 任　陈正文

提案法制委员会主任
刘红艳(女)

人口资源环境委员会主任
杨正龙

【政协长沙市岳麓区第四届委员会第五次会议】　中国人民政治协商会议长沙市岳麓区第四届委员会第五次会议于1月11—14日召开。区政协主席袁精华代表区政协第四届委员会常务委员会作工作报告，副主席刘平代表区政协第四届委员会常务委员会作关于四届四次会议以来提案工作情况报告。会议听取并协商讨论了代区长刘汇所作的《政府工作报告》,协商讨论《岳麓区国民经济和社会发展第十三个五年规划纲要(草案)报告》《关于长沙市岳麓区2015年预算执行情况及2016年预算草案的报告》《长沙市岳麓区人民法院工作报告》《长沙市岳麓区人民检察院工作报告》。会议协商有关人事安排事项,一致赞成中共湖南省委、中共长沙市委提名的人事安排。会议协商讨论并审议通过《政协长沙市岳麓区第四届委员会第五次会议关于常务委员会工作报告的决议》《政协长沙市岳麓区第四届委员会第五次会议关于四届四次会议以来提案工作情况报告的决议》。

【政协长沙市岳麓区第五届委员会第一次会议】　中国人民政治协商会议长沙市岳麓区第五届委员会第一次会议于11月26—29日召开。区委书记周志凯出席会议并作重要讲话。会议协商并赞同区人民政府区长刘汇所作的政府工作报告，赞同区人民法院工作报告、区人民检察院工作报告和区财政工作报告。会议审议并批准袁精华代表区政协四届常委会所作的工作报告，审议并批准刘平代表区政协四届常委会所作的提案工作情况报告。会议期间，委员们围绕全区经济社会的重大问题和涉及人民群众切身利益的实际问题,认真履行职能,积极建言献策。会议选举产生了政协长沙市岳麓区第五届委员会主席、副主席、秘书长和常务委员。

【政协常委会议】　3月22日,区政协召开四届十九次常委会议暨集中学习，会议邀请湖南省委党校肖万春教授作关于供给侧改革的专题辅导报告。区政协常委会组成人员、区政协机关干部参加会议。会议由区政协副主席刘平主持。会议协商讨论《区政协2016年工作要点》和《区政协2016年度协商工作计划》。区政协主席、党组书记袁精华作重要讲话。6月30日，区政协召开四届二十次常委会议。区政协常委会议组成人员参加会议。区政协主席、党组书记袁精华主持会议。会议审议《把握机遇，发挥优势，打造全国一流创新创意产业新高地—泛岳麓山创新创意集聚区建设发展调研报告》，区政协副主席刘平就区政协重点调研工作、调研报告的形成及报告主要内容向全体常委会议组成人员作简要介绍。区政协全体常委会议组成人员分组讨论调研报告。委员们围绕报告的主要内容，结合自身对创新创意的理解和岳麓区工作实际，分析问题，提出意见和建议。会议协商决定有关人事任免事项。11月15日，区政协召开四届二十一次常委会议。区政协常委会议组成人员、区政协机关干部参加会议。区人民政府办公室、区委统战部有关负责人应邀参加会议。会议由区政协副主席曾高杰主持。区人民政府办公室主任郑平通报区政协四届五次会议以来提案办理情况。区委统战部常务副部长胡斌作区政协五届委员会委员建议名单和主席团组成人员建议名单有关情况说明。会议审议通过有关人事任免事项。区政协办公室主任陈念作区政协五届一次会议筹备工作情况说明。审议通过区政协五届一次会议议程（草案）、日程安排（草案），大会秘书长、副秘书长建议名单，委员分组办法及各活动组（街镇、界别）召集人建议名单。审议通过《关于召开政协长沙市岳麓区第五届委员会第一次会议的决定》。审议《政协长沙市岳麓区第四届委员会常务委员会工作报告》和《政协长沙市岳麓区第四届委员会常务委员会提案工作情况报告》。11月29日，区政协召开第五届常委会第一次会议。第五届常委会议组成人员参加会议。区政协主席袁精华主持会议并作重要讲话。

【开展重点调研】 按照区委要求，把推进泛岳麓山创新创意集聚区建设发展作为年内重点调研课题。调研过程中，以探究泛岳麓山创新创意集聚区发展定位、平台打造和实现路径为重点，通过纵横对比找差距，深入剖析查原因，着眼长远寻对策，形成的调研报告客观分析岳麓区打造泛岳麓山创新创意集聚区的政策机遇、资源优势和人才优势，针对查找出来的科创成果转化不多、产业人才“落户”不够、工作机制活力不足等五个方面的突出问题，提出“加强顶层设计、发展特色产业、配置优势资源、形成共创合力”四个方面共12条对策建议，为区委、区政府科学决策提供重要参考。调研报告得到区委、区政府主要领导充分肯定，并以《区委通报》转发至全区各单位，此调研报告获省政协优秀调研成果二等奖。

【组织民主协商】 贯彻落实加强人民政协协商民主建设的精神，认真组织开展政协民主协商，为全区经济社会发展议大事、谋良策，提出许多有价值的意见和建议。坚持政协全体会议协商，对区政府工作报告、区财政工作报告、区人民法院和区人民检察院工作报告等进行全体会议协商。召开区政协工作通报协商会，邀请区人民政府区长向全体委员通报区政府上半年工作情况和下半年工作任务，并组织委员进行协商议政。围绕全区经济社会发展和事关群众切身利益的重要问题，在广泛听取意见建议的基础上，区委、区政府、区政协共同研究制定年度协商计划。区政协主席会议先后对区校合作、重点提案办理、半年度财政预算执行情况、现代金融业发展等工作开展专题协商，并及时将协商意见向区政府和相关职能部门进行反馈。

【开展专题视察】 结合区委、区政府的中心工作，在深入调查和充分协商的基础上，于年初研究确定区政协年度视察的主要安排，分季度铺排主席会议专题视察。围绕区委、区政府“品质岳麓”的建设目标，先后组织对后湖环境综合整治、乡村环境综合治理的专题视察；围绕全区大开发、大建设工作重点，组织对棚户区改造项目征收等工作的专题视察，提出一些务实、管用的意见和建议，有效推动相关工作顺利开展。

【加强提案办理】 组织开展“提案工作实效年”活动，推动提案撰写质量进一步提升、提案办理实效进一步增强。全年共收到委员提案129件，立案并交办120件，遴选重点提案3件。全程跟踪《岳麓区政协提案办理工作规程（试行）》落实情况，规范提案办理流程，提案办理的规范化、制度化建设取得新进展。坚持区政府领导领衔办理重点提案制度和主席会议成员督办提案制度，认真开展提案对口协商督办、界别协商督办和热点难点提案专项督办，促进提案办理工作有效落实，发挥了政协提案推动区域经济社会发展的积极作用。

【组织议政建言】 组织委员围绕区域经济发展和民生事业改善等方面的热点难点问题，积极建净言、献良策，提交《加快建设泛岳麓山创新创业区，着力打造“十三五”核心增长极》等大会发言材料33篇，对全区转型创新发展和民生事业改善提出很多有质量、有分量的意见建议。通过充实优化骨干队伍、加强业务培训指导、完善考评激励机制，进一步加强社情民意信息工作。委员共反映社情民意信息160多条。一批高质量的社情民意信息被省、市政协采纳并得到省、市、区领导的批示，促进了相关问题的妥善解决。社情民意信息工作在全市政协系统保持先进行列。

【深化主题活动】 在深化“争当‘六好’委员、建设美丽岳麓”主题活动中，注重与省政协“助力脱贫攻坚”活动、市政协“三服务”主题活动和区委 “一线工作法”相结合，组织区政协委员下基层、进网格、听民声、解民忧，引导委员深入一线、深入实际，认真听取群众意见呼声，积极化解矛盾纠纷，促进社会大局和谐稳定。全区政协组织和政协委员共推动解决人民群众关心的现实利益问题60多个，举办公益慈善活动50多场次，结对帮扶困难对象259户，资助困难学生和困难群众900多人，捐款捐物370多万元。《人民政协报》《湖南日报》《湘声报》、长沙电视台新闻频道《政协之声》等新闻媒体先后对岳麓区开展主题活动情况进行宣传报道。

【参与项目建设】 区政协3名主席会议成员和4名机关干部参与岳麓街道西片区、未来科技城、三汉矶棚改、湘江700等重点项目的征拆建设工作。广大政协委员积极参与、支持和配合项目拆迁和建设，30多名委员直接参与滨江新城片区、窑坡山片区、梅溪湖片区等10多个项目的拆迁建设，并为企业项目发展、重点工程建设等推动解决实际问题20多个。同时，区政协主席、副主席认真落实区委信访维稳问题包案责任制，切实担负起信访维稳包案责任，及时解决信访积案。广大政协委员积极协助党委、政府做好信访维稳工作，化解矛盾20多起。

【夯实基层基础】 坚持主席会议成员、各专委会联系街(镇)联络处工作制度，完善联络处年度工作考评细则，定期召开联络处主任季度工作会议，进一步加强对街（镇）联络处工作的指导和督促。坚持界别联系机制、目标任务机制、考评激励机制、经费保障机制、平台搭建机制，有效调动界别履职积极性和主动性，界别工作呈现出活跃有序、务实有效的生动局面。加强委员学习培训，组织50多名政协委员赴复旦大学开展履职能力提升学习。区政协五届一次会议前夕，邀请省政协研究室副主任张辉学、市政协提案委员会主任陈伟建，对新一届政协委员作政协知识和委员履职的专题培训。依照《委员履职管理办法》，加强委员履职考评，进一步提升委员的管理服务水平。

【加强自身建设】 认真组织开展“两学一做”学习教育，区政协领导班子和党员干部的政治意识、大局意识、核心意识、看齐意识进一步增强。分专题、有计划地组织常委会议成员进行集中学习教育，邀请省政协常委、省政协经济科技委主任吴金明和省委党校肖万春教授，就中共十八届五中全会精神和供给侧结构性改革等进行专题辅导。

【组织换届工作】 认真贯彻落实区委关于政协换届工作的部署要求，加强领导，落实责任，精心组织，扎实做好政协换届的各项工作。成立以区政协主席袁精华为组长、其他主席会议成员为副组长、委办主任为成员的换届工作筹备领导小组，切实加强对换届工作的领导。研究制定《筹备工作机构及职责》和《工作秩序册》，明确了8个工作组相关人员责任。拟定《会议期间各次会议、活动及工作任务安排表》，明确会议期间各个环节、节点要求，做到各环节环环紧扣、各点位责任到人，确保会议期间各项工作有序规范进行。经过近三个月扎实有效的筹备工作，11月26—29日，区政协五届一次会议顺利召开，圆满完成会议各项任务，区政协第五届主席、副主席和秘书长建议人选均满票当选，达到区委提出的“会议报告协商讨论好、人事安排坚决实现好、会风会纪严格遵守好”的“三好”要求。 （郭强华）

中共长沙市岳麓区纪律检查委员会

区纪委、区监察局
区委常委、纪委书记
贺赤兴
区纪委副书记、监察局局长
万　千
区纪委副书记
吴　卫(1—4月)
盛文硕
许文杰(4—)
区纪委常委、监察局副局长
陈　忠(女,1—4月)
刘　波(女,4—)
区纪委常委
邓小娟(女,1—8月)
文仲坤(1—8月)
许文杰(1—4月)
喻春晓(女,8—)
黄继承
张卫名(8—)
赵权峰(女,8—)
区监察局副局长
冯　熙(女)

【概况】 中共长沙市岳麓区纪律检查委员会(以下简称区纪委)与区监察局合署办公。内设办公室、党风政风监督室（区政府纠正行业不正之风办公室)、信访室、第一纪检监察室、第二纪检监察室、第三纪检监察室、第四纪检监察室、案件审理室。共有编制26人,其中行政编制25人，工勤编制1人。现有干部职工26人,党员25人。全区共有基层纪检监察组织51个,其中包括街镇纪(工)委17个，区纪委派驻区直单位纪检组34个；设立社区（村）纪检小组105个,全区所有社区(村)均明确纪检员；全区共有纪检监察干部130余人。

纪律建设。深化“清风岳麓、你我同行”廉政宣传教育主题,先后3次召开区委中心组理论学习，区委班子第一时间带头学习纪律建设新要求、新标准。狠抓关键少数，组织区四大家班子成员及街道(镇)“一把手”参观长沙廉政警示教育基地,对71名新提拔干部开展集体廉政谈话。创新纪律教育模式,通过发放宣传手册、自制“微信H5”宣传页、观看廉政警示影片等方式,开展学习教育。进一步完善洋湖街道山塘村、橘子洲街道学堂坡社区、咸嘉湖街道白鹤咀社区、雨敞坪镇新卯村等廉洁文化示范点，营造向善向上、廉荣腐耻的浓厚氛围。

巡视整改。2016年2月25日，省委巡视第一组向岳麓区委反馈巡视情况。区委高度重视,担当主责,区纪委做好组织协调,不折不扣抓好巡视整改。区委书记先后6次主持专题会议研究部署巡视整改工作，并对各单位整改方案一一把关、整改进度一一过问;10名区级领导各自牵头负责,指导、督促各责任部门开展整改。制定《岳麓区落实省委巡视第一组反馈意见的整改方案》,将巡视反馈的问题细化分解为40个主要问题和10个具体事项,分别明确主责单位和配合单位,形成“牵头领导、责任单位、配合单位”三级责任体系。通过2个月的集中整改,巡视反馈的50个问题全部整改到位,交办的案件线索、信访举报件均已调查办结，出台源头治理制度104个,编印《省委巡视组反馈意见整改落实制度选编》,确保立行立改与常态长效“两不误”“两促进”。

党风廉政建设。创新出台《关于构建“九责体系”落实党风廉政建设“两个责任”的实施意见》,使管党治党责任真正落地生根。编制《“两个责任”学习手册》,发放到全区900余名负责干部手中，帮助责任主体知责懂责。制定《岳麓区2016年党风廉政建设主体责任和监督责任清单》,条目式明确38项党委主体责任、17项纪委监督责任。开展“党委主体责任诺责活动周”活动,召集全区各单位党委“一把手”进行履职承诺并“签字背书”。对落实党风廉政建设责任制不到位,存在苗头性、倾向性问题的31个单位39名党委、纪委负责人开展约谈。严格落实《中国共产党问责条例》,办理“两个责任”履行不力的追责案件7起，其中责令书面检查1人,诫勉谈话6人;办理行政问责案件2起;通报典型案例7起。

纪律审查。牢固树立“严管就是厚爱”理念,认真践行监督执纪“四种形态”,突出“第一种形态”的实践运用,坚持“咬耳扯袖、红脸出汗”，用纪律管住大多数。2016年，全区严格按程序开展谈话函询16次。持续保持反腐高压态势,立案查处各类违纪案件101件,结案率100%,其中党纪处分占76%，涉及科级以上干部11人,采取“两规”措施1人。健全反腐败协调机制，出台反腐败协调小组工作规划、问题线索管理、协调办案等制度，受理公安、司法、审计等成员单位移送线索51条，其中确认有效线索12条并予以立案查处，向市纪委移送线索9条。出台《关于进一步规范基层纪律审查谈话工作的通知》，确保全年纪律审查零事故。

信访举报。发挥信访举报问题线索主渠道作用，严格按照五类标准分类处置问题线索，全年受理业务内信访举报件67件，同比下降68.4%，业务内信访举报件时限内办结率100%，实现信访量和办结时间双减。对群众反映存在苗头性、倾向性问题的4名干部开展信访监督谈话。制定初信初访分级双向承诺制度，区本级签订双向承诺书2份，指导街镇签订6份，均在承诺时限内办结答复；组织阳光处访14场，化解重信重访6起；开展越级信访和重信重访专项治理，采取“领导包案”的方式交办13件疑难信访举报问题，有效提升信访举报工作质效。

作风建设。开展“纠‘四风’、治陋习”专项整治，全年共发现问题线索24条，已立案28人，其中给予党纪政纪处分24人，组织处理4人。创新出台《关于开展作风建设“九项行动”的实施办法》，全年共纠正和查处违反作风建设相关规定问题84件183人次，给予党纪政纪处分35人，通报批评108人，诫勉谈话10人，辞退6人，批评教育18人次，书面检查8人。全面推进“雁过拔毛”式腐败问题专项整治，全年发现疑似问题线索12条，立案调查处理19人，给予党纪政纪处分14人，通报典型案例4期19起。加强换届风气监督，在区、镇党委、人大、政府、政协换届过程中，通过明确“五类主体”工作责任清单、组织217场集中纪律教育、开展1058人次谈心谈话、签订970余份《严守换届纪律承诺书》、审核把关1125名代表委员人选、抽调100余名纪检干部全过程监督，确保中央“九严禁”、省委“约法三章、三个一律”换届纪律执行到位、监督到位，营造风清气正的换届环境。

纪检体制改革。落实市委关于推进纪检监察工作一体化建设的统一部署，4月，区委常委会专题研究出台《关于推进纪检监察工作一体化建设的实施意见》，并制定三个配套文件：中共长沙市岳麓区委《关于全面推进区纪委派驻机构统一管理工作的意见》，区纪委、区监察局《印发<关于加强镇街纪检工作规范化建设的实施办法>的通知》，区纪委、区监察局《印发<关于建立健全纪检监察工作片区(联组)联动协作机制的实施办法>的通知》。根据文件要求，采取单独派驻和综合派驻，并以综合派驻为主的形式，实现全面派驻，设立34个派驻纪检组实现对全区67个区直单位的派驻监督全覆盖。推进片组联动，按照地域就近、分线归口的原则，将全区17个街道(镇)纪委划分为2个片区，区纪委驻区直单位纪检组划分为2个联组，各片区(联组)成员单位通过开展交叉检查、联合办信办案、例会交流讲评不断加强横向协作。

自身建设。完成区纪委领导班子换届工作，不断选优配强班子力量。按照“三个必须专职”要求，实现全区34个区纪委驻区直单位纪检组长以及各街道(镇)纪委书记、纪委副书记、纪检专干专职专责。全区146个社区(村)均明确纪检员，设立105个社区(村)纪检小组，构建横向到边、纵向到底、纵横一体的纪检监察专职人员网络。顺应“三转”对纪检监察干部能力素质的新要求，采取上级调训、党校培训、以案代训、岗位练兵、跟班锻炼等方式，着力锤炼一批监督执纪问责的尖兵。全年组织3批次47人参加市纪委乡镇纪检监察干部实务培训班，区本级先后召开理想信念培训、全区纪检监察干部业务培训，全面提升全区纪检监察干部的政治素养和业务水平。严格纪检监察干部日常监督管理，出台《岳麓区基层纪检监察干部考核评价办法(试行)》，严格落实纪检监察干部个人重大事项报告、外出报备等制度。发挥干部监督机构作用，对全区纪检监察干部依纪履职、廉洁自律、工作作风等情况开展明察暗访，组织参观长沙廉政警示教育基地，有效防止“灯下黑”。

【召开中共长沙市岳麓区第四届纪委第八次全会】 2月23日上午，岳麓区第四届纪委第八次全体会议在长沙人民会堂召开。会议传达了中央、省、市纪委全会精神，并就全区2016年党风廉政建设和反腐败工作作出全面部署。此次会议共有1100人列席，其中新增282名村、社区书记、主任，在规模、规格上均为岳麓区历年之最，在全市中心城区的纪委全会中也是首例。区委常委、纪委书记贺赤兴作《坚持挺纪在前，强化忠诚履职，坚定不移推进党风廉政建设和反腐败工作》工作报告。区委书记周志凯作了讲话。

【举行“共建廉洁岳麓、共守责任长城”主体责任公开承诺活动】 3月29日，岳麓区各单位党委“一把手”集体公开承诺落实“主体责任”、共建“廉洁岳麓”、共守“责任长城”，标志着岳麓区落实“两个责任”承诺活动周正式启动。全区四大家班子成员、区直单位及街镇党委和纪委“一把手”、区纪委（监察局）全体机关干部185人参加活动。各单位“一把手”在承诺书上郑重签名，公开公示承诺。

【选举产生中共长沙市岳麓区第五届纪律检查委员会】 8月15—16日，中共长沙市岳麓区第五次代表大会隆重召开。会议审议通过了贺赤兴代表中共长沙市岳麓区第四届纪律检查委员会所作的《坚持挺纪在前，全面从严治党，为建设长沙西引擎西高地提供坚强纪律保障》报告。选举产生中共长沙市岳麓区第五届委员会和中共长沙市岳麓区第五届纪律检查委员会，贺赤兴、万千、盛文硕、许文杰、刘波、黄继承、喻春晓、张卫名、赵权峰、何宗晔、冯莹、李亮球、夏忠、周骥、黄海、刘艳群、聂其来、陈利华、李诚当选为中共长沙市岳麓区第五届纪律检查委员会委员。8月16日下午，区第五届纪委第一次会议选举产生新的常务委员会和书记、副书记。贺赤兴、万千、盛文硕、许文杰、刘波、黄继承、喻春晓、张卫名、赵权峰9人当选为中共长沙市岳麓区第五届纪律检查委员会常务委员会委员，其中贺赤兴当选为区纪委书记，万千、盛文硕、许文杰3人当选为区纪委副书记，选举结果经中共长沙市岳麓区第五届委员会第一次全体会议通过。

【创新实施“九九”工程　推动全面从严治党向基层延伸】 2016年，岳麓区纪委创新推出“九九”工程（“九责体系”+“九项行动”），做到既打基础、又出重拳，既牵牢“牛鼻子”、又细耕“责任田”，推动全面从严治党向基层延伸。创新出台《关于构建“九责体系”落实党风廉政建设“两个责任”的实施意见》《关于开展作风建设“九项行动”的实施办法》，推动全面从严治党的力量逐级下沉，压力层层传递，打通“最后一公里”，全面提升基层党风廉政建设和反腐败工作的整体水平。　（刘建）

人民团体

岳麓区总工会

区政府副调研员、区总工会主席
华　良
副 主 席　王莲霞(女)
王德生
正科级干部
雷飞燕(女)
办公室主任
张超群(女)

【概况】 区总工会是群团组织机构，内设办公室。至2016年年末，全区共有工会会员48092人，其中农民工会员13329人，有干部职工6人。全区共有工会组织2727家。

构建和谐劳动关系新举措。 区总工会指导全区686家非公企业开展工资集体协商工作，其中湖南微力量艺术教育传媒股份有限公司被长沙市总工会评为2016年度长沙市职代会和工资集体协商典型示范企业。在17个街道(镇)成立劳动争议调解委员会，成员由街道(镇)工会联合会、劳动就业和社会保障服务所、司法所、民政办、企业办、党建办、辖区内所在村(社区)委员会等部门和单位的代表组成，调解委员会主任由街道(镇)工会联合会主席担任。其中，洋湖街道工会调解委员会协调解决洋湖湿地公园物业公司30名职工的劳资纠纷及6起欠薪劳资纠纷。2016年2月，区总工会协调相关单位，并在区人社局和湖南工人报社的支持下，为长沙矿冶研究院劳动服务公司综合工厂黄建国等4名职工遭企业法人无故停保、强行辞退成功维权。

促进行业企业发展新作为。 以长沙市总工会、岳麓区总工会、区住房和城乡建设局名义举办建筑行业抹灰工职业技能竞赛。各建筑企业选拔50名技术能手参赛。《长沙晚报》以《岳麓区抹灰工抹进“十大工匠”》为题专题报道这次竞赛。区教育系统工会组织2016年岳麓区“岳麓杯”中小学教师教学竞赛。开展“五小”(小发明、小创造、小革新、小设计、小建议)活动。全年成立重点工程项目工会24家，吸收农民工会员。区总工会安排20万元专项经费开展送清凉、送书籍、送电影、送培训、送文体器材、送体检活动，为200名农民工进行免费体检，支出经费5万元。开展“先进工会”评选表彰活动，全年评选表彰先进基层工会13家“劳动关系和谐企业”25家“工人先锋号”班组31个“优秀工会工作者”83人“优秀工会积极分子”101人。“五一”期间，举办“劳动最美丽”摄影展。推进职工书屋、职工教育培训优秀示范点和女职工培训示范学校等各类载体建设，举办女职工素质教育大讲堂公益巡回讲座。

基层组织建设再推进。 2016年，开展组建工会和发展会员行动，全年净增工会组织394家。其中，新成立家政、劳务服务工会组织2家，物流组织1家，网络技术组织1家，新业态组织6家。

服务职工新气象。 区总工会与区环卫局一起在沿街门店，共同设立40家“环卫工人爱心休息点”。7月1日，举行岳麓区“环卫工人爱心休息点”授牌仪式。7月6日，《湖南工人报》以《特别的“驿站”——岳麓区总工会依托沿街门店建“环卫工休息点”关爱环卫工》，在头版报道岳麓区“环卫工人爱心休息点”活动。区总工会联系省、市总工会，湖南工人报社为区环卫工人赠送300份防暑降温物资、1000件高品质葡萄和300件柑橘，与区环卫局联合主办环卫工人运动会。看望慰问望岳街道金星村和恒华社区20户困难职工家庭，开展“三工”(工会+社工+义工)服务职工”精准帮扶工作。5月13日，《湖南工人报》以《“他们的好，我能讲一天一夜”——长沙岳麓区总工会“三工”联动服务职工一周年回眸》为题，在头版报道岳麓区“三工服务职工”工作。区总工会为332名因病住院职工申报31.11万元医疗互助金。元旦、春节期间，区总工会筹资63万元，对1575名一线职工、困难职工、农民工和劳动模范进行走访慰问。7月，筹资18.6万元对建筑、环卫、园林、市政、地铁等40多家企事业单位3000余名职工开展防暑降温慰问。筹资14.4万元资助36名困难职工子女入学；筹资18万元对42名因大病致困的职工进行帮扶；筹资6万元对60名困难女职工开展女职工关爱行动；筹资7.7万元对符合脱困

解困标准的77名困难职工进行帮扶。

区文体新局、区直机关工委举办“机关职工篮球赛”“金秋拔河赛”，在湖南佳兴世尊酒店举办2016年岳麓区400名单身职工相亲会。 （周磊）

共青团岳麓区委员会

书　　记 谈玉璜
副 书 记 魏镇男

【概况】 共青团长沙市岳麓区委员会是中共长沙市岳麓区委员会领导下先进青年的群众组织，全区有基层团委34个，其中区直部门团委7个，街道、镇团工委17个，“两新”组织团委(团总支)10个。

团组织建设。党建带团建，把团建融入党建中，在有党组织、有团员青年的地方开展活动、逐步建团。团区委2016年共新建3家直属团组织。严肃团内政治生活，积极培养团干人才，壮大团干部队伍，年初，开展“红领巾心向党”“雷锋家乡学雷锋”等志愿服务活动，推进志愿服务工作制度化和常态化。以“中国梦”和社会主义核心价值观作为青少年思想引导主线，开展一系列结对帮扶活动和生活体验活动，组织国情、党史、团史教育，引导青少年树立正确的人生观和价值观。注重典型示范，发掘和培育青年新榜样。在学校系统，推荐岳麓区实验小学少先队大队部等8个单位为“长沙市优秀少先队集体”，2名学生为“最美中学生”。在团内组织中，推荐“活力团组织”7家、“魅力团干部”7人、湖南省“最美基层共青团干部”1人、市级“青年岗位能手”6人。推选挂职干部、农业银行长沙含浦支行职员陈彪为全国“银团合作优秀个人”，区检察院干警尹辉霞为湖南省“最美青年卫士”，岳麓山消防队干警王敬为“长沙好人·身边雷锋”模范市民。同时，推选2名社会组织负责人为省“雷锋式青年志愿者”先进典型，2人为区“十佳同心创业青年”。一大批青年榜样活跃于各行各业，带动和影响更多青年爱岗敬业，争当优秀。

新媒体工作阵地建设。着力做大做强“青春岳麓”微信公众号，拓宽共青团与青年思想沟通的途径，推动共青团与互联网深度融合，探索“互联网＋共青团”工作格局，制定《兼职微信编辑管理办法》《新媒体志愿者奖励办法》。组建青年网络文明志愿者队和新媒体突击队，其中网宣骨干35人，核心网评员80人，网宣员1000余人。将网页、微信、微博、“青年之声”整合为岳麓共青团“E网青声”平台，升级改版“青春岳麓”微信公众号，通过多个平台同步交错，反应青年呼声，回应青年诉求。截至2016年年末，微信累计粉丝数3万余人，全年累计发布文章267篇，总阅读量48万人次，14次排名全省共青团区县级微信综合影响力第一名，获评“湖南青媒奖最具影响力微信”。开展“纪念五四，手抄团章”活动，原创了彪哥谈金融等产品。开展“最美青年岗位能手”、学雷锋手抄报等活动，发动青年共同评议团工作，用“民意”推选出身边好典型，用阅读量说明文章好质量，做活思想宣传。

共青团“1+N”校地合作平台创建。建设共青团“1+N”校地合作平台，助力双创升级。围绕区委提出深化区校合作，建设泛岳麓山创新创意集聚区的愿景，向市政府争取建设经费150万元，于4月在大学科技园建设共青团“1+N”校地合作平台。省委常委、市委书记易炼红5月3日到岳麓区专题调研，与创业青年进行交流座谈；省委常委、省国资委书记胡衡华，市委副书记徐宏源，团省委书记汤立斌及市领导张迎春、陈中、罗社辉等领导到平台考察，对“高校＋平台”双创合作给予高度评价。平台下设岳麓山大学生创新创业中心、新媒体研究中心和大学生社会实践中心。通过借鉴PPP公司合营模式，为创业团队免费提供44个拎包入住的办公卡位，引入专业创业服务公司，服务大学生申报政府扶持、链接融资资源等。举办首届“麓山杯”大学生创新创业挑战赛，推荐创业团队参加“创青春”青年创业大赛，获“创青春”大赛全国赛铜奖、省赛一等奖。开展岳麓山大学城创新创业调查问卷，回收有效问卷800余份，并形成翔实的调研报告，为区委制定双创政策提供参考。

一团一队一品一家。聚焦组团新布局，开展“一团一队一品一家”主题创建，培育品牌项目。依托全区“六大功能组团”，服务“六大主导产业”作为全年重点工作，从3月起，在全区开展“一团一队一品一家”主题创建活动，指导各单位因地制宜，找准定位，建功基层　。全区17个直属一级团工委通过召开团代会，按照“专兼挂”形式，配齐选强团干部队伍，把群众基础好、凝聚力强的青年吸纳到团干部队伍中，18个团工委分别围绕“六大功能组团”，围绕服务青少年发展、参与社会治理、投身项目建设开展创建，涌现出橘子洲街道团工委“六维共建”、望城坡街道团工委“融城计划”、坪塘街道青年突击队等一批有活力、有影响力的项目。组织团干部参加市内团建观摩、团建头脑风暴、实地走访等,主动想事、积极干事的热情得到激发,呈现出比学赶超的氛围。全年共有21家单位争创“青年文明号”,17家单位申报“雷锋号”志愿者工作站,11名优秀青年申报“青年岗位能手”,数量和质量均有显著提高。

青少年合法权益维护。强化统筹协调,让权益工作全面覆盖、重点监控。充分发挥预防青少年违法犯罪专项工作领导小组的作用,统筹推进各项工作。关注重点对象,在权益工作信息化平台共录入重点青少年信息220条,探索对重点青少年动态管理和监控。建立社会帮教观护体系,实施“一案三措施”,组建最佳组合帮教小组,制定个性化的矫正方案。畅通青年诉求,围绕服务高校毕业大学生自主创业主题,举办青年与人大代表、政协委员“面对面”活动,撰写《深化区校合作,建设“1+N”校地合作平台》调研报告。2016年,全区未成年人犯罪比例2.62%,青少年涉罪比例21.67%,未成年人涉罪比例4.66%,分别低于前三年平均值,工作成效明显。

基层团工作。团区委在恒大海花谷、未来城重点项目中成立青年突击队,通过竞赛活动、安全示范岗创建等,号召青年主动做好棚户区、城中村改造及重大项目征拆建设。鼓励和带动中建五局长沙市轨道交通四号线一标工程等一批重点项目中的团员青年创先争优,助力生产。区财政局预算国库科获评省级青年文明号,区政务服务中心、中国农业银行长沙商学院支行、长沙生殖医学医院等4家单位获评市级青年文明号。开好“青年门店”,让青少年有家可找、有家可依。按照新建一批、改造一批、开放一批的办法,依托各类场所,汇聚各类资源,引入社会组织,建设共青团工作实体化门店,打通服务青年“最后一公里”。至2016年年末,全区每个街道、镇建设1家以上“青年之家”,咸嘉湖街道咸嘉新村社区被评为全国示范性“青年之家”综合服务平台(全省仅4家,长沙仅1家),梅溪湖街道阳明山庄社区等3家单位被评为省级示范性“青年之家”综合服务平台。

服务青少年。全年共筹集社会爱心资金28万余元,在春节、端午、中秋等传统节日开展爱心助学活动,慰问困难青少年137人,送去爱心物资及爱心款17.6万元。在“圆梦行动”爱心助学活动中资助学生34人,发放爱心助学金11.3万元。组织4家申报市级青年文明号单位开展“百号联百户、精准助扶贫”活动,共筹集扶贫善款和物资2.14万元,为其提供工作岗位、帮助销售土特产,解决结对家庭收入低的问题。搭建人才沟通交流平台,积极组织岳麓区志愿服务联合会的各项活动,举办岳麓区志愿服务基础培训和“益行岳麓,志愿青春”国际志愿者日庆典活动。全区有专业社工200余人,新增青少年事务社会工作专业人才18人。推动“三社联动”,鼓励各团组织采取政府购买社会服务的方式做好青少年服务管理。培育“大爱无疆”、智天使等社会组织的优质项目,促进社会组织发展。“憨儿乐·茶物语”助力智障人士公益创业项目获第三届中国青年志愿服务项目大赛金奖,偏远农村残疾青少年就近就便就业培训增收服务项目获省赛金奖,“上善残友就业增收计划”“彩虹森林”两个项目获评省青年社会组织公益创投大赛“十佳”项目。利用“志愿星城”平台,指导雷锋号志愿者工作站、社会组织进行项目发布、志愿者招募、活动记录等,让志愿服务交流更加畅通,管理更加科学。

(王岐捌)

岳麓区妇女联合会

主　　席　易云希(女,1—9月)
　　　　　　刘　湘(女,10—)
副 主 席　刘　娜(女,1—4月)
　　　　　　李　红(女,5—)

【概况】 区妇女联合会有工作人员4人,下辖17个街道(镇)妇联、5个机关妇委会、84个村妇代会、84个社区妇联。

加强组织建设。在创建12个区级示范“妇女儿童之家”的基础上,创建1个省级示范“妇女儿童之家”、3个市级“妇女儿童之家”,咸嘉湖街道白鹤咀社区被授予省级“妇女儿童之家”示范点,梅溪湖街道润龙社区、咸嘉湖街道银谷国际社区、岳麓街道麓枫社区被授予市级“妇女儿童之家”示范点,岳麓街道麓山南路社区被授予市级“反家暴”示范点。全区14个街道、镇完成充实乡镇(街道)执委会和配备兼职副主席工作,街道、镇执委人数均达25人以上,均配备兼职副主席3人;在望月湖街道、莲花镇进行妇联组织改建试点,望月湖街道所辖6个社区、莲花镇所辖12个社区全面完成妇联改建试点工作,为引领妇女群众参与基层公共服务,发挥街道妇联组织联系凝聚妇女群众作用奠定了组织基础。12月,举办岳麓区妇女干部能力建设培训班。

创新宣教方式。依托“妇女儿童之家”，开展寻找“最美家庭”“平安家庭”“两型家庭”“文明和谐示范家庭”创建活动，推介先进典型，弘扬社会正气。3月7日，举办“岳麓·书香家庭”巾帼读书活动启动仪式，通过组织巾帼读书活动，整合社区资源，健全阅读机制，组织阅读共享，营造“岳麓山下好读书，岳麓山人好读书”的氛围，引导社区女性注重家风、重视家教，努力建设“夫妻和睦、尊老爱幼、科学教子、邻里互助、热心公益”的和美家庭。街道、镇妇联面向基层群众，立足实际，开展各具特色、喜闻乐见、生动活泼的群众性活动。区妇联联合区直机关工委开展“三八”趣味运动会，吸引区直机关近300名女干部职工参加，充分展现机关干部职工的靓丽风采，倡导健康生活、快乐工作理念。含浦街道开展“美丽含浦，巾帼助力，邻里和谐”庆祝“三八”妇女节厨艺大比拼活动，吸引机关和村(社区)36人参赛，赛出27道菜品。西湖街道妇联组织全街各村(管区)、社区一线妇联工作者召开迎“三八”工作座谈会，交流探讨妇女工作。银盆岭街道妇联联合卫计办、计生协和13个社区、村组织“关爱妇女健康”的知识讲座。观沙岭街道长望社区组织丝网花培训课，吸引辖区50余名女性朋友踊跃参加。

落实帮扶措施。重点抓好妇女创业小额担保贷款、创业培训和春风送岗工作。全年免费发放“春风卡”等宣传资料46000余份，组织专场招聘会22场次，提供免费服务35000余人，介绍女性就业1900余人(其中农村妇女人数1170人)，组织女性跨地区劳务输出286人，组织女性参加职业技能培训2100余人(其中享受培训补贴人数280人)，组织女性参加创业培训1400余人，22名女性自主创业成功(其中农村妇女人数16人)。发放小额担保贷款96万元，提供劳动维权服务和法律援助女性人数11人。走访慰问18名特困单亲母亲和特困妇女代表，送去慰问金11200元。关注妇女民生，落实妇女病普查普治和农村妇女“两癌”(乳腺癌和宫颈癌)检查项目，为7900名妇女实施“两癌”免费检查，救助贫困“两癌”妇女7人。对33名小学至初中阶段的贫困女童进行了慰问，给她们送去慰问金22400元。组织巾帼志愿者开展城乡环境卫生整洁行动，整治卫生死角，营造洁净舒适、美丽宜人的公共环境。

强化儿童工作。加强家庭教育工作指导服务。全年创办各类家长学校168所，社区、村家长学校创办率100%。组建家庭教育讲师团队伍，有针对性地创办特色教育，办学效果有显著提高。

保障妇儿权益。开展“三八”维权周活动。宣传《中华人民共和国婚姻法》(以下简称《婚姻法》)、《妇女权益保障法》，摆放宣传板报50余张，发放法律宣传资料2.1万份，覆盖人数7500人。组织“家庭律师”进社区普法宣传。面向家庭、面向社会，广泛宣传《婚姻法》和“反家暴”的相关法律知识，宣传“男女平等”基本国策，增强妇女儿童的维权能力。做好信访维权工作。全年受理来电、来访及上级交办案件共计22起，其中4起为家庭暴力件，18起为家庭婚姻咨询，做到件件有落实、事事有回音。信访接待处理率达100%，有效化解社会矛盾和纠纷。

(余祥)

岳麓区残疾人联合会

理 事 长 吴建明
副理事长 曹建年(女)

【概况】 区残疾人联合会内设组宣文体部、维权部、康复部、教就部4个部室，有工作人员7人，其中正式干部5人，临聘人员2人。主要职责：协助政府研究、拟定和实施残疾人政策与计划，开展残疾人康复、教育、劳动就业、扶贫、文体宣传、社会服务、残疾预防及维权等工作。

组织建设。全区17个街(镇)建有残疾人联合会，142个社区(村)成立残疾人协会，有各类残疾人3.5万人。全年组织350名基层残疾人工作者开展业务培训班9期。成功创建18个市级明星社区。参加市残联组织开展的“善行四十佳”评选活动，获评“十佳扶残助残爱心集体”1个(上善助残服务中心)。“十佳基层残疾人工作者”1人(段海芳)。“十佳残疾人自强模范”1人(黄仕其)。“十佳残疾人专职委员”1人(周正伟)。7—9月，在全区范围内开展全国残疾人基本服务状况和需求信息数据动态更新工作，对系统编制底册上登记的7710名持证残疾人进行数据信息动态更新。

活动开展。5月13日，组织街(镇)残疾人专职委员、残联代表、湖南交安驾校代表、麓山园养殖专业合作社代表、雨敞坪镇残疾人代表130人在第26次全国助残日赴雨敞坪镇人民政府举办的“爱心助残 养殖扶贫”大型绿壳蛋鸡养殖项目启动仪式，向40户雨敞坪镇贫困残疾人家庭赠送绿壳蛋鸡鸡苗2000个。8月，组织残疾人代表赴浏阳参加长沙市残联

第7次全国肢残人日“又唱浏阳河”爱国歌曲比赛活动,取得独唱曲目一等奖、合唱曲目二等奖的好成绩。10月,组织残疾人参加长沙市残联第33届国际盲人节活动,促成长沙湘恒康复医院爱心赞助健康医疗康复经费6万元。11月15日,为雨敞坪镇福胜村、嵇家山村、泉宏村、西湖村、雨敞坪社区94户贫困残疾人家庭赠送4230只绿壳蛋鸡鸡苗。12月1日,组织残联代表、莲花镇残疾人代表、莲花圣峰果业公司代表60人参加莲花镇残疾人加盟圣峰果业公司种植技术培训大会。12月9日,组织街(镇)残联专职委员、社区(村)残协专(兼)职委员、残联代表、残疾人代表100人赴莲花爱格花卉馆参加以“感受身边变化　体味岳麓之美”为主题的第25次国际残疾人日活动。年内,街(镇)残联、社区(村)残协以板报、横幅形式宣传政府对残疾人各项优惠政策。利用社区宣传橱窗、学校宣传栏、社区卫生院知识栏,开设康复知识专栏,宣传残疾预防和康复知识,举办健康知识讲座10期。

康复服务。开展0–14岁贫困残疾儿童抢救性康复训练,170名0~14岁肢体残疾、脑瘫、孤独症、听力残疾儿童分别进入国家、省、市康复训练项目;为15名符合装配条件的贫困截肢残疾人进行义肢装配及行走训练;为100名低弱视力患者配发助视器,实施白内障手术救助96例;组织定点医院深入110个社区(村)、18所学校、21所幼儿园开展康复项目免费筛查工作,共筛查15000人,并向残疾人及家属提供康复信息;为54名残疾人申请轮椅、拐杖、闪光门铃、助听器、助视器等辅助器具27种,配发放辅助器具127件。

扶贫帮困。加大对农村贫困残疾人种养殖技术及城镇残疾人职业技能培训力度,完善培训回访工作机制。与区麓山园养殖合作社合作,组织134名残疾人参加绿壳蛋鸡养殖技能培训。与莲花圣峰果业公司合作,组织48名残疾人参加果树种植技术培训。在雨敞坪镇挑选134户残疾人家庭进行绿壳蛋鸡养殖,作为残疾人养殖业示范点,并向残疾人提供技术指导。在莲花镇挑选48户残疾人家庭进行果树种植,作为残疾人种植业示范点,并向残疾人提供技术指导。组织30名城镇残疾人考察“新希望鲜生活奶亭”项目和“移动万能彩印车”项目,帮助残疾人就近就便就业增收。发放困难残疾人生活补贴和重度残疾人护理补贴11573人次,发放金额843.87万元,新增盲人按摩机构1家、年审机构3家,争取扶持资金4.64万元。为91户贫困残疾人家庭和2个社区进行无障碍改造,其中为24户残疾人家庭安装厕所扶手、马桶,铺地砖、墙砖安装吊顶,修缮屋顶,墙面粉刷,安装浴霸,改造灶台,修建厕所浴室,安装房门,为67户残疾人家庭配发厕椅、浴凳、无障碍报警水壶、盲人手机、闪光门铃、上网读屏软件等辅助器具,在社区内设立无障碍停车位,修建盲道,安装室外不锈钢扶手,改造无障碍厕所,修建轮椅坡道,围墙;春节期间走访慰问困难残疾人、残疾人运动员和教练员、残疾人工作者177人,发放慰问金7.9万元,米、油7套;受理残疾证办理申请,为1447人办理残疾证。为150名残疾人开展居家托养服务,为131名残疾学生和残疾人家庭子女申请助学补助4.03万元,为51户残疾人家庭申请危房改造补助20.4万元,为1名残疾人个体工商户申请养老保险补贴2000元,为107名残疾人发放2015年度机动轮椅车燃油补贴2.78万元。

(何韬)

岳麓区工商业联合会(商会)

主席(会长)、区政协副主席

卜茂荣

区委统战部副部长、党组书记、第一副主席(第一副会长)

张　祥

副主席(副会长)

刘有源

赵　俊(女)

【概况】 区工商联第六届执委会、常委会产生于2016年5月。设专职主席(会长)1人,第一副主席,第一副会长1人,副主席(副会长)2人,兼职副主席7人,兼职副会长12人,执委78人,其中常委45人。全区共有街道、镇分会17个,行业商会、协会4家。2016年,有基层分会和行业商会会员1152人。

走访调研。2016年,区工商联走访会员单位50多家,听取会员企业在发展中的困难并及时向相关领导反映,协助相关部门协调解决。向会员宣传全区大发展、大开发、大建设的形势和政策,扩大会员们的视野,鼓励企业家抓住机遇再创新业绩。深入企业,就非公有制企业法律服务、民营企业参与光彩事业及上规模民营企业发展情况开展调研,了解企业发展态势、需求。

经济服务。安排在职党员进社区认领岗位任务,以“三服务”一线和“一推行四公开”工作为契机，深入基层为老百姓做实事。在全区“产业工作发展年”动员部署暨新年工作推进大会之后，出台《岳麓区工商联关于服务产业发展的工作方案》，借助短信、微信群交流产业发展信息和上传市区产业发展的相关文件。推介区域价值和区大力发展产业的各项政策和措施，吸引企业家到岳麓区投资兴业，创新创业。组织部分会员、行业商会参加在河西步步高广场举办的2016年长沙金融服务节暨岳麓区银企对接会。12月29日，支持承办长沙市金融服务节创业专场对接会。协助、参与有关部门和街道（镇）招商工作7次，组织开展以商招商、以商联商活动13次。为解决河西王府井写字楼、店面和渔人码头项目招商问题，多次与咸嘉湖街道、观沙岭街道合作举办各类招商恳谈会、见面会。3月，区政协工商联界别组织委员、部分工商联会员、企业家座谈产业发展，重点针对河西王府井写字楼招商事宜建言献策。全年对湖南省五八众创创业投资有限公司、长沙坤健软件开发有限公司等16家企业进行了考察。区工商联各会员单位结合各自实际制订发展计划，积极牵线搭桥，定期和不定期地利用自己的人脉关系，邀请相关投资商考察合作项目。区工商联还组织部分会员赴深圳、东莞等地考察学习。

队伍建设。4月，举办区工商联第六次会员代表大会，圆满完成换届工作。通过换届，优化工商联队伍，优化后的执委人选涉及17个行业，尤其对新兴业态，如“互联网+”、生物制药等一些前沿产业给予关注。通过对全区所有非公有制企业的摸底排查，掌握了大量非公有制经济发展的一手资料，吸收146家优秀企业成为区工商联会员，壮大了区工商联队伍。注重吸收年轻企业家、新兴产业创业者进入队伍，给全区产业发展注入新活力。支持区人大、区政协的换届工作，参与区人大代表候选人、区政协委员候选人的审核、考察工作。区工商联共有人大代表19人，政协委员16人。

会员发展与宣传培训。进一步完善会长定期会议制度，组织区政协工商联界别委员、部分工商联执常委和部分其他企业家召开企业管理经验研讨会2次，为企业家分享创业经验，实现优势互补创造平台。改进工作作风，尊重会员活动的主体性、自主性、民间性、自发性。组织各种形式学习交流会，提升会员综合素质。6月，组织包括会员老板、工商联界别委员在内的近100名企业家参加由市工商联在枫林宾馆举办的第38期解放思想、创业富民“放眼全球化提升领导力”论坛。11月，组织40名会员赴北京大学继续教育学院开展为期一周的企业家素质提升培训班。

组织建设。进一步夯实数据库建设，构建信息平台。指导基层商会对会员数据库实行动态管理，2016年，新增66名会员进入工商联会员数据库，12月完成了会员组织数据库录入。抓好载体建设，创建“同心园区”“同心乡村”“同心社区”，涌现出一批如蓝莓基地、天泉草业、迷迭香等同心项目。12月，组织各街（镇）分会会长、秘书长和部分会员观摩学习学士街道斑马塘社区、白鹤社区“同心社区”创建经验。（张康）

【参政议政、建言献策】 鼓励会员积极建言献策。在2016年区党代会和人大会期间，工商联会员共提议案、提案10件，已采纳提案议案2件。6月，完成委员刘世雄《关于岳麓区非公经济发展的建议》提案回复工作。以区政协工商联界别名义撰写的《关于促进全区中小微企业加快发展的建议》《关于突破商会发展瓶颈的建议》两篇民情信息被采纳。

（张康）

军　事

岳麓区人民武装部

部　　长　罗春来
政　　委　龙　斌
副部长兼军事科长
　　　　　王世杰
政工科长　许　靖
后勤科长　卢瑞钦

【概况】 2016年，岳麓区人武部主动适应国防和军队改革的新形势，紧紧扭住强军兴军这条主线，凝心聚力，甩开膀子加油干，推动了各项工作和民兵预备役建设稳步发展。

“两学一做”专题教育扎实开展。把“两学一做”专题教育作为政治建军的头等大事，贯穿全年，一项一项精心筹划，周密安排，先后组织专题辅导4次、讨论辩析6次、学习督导2次。在学习教育过程中，党委一班人坚持“六个带头”(带头学习文件，带头讲好党课，带头做好读书笔记，带头参加党组织生活会议，带头开展批评与自我批评，带头践行对党组织的承诺)。先后4次组织党员干部和职工到雷锋纪念馆、刘少奇故居、毛泽东故居和湖南省党史馆参观学习，回顾党的历史，重温入党誓词，组织党员书写对党组织的承诺践诺书和服从军队改革的决心书，并把“五个意识”(政治意识、大局意识、核心意识、看齐意识、党员宗旨意识)和全心全意为人民服务思想化作责任担当，用做好本职工作的实际行动书写对党的无限忠诚和无私奉献。

主业主抓行动更加自觉。省军区系统转隶军委国防动员部后，人武部系统主业工作更加明确，区人武部按照上级指示，坚持主业主抓，全方位发力。一是进一步加强民兵预备役建设。新年伊始，协调区委、区政府召开全区民兵预备役整组工作会议，按照“编组跟着任务走、布局跟着作战走”的工作思路，结合“双应”任务需求，加强战备执勤，反恐推稳，抢险救援，治安联防，专业救援和重要交通干线沿线、重点部位落实民兵连、排应急编配，重点加强联合防空，情报侦察、通信保障、气象水文、网络防护、工程抢修、交通运输、医疗救护等13个支援队伍的编配，强化储备人员、储备装备、储备能力工作，以区为单位，按班、排、连、营的规模编制，整合作战勤务、后勤勤务、装备勤务等储备力量。在合理编配、编实、编强三种民兵预备役分队的基础上，着力抓好基层建设，配合省军区和警备区，在中联重科有限责任公司等单位开展基层抓建试点，圆满完成抓建工作现场观摩和经验交流现场会议任务，为全省基层抓建工作提供借鉴，推动基层民兵预备役工作达标建设。二是加强国防动员工作。年初，根据区委、区政府主要领导调整变动的新情况，及时调整配齐区国防动员委员会第一主任和主任，并对国动委“一综七专”办公室人员进行相应调整补充。组织“一综七专”办公室相关人员集中开展业务培训。通过举办国防讲座、国家安全发展战略形势报告、组织“军事日”活动等形式，组织地方副科级以上领导干部开展国防知识学习教育，培养全面普及全民国防教育的带头人。深入开展国防教育进街道、进社区、进企业、进学校活动，在全区范围内组织开展“国防教育宣传周”活动2次，配合市国防教育委员会在橘子洲举办国防教育巡展，在银盆岭、咸嘉湖、麓谷街道国防教育一条街和奥克斯广场等人员密集的地方，举办大型国防知识教育户外广告展播，并辅以群众演讲、文艺演出等形式，开展国防知识宣传教育，结合中小学生开学和大学生军训，在中南大学、湖南大学等17所高等院校和岳麓区第一小学、麓山试验中学等17所中小学校，开展国防知识普及教育和少年军校等活动，推动国防教育普及升温，使国防教育更加深入人心，全民国防意识进一步提高。三是战备练兵进一步落实。修改完善八大类战备方案，紧贴重要目标警戒防卫、动员支前、人民防空、保交护路、战场管制、防空作战、应急支援7项使命任务，全年组织专业民兵骨干集训和应急消防、舟桥等专业分队的封闭式集中训练8期，结合训练和实施抗冰抢险、抗洪抢险、灭火救援等任务，检验和落实战备方案，现役干部的军事组织能力和民兵预备役队伍执行应战应急能力得到有效提升。四是征兵工作任务圆满完成。区人武部把征兵工作作为全年工作的一项重要任务，从一季度开始，便组织机关干部深入街道（乡镇）企事业单位和高等院校，开展摸底调查，摸清预征对象的底数。5月，在中南大学启动大学生预征仪式，就征兵政策、优惠条件等问题与大学生进行互动交流。8月，征兵工作正式铺开以后，利用街头标语、滚动电视幕墙、大型户外广告，新闻媒体等多种形式开展征兵动员，形成“天下兴亡，匹夫有责”“参军光荣”的良好社会氛围，报名应征人数2144人，占预征人数的96.5%，比上年提高3个百分点。坚持廉洁征兵，严把体检、政审关，为建设现代化人民军队输送了合格兵员，年度征集新兵入伍286人。

安全稳定工作稳步推进。把安全稳定工作摆上重要议程，做到日有布置、周有检查、月有总结。制定《关于加强安全工作的若干规定》《关于加强营区安全管理的几项规定》《关于加强车辆安全管理的规定》《关于加强民兵执勤训练安全工作的措施》等制度和规定，并狠抓落实。全年组织开展“安全周”和“百日无事故”活动4次，对民兵武器仓库、营区管理、民兵军事训练场等安全工作重点单位和部位开展安全隐患拉网式排查，针对安全工作存在的突出问题，集中开展专项整治，把安全隐患问题解决在萌芽状态。安全稳定工作先后被省军区和长沙警备区评为先进单位，保障了军政训练和各项任务完成。

军民融合发展成绩斐然。积极协调和组织区域驻军和民兵预备役人员站在创建全国文明城市和“双拥模范城”的前列，用“雷锋家乡学雷锋”的实际行动，大力开展精神文明、生态文明建设和维护社会治安，为区委、区政府利用“三区叠加”的区位优势在长沙高新技术开发区引进知名军工企业和“民参军”企业创造条件，截至2016年年末，园区已拥有军民融合企业1400多家，其中世界500强企业30多家，形成先进装备制造，新一代信息技术、新材料、生物医药与健康，节能环保与新能源，现代服务业等优势产业集群，聚集了谷歌、微软、腾讯、中联重科、中国电子、中兴通讯、通程集团、博云新材、光琇、高新、北斗卫星等为代表的一批知名企业和景嘉微电子、基石通信、华曙高科、圣湘生物等大批创新型企业。在全国第二届军民融合高科技成果展览会上，景嘉微电子股份有限公司生产的集成电路芯片和湖南基石通信技术有限公司自主研发的系列无线宽带设备成为全国军民融合发展的亮丽名片，标志着岳麓区军民融合产业已经走在了全国军民深度融合发展的前列。

在民兵编组建设中落实军民融合战略思想，按照“一个结合，三个拓展”的要求，推进民兵整组向高新企业延伸，向军民融合产业集群延伸，向高等院校延伸。把军民融合融入国民经济动员的各项工作中去，采取“互联网＋实地考察”的方法，全年两次派员协调区政府办公室、发改局、统计局等部门对国民经济动员潜力进行调整，依托地方政府办公网和军事机关指挥自动化网，推进动员潜力数据收集、传输和储存，编制了国民经济动员预案。在组织民兵预备役人员遂行非战争军民任务和组织综合拉动时，注重调集军民融合企业实用型装备的投入使用，依据政策和规定，做好经济补偿，促使军民融合企业获得实益，促进平战结合的快速转换。

（黄元德）

岳麓区公安消防大队

党委书记、政治教导员

唐德尚

党委副书记、大队长

喻伟锋

党委成员、副教导员

陈　悦

党委成员、副大队长

邓　震

周　炜

党委成员、麓山门中队指导员

金丽青

党委成员、岳麓大队参谋

唐艳梅

【概况】 区公安消防大队组建于1995年，为副团级单位，下辖麓山门、石岭塘、五星3个执勤中队，有警力123人（现役消防官兵55人，政府专职消防员及消防文员68人），配备消防登高平台车、举高喷射车、抢险救援车、水罐消防车、水罐泡沫联用车共11台，各类灭火和抢险救援器材2700余件(套)。主要职责：开展消防安全检查，督促整改火灾隐患；依法办理行政许可和备案抽查；督促相关部门建设，改善和维护公共消防设施；组织灭火救援准备工作，及时有效扑灭各种火灾，减少火灾损失，做好火灾统计，调查火灾原因，处理火灾事故；参加灭火以外的各种抢险救灾；开展消防知识宣传，提高人民群众消防安全意识和自防自救能力；指导专职消防队和义务消防队开展工作。

2016年，全区共接警出动1315次(含增援),出动车辆1740台次,出动警力12549人次,抢救被困群众158人次，成功扑救火灾348起,抢救财产损失5000余万元。圆满完成了春节、国庆、G20杭州峰会等重大活动消防安全保卫工作。年内,共有1个中队推报参评市级“青年文明号”,1人推荐参评全国“公安消防部队优秀基层政治教员”,1人被省委省政府省军区评为“拥政爱民模范”,1人推荐参评市级“青年岗位能手”,3人荣记三等功。

坚持党委统揽、目标引领,不断筑牢政治工作生命线地位。深入学习贯彻支队党委1号文件，抓实开展改革强警主题教育和“两学一做”学习教育系列活动,发动全体官兵深入开展全文手抄党章活动。开展以“湖湘文化”为主线的文化教育，邀请湖南师大法学教授到队作法纪观念培养的专题讲座，组织参观岳麓书院并请法学院院长肖永明做人文湖湘专题辅导，开展部队建设大讨论活动,广泛收集意见建议,召开党委会议,深入研究发展定位,并结合地域特色,确立了打造“麓山卫士”品牌和系列工作思路,全力打造岳麓品牌工程。积极部署“雁过拔毛”式腐败问题,纠“四风”、治陋习,专项整治行动,推行工作责任清单制,做到周周有调度、月月有考评,不断提升队伍执行力。认真筹备参加各类活动、比赛,政治教导员唐德尚一举夺得全省消防部队“两学一做”学习教育“微党课到基层”巡讲活动教导员组别第一名；发动官兵积极创作流行歌曲，大队创作的两首歌曲先后被支队选定作为支队和望城大队重点推选歌曲；依托岳麓书院悠久文化，拍摄麓山门中队宣传图片,并入选“湖南消防政工”微信号“老典型、新风采”栏目予以展示;积极参加全区篮球联赛,并历史性获得亚军，充分展现了消防铁军顽强拼搏、一往无前的决心和勇气。

坚持理清思路、从严治警,不断深化部队正规化建设。坚决贯彻执行上级决策部署,凝心聚力,全力以赴，统筹推进五星中队正规化建设，部队整体建设跨入一流行列，圆满完成了湖南省消防总队后勤伙食试点现场会和市消防支队正规化示范点建设现场会，公安部政治部对总队班子考评组、总队军需培训班学员先后来队参观并给予高度评价。扎实开展“五无一创”“条令条例学习月”等活动,盯紧人、车、酒三个重点环节，先后开展了官兵私家车辆管理、饮酒酗酒问题、作战训练安全等专项整治，确保部队高度稳定。以正规化建设试点为契机,不断完善并落实大队行政会议制度等各项制度，成立正规化建设推进办公室，组织编印部队正规化管理教育文件汇编，依法从严治警。深入开展练兵竞赛活动,在全市消防部队军事队列会操中，五星中队代表队获得队列会操第二名,副中队长谌陈湘获得“优秀指挥员”荣誉称号。辖区三个中队根据《湖南省公安消防部队2016年实战化训练考核方案》和《长沙市消防支队官兵体能训练考核方案》要求，系统开展3000米跑、400米综合体能操等8项体能、业务竞赛科目，切实提升官兵体能业务素质。

坚持高位协调、科学安排部署，不断推进后勤保障工作上台阶。一是推动经费保障实现跨越式发展。全区消防工作预算经费从702.5万元提升到1065.8万元,预算基数一次性提升52%,综合其他，大队年度消防工作经费总量接近2000万元,大队经费保障力度全面迈入新台阶。二是切实规范大队后勤财务工作。严格按照有关规定执行审批，严格票据申领、使用、注销、收缴登记工作,根据票据的用途、使用范围,正确、规范使用各种票据。三是强化基层营区和装备建设投入。着重提升基层基础建设，投入600余万元对五星中队营房进行全面提质改造,投入20万元对麓山门中队营房、石岭塘中队进行提质改造，全年统筹资金500余万元先后为三个中队配备各类器材装备和照明车、高喷车等消防车辆。投入440万元全力配合全市装备采购。

坚持依法治火,严格监管,全力确保全区火灾形势平稳。一是坚持政府主导，推动消防安全责任制的落实。大队多次向区委、区政府汇报全区消防工作，先后牵头组织召开了2016年全区消防工作会议、全区夏季消防检查动员部署会议、全区住宅小区消防安全工作调度会、2016年网吧行业夏季安全生产暨“阳光暑假”专项整治培训管理工作会、易燃易爆场所消防安全负责人约谈会等，对全年消防工作进行了规划和部署;先后制定下发《全区夏季消防检查实施方案》等10余个专项工作方案，牵头组织开展今冬明春火灾防控、夏季消防检查、区域性火灾隐患集中整治、重大火灾隐患挂牌督办和住宅小区消防安全专项整治、G20峰会消防安全保卫等重点工作,协调区住建、民政、文体、安监、人防、公安、工商、质监等多部门紧盯重点区域和重点时段，联合发文部署开展了消防产品、"打非治违" 和全区消防安全隐患大排查大整治行动。特别是夏季消防检查期间，相继开展了易燃易爆、高层地下、养老福利场所、娱乐场所、居民住宅小区、文物古建筑、人员密集场所等消防安全专项整治行动；先后多次组织召开指南针商业广场、航天医院等重大火灾隐患和火炬城区域性火灾隐患整改工作调度会，指导山水誉峰小区、兰卡威国际小区等火灾隐患强力整治整改，有力推动了全区火灾隐患的督办整改工作。全年，全区共检查社会单位2551家，发现和整改火灾隐患2505处，临时查封单位40家，责令"三停"26家，行政拘留3人。二是推动消防基础设施建设，从根本上提高城市抵御火灾能力。年初，大队报请区政府统筹经费52万元，为首批26个社区统一配发了战斗服、水带、水枪、灭火器、对讲机等12类必配装备器材共计2400余件，推进了辖区社区微型消防站和消防安全重点单位微型消防站建设，并在咸嘉新村、美雅斯酒店等场所开展毗邻单位消防安全互查互助试点工作，积极探索区域性"联防联治"体系，充分整合资源，推动隐患排查、联防联治工作有序建立。同时，利用互联网交流平台建立街道(镇)、社区(村)网格员、消防安全重点单位微信群，落实消防安全微信公共账号每日信息更新制度，将辖区消防警讯、消防共享资料、消防宣传常识作为推送的主体框架，高质量高水准的完成每日公众号信息的推送。全年更新发布信息总量300余条，受益群众达10700余人。三是推动"政府购买消防服务"，全面加强消防宣传教育培训。2016年，大队组织开展了区机关行业部门相关负责人培训会，乡镇、村("两委")消防知识培训，全区物业企业管理，保安人员消防工作会议，分批次进行了消防安全培训；以"1·19""5·12"等重大活动日为契机，先后与湖南枫林宾馆等人员密集场所、阳光新城等居民住宅小区、河西加油站等易燃易爆场所和中石油坪塘服务区等高速服务区开展消防安全疏散演练，并联合湖南大学、岳麓实验中学等大中小学校开展消防进军训和"开学第一课"活动。同时，报请区政府明确了 "政府购买消防培训服务"的经费来源、责任主体等相关工作事项，督促望城坡、咸嘉湖、银盆岭、梅溪湖、望岳、观沙岭、学士、岳麓8个街道的30个社区和住保局等部分区直部门开展了"政府购买消防培训服务"模式的全民消防安全大培训工作。全年累计开展消防安全讲座800余场，培训"三小"门店超过6200余家，居民上门入户宣传超过5.6万余户，灭火演练428场，逃生疏散演练203场，共计宣传培训人员超过21万余人；放映消防电影81场，"消防考试卷" 测验3.7万余人，发放消防手册11万余份，张贴 "一畅两会" 消防常识挂图1.9万余张，宣传培训覆盖了已开展区域的所有场所；督促指导整改消防安全隐患9900余处，建立单位（场所）消防安全管理台账5900余份。通过一系列的排查整治和宣传培训，全区火灾起数明显下降，火灾形势平稳。(王瑞军)

人民防空工作

区人民防空办公室

党组书记、主任　卞劲松

党组成员、副主任　曾向阳

纪检组长　王　颖

【概况】 区人民防空办公室为长沙市国防动员委员会的常设办事机构、区人民政府人民防空工作管理部门，实行军地双层领导。部门于1976年按上级要求从区建设局人防科脱离另行组建，名称为长沙市西区人民防空办公室。1996年，市区划调整后更名为长沙市岳麓区人民防空办公室。岳政办发〔2015〕11号文件核定部门为行政正科级，隶属区政府，行政编制为6人。内设办公室、工程管理科、指挥通信科与人防教育科3个科室。

人防工程建设与维护管理。全年，已建人防工程良好率达95.6%。

指挥通信与人防教育。7月，举办人防专业队通信骨干培训，参加培训的有全区各街道人防通信骨干及全办干部职工。8月，选派2人代表长沙市参加省组织的人防通信指挥系统长途拉练，考核获第一名。3月，启动区人防地面指挥中心项目改造，10月竣工验收，即将投入运行。

其他工作。启动原长沙锌厂、原长沙河西正圆分厂、原长沙坪塘新生水泥厂重点工程建设拆迁项目，抽调3人次参与拆迁工作，顺利完成清零任务。

(胡玉良)

法　治

区委政法委

区委常委、区政法委书记
张铁炎
常务副书记、区维稳办主任
符宇星
副书记、区综治办、区创新办主任
浣中骥
副 书 记　张耀祥
副书记(兼)
朱若平
区维稳办副主任
吴沥湘
张石山
区综治办副主任
李治光
赵　赢(6—)
区河西交通枢纽综合管理办公室副主任
谷佳伟(11—)

【概况】 区委政法委、综治办、维稳办一个机构,三块牌子,合署办公。内设办公室、政工室、执法监督室、风险评估室,下设创新办、河西交通枢纽办公室。实有在职人员14人,其中行政编制干部9人,事业编制干部3人,政府雇员2人。

截至2016年,岳麓区已连续十年保持湖南省"平安县市区"荣誉称号,并荣获"全国创新社会治理优秀城区"。

服务发展大局,保障社会和谐稳定。一是维护社会安全。重视敌情管控,构建"社会调查网",配合国家安全机关开展涉维涉疆、海外利益、孔子学院等5项专项工作和基础调研,把握对敌斗争的主动性。筑牢涉稳第一防线,全年收集登记各类不稳定、不安全、不安定隐患信息130余条,及时予以反馈、调度、化解、处置。强化食品药品安全、生产安全、消防安全、环境安全等工作长效机制,化解、处置各类公共安全隐患。二是保障社会稳定。针对全区重点工程项目多、任务重、时间紧、压力大的实际,实施社会稳定风险评估,从源头上防范和化解不稳定隐患。精准处置非法涉稳信访事件,对涉楼盘、涉项目、涉军、涉拆迁及劳保医患纠纷等方面的涉稳信访事件,逐件分析、研判,妥善处置。对非法集访、阻工闹事、强揽工程、堵门堵路、拉闸断电、冲击围攻造成社会影响的,坚决依法打击,没有一起事件因处置不当引发不良影响及造成较大损失。锁定信息领导包案,多措并举,年初、年中分别就全区存在的不稳定因素进行全面梳理汇总,形成分告,报送区委、区政府参谋决策。牵头联合相关职能部门成立"岳麓区楼盘遗留问题处置工作小组",集中处置了一批楼盘遗留问题,为全区经济发展和社会稳定提供保障。三是服务改革发展。针对涉及群众数量多、矛盾问题集中、关注程度高的重大项目,如桐梓坡棚改项目、蜂巢化工征拆项目、中南大学项目等,安排专人全程驻扎跟进,强力保障和推进项目的平安与稳定。对涉稳情况复杂的突出问题,区委政法委多次组织区法院、检察院、公安分局以及司法等相关区直部门分类调处、及时化解、各个击破,确保项目建设、经济发展的优良环境。

强化打防结合,注重矛盾调解。一是重点治理有突破。量化、细化、打防多发性侵财犯罪工作,创建多元防控工作格局,创新建立街道(镇)刑事发案通报制度,17个街镇全部配齐电瓶巡逻车,安排专业巡防队员进社区巡逻。加强对汽车西站及河西交通枢纽等整治重点地区的常态化管理,实现区域内车辆运营及停放规范有序。深化平安校园建设,加强校园及周边安全管理工作,净化育人环境,保障学生安全,维护校园及社会稳定。依托区"五星网格"创建平台,做好全区各基层网格的社会治安稳控工作,问题解决率99.5%。二是矛盾化解有成效。把社会矛盾排查调解机制建设作为全年一项特色工作来抓,进一步建立健全全区社会矛盾大调解体制。中心所辖的岳麓、橘子洲、含浦3个驻所矛盾纠纷调解室的工作量下降了80%,有效缓解了派出所的工作压力。特殊矛盾纠纷得到缓解,矛调分中心上门调解82起。不断完善矛盾调解平台拓展、调处特色带动、行业性矛盾纠纷调解机制及日常和重大矛盾纠纷联动调解机制。三是进京上访有预防。运用人民调解、行政调解、司法调解相结合的方式，及时分析形势，剖析问题症结，重点交办滨江新城片区、滨湾镇片区、洋湖片区以及楼盘建设等最突出的信访问题，成功化解省、市督办的重点突出信访问题，上访人已全部签订了息访息诉协议。针对部分进京上访群众无序上访、缠访闹访及相关违法现象，全面摸排，重点打击，始终保持高压态势，初步形成了“综合治访”的良好局面。四是基层基础工作再夯实。加大宣传工作的力度和深度，全年发放平安建设宣传单5万余份，展出宣传版面200余块，悬挂横幅200多条，发送治安防范提醒短信近30万人(条)，出动流动宣传车50余辆，发送社会管理综合治理及治安防范提醒短信近30万人(条)。区综治办以以奖代拨方式投资20余万元，在10个社区(村)建立宣传长廊，使基础综治宣传阵地建设再上新台阶。夯实综治队伍和阵地建设，共调整基层综治干部42人，集中培训2次、220人次，综治干部队伍素质明显增强。发放平安建设及综治宣传手册2万份、致全区人民的公开信2万份，利用“三服务”一线群众工作，开展“平安进基层，综治大走访”活动，定时、定点主动发现和梳理影响平安建设的治安、交通、环境等各类问题，广泛开展平安单位、校园、医院、市场、家庭等领域的平安建设，形成创建合力。农村治安保险试点雏形初现，积极推进农村治安保险试点工作。

规范执法监督，加强专项治理。一是推进执法司法公开和开展案件评查工作。全年区政法委各单位成立司法公开工作领导小组，统筹、部署司法公开各项工作，指定专门机构负责落实、牵头协调司法公开具体事务，保障执法司法公开工作有序推进。区法院推进“诉调对接”，并对管辖范围内相关案件的审判、听证、庭审全程公开；区检察院注重推行阳光检务，以公开为常态；区公安分局及时更新官方政务微博，提升公开的效率和质量。开展案件评查工作，开展前期培训，邀请上级政法机关的业务专家、聘请法学专家对评查组成员授课，重点对政法单位办案程序、法律运用等方面进行讲解、剖析。二是推进涉法涉诉信访改革和刑事速裁试点。制定《岳麓区涉法涉诉信访案件终结办法》、《关于建立和完善多元化解涉诉信访机制的实施细则》《岳麓区涉法涉诉信访风险评估及定期排查制度》《关于涉诉信访案件约期接谈制度的实施细则》等制度，畅通信访渠道，健全“信、访、网、电”一体化接访系统，预防和堵塞涉法涉诉信访工作中的不足和漏洞，推进涉法涉诉信访问题在法治轨道内依法公正解决，切实维护人民群众合法利益。“刑事速裁”是司法体制改革的一项重要内容，在市区先行先试，全区政法系统积极配合，制定工作方案，明确专人做好相关衔接工作，定时召开案件办理交流会，及时解决办案中出现的问题，确保试点工作圆满完成。三是开展各项专项整治活动。强调“大信访”观念，政法各单位密切协作，加强联系，自觉处理涉法涉诉信访案件。开展涉法涉诉中损害群众利益行为的专项整治。成立专项行动领导小组，明确各责任主体，打击拒执违法犯罪。做好信访接待工作，化解群众心结。带案下访，为困难户申请司法救助。

从严队伍管理，狠抓纪律作风。一是强化理想信念。坚持一年一个主题，开展思想政治教育活动。把从严管理干部的制度规定落到实处，坚决纠正管理中“宽”和“软”的现象。把监督管理贯穿于干部教育培训、考核评价、选拔任用等全过程。强化自纠自查。严格落实“一岗双责”，区委政法委牵头成立联合督查组对全区政法系统党风廉政建设和纪律作风建设工作情况进行明察暗访，采取排查与抽查相结合、集中与重点相结合的方式，落实督查责任，发现问题及时通报，限期整改。对执行上级部署措施不力、工作不细、责任不到位的责任单位和责任人实施责任追究。三是强化作风建设。开展司法不公、司法腐败专项整治工作。结合案件评查、执法检查、专项治理和信访处理工作，严肃查处执法办案中不规范、不作为、乱作为等问题。加强队伍作风建设，确保政法干警严予律己，为政清廉。（龙帅）

防范和处理邪教

岳麓区委防范处理邪教问题领导小组办公室

主　　任　朱若平

副 主 任　杨　柳

【**概况**】 区委防范处理邪教问题领导小组办公室为区委管理的防范处理邪教问题职能部门，核定编制6人。

组织领导。按照省委、省政

府湘办发〔2015〕35号文件要求，3月4日、11月11日，区委常委会议专题听取区防范处理邪教问题工作汇报，对全区防范处理邪教工作作出具体部署。

宣传教育。加强与党校等单位协作，将反邪教知识培训纳入到区委党校(行政学校)教学计划、党内主题教育及基层党组织干部的日常学习培训中，纳入到全区反邪教斗争战线干部培训中，纳入到居民群众日常文化娱乐活动中。深化反邪阵地建设，推进以“十个一”活动为载体的反邪教警示教育活动，将街道、村、社区建立一面警示教育墙或一个警示教育橱窗作为基层单位反邪教宣传的“规定动作”，加强反邪教宣传阵地建设。组织召开岳麓区反邪教协会成立大会。开展反邪教知识宣传。5月，结合综治宣传月活动，全区所有街道、镇集中开展反邪教宣传。全区共创办反邪教知识宣传板报(宣传栏)125期，发放宣传资料10万余份，出动宣传车30台次，悬挂宣传横幅120条，通过手机信息平台群发反邪教信息2万余条，下载“岳麓红枫”手机客户端500多次。继续深化涉网宣传，开展反邪教系统忠诚教育，组织反邪教系统干部系统的学习《中国共产党党章》《中华人民共和国保守国家秘密法》。强化网络宣传阵地建设，调动社会力量及热爱写作人士，向反邪教网站踊跃投稿，全年凯风网、岳麓红枫、红星网转载各类稿件64篇。

防控打击。落实工作责任和防控措施，加强社会面防控，确保重要时段、重要地段、重要节点社会和谐稳定。强化防控机制。为实现“三个零指标”，落实“五个严防”，加强“三道防线”(重点布防、区域设防、快速处防)，组织“三个出动层次”，防范邪教插播、聚集及反宣发生。坚持主动出击，提前谋划，超前防控，健全防控网络。强化对特护期重点对象的稳控。

教育转化。按照中央、省、市防范办统一要求，对已彻底转化的邪教人员开展解脱工作。开展邪教人员的教育转化。按照年度教育转化工作方案要求，4月，召开全区反邪教工作会议，将实名制内需要实施教育转化的邪教人员，以工作责任状形式交办到相关部门。并按3个100%的回访要求(刑释解教、人户分离、实名制内已转化人员回访巩固率100%)，制定详细的巩固回访帮教工作方案。（林娟）

公　安

长沙市公安局岳麓分局

副区长、分局党委书记、局长
谭应林(1—)

党委副书记、政委
陶　述(1—)

副 局 长　师建伟(1—9月)
刘一斌
罗　晖
龙　江
余朝晖
张　勇

副局长、政工室主任
万　蓓

纪委书记、副政委
吴向明

【概况】 长沙市公安局岳麓分局内设指挥中心、政治工作办公室、监察室、法制科、后勤保障科、警卫科，国内安全保卫大队、单位内部安全保卫大队、经济犯罪侦查大队、网络安全保卫大队、人口与出入境管理大队、禁毒大队、第一治安管理大队、第二治安管理大队、第三治安管理大队、刑事侦查大队、巡警大队、城管公安大队，下设岳麓派出所、橘子洲派出所、望月湖派出所、银盆岭派出所、观沙岭派出所、西湖派出所、望岳派出所、望城坡派出所、天顶派出所、金星派出所、咸嘉湖派出所、梅溪湖派出所、坪塘派出所、含浦派出所、莲花派出所、雨敞坪派出所。有90个警务区。有在职民警职工共683人，其中党委成员9人，科、室、所、队正副职干部130人，中队干部52人，工人10人。有辅警378人。警力分布中，派出所警力占总警力的53.44%，基层一线实战单位警力占分局总警力的91%。

2016年，分局紧跟市局“六大中心”“三型警队”建设步伐，紧扣“平安岳麓”“法治岳麓”建设目标，深入推进全局警务机制改革和“四项建设”，为岳麓经济社会发展创造了安全稳定的治安环境。实现社会治安“三降三升”。(刑事案件、多发性侵财案件立案数以及行政案件受理数同比分别下降16.27%、17.14%、3.62%；刑事案件破案率、侵财案件破案率、刑事拘留犯罪嫌疑人人数同比分别上升3.76%、2.47%、2.55%)。根据省公安厅通报数据，2016年，全区公众安全感和群众满意度民调排名较2015年提升1个名次，其中下半年排名内五区第二，较上半年跃升3个名次。圆满完成省、市、区党代会、“两会”等敏感节点及橘子洲焰火燃放、长沙国际马拉松等重大活动安保工作，多次成功预警并化解处置出租车司机停运、问题楼盘业主非法聚集上访等群体性事件，确保换届之年全区社会大局的平安稳定。

案件办理。全区共立刑事案件6698起、立多发性侵财案件6283起，受理行政案件9892起。破各类刑事案件1927起，刑事案件破案率28.77%，与2015年同比上升了3.76个百分点；破侵财案件1542起，侵财案件破案率24.52%，同比上升了2.47个百分点；刑事拘留犯罪嫌疑人979人，同比上升了2.55个百分点。逮捕646人，直诉296人，取保候审268人，监视居住76人，移送起诉978人；打掉侵财犯罪团伙58个。

维护稳定。全年办结群众来信来访97件，办理回复市长信箱37件、局长信箱156件，局领导接访22人次，办结信访件18件。依法处置非正常上访4333批19164人，劝诫进京上访人员82人次，稳控重点人员452人，收集上报各类情报信息561条，依法办理弘德·好莱城业主堵路、坪塘街道洋湖村民闹事、观沙岭“7·7”事件、“9·30”梅溪湖览秀城煤气爆燃事故等影响较大的突发事件。

刑侦工作。在全市首创性地设立“西、南、北”三个战区，大力开展战区建设，依托警务机制改革和现代科技手段，实现合成作战、精确打击。对重点地区、重点部位以及社会治安问题突出场所，形成露头必打、犯罪必抓的震慑效应和高压态势；在项目建设、征地拆迁、产业发展中，铁腕整治非法阻工闹事、敲诈勒索等违法行为；在社会稳定风险评估方面，提升预测、预警、预报能力，深入推进打击网络电信违法犯罪机制建设，破获一批影响较大案件。2月4日，时代帝景大酒店发生枪击案，分局迅速启动大要案侦查机制，各警种整体联动、协同合成，连续奋战18小时后，案件成功告破。9月4日，湖南商学院内因债务纠纷发生二人死亡命案，分局指挥作战中心快速反应，攻坚克难，案发9小时后在宁乡县一家庭旅馆将犯罪嫌疑人抓获，当场缴获仿六四式手枪1支、子弹20发、弹簧跳刀1把。“9·11”特大电信诈骗案被省厅列为督办案件，分局专案民警风雨兼程，废寝忘食，共抓获涉案人员47人，摧毁作案窝点8个，查扣涉案车辆2辆、电脑40余台、手机400余台、银行卡100余张。在公安部“2015-1173”“2016-729”“2016-979”3起督办毒品目标案件中分局共抓获涉毒嫌疑人56人，查获毒品27000余克，缴获仿真枪、左轮手枪、长枪各1支，子弹20发，涉毒大要案件侦破工作在全市排名第一。

治安管理。坚持重心下移，筑牢治安防控体系，巡警大队巡逻力量与派出所警力进行深度整合，各派出所成立专职巡逻接处警中队，确保“有警处警、无警巡逻、屯警街面、动中备勤”。组织机关民警开展夜巡，全面推进防控体系的立体化、全覆盖、无盲区。深入开展“扫黄禁赌”、打击毒品犯罪、缉枪治爆等专项行动，加强公共娱乐场所、特种行业、寄递物流、危爆物品管理，重点整治群众反映强烈、治安形势复杂的人流密集场所，防止和杜绝恶性事件、重特大安全事故发生。对涉黄休闲场所、电游室、“坨子棚”坚持“一脚踩死”。

队伍建设。围绕公安部“五个过硬”、省厅“五标准五工程”、市局“三型警队”要求，分局将思想政治工作放在队伍建设首位，先后选送15名民警到清华大学、中国人民公安大学、中国政法大学等高校进行培训；结合“两学一做”学习教育，以基层党支部换届改选为契机，强化支部领导班子职责要求，充分发挥支部先锋模范作用，从思想建设、组织建设和作风建设上努力营造风清气正的警队氛围，全体民警职业荣誉感、认同感和归属感不断跃升，涌现出“我最喜爱的人民警察”望城坡派出所尚天、“敬业奉献模范”橘子洲派出所贺晓军、市公安局系统“最美家庭”莲花派出所陈真家庭等先进典型，法制大队被授予“全国公安机关执法示范单位”和省厅2014—2016年度“全省公安机关执法示范单位”。在分局庆祝建党95周年大会上，有44名优秀共产党员、6名优秀党务工作者、6个优秀基层党支部得到表彰，全年有13个单位、62人次获得市级以上记功嘉奖。切实加强纪律作风和党风廉政建设，严格落实“从严治党，从严治警”的党委主体责任、纪委监督责任，全年违纪人员立案9起12人，重点帮扶教育27人，约谈8人，提醒谈话32人，诫勉谈话2人。查处了一批典型案件：禁毒大队民警虢某某因吸毒被依法行政处罚，开除公职；望城坡派出所民警鲍某某因吸毒、为吸毒人员提供场所被从重查处，其所在支部被追究领导责任。纪检监察机关在严肃问责的同时,把学习《中华人民共和国党章》和《中国共产党廉洁自律准则》《中国共产党纪律处分条例》两部党内法规结合起来,引导党员干部学党章，时刻把党的纪律规矩印在心上,落实到行动中,党风警纪持续好转，提振了队伍建设健康发展正能量。

【网上公安局】 根据长沙市公安局《长沙市公安局互联网门户网站管理办法》,岳麓公安分局立足服务基层、服务群众,搭建1个分局门户网站、16个网上派出所、89个网上警务室，栏目信息分为警营风采、警务公开、民生服务、社区管理、安全防范、通知通告六大类，网上全流程办理的业务项目47项,预约项目51项,受理审批系统与长沙市政务服务系统对接。其中,治安、入境、网安、内保、禁毒等职能部门受理网上群众申请的办事种类，及时反馈办结情况,对群众网上预约事件,强化预约机制,确保按流程办事,既方便了人民群众不花长时间排队等候,又减轻了服务窗口拥挤压力,真正实现网上网下同步,“让数据多跑路、群众少跑腿,建身边的公安局”。

【成功侦破省督“9·11”特大电信诈骗案】 自2015年9月以来，多起群众报警，称在网上被人以出售低价二手车为由诈骗。分局党委获悉后高度重视，要求刑侦大队迅速侦破此案。办案民警发现犯罪嫌疑人通过编造异地看车、验车与付款分离等借口,使用改号软件对受害人实施诈骗,涉案人员多、地域大,案情复杂,遂将案情逐级上报。省厅随即组织由刑侦总队、网技总队牵头,长沙、娄底、邵阳等地公安机关联合组成的省督“9·11”专案组,长沙市公安局刑侦支队协同作战,多警联动全力开展专案攻坚。经过4个多月缜密侦查,终于掌握该团伙骨干成员谢某某、王某某等人基本信息及其在长沙、娄底、邵阳三地的活动情况。2016年1月6日下午，分局组织150名警力分赴娄底、邵阳,与当地警方一道,于7日凌晨在长沙、娄底、邵阳三地同步开展抓捕行动,先后抓获谢某某、王某某等涉案人员47人,摧毁作案窝点8个,查扣涉案车辆2辆、电脑40余台、手机400余台及银行卡100余张。查证案件10余起,涉案金额达数十万元。犯罪嫌疑人谢某某、王某某等40人已被依法刑事拘留。

【快速侦破“9·14”故意杀人案】 9月14日21时30分许，湖南商学院发生一起因债务纠纷引发的命案,2人当场死亡。案发后,省厅刑侦总队总队长赵剑,副市长、市局党委书记、局长唐向阳,市局党委副书记、常务副局长单大勇,市局副局长徐波跃、欧益科、夏晓鸥等率领市局警令部、政治部、刑侦、治安、交警、特巡警、网技支队、公交分局、望城区局、宁乡县局等单位侦技人员迅速赶赴现场,指挥案件侦破工作。岳麓区区长刘汇、区政法委书记张铁炎连夜赶赴现场处置、调度。分局领导带领相关部门警种第一时间赶到现场开展工作。办案民警在专案指挥部的指挥下,多警种分工合作、同步上案,从现场勘查、调查取证到追踪抓捕,仅用了9个小时的时间,15日6时在宁乡县一家庭旅馆将犯罪嫌疑人章杰荣抓获，当场缴获仿“六四”式手枪1支、子弹20发、弹簧跳刀1把。

【召开岳麓公安情报学会第一届情报工作研讨会】 2016年7月15—17日，岳麓公安分局邀请北京、广东、江苏、湖北、甘肃、湖南六省市计13名情报专家来分局参与情报工作研讨,对“专业对职业合成侦查理念”“大数据时代下职业侵财犯罪碎片信息重组分析”“黑客盗取公民信息的现状”3个课题进行深度解析,为有效提升案件侦破效率提供情报数据支撑。

（彭波静）

检　察

区人民检察院

党组书记、检察长
谢　勇

党组副书记、副检察长
唐悦喜

党组成员、副检察长
黄向武
陈春先

副检察长　卜雪凡(女)
周叶芝(挂职,女)

党组成员、纪检组长
夏　忠

政工室主任
陈晓东

反贪污贿赂局局长
皮广林

反渎职侵权局局长
谢力兵

检察委员会专职委员
彭　君
廖剑聪

【概况】 区人民检察院内设办公室、政工室、纪检组(监察室)、侦查监督科、公诉科、反贪污贿赂局、反渎职侵权局、监所检察科、民事行政检察科、控告申诉检察科(举报中心)、职务犯罪预防科、司法警察大队、案件管理科。现有工作人员83人(其中行政编82人、事业编1人),市院挂职人员1人,另有聘用制书记员32人。

区人民检察院是国家法律监督机关,接受岳麓区委和上级检察机关的领导,对岳麓区人民代表大会及其常委会负责并报告工作,主要职责:依法行使检察权;依法对职务犯罪进行侦查;依法决定是否对犯罪嫌疑人实行逮捕和提起公诉;代表国家出庭公诉;对刑事诉讼、民事诉讼和行政诉讼实行法律监督;对执行机关执行刑罚的活动是否合法实行监督;受理单位和个人的检举、控告和申诉;负责预防职务犯罪的法制宣传等。区人民检察院现辖范围包括岳麓区、长沙国家高新技术开发区。

*忠实履行检察职能,依法服务和保障全区经济社会改革发展。*一是注重优化经济发展环境。根据区委、区政府整体工作部署,开展服务企业、服务经济发展、服务“六个走在前列”、优化经济发展环境等专项活动,努力为经济发展提供高效的法律服务和保障。参与、整顿、规范市场经济秩序突出问题专项治理,严厉打击合同诈骗、非法吸收公众存款、集资诈骗等犯罪,共批捕破坏社会主义市场经济秩序犯罪嫌疑人30人,起诉54人,保护区域经济健康发展。二是主动服务项目建设和企业发展。积极参与全区重点工程、重大建设项目工作调度和服务,对危害项目建设和企业发展的刑事犯罪依法从严从快打击,共批捕职务侵占、挪用资金、侵犯企业商业秘密等犯罪嫌疑人10人,起诉7人。根据区委“产业发展年”要求,结合办案,深入中联重科、杉杉新能源、巨星股份等重点企业走访调研,了解法律需求,提供法律服务,解决法律难题,指导涉案企业整章建制、加强内部监管,做好预防犯罪工作,平等保护各类企业特别是非公有制企业的合法权益。全省检察机关服务重点重型装备制造企业现场会在岳麓区检察院召开,其经验和做法得到与会领导和兄弟单位的充分肯定和高度评价。三是着力加强民生权益保障。积极参与区委、区政府部署开展的“一进二访”“三联三访”“三服务”一线工作等活动,关注和有效服务民生保障。重视公共安全保护,依法批捕破坏公共安全等犯罪嫌疑人24人,起诉28人;参与食品药品安全专项整治,依法批捕制售假药劣药、有毒有害食品犯罪嫌疑人1人,起诉2人;加大对国土资源和生态环境的司法保护力度,依法起诉破坏环境资源犯罪嫌疑人2人。

*严格履行批捕、起诉职能,维护社会平安稳定。*一是依法打击各类犯罪。全年受理提请批准逮捕664件1000人,批准逮捕516件767人;受理移送审查起诉747件1130人,提起公诉609件918人。突出打击严重暴力犯罪、涉枪涉爆犯罪、“黄赌毒”犯罪和多发性侵财犯罪等危害社会稳定、影响群众安全感的严重刑事犯罪,共批捕上述犯罪嫌疑人582人,起诉557人。二是贯彻宽严相济的刑事政策。坚持对符合法定条件的轻微刑事案件依法从宽处理,不批准逮捕182人,不起诉71人。开展羁押必要性审查工作,对捕后无继续羁押必要的18人提出变更强制措施建议。注重对涉罪未成年人司法保护,建立健全快速办理、亲情会见、社会调查、附条件不起诉、犯罪记录封存、回访帮教等工作机制,依法不批捕8人,附条件不起诉11人,并对13名涉罪未成年人进行跟踪帮教。三是注重化解社会矛盾纠纷。坚持在办案过程中倾注人文关怀,适用刑事和解工作机制办案114件,建议司法行政机关为未成年及残疾被告人提供法律援助37次。积极推进涉法涉诉信访机制改革,坚持检察长接待、下访巡访、预约接访等措施,完善“12309”举报电话、网上信访、来信、来访“四位一体”工作机制,畅通和规范群众诉求表达渠道。受理来信来访40件,接待来访群众60余人,继续保持无涉检赴省进京上访、无涉检信访积案的记录,控申举报接待室连续第三次获得“全国文明接待室”的称号。

*依法履行查办预防职务犯罪职能,推进反腐倡廉建设。*一是继续保持惩治腐败高压态势。共立案侦查职务犯罪13件15人,其中贪污贿赂案件6件6人(含市院立案继续侦查3件3人),渎职侵权案件7件9人。积极融入侦查一体化机制,抽调力量,配合上级检察机关依法查办了一大批省、市有影响的职务犯罪案件。二是扎实推进职务犯罪预防工作。深化重点领域、关键环节职务犯罪预防工作,全面推进侦防一体化和预防协作机制建设。加强与

高校、国土、规划、银行、税务、医院等预防联合单位的联系，开展形式多样的职务犯罪预防活动；进一步深化商业贿赂源头治理，受理行贿犯罪档案查询3374次，有力推进社会诚信体系建设；积极开展“进机关、进企业、进乡村、进学校、进社区”专题预防活动，深入推进职务犯罪警示教育进党校工作，全面落实预防职务犯罪工作年度报告制度，为领导决策提供重要参考。

认真履行诉讼监督职能，维护社会公平正义。一是强化刑事诉讼监督。对应当立案而不立案的，督促侦查机关立案16件，撤案9件，追捕犯罪嫌疑人13人，追诉2人，追诉漏罪和遗漏犯罪事实17起，提出刑事抗诉2件。以同步录音、录像的审查方式为重点，加强对非法证据和程序违法的审查，对刑事侦查和审判活动中的违法行为和不规范现象，提出书面纠正意见25份；向法院发出量刑建议书331份，采纳率94%。二是强化民事行政诉讼监督。积极开展检察建议、支持起诉、督促履职、违法调查等工作，构建民事行政检察多元化监督格局。受理并审结民行申诉案件30件，发出再审检察建议1份；办理执行监督案件7件，支持起诉案件17件；督促行政执法机关履行职责2件。三是强化刑罚执行监督。坚持落实社区矫正基础数据核查、检察官约见谈话等工作机制，对检察发现的社区矫正中存在的问题，向法院、监狱等部门发出检察建议35份；开展减刑、假释、暂予监外执行专项检察活动，监督有关部门对2名不再符合监外执行条件的罪犯收监执行，确保了辖区内监外服刑人员无脱管漏管、重新犯罪等情形发生。

全面加强检察队伍建设，提升自身素质能力。一是着力强化思想政治建设。扎实开展“两学一做”学习教育，认真学习《中国共产党党章》《中国共产党纪律处分条例》《中国共产党廉洁自律准则》以及习近平总书记系列重要讲话精神，开展专题学习讨论、班子成员讲党课、党员民主评议等活动，不断深化思想教育，引导干警恪守政治纪律和政治规矩，恪守检察职业道德，为检察工作始终保持正确的政治方向提供有力的思想指引。二是主动接受外部监督。虚心接受人大监督，依法向区人大及其常委会报告重要事项、工作和案件，认真办理人大代表的意见建议。通过走访调研、邀请视察、评议座谈等多种形式，密切与人大代表、政协委员的联系。主动向区政协通报检察工作，不断加强人民监督员联络和保障工作，接受人民监督员评议案件，确保检察权依法公正规范行使。依法保障律师会见权、阅卷权、调查取证权，推动形成良性互动检律关系。完善落实检察开放日、举报宣传周、案件信息公开等制度，不断推进检务公开工作，公开案件程序性信息3683条、法律文书691件，自觉接受社会监督。三是自觉加强内部监督。坚持问题导向，紧盯司法办案关键环节，持续开展规范司法行为专项整治工作。全面推进统一业务系统应用，建立健全案件统一受理、流程监控、法律文书监管、涉案款物管理、案件评查等工作制度，加强对执法办案的全程、统一、实时、动态监管。四是切实加强纪律作风建设。把强化自身监督放在与强化法律监督同等重要的位置，狠抓党风廉政建设主体责任和监督责任的落实，全院层层递交党风廉政建设责任状，人人签订“遵纪守法、廉洁从检”承诺书。自觉遵守中央“八项规定”和省、市、区各项纪律规定，坚持重大事项报告、述职述廉、廉政谈话及执法档案等制度，严格落实公车管理、财务审批、禁酒令、“廉政灶”等检察纪律，切实加强和改进机关工作作风，检察形象有效提升，继续保持单位零事故、执法零过错、干警零违纪的“三零”记录。五是积极推进检察改革创新。切实遵循检察工作规律，严格按照上级关于检察体制机制改革的部署和要求，强化领导、精心组织，着力加强思想引导，全力以赴抓好各项改革措施的贯彻落实。全省检察官员额制改革正在进行当中，已完成首次员额检察官入额考试考核工作，省检察院确定岳麓区检查院员额制检察官45人，实际参考人员为44人。下一步将推进内设机构大部制改革、检察官员额制改革、检察官办案责任制改革及省以下地方检察院人财物统一管理改革，积极适应以审判为中心的诉讼制度改革，继续深化涉法涉诉信访机制改革，使各项改革成果转化为推动检察工作科学发展的强大动力。大力提升队伍专业素能。开展检察队伍能力建设，通过素能培训、业务竞赛、专题授课、庭审评议、案件评查等多种方式，紧贴实际，开展教育培训和岗位练兵活动，分层分类培训近200人次，有效提升了司法改革背景下干警的业务能力和办案水平。

（王俐）

法 院

区人民法院

党组书记、院长

袁 征(1—8 月)

陈立民(8—12 月)

党组副书记、副院长

胡 忠

副 院 长 谌晓宇

党组成员、副院长

罗中东

党组成员、纪检组长

李亮球

党组成员、政工室主任

罗开颜

党组成员、非诉执行局局长

张卫东

【概况】 区人民法院内设刑事审判庭、行政审判庭、民事审判一庭、民事审判二庭、知识产权审判庭、执行局、非诉行政案件执行局、审判监督庭、立案庭、坪塘法庭、莲花法庭、司法警察大队、政治工作室、办公室、研究室、纪检监察室和审判管理办公室、未成年人案件综合审判庭共 18 个职能部门,核定人员编制 133 个,在编人员 128 人,另有政府雇员 4 人,聘任制书记员和法警 185 人。2016 年,受理各类案件 22488 件(含旧存),创全省新高,结案 17218 件,一线法官人均办案数超过 200 件。

*深化司法改革。*一是立案登记制改革。全年共登记立案 18480 件,其中当场登记立案率 99.3%。在已设导诉台、大学生法律志愿者服务岗、电子触摸查询系统基础上,增设律师服务窗口,开通“12368”诉讼服务热线,为群众提供“一站式”“一线式”“一网式”服务。二是多元解纷机制改革。积极推进诉调对接,强效发挥“涉保险案件联合调解室”“医疗纠纷调解室”及交通事故多元解纷窗口功能,对适宜诉前调解的简易纠纷,引导当事人先进行非诉调解。全年共分流调解纠纷 2614 件,调解成功 1265 件,司法确认 66 件,平均调解期限为 20 天。三是案件速裁程序改革。继续推行小额民事案件、轻微刑事案件快速裁判,办理小额民事案件 110 件、轻微刑事案件 171 件,案件平均审理期限分别为 20 天和 6 天。四是家事审判工作改革。被最高人民法院确定为全国家事审判方式和工作机制改革试点法院,成立家事及未成年人案件综合审判庭,审结案件 554 件。创新家事纠纷庭前调解程序,设置离婚诉讼“冷静期”,给夫妻矛盾“降温”。开展离婚意愿书面调查,探索家庭财产申报制度,促进诚信诉讼。发出全国首份由妇联代为申请并单独立案的人身安全保护令。7 月,来自 5 省 25 名全国人大代表专题视察法院家事审判工作。五是司法公开制度改革。建成全省首个基层法院司法公开网,向公众提供网上立案预约、案件在线查询等 9 项便民服务。推行零佣金网络司法拍卖,网上公布裁判文书 21951 份,庭审网络视频直播 25 次。在各级主流媒体报道法院工作 300 余篇次,加强网站、微博、微信等自媒体建设,构建开放、动态、透明、便民的阳光司法机制。

*全方位服务大局。*一是助推重点项目建设。与相关部门形成合力,打好涉重点项目征拆案件的“保稳促调”攻坚战,依法受理案件 139 件,办结 121 件,助推岳麓区城市化建设进程。二是保障核心竞争实力。实行知识产权刑事、民事、行政案件“三审合一”,审结案件 384 件,形成立体式知识产权司法保护机制,服务和促进创新驱动发展。与中南大学共同承担最高人民法院《中华人民共和国专利法》(以下简称《专利法》)第四次修改司法调研重大课题,为《专利法》修改建言献策,积累实务经验。三是促进企业健康发展。依法审理商事纠纷 3025 件,全面提速审执流程,对涉中联重科、湖南杉杉等重点骨干企业的案件实行快立、快审、快执;深入企业走访调研,指导涉诉企业防控风险。

*破解执行难。*创新执行工作方式,通过各种手段曝光“老赖”,限制其出境、高消费等。设立线索举报栏,完善执行线索举报和奖励机制。加强跨区域间执行沟通交流,相互支持,相互协助。建成集财产信息查询、现场指挥、决策分析、信用惩戒于一体的执行指挥中心建设,强化协调指挥。2016 年,受理各类执行案件 6754 件,执结案件 4698 件。协助外省法院执行 61 次,申请外省法院协助执行 82 次。9 月,最高人民法院院长周强通过执行指挥中心系统,成功远程调度与岳麓区法院一次异地执行行动。 (李余庆)

司法行政

区司法局

党组书记、局长

肖 健

副书记、副局长
谢觉敏
副局长、党组成员
周　益(12—)
纪检组长、党组成员
周友良
副局长、党组成员
陈治国(12—)
党组成员　夏弟华(4—)
政工室主任、党组成员
倪　伟(12—)

【概况】 区司法局内设办公室、法制宣教科、法律服务科、基层工作科、社区矫正工作科,下设二级机构法律援助中心。有基层司法所17个,属司法局在街道(镇)派出机构,司法局与各街道(镇)共同管理,以司法局管理为主。全区司法行政系统有在编在职干部47人。

开展法制宣传。制定并印发《2016年岳麓区法治宣传教育工作要点》。重点抓好公共文化场所、法治主题公园、法治文化长廊、小区楼宇宣传橱窗、社区及企业法制文化园地等普法平台和阵地建设,推进法制宣传工作向各层次、行业覆盖。邀请长沙市花鼓戏剧团等单位创作法治文化节目《喜唱岳麓法治歌》,入围省委法治办2016年度"12·4"法治文化节目决赛评选。利用春运期间、"3·8"妇女节、"3·15"消费者权益保护日、农村法制宣传月、青少年法制宣传周及"6·26"国际禁毒日、"12·4"法制宣传日等大型主题宣传活动,开展相应普法宣传。加强农村法律宣传工作。春节期间,利用外出务工人员春节集中返乡的契机,开展普法超市,加强青少年法制宣传教育,把法制教育与学校的文化教学相结合,发挥法制副校长职能作用,不断完善学校、社会、家庭"三结合"法制宣传教育网络,落实普法计划、教材、教师、课时四到位,通过外聘专业老师等方式进行知识讲座、实体演练等,提升中小学学生法律意识和知识,开展平安普法活动。配合区公安分局,在各大交通枢纽开设禁毒知识"流动课堂"2次。

调解组织建设。全区17个街道(镇)、142个社区(村)都成立人民调解委员会,同时成立3个专业性调解委员会,共计162个调解委员会,形成全区人民调解委员会的横向和纵向覆盖。各人民调解组织围绕全区中心工作,积极参与交通事故纠纷、劳务争议、医患纠纷、物业管理、突发性矛盾等社会热点、难点纠纷的调解。全年共受理调解各类纠纷2099件,成功调处2098件,调处成功率达99.9%。预防各类矛盾纠纷509起,排查各类矛盾纠纷767起,防止群体性上访15起,涉及人数330人。在做好矛盾纠纷预防工作的同时,建立健全矛盾纠纷排查制度、矛盾纠纷信息反馈机制以及重大疑难纠纷报告制度,对各类矛盾纠纷迅速反应、及时处置,变被动调解为主动调解,变事后调处为事先预防。2016年,道路交通事故矛盾纠纷调解室调处矛盾纠纷364起,社会矛盾调处中心南片分中心调处矛盾纠纷66起,医患纠纷人民调解委员会调解医患纠纷15起,驻法院调解室调解案件46件,有效实现了人民调解与公安、交通事故、医患、法院的衔接联动。

组织社区矫正。截至11月底,在册社区服刑人员236人,全年开展审前社会调查评估145起,无一例社区服刑人员因脱管、漏管而重新犯罪。安置帮教对象在册839人,安置率100%,衔接率100%,无一例刑满释放人员因生活困难而引发不稳定的恶性事件。一是狠抓社会化帮扶。以深入开展"三帮一促""情暖高墙,关爱孩子"等活动为切入点,组织"帮帮团"深入邵阳、岳阳等监狱,对60多名岳麓区籍服刑人员开展一对一的监狱帮教活动。秋季开学前夕,为27名家庭生活困难的服刑人员子女送去温暖。协调区民政、人社等部门,为324名刑满释放人员解决"低保"。二是完善矫正机构。局党组根据省厅的要求,率先成立社区矫正执法大队,省司法厅从监狱抽调5名司法警察,协助社区开展矫正服刑人员社会调查和日常管理工作。三是探索心理矫治。采用政府购买服务形式,选聘长沙衡岳心理咨询协会6名心理咨询师,分阶段为服刑人员开展心理咨询服务,全年累计开展心理测评率100%。四是建立健全社区服刑人员日常考核、奖惩制度。开展分类管理考核制度,强化社区服刑人员日常规范管理。每月定期组织全区17个司法所开展社区服刑人员"三集中"(集中点名、集中训诫、集中教育)管理,定点、定时、定人动态核查日常监管记录。五是严格矫正执法。全面开展三大专项活动,4月,以社区矫正"防脱管"专项活动为抓手,联合区公安分局、区人民检察院、省坪塘强戒所等单位,组织社区服刑人员开展"远离毒品·珍爱生命"联合执法行动,全区在册272名社区服刑人员参检，其中合格266人，另6人检测结果呈阳性，提请公安机关行政处罚6人。全省社区服刑人员行为规范教育岳麓区试点观摩会顺利举行，通过规范训练，增强社区服刑人员服刑意识、身份意识，提高教育矫治质量和效果。

法律服务。一是完成基层法律服务工作者年检注册工作。全区14个法律服务所及88名基层法律工作者共代理诉讼事务298件，代理非诉讼事务310件，调解纠纷351件，避免经济损失446万元。二是完成对区属律师事务所及律师的考核。在律师队伍中开展职业道德、执业纪律教育，律师事务所和全体执业律师全年未受过任何行政处罚或行业惩戒。区属3家律师事务所共57名律师担任了61家企事业单位、社会团体的法律顾问，全年代理刑事案件20件，民事案件72件，非诉讼法律事务30件，代写法律文书102份，义务接待法律咨询196人次。三是完善律师参与代理涉法涉诉信访案件制度机制。建立涉法涉诉信访窗口，成立一支法律素养水平高、工作经验丰富、政治素质过硬的律师团队，专门服务涉法涉诉信访工作。全年共接待群众咨询519人次，引导仲裁、诉讼案件23起，其中11起案件经值班律师的释法析理和咨询引导已结案，结案率为47.8%，其他案件均由各办案政法单位和律师正在化解，推荐律师参与率100%。四是组织律师开展“万名律师乡村(社区)行”专项法律服务活动。引导、鼓励和支持广大律师深入村(社区)开展基层法律服务，有45名律师与132个村(社区)签订法律服务协议，并主动联系村(社区)进行走访服务。五是发挥公共法律服务中心综合平台作用。全年公共法律服务中心接待各级调研、参观学习24次，共计450余人次，其中包括司法部信息中心副主任林振文一行调研信息化建设工作，省政协副主席袁新华一行调研公共法律服务体系工作等，各级考察组均对岳麓区公共法律服务中心表示肯定。六是申报建设公共法律服务工作站、工作点。在学士司法所、天顶司法所等8个司法所所在街道(镇)建成公共法律服务工作站，在学士街道学安社区、天顶街道航天社区等9个社区(村)建立公共法律服务工作点。通过公共法律服务中心窗口、各街道(镇)公共法律服务工作站和工作点，向群众发放《岳麓区公共法律服务便民卡》1万余份。

队伍建设。一是积极开展“两学一做”教育活动。围绕4个专题组织讨论，注重把学习教育与各项业务和中心工作结合起来，坚持“思想化人”，控好“思想阀门”，做到学以致用，引导司法行政干部坚定理想信念、提振精神状态、强化责任担当，真正“把工作放在心上，把心放在工作上”。二是注重开展以党纪政纪和廉洁从政为主要内容的党纪法规教育。组织党员干部赴长沙市廉政警示教育基地参观，接受警示教育，全体干部职工筑牢思想防线，自觉抵制不良风气。三是加大干部培训力度。认真选派干部参加省、市、区举办的各类业务培训，组织举办270余人参加的岳麓区2016年度司法行政工作培训班，干部业务素质及能力得到进一步提升。四是完善工作考评制度。每季度对局机关各科室、各司法所开展一次工作检查，通过实地检查、班子评价、科室司法所互评、街镇领导评价等形式，全面了解司法行政工作开展情况及干部工作作风情况。通过考核督促，司法行政干部队伍的工作态度、作风、效率和质量有了明显改变和提升。

（单良）

交通警察

岳麓交警大队

大 队 长 李 泉
教 导 员 刘湘林
副大队长 黄红社
冯勇奇
张 佳
周建文

【概况】 岳麓交警大队内设十二个路面勤务中队，另有突击一中队、突击二中队、综管中队、机动中队、处罚中队、安宣中队、法制中队、122事故中队、分控中心、铁骑中队等共22个中队。有民警149人，其中借调3人。辅警62人，协警(临聘)62人。劝导员(临聘)62人。

交警管理。以机动勤务为依托，提升对辖区交通的管控能力。依托智能交通管理系统模式，以覆盖全区的道路交通智能系统和“铁骑”为支撑，将全区交通高峰岗减至22个，手势岗减至4个，民警执勤机动巡逻岗增加，视频智能巡逻形成机制，整个辖区路面管控能力得到极大提高。开展辖区交通优化组织，最大限度挖掘道路通行潜能，打通困扰市民出行的交通节点、瓶颈，如梅溪湖片区、潇湘大道、银双路等的交通优化,金星路岳麓大道路口、金星桐梓坡路口、潇湘桃子湖路口实行可变车道路口，辖区6条绿波带车速可达60千米/小时。

事故预防与处理。大队充分发挥区道安委平台作用，完善道安委成员单位联席会议制度,定期召开道路安全协商会议，逐步形成协同共治的良好局面。区道安委牵头建立重大道路安全隐患“一单四制”制度和完成涉农地区“一站两员”建设。全年,大队辖区共发生交通事故5426起,其中死亡44人,受伤2713人,直接财产损失5542.6万元，辖区未发生重特大交通事故。全年辖区内共发生交通逃逸事故20起(死亡逃逸5起,伤人逃逸7起,财产损失逃逸8起),20起交通肇事逃逸案件全部侦破，交通肇事逃逸案破案率100%。

交通秩序整治。相继开展春季攻势、“百日会战”、文明创建整治、“四大攻坚战”、“四治四规”、“清霾”行动等多个专项交通秩序整治行动。保持对交通违法行为常态化高压态势。全年共纠处各类机动车交通违法行为47.5万余起，扣留违法机动车5476辆、非机动车18891辆。

交通警保卫。全年为政治、经济、文化、体育及外事等活动担负道路警卫任务244批593次。其中一级警卫3批7次，二级警卫18批84次，三级警卫9批16次，其他综合性保卫活动214批486次，出动警车3859辆次,出动警力221190人次,警卫线路总长5503.5公里,未发生警卫责任事故。

安全宣传。全年开展集中宣传活动105场次，发放和张贴宣传挂图2100余张,发放宣传资料5万余份，发放读物1000余册。派出小教员完成授课180场次，13000多人受到教育;对专业运输单位有针对性地开展交通安全宣传教育96场次,其中客运公司长西分公司72场次、区教育系统校车驾驶人16场次、危爆物品运输单位8场次。发送交通安全提示短信8万余条。自主组织或配合支队进行媒体宣传报道38场次，完成新闻发稿140篇。

队伍建设。按照市局、支队党委“两学一做”专项工作要求,开展“两学一做”专项思想教育活动，加强队伍党风廉政建设和反腐倡廉工作,增强交警廉洁执法、规范执法意识，筑牢防腐拒变的思想道德防线。中共十九大以来，开展学习中共十九大知识活动，组织全警参加公安部和省、市网站的各类十九大知识答题活动。深入践行以人民为中心的发展理念，倾听群众意见，解决群众困难,增进与辖区群众的互信,凝聚警心民心。　　（李仕生）

经济管理

发展和改革

区发展和改革局
党组书记、局长
刘双知
党组成员、副局长
周华平
李　莉
党组成员、支部书记
虢习全
党组成员、总经济师
周　明
党组成员、区能源管理办公室主任
肖谷秋(1—11 月)
区能源管理办公室主任
谢　承(11—)

【概况】 区发展和改革局（加挂区物价局的牌子)内设办公室、规划发展科、投资管理科、价格管理科（加挂价格认证中心牌子),下设区招标投标监督管理办公室、区能源管理办公室 2 个二级机构。共有干部职工 21 人(行政编制 13 人,事业编制 3 人,军转干部 5 人)。

规划发展。一是完善规划编制。通过与专家团队对接,衔接统筹专项规划，在广泛征集意见的基础上不断修改完善，牵头编制《长沙市岳麓区国民经济和社会发展第十三个五年规划纲要》,并经区第四届人民代表大会第五次会议审议通过且正式下文发布，二是做好经济态势分析，加强监测预测工作，对区域经济运行中的问题,提出对策建议,为区委、区政府科学决策当好参谋助手。2016 年，全区经济运行稳中有进,实现地区生产总值 912.19 亿元,同比增长 9.8%;一般公共预算收入 76.99 亿元，同比增长 10.7%,增幅同比位居中心城区前列；固定资产投资 829.22 亿元，同比增长 16.0%，总量及增幅稳居中心城区首位；社会消费品零售总额 310.93 亿元，同比增长 13.3%,实现“十三五”良好开局。三是精抓项目谋划。2016 年,全区铺排项目 443 个，年度计划投资 690.7 亿元，其中涉市重大项目 69 个，年度计划投资 134.7 亿；区领导联系重点产业项目 100 个，年度计划投资 325.24 亿元。69 个涉市重大项目开工 59 个(不含 10 个预备项目),开工率 100%,超额完成年度计划投资任务。四是紧抓绩效考核。市对区考核指标中有五项（共计 19 分)由发改局牵头负责，重大项目建设与管理(8 分)、重大项目观摩(4 分)、服务业增加值增长率(4 分)、固定资产投资增长率(1 分)、现代服务业投资占固投比重(2 分)指标较好地完成了年度考核任务,其中重大项目观摩、固定资产投资总量及增幅居内五区第一，重大项目建设与管理内五区第三，现代服务业投资占固定资产投资比重 80.67%。

投资管理。一是抓好项目审批服务。完善和简化项目审批(核准、备案)程序,审批、核准时间由原来承诺 10 天办结缩短至 3 天办结。及时全面公开项目信息,接受社会监督，配合区政府办制定《岳麓区政府投资建设项目管理实施细则（试行)》。把住八大关口,全面规范政府投资建设项目,全年办理项目立项 190 个，备案 31 个,比上年增长 25%。二是强化公共资源交易监管。全年办理工程项目招标备案 117 个，中标价总计 21.19 亿元，招标率 100%；按照市优化办工作要求，开展 2014—2015 年违规招投标问题集中整治工作；对法定公开招标项目进行交易和监管，同时抓好法定限额以下项目招投标工作的实施和监管。三是推进各项改革。推进创业创新、财税体制、国企国资等 8 个方面的改革工作；牵头落实党政机关公车制度改革,起草制定《岳麓区公务用车制度改革工作方案》和《岳麓区党政机关公务用车制度改革实施方案》等方案,区公务用车改革工作按上级要求统一部署，稳妥有序推进，获得市公车改革领导小组高度肯定。四是专项资金申报。组织岳麓科技产业园成功申报为湖南省服务业示范集聚区；支持岳麓科技产业园、区城建投发行企业债券,组织企业申报省、市现代服务业发展专项资金。在专项建设基金、PPP 项目前期工作经费中央预算内资金、价调基金、节能减排、保障性安居工程配套基础设施、棚户区改造、135 工程等领域为岳麓区争取中央、省、市专项资金超 5000 万元。

价格管理。一是加强收费管理工作。会同市局开展涉企收费、商品房销售明码标价检查。严格按“六审”要求,联合区教育局、民政局开展全区公办、普惠性幼儿园和民办教育收费检查，全年共办理教育收费价格审批61个,简化办事流程，缩短收费项目审批备案办结时间,提高了工作效率。二是做好行业协会商会脱钩工作。成立联合工作组,按照“五规范五分离”要求,选择条件比较成熟的区建筑业协会、区网吧协会、区娱乐业协会和区休闲农业协会开展第一批脱钩试点，由于工作铺排快、启动早、推进扎实有效,连续两次被市局专题发刊通报肯定。三是开展各类价格鉴证业务。按照《湖南省涉案财物价格鉴定条例》规定,本着客观、公正、真实、合理的原则,开展刑事、民事等各类价格鉴证业务。全年共办理各类价格鉴证业务287件,案件办结率为100%,确保鉴证结论的公平公正、科学合理,维护了公民、法人或其他组织的合法权益,提升了行政执法的权威性。四是加强市场价格监测。全年对30种居民生活必需品、20种主要涉农产品价格进行监测周报和176种重要商品价格监测月报，建立健全价格监测台账。五是办理价格咨询和举报案件。为解决群众反映的价格热点、难点问题,保证价格举报电话24小时畅通。全年共受理价格举报和价格咨询634件,其中全国“12358”价格举报投诉平台187件，市民服务热线“12345”转来143件,接受群众来电来访咨询304件，主要涉及大型商场、超市、物业、教育、医疗、驾校及停车收费等热点、难点问题,均及时处理和答复,做到事事有回音,件件有着落,群众满意率100%。

能源监管。一是对重点用能单位节能监督管理。组织全区11家重点用能单位开展能耗情况复查审核，对重点用能单位中南大学进行审计。全面掌握耗能现状、节能管理、节能指标、节能计划、节能效果和节能项目推进等情况。2015年,辖区内10家重点用能单位超额完成“十二五”节能目标任务。二是开展2016年节能宣传周和低碳日活动。联合各街道办事处、镇人民政府和区直机关有关单位在节能宣传周和低碳日开展系列活动，广泛动员社会各界参与,形成崇尚节约节能、绿色消费和绿色环保的社会风尚。三是油气输送管道安全生产监管。制定区油气输送管道领域“打非治违飓风行动”工作方案并实施;全面落实企业主体责任、街(镇)属地管理责任;全年发现和整改隐患9起,确保全年无事故发生,在2016年全市输油管道保护安全考核中荣获中心城区第一名。

队伍建设。深化作风建设,持续端正政风行风,落实上级纠“四风”和反腐败的工作部署，开展“纠‘四风’、治陋习”和“雁过拔毛”专项整治活动;组织观看由中央纪委宣传部、中央电视台联合制作的《永远在路上》和《黑瞳》等反腐警示片;结合重要时间节点,开展重点检查。预防违法违纪、慢作为、不作为和乱作为发生。严格干部队伍管理，牢固树立“好干部”选人用人导向,严格执行《干部选拔任用工作条例》和区委文件规定，按照组织原则和干部选拔标准，推荐了一名优秀干部提拔为副科职。落实各项报告制度,加强对干部职工出国(境)管理,执行出国按程序报告审批和护照(证件)统一管理。坚持每月定期或不定期开展工作纪律督查,健全责任清单管理,制定并印发《发改局党组党风廉政建设责任清单》《第一责任人责任清单》《班子成员责任清单》《纪检监督责任清单》;印发《发改局班子成员分工》文件,明确第一责任人“三个不直接分管”工作。层层签订《党风廉政建设责任状》，一级抓一级、层层抓落实。扎实推进“两学一做”学习教育，重点学习新的党纪条规，创建局机关党建学习交流微信群,开展参观学习、微信党课、集中或分组讨论等形式多样的教育活动，教育党员干部遵守廉洁自律各项规定,带头讲党性、重品行、作表率。 (林千又)

统　计

区统计局

党组书记、副局长　刘宏宇

局　　长　邓爱武(女)

纪检组长　黎志明(1—10月)

副 局 长　吴晓东(女,1—10月)

李　耀(女)

石　锋(11—)

区统计普查中心主任　曾　敬(女)

【概况】 区统计局内设办公室(加挂法规科)、综合业务科,下设经济调查队和统计普查中心(副科级)2个二级机构。核定编制20个,有在职干部16人。

日常统计调查。按照国家、省、市统计制度，组织实施涉及一、二、三产业的常规调查,工业、建筑业、商贸业、房地产业、服务业等月、季、年报表。开展国家、省、市布置的城乡住户调查、人口变动、企业景气、旅游产业调查、1%人口抽样、劳动力调查等专项调查。完成全面建成小康、重点民生实事、妇女儿童“两纲”等统计监测项目。动态维护名录库，核实修改“四上”企业名称、行业代码等基本信息5831条，做好准“四上”企业监测跟进和新增入库，全年申报审批区属“四上”新增企业60家。

第三次全国农业普查。第三次全国农业普查是一项重要的国情国力调查。区、街（镇）、村（涉农社区）三级均成立农普领导小组（农普工作组）和办公室。全区共选聘落实到位普查“两员”（指导员和普查员）652人。制定全面普查培训方案，组织区街（镇）普查工作人员及650余名普查“两员”召开10余场培训会议，培训对象超千余人次。制定农普宣传方案，建立区、街道（镇）社区（村）三级联动宣传网络，区级以岳麓区政府门户网、统计信息网为平台，街（镇）、社区（村）两级以宣传栏、横幅、标语、“村村响”为平台，开展普查宣传工作。将全区划分518个普查小区，绘制出示意图，建立摸底工作底册，对所属普查小区的单位和住户进行逐户清查摸底和编号，确定农户、规模农业经营户、农业经营生产单位等普查登记对象。11月，在含浦街道开展区级农普试点工作，模拟普查的全过程，组织区街（镇）农普业务骨干及试点村普查“两员”对大坡村第一普查小区的200余户农户进行普查登记。通过试点，为正式普查登记积累经验、锻炼队伍、奠定基础，探索出人员搭配、访问技巧、问题答疑经验。

统计服务。围绕区委、区政府领导关注的经济热点和信息要点，把握数据信息报送方向。编印《统计公报》《统计提要》《经济运行月度快报》《月度简析》等常规统计产品，反映区域经济运行状况。围绕区委《2016年产业发展年的实施意见》文件，重点监测“六大产业、六大组团”综合经济指标数据，助力区域经济和产业发展。编印《专题预警》《统计分析》等统计产品，为区委、区政府预判经济形势及科学决策提供参考依据。编印的《上半年岳麓区经济运行稳中向好》《2016年岳麓区“四上”企业现状分析》等分析材料获区委、区政府主要领导批示，相关建议获重视及采纳。围绕全面小康建设、绩效考核、为民办实事、节能降耗、“十强十快”街道（镇）考评等考核工作，加强统计监测。严把区对街道（镇）绩效考核中统计数据的认定、评估、审核关，助力区委、区政府引导、推动街（镇）竞相发展。收集小康指标信息，及时监测分析，查找短板，加强调度，做好与省、市小康办及统计局的对接汇报。定期深入街（镇）统计站指导业务，对重点企业、调查对象上门走访，应用信息化手段，加强与调查对象的沟通，呼吁解决生产发展中遇到的困难和问题。利用统计信息网、岳麓区政府门户网，发布和解读统计数据，宣传发展，引导舆论，让公众更快读懂统计，运用统计。

统计基层基础建设。坚持推行“两坛两会”（“两坛”即每月统计业务培训讲坛、每季统计分析点评论坛”；“两会”即每周局长办公会议和不定期的专题业务研讨会），提升统计队伍业务素能。该机制获市统计局肯定并到岳麓区开展组织专项调研，被《中国信息报》宣传报道。2016年，月度培训围绕综合业务、产业发展、专项调查、统计分析、宏观经济形势分析、统计法规、农业普查等主题，培训1500余人次，统计人员的业务素质不断提升。坚持“梯队培育”。在确保基层“有人干事”之外，围绕“干得了事”“干得好事”“想干好事”，实行层级人才培育计划。针对基层统计队伍的人员流动情况，及时组织新任统计员开展基础理论培训，确保统计新手“干得了事”。推荐有一定业务基础的统计人员参加省、市、区组织的各类业务培训，培养知区情、晓大势、讲诚信、高素质的统计行家里手，力促统计人员“干得好事”。通过激励管人用人制度、交心谈心、组织“人生观、价值观、事业观”讲座，引领统计人“想干好事”，激发“敬业、乐业、精业”的干事创业激情，助推统计人才队伍不断成长，多名干部获提拔、重用，街（镇）多名统计人员被交换到重要岗位。采取痕迹化管理，评选出优秀统计站点，重点指导积极打造街（镇）统计品牌。组织全区统计站到评选出的优秀站点开展集中观摩，让各统计站现场学习，取长补短，实现标准化建设“建有标杆，追有目标”，在各街（镇）间形成比学赶超、竞相发展态势。橘子洲、学士、莲花、含浦、天顶等街镇统计站分获全市一、二类统计站称号。橘子洲统计站在全市先进统计站流动观摩活动中荣获一等奖，其先进典型做法被全市推介。

统计数据质量。抓业务培训，防“错报”。坚持月训机制，开展统计法制、联网直报、数据处理、统计分析等专题培训，提升基层统计人员查错、纠错的业务水平。年末，区局“一竿子插到底”直训到全区所有“四上”企业，街（镇）对辖区企业实行再训；年中，对所有“四上”企业变更的统计新手进行轮训；季末，分专业组织重点“四上”企业开展座谈交流，以会代训，做到常新常训，有效防范“四上”企业统计人员因业务不熟造成的“错报”。抓宣传检查,防“瞒报、虚报”。加大宣传力度,将常规统计阵地宣传与“9·20”统计开放日、“12·4”统计法制日宣传相结合,开展广泛深入、形式多样的宣传活动,营造社会各界依法统计、如实报数的良好氛围。(黄松杰)

审　计

区审计局

党组书记、局长

张武强(10—)

陈志红(女,1—10月)

副 局 长 吴　文

刘玉林(女,1—10月)

李　盼(11—)

纪检组长 喻亿平

总审计师 李　盼(1—10月)

王　霞(女,11—)

政府投资审计中心主任

邓仁平(女,1—10月)

刘小曲(女,11—)

【概况】 区审计局内设办公室、查证一科(经济责任审计室)、查证二科、查证三科和审理科,下设内部审计指导站、政府投资审计中心2个二级机构。有工作人员16人,含改非领导3人、工勤人员1人。

2016年完成审计项目72个,查出违规金额10857万元、管理不规范金额15.19亿元,促进上缴财政和减少财政拨款3755万元,核减工程造价3098.44万元,提出审计建议44条,促进被审计单位建立健全规章制度9项,移送案件线索9起,处理处分6人。全面完成年度项目计划任务。获评湖南省文明单位,岳麓区绩效考核先进单位“六五”普法依法治理先进集体、岳麓区反腐倡廉建设先进单位等荣誉称号。在长沙市审计机关2016年度工作目标考核中评为一等奖。

预算执行审计。对2015年区本级财政预算执行和其他财政收支情况进行审计。完善政府全口径预决算审计监督,重点关注政府性债务情况、财政存量资金、民生资金使用绩效等,对区本级财政预算执行情况进行审计,并延伸至观沙岭街道办事处和区教育局,对区民政局、学士街道办事处和含浦街道办事处3家单位财政财务收支情况进行了审计,揭示了个别单位固定资产账实不符,非税收入未及时解缴国库,财政专项资金挤占、挪用、滞留,费用违规使用并超支,奖金补贴违规发放,拆迁补偿资金管理混乱等问题,提出各单位需进一步规范财务管理行为。6月,受区政府委托,向区人大常委会汇报区本级财政预算执行和其他财政收支的审计情况。区人大常委会对“同级审”中揭示的问题和提出的建议高度重视,责成相关职能部门整改到位,并于10月专题听取整改情况汇报。

领导干部经济责任审计。全年对全区6家单位、8名领导干部实施经济责任审计。审计过程中,关注领导干部政策执行、经济决策、财经管理和廉政建设等内容,同时延伸至被审计单位的内部控制和运营管理,积极探索领导干部自然资源资产离任审计。

民生专项资金审计。对教育、民政、科技、征地拆迁等民生资金进行审计。开展财政“同级审”时,关注创业富民及产业引导、环保建设和“两型”社会建设等民生资金投入和使用情况。在街道、镇主要领导干部的经济责任审计中,重点关注民生保障投入情况所涉及的社会保障、劳动就业和住房保障等内容。

政府投资项目审计。全年完成工程投资审计项目60个,复审区财评项目36个、中介机构评审项目16个,初审项目5个,审计金额17.69亿元,累计核减工程造价3098.44万元。

交办审计及交办工作。配合市审计局,开展岳麓区产业发展类资金使用情况专项审计调查、人防办下洞费专项审计调查、浏阳市公安局主要领导任期经济责任审计、望城区建设用地节约集约利用专项审计、宁乡县2016年保障性安居工程跟踪审计。根据区主要领导的批示,对全区25个项目征收拆迁专项指挥部开展财务检查,配合区纪委、财政局开展党风廉政建设情况检查,对全区42家区属单位、街道(镇)、部分社区、村开展2016年元旦,春节期间纠正“四风”和“一查四规范”财务专项检查,对区内多个单位、街道(镇)2016年4—10月厉行节约情况进行检查,参与市委巡查组对岳麓街道的巡查。(陈新喆)

工商行政管理

市工商行政管理局岳麓分局

党委书记、局长

李　季

副书记、副局长

谭建军

党委委员、副局长

黄　文

李　伟

文国良

谭德明

纪委书记 伍　进(女,4—)

【概况】 市工商行政管理局岳麓

分局内设办公室、人事教育科、监察室、财务科(计划财务科)、信息中心(信息技术科)、老干办(离退休人员管理服务科)，政策法规科、注册登记科(商事登记局)、个体和企业监管科（企业和个体私营经济监督管理科)、网络监管科、市场监管科（市场规范管理科)、食品安全科、公平交易科(反不正当竞争科)、经济检查大队(经济检查局)、商标广告科、12315投诉举报中心、消费者权益保护科。2016年12月8日新更名的科室名称（内设科室名称系根据长工商人字〔2016〕41号文件)，下辖望城坡工商所、望月工商所(西湖工商所)、银盆岭工商所、麓山工商所、左家垅工商所(梅溪湖工商所)、坪塘工商所、莲花工商所、学士工商所（2016年4月设立)。2016年年底，有工作人员128人,其中公务员和参照公务员编制109人,后勤编工人5人,事业编14人。

办证工作。一是开展企业“五证合一”、个体户“两证合一”工作,在提升效能上出举措,增设初审服务窗口。对经营范围,特别是后置许可经营项目进行初审,劝导经营者不要随意填写不经营的许可经营项目，以减少无谓的后置审批工作量。履行“双告知”义务。告知行政相对人只有获得相关行政许可方可经营；告知相关监管部门、工商部门所掌握的登记信息，做到工商部门和审批部门、行业主管部门之间信息共享,全年共发放告知书10630份。截至12月25日，新设立商事主体21133户，较2015年同期的13853户，增长7280户，增长率52.55%。其中,企业新设8093户,较2015年同期的5395户，增长2698户,增长率50%;个体工商户新设13040户,较2015年同期的8458户,增长4582户,增长率54.17%。二是后置审批办证。区委、区政府牵头成立岳麓区商事登记制度改革工作联席会议,9月20日,召集由岳麓区14个主要职能部门参加的第一次联席会议，区委常委、常务副区长蔡锋参加，决定商改工作每两周调度一次，督促工作进度，区政府督查室每月对后置许可办证情况排名1次、通报1次,并纳入年度绩效考核。10月10日，召集区14个主要职能部门的主管领导和窗口操作人员召开商事服务平台操作培训会。10—12月，局领导到各相关审批部门督查后置许可办证率进度。至12月23日,全区后置许可办证率76.70%，列内五区第二，符合市对区绩效考核中后置许可办证率75%以上的要求。

企业和个体年报工作。印制年报宣传画册1万份，张贴到区各社区、楼宇、商铺门面。5—6月，在商场、交通枢纽、旅游景区等14个大型LED屏上滚动播出年报宣传画。区多个街道、乡镇组织社区（村）召开年报工作会，社区(村)协助工商所上门发放年报通知。至6月30日,2015年度企业需年报14809家,实际年报13713家,年报率92.60%;个体工商户需年报29911户,实际年报28008户,年报率93.64%;农专需年报142户,实际年报140户,年报率98.59%，完成6月底年报率85%以上的任务，居长沙市内城五区企业年报率第二。7月,未报送年报的企业和个体工商户全部列入经营异常名录，其中企业1204家,个体工商户2603户。对于长期停业未经营的1124家“僵尸企业”,按照《工商总局、税务总局关于清理长期停业未经营企业工作有关问题的通知》进行吊销。全区商事主体数据清晰，是政府科学决策的一项依据。

企业年报公示信息抽查。从2015年度已年报的13833家企业中,按照3%的比例随机抽查415家。争取区政府支持,在年度预算中设立20万元年报抽查服务外包专项资金。结合“12315”、“12345”投诉举报情况分析,重点针对医药、汽车4S店等老百姓关心的行业,选取108家重点企业，通过服务外包方式，委托会计师事务所、审计事务所、律师事务所进行专业审计核查。开展市局下发的内资企业年报抽查415家，已公示412家,待记录结果3家。已公示的412家中正常的326家,与原登记住所(经营场所)无法联系的30家，不予配合的11家，存在其他问题10家,公示信息隐瞒真实情况、弄虚作假的41家。

清理投融资企业。一是对市局下达的1774家投融资公司分两批进行清理。出台两份有关清理投融资会议纪要和《进一步加强防范和处置非法集资工作方案》。其间,推送4次共5322条清理投融资信息，发送4次共1000份地址核查函。列入经营异常名录714家,核查原地经营122家，异地经营需变更的83家,已吊销104家,注销351家,省局企业57家,市局企业174家,正在核查等其他情况168家。二是对171家投融资类企业的微信公众号和110家投融资类企业的网站进行查询摸底。三是将电子地理监管系统中的2900家投融资类企业全面录入。四是制作理性投资宣传画册5000份,由区金融办责成街道、社区张贴到各社区居民楼道内,并将“投资有风险、投资需谨慎”标语张贴到投资公司门口和大堂内,告诫市民理性投资。防范和化解民间借贷演变为非法集资的风险,加强社会公众“参与自负、风险自担”的风险意识,提高防范和识别非法集资活动的能力,达到对辖区内投资企业“摸清底子、分类处置、依法打击、维护稳定”的清理整治目标。

打击传销。按照“打、防、管、控”四位一体的打击传销工作思路,开展打击传销集中整治行动和打击传销宣传教育活动。分局印制打击传销宣传画册1万份,张贴到各社区、楼宇楼道,农民安置小区内。6月、12月,在全区商场、交通枢纽、旅游景区等14个大型LED屏上滚动播出打击传销宣传画。3月,分局恢复中南大学打击传销联合指挥部(位于中南大学保卫处办公楼)常态化工作机制,在2名工作人员的基础上增加3名工作人员,中南大学校园周边及黄鹤小区的传销活动明显减少。10月,抽调专人参加学士街道组织的打击传销行动,深入摸排、逐户清理,张贴《加强出租屋管理和打击传销活动的通告》,上门发放反传销宣传册、签订《出租房屋治安责任保证书》。11月1日晚,学士街道牵头组织工商、公安等相关部门开展代号为“手术刀”的行动,清理传销窝点11个,抓获传销人员156人,刑拘5人。对参与传销人员进行宣传教育,由公安机关逐一甄别、登记后,购买车票全部遣返原籍。全年清理传销窝点101余个,教育遣返传销人员966人,向传销人员居住地打传办邮寄《关于对参入传销人员加强监管的函》248份,对52名传销重点人员予以行政处罚,录入湖南信息化综合管理系统并在红盾网上公示传销案件52件,录入国家工商总局打击传销规范直销信息系统违法人员信息库951条次,刑拘8人,办结传销案件52起,罚没总额35.91万元,移交公安机关传销案件线索1起,处理传销案件投诉举报42起。

网络交易市场监管。按照“线上线下一体化监管”思路,开展2016年网络市场监管专项行动,清理网络经济户口5215户,新增网络交易监管户口14490户。网络巡查4985户,实地核查165户次。建立岳麓区电商企业名单。组织岳麓区第一期网络商品交易企业负责人法律法规知识培训班,对《网络交易管理办法》《中华人民共和国消费者权益保护法》《中华人民共和国反不正当竞争法》《中华人民共和国广告法》《互联网广告管理暂行办法》等法律法规进行系统讲解,计划参加培训企业100家,实际参加培训人员109人。对2900家投资类公司和非融资担保公司的官网和微信公众平台进行了摸底排查,对排查出的101个公司官网、170个认证注册的微信公众号进行了全面检查。对5家重点企业的官网和微信公众号每周进行排查,及时上报,办结1起融资类某网络科技有限公司虚假宣传案,罚没10万元,并将其涉嫌融资问题移送岳麓区金融证券办处理。

执法办案。提出执法办案“三个转换、四个集中”(从大办案向办大案转换、从分散办案向集中办案转换、从强攻办案向智慧办案转换,实行集中案源、集中研判、集中交办、集中审核)工作思路,打击各类违法经营行为,营造公平竞争的市场环境。全局罚没入库224. 97万元,同比2016年261.44万元,下降36.47万元。立案151起,同比上年304起,下降了153起。结案156起,同比上年214起,减少58起。从结案案件类型来看,传销案件68起,占结案数的43.59%;无证经营烟草案件33起,,占结案数的21.15%;无照经营案件15起,占结案数的9.61%;商标侵权案件11起,占结案数的7.05%;反不正当竞争案件9起,占结案数的5.77%;违法广告案件9起,占结案数的5.77%;产品质量案件4起;“霸王条款”案件3起;公司登记案件2起;侵害消费者权益案件1起;使用未取得生产许可证的列入工业产品目录的产品案件1起。从罚没额看,1万元以下124起,占结案总数的79.49%;1万至5万元22起,占结案总数的14.1%;5万至10万元2起,占结案总数的1.28%;10万元以上6起,占结案总数的3.85%。在结案数为上年73%的情况下,罚没额为上年86%,案件质量提升。

保护消费者和市民合法权益。共分流转办“12315”投诉举报2035件,其中投诉1650件,举报385件;已处理投诉举报1922件,其中投诉1560件,举报362件。受理投诉举报总数比2015年同期增长19.7%,其中投诉增加413件,举报减少73件。办理“诉转案”(根据投诉线索查办案件)46件,为消费者挽回经济损失515万余元。受理“12345”市民投诉475件,目前已办结450件,按时接收率、办结率均为100%。

打造“诚信岳麓”,创建省级诚信示范企业。10月26日,组织全区27家汽车4S店召开汽车市场规范经营暨诚信岳麓建设座谈会,号召企业自律、守法经营,自觉保护好消费者权益。规范并清理原有62个消费维权站。对其中符合要求的51个消费维权服务站进行统一规范建设，于12月重新授牌。

文明城市创建。把文明指数测评和本职工作相结合，对重点地段、重点窗口、重点行业实行重点监管。按照《文明创建督查要点责任细化标准》要求，扎实开展文明创建工作。一是针对文明创建工作中突出的营业执照过期或未及时更换新版营业执照，通知经营户按期换照，建立健全市场证照台账，实现动态管理。二是开展市局和区政府部署的各类专项整治行动，着力加强校园周边环境的整治力度，严格落实责任制，实行分管副局长负责、所长和监管责任人驻点，全面整治“五小”门店和校园周边环境。检查中小学校校园周边200米内“五小”门店341户，规范办照168户。三是加强对全区22个农贸市场的日常检查。落实市场检查制度，登记市场检查日志，每月开展1~2次的市场集中整治。每个季度局牵头组织区消防大队、安监局、住建局、商务局等部门对辖区内的所有集贸市场进行安全隐患排查，相关部门下达整改通知书，限期整改。四是加强工商窗口建设，广大干部职工自觉践行社会主义核心价值观。

城市改造和拆迁。全年共关停门店353个，其中锌厂10个、白沙街51个、坪塘南北130个、观音港20个、洋湖79个、后山63个。

队伍建设。一是开展党风廉政教育。组织全局党员干部参观长沙监狱警示教育基地，每周五组织党支部日常学习，开展“两学一做”学习教育实践活动。二是建立党风廉政例行谈话和约谈制度，例行谈话常态化。开展党风廉政例行谈话130余人次。三是签订党风廉政建设责任书，置于责任人办公桌上。全年全局干部职工上交监察室礼金现金4.76万元，购物卡12张，面值合计6500元，“和天下”香烟两条，“君山绿银针”贡品茶叶2盒。各工商所拒礼拒贿（指未接受或因当场无法拒绝而随后退回）70余人次，拒现金、红包、购物卡、香烟等礼品，现金和礼品折算价值共6万余元，拒请吃80余人次。四是提高履职能力。投入4万元购买工商法律法规及执法办案书籍14套，供干部职工学习，派中层干部参加国家总局、省局、市局组织的各类培训26批次。聘请市局法规处领导进行授课。组织政治业务知识培训7场，执法办案专项培训5场。全年接受培训490人次。

（张晟荣）

安全生产监督管理

区安全生产监督管理局

党组书记、局长

徐　勋

党组副书记、副局长

杨育才

党组成员、副局长

徐　纹

纪检组长　邹永忠(1—10月)

党组成员　邓德辉

臧金冠

党组成员、总工程师

熊伏辉(1—10月)

李建钢(11—)

【概况】 区安全生产监督管理局内设办公室、综合监管科、矿山危化烟花监管科、工贸职业健康监管科，下设二级机构区安全执法大队。2016年有工作人员20人。直接监管企业共244家，其中非煤矿山8家，危险化学品生产经营储存企业74家，烟花爆竹销售门店162家，无烟花爆竹生产企业。

2016年，共发生安全生产事故12起，较上年下降33.3%，同比下降33.3%；死亡10人（其中工矿商贸生产安全事故死亡4人，生产经营性道路交通事故死亡6人），同比上升66.7%。没有发生较大及以上事故。亿元GDP生产安全事故死亡率为0.0125人/亿元，工矿商贸企业从业人员10万人生产事故死亡率为0.5人/10万人。

加强组织领导，健全工作机制。一是健全责任体系。出台《关于加强安全生产监管能力建设的实施意见》《长沙市岳麓区安全生产监督管理职责暂行规定》。初步形成“横向到边、纵向到底”“管行业必须管安全、管业务必须管安全、管生产经营必须管安全”的安全生产责任体系。二是完善考评机制。坚持把日常考核和年终考核紧密结合，以日常考核为主，加强日常工作调度，健全日常考核台账，采取警示通报、督导约谈、挂牌督办等形式，强化目标管理考评。三是开展带队检查。全年区四大家领导在春节、全国“两会”、国庆等重要时段、重大活动期间，开展带队检查3次，检查生产经营单位153家。

坚持严格执法，开展铁腕整治。一是开展“打非治违”行动。全区共组织集中执法行动3514次，出动执法人员17668人次，检查生产经营单位16064家，排查发现隐患4034处，其中已整改3730处，排查重大隐患162处，其中已整改122处，责令停业整顿企业26家，取缔非法生产经营建设单位33家，提请关闭企业10家，抓捕涉嫌犯罪人员3人，经济处罚576.17万元。二是开展“监管执法年"活动。制定"一月一警示、两月一行动"工作制度及计划。每月通过岳麓区政府门户信息公开平台、"长沙岳麓安监"微信公众平台、岳麓区政务中心显示屏开展"警示教育"活动。全年开展警示教育10次，联合执法行动5次，查处安全生产事故4起。三是开展"三大"行动。从7月开始，在全区集中开展安全生产大排查、大管控、大整治集中行动暨重点行业(领域)专项整治。区政府共组织督查组1194个，参加检查人员4694人次，监督检查企事业单位场所3252家，责令限期整改停止违法行为690起，责令停产停业建设(项目)24家(个)，暂扣或者吊销营业资格证23个，关闭企业7家，共罚款158.57万元，排查重大隐患34处，已整改27处，抓捕犯罪嫌疑人2人。四是开展片区整治。组织开展大王山片区百日整治大行动和火炬城片区整治。通过多部门联合执法、协同作战、打治结合的片区整治，解决区城郊接合部和老旧商贸城安全隐患多、安全生产形势复杂、整治任务艰巨的问题，整治成效初显。

多措并举，夯实基础。一是开展文化助推安全活动。以"平安幸福进万家""筑牢安全防线·建设和谐家园"为主题，组织安全生产文艺节目巡回演出活动，巡回演出50余场，覆盖各个街道(镇)。推动安全生产工作由"少数人管多数人"向"多数人带动影响少数人"的转变。二是拓展安全监管培训服务模式。以政府购买服务的形式，采取上门集中培训和提供长期咨询服务相结合，开展集中培训、灭火演习、疏散演练、发放居民安全小手册、安全知识竞猜等活动，督促企业落实主体责任，增强居民安全防范意识。全年组织生产经营单位负责人和安全管理人员培训班7期，共培训1160人;各街(镇)和社区(村)安监员培训班3期，共培训158人;社区(村)支书记安全生产培训班1期，共培训170人。三是开展"安全生产月"活动。全区在各类媒体上宣传报道安全生产月活动800篇(次)，举办各类安全宣传咨询活动30余场(次)，发放宣传资料20000多份，制作宣传展板、广告牌、电子显示屏200多块，发放警示光盘20张，开展警示教育活动25场，收集安全征文41篇、隐患图片50多张，安全生产微信、短信50多条，创作安全生产文艺节目12个，营造安全文化氛围。四是建立安全网络管理，将全区535名副科实职以上的领导干部纳入535个网格，制定各网络长服务安全生产工作的职责、主要内容、安全隐患问题登记以及安全隐患排查交办流程。(陈灿鹏)

食品药品监督管理

区食品药品监督管理局

局党组书记、局长

晏应龙(10—)

局党组副书记、副局长

沈建明

副 局 长 谭 葵(女)

戴世文

纪检组长

杨辉宇

区食品安全委员会专职副主任

颜铁坚

党组成员

袁 蕾

食品药品稽查大队大队长

彭志军

【概况】 区食品药品监督管理局(加挂区食品安全委员会办公室牌子)，全局内设办公室(加挂电子政务科牌子)、综合科(加挂监察室、应急管理科牌子)、政策法规科(加挂行政审批科牌子)、监管一科、监管二科、监管三科(加挂不良反应监管科牌子)，下设二级机构区食品药品稽查大队，外设的17个街道(镇)食品药品监管所为区食品药品监督所派出机构。全局核定编制77人，其中局机关行政编制15人，机关后勤事业编制1人;稽查大队全额拨款事业编制10人;食品药品监管所行政编制18人，事业编制33人。全局在编干部职工62人，临聘3人。2016年，区食药监局坚持以确保食品药品安全为核心，以提升人民群众对食品药品监管的满意度为目标，以创建国家食品安全示范城市为主线，按照"强化责任、强化监管、强化落实"的工作思路，扎实推进各项工作，全年未发生食品药品安全事故，确保人民群众饮食用药安全。

监管体系进一步完善。一是落实食品安全"党政同责"。年初，区委专题会议、区长办公会议、全区政务工作推进会议对食品安全工作进行研究部署，区政府办印发《长沙市岳麓区2016年食品安全重点工作安排》，强调要落实食品安全党政同责，推动党政同责、同管、同抓。年内，区政府多次组织检查、督查，并召开专题调度会进行讲评，调研食品安全和创建工作，研究解决困难问题。二是建立区、镇(街道)、村(社区)食品安全监管体系。通过随职能调整划转、从街道(镇)和区直部门划转、公开招考等方式，落实在编人员。健全街(镇)食品安全委员会，在全区社区、村明确食品药品安全协管员173人。17个食品药品监管所已全部组建，每位执法人员均配备现场执法记录仪，全局配备食品快速检测箱20套、药品快速检测箱18套，监管所配备率100%。启动基层食药监所规范化达标建设，已有8个监管所达标。区农林畜牧局下设4个农产品质量监管站，人员编制全部到位。区、镇(街道)、村(社区)三级食品安全监管工作体系基本形成。三是落实安全监管责任。年初，全区食安委成员单位和各街道(镇)签订《2016年度食品安全管理工作目标责任书》，责任到位，落实到人；通过努力，建立区、镇(街道)、村(社区)三级食品安全监管网工作体系，确定专人负责。将食品药品安全纳入全区对各街道(镇)和相关部门的年度考核体系中。由区食安委办牵头组织，对成员单位和各街道(镇)实行严格考核。

*社会共治进一步形成。*一是抓创建宣传。以集中宣传形式在城区和商业广场举办食品药品安全知识、食品药品投诉举报、“3·31”食品安全宣传周、药品安全生产月专题宣传活动。全年组织大型培训会4场，上门到各监管单位培训32场，接受培训从业人员约5000人次。各生产、销售环节开展各级各类食品安全培训12期，培训1980人；举办食用农产品安全培训讲座4次，培训1287人；印刷食用农产品安全宣传资料5.2万份，印刷打击违法添加瘦肉精宣传单70000余份；发放食品安全宣传资料21万份，接受咨询3280人次。运用多媒体平台、新闻媒体等形式开展宣传活动。通过对接辖区内相关载体单位(如长益高速、长韶娄高速、长张高速)宣传创建食品安全相关知识，提高公众知晓率、支持率和满意度。二是发挥社会力量参与监管。邀请媒体、行业协会、政风行风监督员和群众代表积极参与食品药品安全社会监督，采取有奖举报等形式，拓宽食品药品监管渠道，全年全区共受理食品药品投诉举报744起。设立信息公开专栏，全年主动公开文件数163条，受理申请公开政府信息2起。

*创新饮食用药安全监管方式。*一是加强食品安全专项整治。组织以食品安全“利剑整治”十大行动为主要内容的食品安全专项整治，紧密结合区情实际，周密制定实施方案，逐级组织动员部署，逐项细化标准要求，严格按照时间节点要求落实专项整治任务。全年全区各相关职能部门和街道(镇)共组织专项行动332次，监督检查各类食品生产经营单位8200余家次，指导整改1860家次，取缔关停135家，全区食品和食用农产品安全严管重处态势进一步形成。二是加强违法犯罪案件查办及典型案件查办。区食药监局和区公安分局印发并认真执行《关于建立一体化协作机制强化食品药品安全监管，打击食品药品安全违法犯罪实施意见》，定期会商，截至12月8日，全区食品药品安全一般程序行政案件立案查处203起。办理典型案件21起，刑拘24人(含取保13人)。三是加强日常监督抽检和评价性抽检。根据市食品安全检验检测工作实施方案，区食品安全检验检测年度定量检验约束性任务为1600批次，定性检测建议性任务为4000批次。全年全区已完成定量抽检1522批次，合格率97%，已完成定性检测4085批次，合格率100%。不合格批次均已按后处理要求进行处置。接受国家、省、市监督抽检、评价性抽检、风险监测等不合格报告21份，均按要求进行核查处置和情况上报。四是加强场地准出及市场准入管理。各街道(镇)建立和完善了食用农产品基地主体档案和监管、巡查日志，要求生产基地建立完善生产台账，对1198个各类食品和食用农产品摊位发放《食用农产品市场销售质量安全监督管理办法》，召开市场负责人和食品安全管理员培训会议，对落实人员管理、责任签订、市场准入、进货查验、销售登记等制度提出要求，加大日常检查力度。区商务局已完成2个农贸市场肉菜追溯及监控系统建设。五是推进“明厨亮灶”工程。把推进“明厨亮灶”工程作为年度创建工作的重中之重，11月24日，区政府副区长潘旺明亲自组织召开全区推进“明厨亮灶”工程现场观摩会，并对区推进“明厨亮灶”工程的任务指标、工作措施、完成时限进行了部署和强调，“明厨亮灶”平台业务公司介绍了设备安装及平台运行情况，各街道(镇)和部分餐饮企业递交了推进“明厨亮灶”工程责任书和承诺书，并现场观摩“筷乐潇湘”的视频厨房建设与运转。全区现有大、中专院校16所，均安装监控视频，其中有3所已与市局系统对接；全区中小学380余所，基本完成视频厨房建设，区教育局在近年“阳光厨房”基础上正在建立视频监控对接平台，已有12家与市局系统对接；全区100家大型及以上餐饮服务单位，区财政安排56万元专项资金，完成视频厨房标准化改造及接入市局系统；市局明确岳麓区中小型餐饮服务单位透明厨房标准化改造任务为300家，全部完成。六是农贸市场快检室及豆制品、米粉、湿面冷链销售示范门店建设。区政府将20个农贸市场(生鲜超市)食品(含

食用农产品）安全快速检测室建设列入重点民生实事项目。年内，已建成13家农贸市场、8家生鲜超市快检室。全区已在农贸市场、生鲜超市中启动豆制品、米粉、湿面全程冷链销售示范门店建设，市局明确岳麓区任务为15家，已完成签约和启动建设38家，超额完成建设任务。七是加强农村聚餐食品安全监管服务。认真落实上级有关农村聚餐食品安全监管要求，加强农村聚餐、自办宴席的食品安全监管工作，以街道(镇)为单位建立农村厨师队伍、帮厨人员队伍台账档案，全年举办农村聚餐食品安全业务培训11期，参训人员累计800余人次；全年受理农村聚餐、自办宴席报备申请2300余起，均按其聚餐规模和上级要求落实报备登记和上门服务指导，农村聚餐、自办宴席未发生食品安全事故。岳麓小作坊整治工作在全市亮点突出，具有示范带动性、引领性和广泛性，多次受到市局表扬。八是加强药械市场流通使用监管。通过专项整治、许可备案、飞行检查等方式，对辖区内的单体药店、基层医疗机构、单体医疗器械零售企业开展日常监管，监管覆盖率100%，全年查办药械违法案件112余起。九是抓药品不良反应监测工作。邀请省、市专家授课，开展监测工作培训，定期发监测工作情况通报，利用网络通信平台密切沟通，开展监测工作专项督查。建立区、街道(镇)、社区(村)多级监测网络，已覆盖349家药品医疗器械经营使用单位，全年收到药品不良反应报告513例、医疗器械不良事件报告121例、化妆品不良事件报告15例，超额完成了市局下达的指标任务。开展化妆品安全整治工作。全年日常监督检查单体美容美发店180家、单体化妆品专卖专营店21家、单体药店经营化妆品79家，立案查处化妆品违法案件4起。开展关于广州市白云区新市艾璐诗化妆品厂等11家企业39批次面膜类化妆品不合格产品的专项核查工作。完成湖南省保健食品化妆品安全监管信息系统基本信息登记和录入工作。

监管水平进一步提升。完善执法制度。依据相关法律法规及上位规章制度，修订了部分行政执法制度，出台《重大行政执法决定集体讨论制度》《立、结、销案工作制度》，进一步理顺行政处罚办理内部案程序，完善行政执法决定集体讨论程序。进一步梳理责任清单与权力清单，落实市级审批、备案权力下放事项。组织局执法人员统一参加湖南省行政执法证考试工作，积极参与市级、区级执法案卷评查工作，执法案卷质量评比获全区执法单位第二名。严格许可审批。作为省食药监局明确的食品经营许可“两证合一”改革试点区，区食药监局共受理“食品经营许可证”申办4925件，核查、制发证4183份，受理“制售分离食品小作坊生产许可证”申办9件，核查、制发证7份，受理“现场制售食品小作坊登记证”申办20件，核查、制发证18份。全区制作并张贴悬挂食品药品监督管理信息公示牌8000余块，载有日常监管人员名单、联系电话、投诉电话和创建宣传标语。同时推行村、社区协管员食品安全日常巡查机制，实现对所属食品生产经营对象巡查覆盖率100%，并实行痕迹管理。

执法能力进一步增强。一是加强队伍教育，提升执法能力。强化业务培训，提高监管能力和水平。积极参与省、市局组织的多项业务培训；多次开展内部业务培训，内容涵盖投诉举报、行政许可、快速检验、稽查办案等多方面，全年组织集中培训72个学时；组织观看《重大活动餐饮服务食品安全监督管理规范》教学片等，提升监管能力和水平。荣获市级“依法办事示范窗口单位”称号，依法行政能力进一步增强。二是加强廉政教育学习。开展“两学一做”系列学习教育及全体干部廉政意识教育会议，落实“两个责任”，严格执行“一岗双责”，建设廉政文化走廊，在全系统范围内展开“雁过拔毛”式腐败问题和纠“四风”、治陋习两项专项整治工作。进一步加强廉政建设，廉政谈话常态化，全局系统全年零违纪。

（李昱）

商务管理

区商务局

党组书记 刘 湘(女，1—9月)
谢英姿(女，9—)

局 长 谢 芳(女，1—9月)

党组副书记、副局长
周定友

纪检组长 申利荣(女，10月起改任党组成员、副局长)

纪检组长 钟宏亮(10—)

副 局 长 林 渊(11—)

党组成员、副局长
冯江霞(女，1—9月)
陈松林(1—10月)
刘建新(1—11月)

【概况】 区商务局负责全区国内外贸易、现代服务业、境内外经济合作、招商引资、商贸流通等行政管理工作。内设办公室、商贸流通管理科、投资管理科、外经外贸科、项目管理科，下设二级机构区投资促进中心。有在职在岗干部职工12人，其中机关12人。2016年，以精准招商为核心，以产业培育为重点，拓展服务空间，提升服务水平，基本完成社会消费品零售总额308亿元，同比增长12.2%，其中限上企业146亿元，同比增长10.2%；完成进出口总额1.1亿美元；完成实际利用外资3.295亿美元，同比增长12.5%；引进市外境内资金并形成固定资产271.93亿元，同比增长14.26%；新增出口实绩企业10家。

招商引资。立足岳麓区六大主导产业，结合重点招商、精准招商、创新招商的方式，实现“招商引资”向“选商择资”转变。2016年，共引进优质项目45个，其中包括世界500强企业1家（宜家荟聚中心）；投资50亿元以上项目2个[中汽（湖南）汽车服务产业基地、恒大海花谷]，投资10亿元以上项目4个（宜家荟聚中心、洋湖妇女儿童医院、梅溪正荣府、湖南金滢湾综合体）；引进跨境电子商务平台2个（欧美跨境购、郡城跨境购）。在大力推进重点项目招商进程中，释放区位优势，与区校合作，“透明计算”产业化基地成功落户中南大学科技园研发总部；招商小分队先后与北京林达、威胜电子、嘉浩盈华、中国惠普等企业对接洽谈，湖南虚拟现实云产业项目、湖南中皓集群注册托管有限公司等多家企业入驻大学城。通过小分队招商、微信招商、“三情”（亲情、友情、乡情）招商和以商引商等方式开展定向招商，配合园区赴上海成功举办检验检测专题推介会，配合后湖国际艺术园、泛岳麓山创新创意集聚区重点招商，赴北京、上海、深圳、武汉等地开展小分队招商，与商务部投资促进局、东日贸易中心、广州总部经济协会、杭州楼宇经济协会等组织建立良好的合作关系。借力节会招商，2016年5月，区商务局组织邀请中国铁建股份有限公司、中国汽车零部件工业公司、中海地产集团公司、中广国际传媒公司等6家央企共30余名客商参加“中央企业走进湖南湘江新区项目推介会”，并与到会6家央企签订战略合作意向书。8月，组团参加在上海举办的“2016年湖南（上海）投资贸易洽谈周”活动。12月，组织全区重点商务楼宇企业参加“2016长沙楼宇招商推介会”，全通教育和新云网科技两家企业在会上成功签约。

商贸流通。狠抓节会浓厚消费氛围。2016年年初，组织“诚信风行　乐购岳麓”第五届嘉年华，全区各大商场、超市、专业市场、餐饮企业均开展了丰富多样的促销活动，浓厚“诚信消费，乐享购物”氛围，共为岳麓区新贡献1亿元的零售额。指导雨敞坪镇虾趣节、渔人码头开街系列活动、王府井趣味篮球赛、晚安·中国红木馆奇石博览会等各类节会活动，使“消费在岳麓”成为消费者首选。力促卖场顺利开业。协调奥克斯缔壹城、金茂广场店、渔人码头等城市综合体和大型卖场开业；推进绿地湖湘中心、保利·西海岸、圆泰国际广场、世茂希尔顿酒店、柏宁酒店等大型商业和酒店建设，跟进湘江玖号温德姆酒店、洋湖奥克斯商业综合体等项目主体工程建设，加大服务力度，为重大商务项目解决实际困难和问题。加速电子商务平台建设。2016年4月30日，郡城跨境商品直购体验中心落户达美D6区，商街引入全新的跨境商品直购“电子商务平台＋线下跨境商品直购”体验中心实体店的概念，岳麓区“传统实体商业＋电子商务”的新型经济增长点升级飞跃；5月18日，岳麓区首家保税直营店欧美跨境购在渔人码头开业；5月30日，创新创业服务平台猪八戒网落户梅溪湖创新中心，为创业者提供一站式的企业全生命周期创新创业服务。

产业培育。雕琢计划打造特色街区。将湘江西岸现代服务业走廊、金星路先进服务业国际街区、云栖路国际汽车长廊、阳光100三期后海商业街、锦绣潇湘文化产业园、白沙液街、渔人码头、湘江玖号商业街、王府井精品商业街、西湖创意文化街、达美万秀街、中建·梅澜坊商业街12条各具特色的商业街纳入产业发展年街区雕琢计划，制定培育方案。湘江西岸现代服务业走廊的六大节点项目顺利推进；金星路先进服务业国际街区启动“六位一体”建设；云栖路国际汽车长廊完成全街景观标识布置和4S店门前亮化工作，中国汽车零部件工业公司正式入驻街区；白沙液老街启动有机改造；滨江情景商业街中的渔人码头项目和中建.梅澜坊商业街、达美万秀街正式开街；西湖创意文化街和王府井商业街启动招商；由国美投资5000万元建设的湘江西岸景观公园已于2016年年底开工。

市场体系建设。推进肉菜流通追溯体系建设。按照市政府为民办实事考核指标要求，2016年，完成1家农贸市场、5家超市、5个团体消费单位、24个肉菜专卖店的硬件建设，确保追溯节点数据80%上传率。11月中旬，完成所有节点的网络、监控、电子显示屏等设备的安装、调试。整治现货交易市场。牵头相关区直部门开展区商品现货交易场所风险专项整治工作，拟定《岳麓区商品现货交易场所风险专项整治工作实施方案》,对9家重点企业进行上门督促检查,对企业资金来源、业务模式、资金投向等情况调查,汇总上报市商务局。落实零售市场管理。区商务局建立市场安全生产长效机制。坚持每季度由局领导带队对辖区内20余家大型商场、超市、专业市场等商贸流通企业消防安全、电梯安全进行排查整治,建立台账并限期整改落实。完成第二批现代服务业项目的转正工作,并于11月底组织对两个农贸市场的区级验收工作。

企业服务。协助企业申报项目资金。协助岳麓区10余家商贸流通企业申报2015年、2016年度两批次长沙市自创知名品牌和最具成长性商贸流通企业项目。湖南达嘉维康医药有限公司、长沙市湘浙小商品批发市场有限公司、晚安家居科技有限公司、湖南同健大药房连锁有限公司荣获长沙市自创知名品牌称号,长沙千君醉餐饮管理有限公司、长沙爱月家庭服务有限公司荣获长沙市最具成长性商贸流通企业称号。2016年,区商务局为长沙市电子商务协会、海斯特材料、58众创等多家企业申报现代物流、电子商务产业、服务外包等发展专项资金近300万元。协助企业入驻落地。全程服务重点招商项目,协助恒大童世界项目办理多个企业注册登记手续。帮助华谊兄弟电影小镇项目高位协调,邀请省商务厅领导现场办公,并协调公安、人社、工商等部门解决意大利手工艺人签证和工商登记等问题。建设商业诚信体系,联合工商分局组建岳麓区诚信联盟,区内8家品牌商业超市首批纳入,以提高实体企业在电商冲击下的市场竞争力。（金奥）

服务总部经济发展工作

区服务总部经济发展办公室
主　　任　曹成文
副 主 任　刘　娜(女)
　　　　　　樊　勇

【概况】 区服务总部经济发展办公室内设综合管理科、政务服务科。有干部职工5人。

特色街区品牌建设。一是推进云栖路国际汽车长廊街区建设。4月,中汽(湖南)汽车服务产业基地发展有限公司正式落户岳麓区,联合开展云栖路国际汽车长廊街区宣传工作,推动区产业转型升级和促进地区汽车行业转型发展。二是加大金星路先进服务业国际街区宣传力度。以各大卖场、品牌商家为载体,提升商业廊道品质,持续开展商务节会活动,培育社区型特色商街,酝酿全区大众消费热潮,提升城市综合体、甲级楼宇、星级酒店服务功能。

对接优势平台资源。5月,湘江新区主办加强产融学合作,推进湖南"十三五"发展座谈会—中央企业走进湖南湘江新区专场活动。区服务总部经济发展办公室在助推会上签约项目,涉及金融服务、电子信息、新能源、汽车制造、航空航天、总部经济、基础设施建设等领域,与中央企业建立起沟通机制,促进国有企业进一步深化改革。优化国有经济布局,更好服务和促进长沙市、湖南湘江新区、岳麓区经济社会发展,实现产业聚集效应和楼宇二次招商所作功能型产业工作紧密对接。6月,牵头联盟广州市总部经济协会、广州广电物业管理有限公司共建产业发展平台,为粤、港、澳、湘四地企业提供政策服务、产业链对接、市场拓展及项目落地等服务,打造长沙市乃至湖南省新文化名片,助推产业发展。

提升服务水平。一是实现楼宇信息化。积极筹备楼宇工作站和建设商务楼宇综合服务管理平台,零距离服务楼宇企业,实施楼宇精细化管理。1—6月,对平台功能需求进行优化细化,对软件应用系统进行全部开发,对已建楼宇的入驻信息进行采集,对平台功能运行进行初步测试。二是做到服务保姆化。按照"一站式"和"保姆式"服务工作要求,开辟绿色通道,安排专人服务中汽零、宜家、沃尔玛、全通教育、金牛角王、中铁城建、长沙卓牧乳业有限公司等企业办理落户注册手续,使企业获得认同感和归宿感。三是推动竞争差异化。9月,打造河西王府井、楷林国际等十大特色楼宇,构建相应楼宇服务体系,建设楼宇服务站点,形成产业集聚效应和差异化竞争格局。四是产业发展科学化。12月,开展楼宇招商及产业政策综合调研,走访长沙内五区特色楼宇,学习先进城区楼宇发展经验,形成专题调研报告,提出解决方法。

推介区域经济价值。组织开展第二次区域经济价值推介,掀起商务楼宇二次招商新热潮。6月,在广州正式成立驻广州(粤港澳)企业服务处,面向粤港澳重点地区、重点企业开展专业化、高频率招商,内外组合,推出新模式,引进华进商标、平安普惠及华茂通电商3家企业落户岳麓区;此外,全通教育、酷狗音乐、中科招商、红海人力、武汉军威等12家企业正紧密对接。6月16日,在广州成功举办投资长沙(岳麓)知名粤企恳谈会,为广州总部企业到岳麓投资提供全程一站式服务,为部分项目落地做到投资企业与政府审批部门零接触提供助力。7月4日，广州总部经济协会组织企业代表团到岳麓区实地考察，达成国际学校建设、教育人力资源外包、城市基建PPP项目、产业引导基金设立、医疗和大型机械设备融资租赁等意向，并确定下一步实施落地安排。为加强宣传力度，与《长沙晚报》合作，推出产业系列报道，出品《湘江新区 岳麓新城》，对新区出台政策、经济发展、建设现状等进行翔实记录报道。（万珊）

质量技术监督

长沙市质量技术监督局岳麓分局

局　　长　冯林彬

副 局 长　邓　敏

杨学工

陈松林（1—10月）

刘建新（1—11月）

【概况】 长沙市质量技术监督局岳麓分局为长沙市质量技术监督局派出机构，2015年11月正式设立，内设办公室、计量标准科、质量监督科、特种安全监察科。有干部职工29人。

服务产业发展多措并举。综合运用创建品牌、标准引领、认证认可等手段，助推产业发展转型升级，提升产品市场竞争力。一是品牌带动产业发展。组织街（镇）主管产业负责人以及区内较大规模的企业参加以提升质量为主题的卓越绩效管理模式高级质量培训班，邀请省质量技术监督局处长、质量专家郑长征授课。将岳麓科技产业园入园企业和服务业的龙头企业作为重点培育对象，列入培育规划。全区现有岳麓山风景名胜区、晚安家纺、伟业动物营养等湖南名牌六家，晚安家居获省长质量奖。二是标准引领服务提升。11月，举行全区标准化工作会议暨标准质量培训班，省、市、区相关领导出席会议，并分别作重要讲话，邀请省内知名标准质量专家对区街（镇）和区内企业相关人员进行标准化知识培训。贯彻落实标准化改革任务，举办自我声明公开培训班，培训近200人，有30多家企业在"企业标准信息公共服务平台"上自我公开标准；推荐万联科技等5家企业获省级标准化战略项目50万元配套资金奖励；帮助中大检测、华嫂家政等3家企业获省级服务业标准试点项目及配套资金，帮助圣峰果业候选入围国家农业标准化项目。发挥标准化技术支撑作用，加快自主创新技术和优势技术的标准转化，提升区域质量核心竞争力，促进小微型企业持续发展，组织开展区小微企业创业创新标准化公共服务活动。在市局信息所的配合下，通过组织专家上门问诊、培训提升、个性服务、标准学习等形式，点对点帮扶企业夯实标准化基础。三是服务带动园区建设。配合参与岳麓科技产业园的上海招商会，主动对接当地质监部门，为招商活动收集并提供沪、浙、苏等认证认可企业名单。协助配合岳麓科技产业园积极创建国家级检验检测平台，协助园区完成湖南省检验检测特色产业园挂牌，成为全省唯一一家检验检测特色园区。截至2016年，园区已聚集检测认证企业56家。

特种设备安全监管。截至2016年，全区有特种设备13500多台（套），八大类特种设备齐全，需监管单位近2500家（其中电梯9367台、锅炉180台、压力容器474台、气瓶2983个、大型游乐设施17台、厂内机动车136台、起重机械393台、客运索道1条），在内六区中排第二。严格落实分级属地管理和"党政同责""一岗双责"及管行业必须管安全、管业务必须管安全、管生产经营必须管安全的"三个必须"要求，落实责任。健全完善领导带队检查安全生产工作制度，市局、区政府领导定期带队对车站、商场、景区开展特种设备安全生产检查工作。分局主要领导和分管领导分别带队开展"打非治违"行动，对5起特种设备领域违法违规行为予以立案查处。拆除违法安装且存在重大安全隐患的锅炉一台，加强电梯管护，协调省特检院完成8000余台在用电梯年检任务，对在用老旧电梯和"三无"电梯全面摸底建档，开展电梯安全技术评估，已完成6台评估任务。推进小区老旧电梯安全责任保险工作，已有15家单位参加投保。举办岳麓区街（镇）安全专干特种设备安全知识培训班；召开岳麓区特种设备大排查、大管控、大整治情况通报暨重点企业约谈会议；主办"岳麓电梯安全周"活动，分别在钰龙社区、格林星城社区和人人乐时代广场开展电梯安全知识宣传，发放各类宣传手册近2000份。

队伍建设。以开展"两学一做"学习教育为契机，注重加强队伍建设，以务实之举推动工作落实，带动全局干部职工进一步强化作风建设，增强服务意识，提升工作水平。认真贯彻落实党风廉政建设要求，始终在教育、制度、监督上下功夫，着力抓好党员干部党性党纪教育，抓好廉政文化建设，为发展质监事业、服务经济社会提供纪律作风保障。（骆青桦）

工业·园区·交通

经济和信息化

区经济和信息化局
党组书记、局长
丁贵才
党组副书记、副局长
殷智勇
副 局 长 何四清
曹耀明

【概况】 区经济和信息化局内设办公室、工业发展科、信息化科。有干部职工10人、政府雇员1人。2016年,按照两型高地、科教强区、增长新极、河西靓城的总体定位和区域经济社会发展新“三步走”的最新思路,沿着“三融共进”“五化同步”的战略路径,围绕区委确定的六大特色产业开展工作。全年完成规模以上工业总产值1301亿元,增长6.9%;实现增加值282亿元,同比增长9.2%。

强化产业发展。一是完善体系制度。区政府成立区创新创业工作领导小组、区就业和农民工工作领导小组。充分整合全区创业、就业、创新工作职能和资源,协助出台《岳麓区全民创业带动就业实施意见》《岳麓区促进创客空间(社区)发展实施办法》和《岳麓区促进现代服务业发展的若干政策》等系列文件,让企业、平台享有从创业团队到孵化企业、产业发展全程配套优惠政策。建立街道(镇)人社服务站、社区(村)人社服务中心的纵向服务体系,为创业者提供“一条龙”“一站式”精准便捷的现代网上服务。二是助力区校合作。启动泛岳麓山创新创意集聚区建设,协助制定《泛岳麓山创新创意集聚区建设发展方案》,后湖文化创业园规划设计、节点打造、道路建设等工作顺利推进,麻园路建成通车。中南大学科技园研发总部拆迁即将扫尾,继湖南大学创新创意园成功落户之后,与湖南中医药大学达成战略合作协议,区校合作的基础更加牢固、空间更加广阔。举办“西引擎、西高地”区域价值推介宣传活动;成立岳麓创业学院,麓客帮(岳麓创新创业资源网)上线运行。举办首届“麓山杯”大学生挑战赛、“岳麓区大学生创业沙龙”等活动;共青团长沙市委、岳麓区委、区政府在岳麓山大学科技园岳麓分园共同建设岳麓山大学生创新创业中心,搭建校地合作平台,于5月4日正式挂牌启动;58众创、麓客众创、库可咖啡、弘德创智、九合众创、猪八戒网湖南园区、商学院创客中心、学士桥众创空间等10个创客空间投入运营。吸引创客团队370余个,孵化企业280多家,诞生专利40余个,专业服务人员270余人;麓客众创获评全市首批“示范创客空间”;58众创、猪八戒湖南“互联网+”双创示范基地荣获“湘江新区十大双创示范基地”称号,湖南达嘉维康医药产业股份有限公司董事长王毅清、湖南中大建设工程检测技术有限公司董事长尹小波荣获“湘江新区十大双创领军人物”称号;协助湖南湘江新区举办2016“创响中国”巡回接力长沙站活动,并以此为平台举办“中国梦·微创梦”岳麓创新创业论坛系列沙龙活动,58众创、岳麓科技产业园就双创工作接受央视等多家媒体采访,获得一致好评;协助举办第三届湖南省移动互联网创新创业大会,吸引中央及省、市20余家媒体进行集中报道,提升了岳麓区创新创业工作的影响力;协助梅溪湖创新中心、麓客众创空间、58众创空间和湖南商学院创业实践中心等湖南湘江新区创新创业基地迎接国家双创示范基地中期评估,获得评估组充分肯定;牵头组织筹建“岳麓区众创联盟”,拟定众创联盟章程,整合全区双创工作优质资源,形成互赢、互惠、互助规范格局。三是营造创新氛围。2016年,岳麓区被市人社局评为全市创新创业带动就业工作示范区县,橘子洲街道获评示范街道,银盆岭街道火炬城社区、咸嘉湖街道咸嘉新村社区获评示范社区,上述街道、社区正在申报“省级示范单位”。中南大学创业孵化基地被认定为国家级创业孵化基地,湖南大学生创业园和岳麓山大学科技园创业服务中心被认定为省级创业孵化基地,湖南商学院、湖南商务职业学院、库可文创发展被认定为市级创业孵化基地,麓客众创空间和九合众创被中国科技部认定为第三批众创空间(全省范围内共30家,岳麓区获评2家)。驻区各高校积极推进制度创新、载体创新,建立双创教育目标和保障体系,成立大学生创新创业指导中心,依托

区、校、企合作，创建创客空间，升级大学科技园，推进创新创业人才培训和成果转化，为区域经济发展提供强有力的人才智力支撑和平台空间保障。

检验检测专业园区建设。加大对岳麓科技产业园的支持和服务力度，鼓励园区加大基础设施建设投入，完善产业布局，提高园区产业承载功能，加快园区发展。协助岳麓科技产业园开展检验检测认证产业专题招商活动，引进长沙食品药品检测所，致力工程检测，宏力土木检测，德利迅达大数据检验检测认证企业10余家。推进检验检测认证企业及园区项目建设。2016年，区领导联系重点产业项目建设实施方案中明确“检验检测认证业及园区建设项目”15个，总投资29.6亿元。截至年末，除中南大学湘雅医学检验所和节能科技总部因投资方原因项目取消外，其余13个项目建设进度正常，已累计完成投资26.5亿元，全年新增规模企业32家。

安全维稳工作。一是大力开展火灾隐患排查。全力夯实消防安全基层基础工作，努力预防和减少火灾事故发生，依据《全区今冬明春火灾防控工作方案》，制定《岳麓区经信局今冬明春火灾防控工作实施方案》，成立岳麓区经信局冬春火灾防控专项行动工作领导小组，切实落实消防安全责任制，开展“冬春火灾防控”等专项行动，全面部署火灾隐患集中整治工作，对晚安家居产业园等区内重点工业企业和中大检测公司、瑞鹭科技公司等园区内企业开展消防安全专项检查，在全区工业企业广泛开展消防宣传教育培训。二是提升食品行业安全工作水平。贯彻实施《中华人民共和国食品安全法》等食品安全法律法规，配合创建国家食品安全城市，根据《长沙市岳麓区2016年食品安全重点工作安排》，出台《岳麓区经信局食品工业诚信体系建设工作实施方案》、《岳麓区经信局食品工业产业发展行动计划》，制定《食品企业技术创新和信息化推进工作要点》，加强食品行业诚信体系建设，打造食品生产工业品牌，引导食品产业“互联网+”信息化技术创新转型升级。三是强化安全生产。严格落实安全生产“一岗双责”，严守安全红线，开展工业领域安全生产隐患排查治理工作和“大排查大整治大督查集中行动”。按照市安委会和市经信委相关要求，继续实施局领导班子带队检查安全生产制度，全力配合区安监局及园区安监部门，对区域内各工业企业特别是劳动密集型企业，全面开展安全生产检查工作，杜绝安全生产事故的发生，确保工业行业安全生产形势稳定，全年区经信系统未发生任何涉及安全生产的事故。

其他专项工作。一是协调服务电力通讯工作。完成市政府下达的电力“专改公”小区的宣传发动、调查摸底、申报协调工作，区内6个小区的电力改造正在进行中；协调完成多处电力杆线的安全问题整治；完成区委区政府交办的省市区相关会议的电力保障工作9次。协调运营商在梅溪湖街道办事处增设通信信号站点工作及咸嘉湖街道、天顶街道、望城坡街道、望岳街道的基站纠纷的处理工作。全年共化解和协助调处咸嘉湖街道公园里小区、天顶街道静园山庄小区、西湖街道西子湖畔小区、橘子洲街道后湖文化园、观沙岭街道香海西岸小区的基站扰民、电力供应等问题6起。二是助推信息化产业项目建设。完成上级主管部门下达的2016年信息化项目建设和信息化基础工作建设任务；全年协助辖区内相关企业申报信息化项目资金400多万元；协助举办第三届湖南省移动互联网创新创业大会和2016“创响中国”巡回接力长沙站活动等信息化产业宣传、交流、推广活动，吸引中央、省、市多家媒体争相报道。三是妥善化解企业改制遗留问题。耐心、细致接待原区属改制企业下岗职工来信来访，全年共接待区内原改制企业职工上访83人次，做到次次有记录，件件有回复，加强与人社、财政等部门的协调对接工作，妥善解决他们在工龄认定、医保、社保费用缴纳方面的问题。2016年，区属原改制企业没有发生一起到省、市闹访缠访事件。维护了全区企业改制后的大局稳定。四是开展企业办社会职能分离移交工作。在市企改办指导下，完成七一六小区服务指导中心等4处中央在长企业，湖南省第六工程有限公司等4处省属企业，以及区40个第三批市属企业小区年度移交工作。其中市属企业小区已签约33个（含拆迁3个），总计签约81个小区，完成量达市属企业小区总数（81个小区）的100%。全年共争取市区两级拨付物业过渡期补助费4.02亿元到街道社区，下拨社区社会职能分离移交工作经费共计3833万元，为下步开展企业小区社会化管理提供了必要的经费保障。指导社区搞好企业小区物业管理交接，与企业一同解决过渡期企业宿舍小区的各类问题，成立企业小区业主委员会，全年有68个小区签订了物业交接单，湖中社区等多个小区已进行提质改造，让企业小区居民享受到社会化管理的实惠。五是民生工作。全年共协调运营商做好市民热线“12345”的回复和处理工作17件;处理解决电子监察系统反馈的民生问题16件,处理区委区政府交办的市长信箱、领导交办、两会提(议)案等各类任务9件,做到件件按时落实,为基层社区(村)居民解决基站扰民、线缆隐患、电力供应等问题。

队伍建设。一是开展“两学一做”学习教育活动。采取多种形式组织学习,制定方案,明确任务,组织全体党员学习《中国共产党章程》《中国共产党廉洁自律准则》《中国共产党纪律处分条例》等党章党规,学习习近平总书记系列重要讲话精神,进一步推动党章的学习教育和贯彻落实。二是坚持中心组学习制度、“三会一课”制度,局党政主要领导带头上党课。定期召开支部大会和支委会,不断拓展学习讲话精神的广度和深度,提高党员干部思想政治和理论水平。三是组织学习交流活动。组织局班子成员和一般干部,参加各类实地考察、经验交流和学习活动。参加在省委党校举办的区2016年产业发展专题培训班;牵头组织区直相关部门和有关街道经济工作主管干部赴武汉、黄石参加以“区校合作”“创新创业”为主题的创新创业服务体系经验交流活动,并将学习成果汇编成文;参加以“全力赴稳增长,扎实推进制造强省建设”为主题的省第六期经信系统领导干部管理创新培训班;组织干部参加工信部第四期质量标杆经验学习交流活动。开拓经信系统干部视野,提高业务工作水平。四是开展“三服务”和一推行四公开工作。以“一推行四公开活动”“三服务”一线工作法为平台,“在职党员进社区”“领导干部结对联系服务群众”活动为媒介,不断完善“三服务”一线工作进网格和党员干部联系群众制度,坚持深入网格倾听居民心声,细致帮扶解决民众困难。2016年,全局干部走访慰问困难群众、组织节日送温暖、深入一线了解问题七十余次,节省出工作经费6.5万元用于支持社区基层党建和基础设施建设工作,协调相关单位、通信运营商和电力部门办结多个通信信号、户表改造等人民群众切实关心的问题。五是完成党组织换届选举工作。选出新一届的支委成员,配强支部队伍。完善工作机制,落实党支部目标管理责任制和“一岗双责”制,抓好责任分工和任务分解,责任到人。开展在职党员进社区活动。组织全局党员利用业余时间以志愿服务、义务劳动、无偿支持、主动参与的形式,参与社区各项建设,为社区建设贡献力量,共同构建和谐社区。开展结对共建工作。与结对共建的学泰村按照“五个一”要求,实行班子联建、党员联管、实事联办、发展联促、阵地联享。选派局原纪检组长、老党员何光兰同志担任联点村第一书记,强化领导班子、帮扶党建工作,从解决突出问题入手,重塑村“两委”班子的新形象。六是抓反腐倡廉建设。建全落实党风廉政建设责任制和“一岗双责”。制定《局党组党风廉政建设主体责任清单》《2016年度党风廉政建设领导班子成员个人责任清单》,细化分解党风廉政工作。组织全体党员干部职工参观了长沙市廉政警示教育基地,接受廉政警示教育。进一步加强党风廉政建设,筑牢拒腐防变的思想防线。 (陈雯)

岳麓科技产业园

岳麓科技产业园

党工委书记

屈志峰

党工委副书记、管委会主任

张永久

党工委副书记、管委会副主任

刘正文

党工委委员、管委会副主任

张俊雄

纪工委书记、管委会副主任

单旭红

管委会副主任

张双武

黄　颖(女)

方胜昔(女)

【概况】 长沙岳麓科技产业园内设办公室、产业发展处、招商合作处、工程建设处、国土规划处、征拆安置处、财政分局。2016年,有干部职工71人,其中在编21人,临聘50人。

2016年,完成技工贸总收入82亿元;完成规模工业总产值4亿元,规模工业增加值1.2亿元,同比实现增长35%;完成固定资产投资62亿元,同比实现增长40%;完成高新技术产值2.85亿元,同比实现增长50%;完成区级财政全口径税收5亿元,同比实现增长40%。

招商引资和产业发展。全年引进10亿元以上重大项目3个,科技、服务类中小型企业142家,其中检验检测企业15家。国际知名检验检测机构SGS、清华大学博奥基因检测中心、苏州苏试等签约入驻园区,专业生产汽车锂电子电池包的新能源企业文泰能源入驻并投产达效。引进英国天翔集团、赛奥维干细胞研究中心、长湘环保科技公司。围绕检验检测、医药健康、新能源等战略性新兴产业,加快产业发展。中大检测产值1亿元,继善高科完成产值5900万元,宏尚检测完成产值2800万元,爱威科技完成产值9000万元,比扬医疗完成产值2200万元,晚安家纺完成产值7400万元,企业年产值增幅20%。湖南文泰能源建成并投产达效,完成产值2000万元,赛恩斯、达嘉维康投入运营,分别实现产值2亿元和20亿元。组织申报高新技术企业3家,科技行业从业人员占比30%以上,高新技术产值较2015年同比增长25%,实现科技成果转化产值20亿元。园区已建成科技成果转化孵化基地5个,拥有国家级工程技术中心2家,省级重点实验室1家、工程技术中心、工程研究中心2个、院士工作站2家,新增获批专利18个。完成文化创意产业引导资金、两型园区与两型企业、省服务外包示范集聚区申报,获批湖南省电子商务示范基地。

区校合作。搭建中南大学科技园孵化器平台,完成创智天地、天津金领汇、萃程大厦3栋3万平方米孵化器建设。组织科技成果孵化企业、项目的入驻遴选,筛选入驻企业60家,黄伯云院士团队的金属铝燃料电池项目、高分子材料项目,清华大学程京院士的博奥医学检验项目3家院士项目落户园区。完成孵化器大楼装修,实现部分孵化企业入驻。中南大学科技园(研发)总部进行一期59亩拆迁腾地,争取湖南湘江新区拆迁专项扶持资金2亿元。区校合作经中央改革办推介,获“2015年中国改革年度案例单位”(共10家)。中南大学科技园孵化器非接触性智能手术室项目,获“第四届中国创新创业大赛(湖南赛区)暨第二届湖南省创新创业大赛”一等奖。出台《关于中南大学科技成果孵化基地企业入驻扶持的暂行办法》,编制完善《加快科技创新促进产业倍增发展的实施办法》,全年申报省135创新创业资金等各类扶持资金789万元,提供免费办公用地15000平方米,减免租金400万元。

项目建设。全年铺排新建、续建项目41个,完成计划投资45亿元。莲坪大道、左栗线道路土路基成形,含浦大道(三段)、大塘路等续建道路竣工,完成学士路、含浦大道部分路段提质改造,“三横三纵”交通网络基本形成。完成联丰苑保障性住房3栋18层建设,完成靳江河堤岸综合整治土方工程。联东U谷(一期)10万平方米厂房全线推进,比扬医疗完成整体搬迁并投入运营,达嘉维康15000平方米仓库投入使用,爱威科技、捷西橱柜、海普声域加快主体建设,中铁城建、赛恩斯陆续启动建设。汽车4S城西片加快拆迁,东片路虎、克莱斯勒2家单店开业,上城国际城市综合体商业设施投入运营。园区控制性详细规划在市规划局入库,智谷科技广场启动立项,玉润公园、紫苑园已完成立项批复并启动设计招标,玉赤河景观廊道(一期)完成方案设计,完成靳江河堤岸综合整治工程立项及规划要点、选址及蓝线图。

专业园区建设。与苏州苏试、宏尚检测等企业达成入驻协议,进行拆迁、立项、设计等前期工作,完成腾地100亩。继善高科、中大检测、宏尚检测、赛恩斯环保等28家规模以上企业集聚园区。编制《第三方检测认证及认证产业发展意见》并提交市经信委。协调省、市相关部门开展检测企业检测资质认证评估,在项目入园征地拆迁、报批报建、挂牌出让等手续办理上开辟绿色通道,组织入园企业开展“新三板”上市、服务外包等培训,协助晚安家纺在京上市。协调市政、城管等相关部门,为检测认证企业开展户外品牌宣传创造条件,全年《湖南日报》《长沙晚报》等省级纸媒围绕检测认证产业园专题报道4次,长沙电视台新闻频道、长沙广播等市级电视媒体专题报道2次,中新网、红网等知名网媒各类新闻报道8次。获批“市级检验检测产业公共服务平台示范区”。

要素发展保障。全年完成融资总额22.61亿元,其中银行融资16.15亿元、土地融资3.16亿元、社会融资3.3亿元。签约农发行27亿元新型城镇化建设融资项目,首批10亿元资金放款;完成东莞银行2亿元、渤海银行2.7亿元资金授信;玉赤河生态公园PPP模式项目纳入省财政厅第二批PPP项目名单,与安徽路网、金诚集团签订玉赤河流域综合整治项目PPP合作框架协议。全年拆迁腾地1207亩,完成12个新拆项目1100亩拆迁手续办理,完成左栗线、中铁城建、斯德尔重工等项目拆迁,腾地400亩。加快汽车4S城、莲坪大道拆迁扫尾,启动检验检测专业园区、栗山学校等项目拆迁,启动环城绿带项目拆迁前期工作。完成联丰苑安置分房800套,安置面积约8.04万平方米,安置居民132户。拆除园街违法违章建筑6万平方米。通过盘活存量和集中安置等措施,增加建设用地指标蓄积量。全年出让3宗土地181亩,划拨7条道路用地180亩,批回土地703亩,完成1500亩用地市级审批,协调永久基本农田划定规避举证、土规优化调整工作。

队伍和作风建设。开展"三严三实"专题教育活动,执行党风廉政建设责任制,推进"三服务"一线工作法,指导街道处理"60号令"遗留问题,解决一批久拖未决的历史遗留问题。完善接访制度,化解园区梁正坤等老上访户上访问题,处理浦洋节能农民工集体上访问题。完成中层干部竞聘和工作人员双向选择、园区雇员考录工作,选聘中层干部19人,调整岗位10个,考聘雇员4人。加强全员目标绩效管理,完善《绩效考核办法与实施细则》,制定《园区薪酬福利制度改革方案》。

【世界著名的综合性检验检测机构SGS湖南区总部落户园区】 3月20日,国际著名检验检测机构SGS集团与岳麓科技产业园签订入驻协议,其湖南区总部正式落地园区。SGS集团创建于1878年,总部位于瑞士日内瓦,是全球排名第一的检验、鉴定、测试和认证机构。1991年,SGS进驻中国,SGS是中国第一家加入国际检验机构联盟(IFIA)的检验、测试和认证机构,是中国境内首家获得中国合格评定国家认可委员会(CNAS)ISO17020认可的第三方合资检验机构。

【岳麓科技产业园获评"2015年中国改革年度案例单位"】 岳麓科技产业园利用园区内高校资源丰富的优势,推进区校合作,实现了功能城区的公共服务与环境建设,大学校区的人才培育与知识创新,园区的技术创新与产业转化三者的有机融合,实现了科技、产业、城市同步发展,为全省乃至中部地区的发展提供了示范性样本。岳麓科技产业园成为湖南省创新驱动发展引领区、科技体制改革先行区、区校合作示范区。

【胡衡华考察岳麓区重点项目建设工作】 12月24日,市委副书记、市长胡衡华率队考察岳麓区后湖景区综合整治工程、岳麓科技产业园等重点项目。在岳麓科技产业园,胡衡华就园区检验检测产业发展情况,实地考察了检测认证专业园、中大检测科技园、园区规划展示馆等地。胡衡华对岳麓科技产业园的发展情况表示高度肯定,认为岳麓区按照市委、市政府的整体部署,真抓实干,工作推进有成效。胡衡华强调,岳麓科技产业园要依托国家资源和区域高校资源,形成产业集聚效应,打造成为国家检验检测高技术服务业聚集区。 (罗信)

岳麓山大学科技园岳麓分园创业服务中心

主　　任 周建华
书　　记 王友长
企业发展部部长
刘悦阳
企业发展部副部长
朱晓平
滕晓荃
信息金融部部长
乌东凯
信息金融部副部长
肖银波(女)
柳新华(女,1—11月)
规划建设部副部长
王国军
办公室副主任
翟荣军
严小平(女)

【概况】 岳麓山大学科技园创业服务中心(国有独资企业),和岳麓山大学科技园实行两块牌子一套人马运作,内设办公室、基地服务部、企业发展部、区校合作部,另设物业公司,人员实行聘任制。2016年,中心有干部职工29人,其中领导干部8人,主任科员1人,副主任科员3人,科员11人,工人5人,政府雇员1人。2016年,市编办同意大学科技园加挂"岳麓山大学城创新创业园管理办公室"牌子。大学科技园系区校合作对接的主体单位,负责开展全方位的高校信息归集、项目筛选、成果孵化、企业培育、政务服务等工作,承担区校合作、成果孵化、创业富民的具体事务,解决孵化场地的制约瓶颈,依托中南大学科技园、联东U谷国际企业港等产业"园中园",共建创业基地平台。科技园区呈现"一中心多基地"发展格局,共有孵化面积45000平方米。截止2016年,园区共孵化企业500余家,转化成果400余项,在孵企业201家,其中大学生创业企业58家,规模以上企业10家。

队伍建设。7月,组织社会公开招聘,委托长沙市考试中心对参考人员进行公开、公平、严格的笔试、面试,通过政审、体检、公示等相关程序,共录用6人,8月正式上班,已报区人社局和区编办备案。推行全员竞聘上岗机制创新。8月,经过公开报名、竞职演说、民主测评、集体研究程序,推行员工竞聘上岗,聘任4名中层副职,进一步激发全员的积极性和创造性。

创新发展。2016年,新增科技成果转化和创新企业101家,引进创业团队76家、"千人计划"科技型人才1人、创业人才176人,带动就业1305人。新增注册资金16418万元,税收2933万元,引进市外境内资金7250万元,到位外资325万美元。在孵企业总收入14545.14万元,比2015年同期增长1674.52万元,增长率为11.5%;上缴税金493.99万元,比2015年同期增长213.93万元,增长率为43.3%;实现利润1273.01万元,比2015年同期增加804.11万元,增长率为63.2%,研发投入1161.78万元。积极组织项目申报,及时收集、发布项目信息,指导中心37家企业申报科技部创新基金、省科技项目、省财政厅技改资金和市科技计划项目59个;指导27家大学生创业企业申报大学生创业资金,申报成功21个。全年落实资金1450万元,转化高校科技成果20项,实现知识产权申请数65件。

品牌建设。在区委、区政府的领导下,聚力打造泛岳麓山创新创意集聚区,获"湖南省级创业孵化基地""湖南省中小微企业创业基地"称号。麓客众创获"国家第三批备案众创空间""湖南省第一批众创空间""长沙市首批示范创客空间""湘江新区首批示范性众创空间"称号。

服务企业。通过严格实行ISO·9000标准化服务体系,实现科学化、标准化管理,提高全体干部及整个机构的服务水平和服务能力。引进专业服务团队,加大高校对接、项目引进、孵化服务以及创新创业氛围营造工作力度。加强对园区重点企业的扶持与辅导,天大锅炉、远泰生物等7家公司通过高新技术企业认证,瑞翼节能、微力量艺术教育、蕊藤农科3家公司在"新三板"上市。致极网络通过"新三板"初审,英捷高科完成股改,拟上创业板,29家科技企业报市科技企业备案。组织园区优秀企业进行中小企业"新三板"上市培训。与岳麓科技产业园协同配合,在科技招商、产业服务、区校合作等领域基本实现无缝对接,合作联动,与工商管理部门联合设立园区专门办证窗口。进一步加强基础管理工作,重新规范企业入园程序,补充完善入园企业的档案材料,将入园企业档案材料进行电子数据录入,提高管理效能。

区校合作。一是落实6月1日区委常委会议精神,明确区校合作办职责,聘任办公室人员,建立岳麓区区校合作办工作机制。与湖南大学、湖南商学院、湖南中医药大学签订合作协议,建立区校合作机制。成功组织"麓山杯"大学生创业大赛、"高校好项目"、"高校校友行"等活动。二是安排专人定期对驻区高校重点院系、重点实验室、工程中心、技术中心、高校科技处、高校科技企业进行走访对接,搭建高校面向园区和社会对接综合服务平台。三是制定驻区高校相关部门项目信息沟通会议机制(岳麓区驻区高校科技处长联席会议于每年3月、6月、9月、12月举行),加强与高校的信息对接,打造区校合作信息平台。四是与湖南网数科技有限公司合作,通过整合大学科技城范围内的科教资源,充分发挥线上平台运营优势,实现大学科技城双创资源整合。推进与大学城高校的对接工作,及时更新于双创线平台高校优势学科、优势项目清单及高校专家教授资源、实验室资源信息。

平台建设。打造"麓客众创空间"项目。2016年度,麓客众创共接待孵化团队、项目92批次,有82家创业团队入驻麓客工卡。全年新注册企业44家,转迁入户企业7家(其中大学生创业企业18家),拓展承接基地1.1万平方米。与中皓集成注册、湘楚会计事务所、华益投资咨询、黄金时代传媒等10家社会服务机构签署协议,搭建企业需求与社会服务桥梁,实现资源有效对接。引进香港天使投资基金会、长沙高新创投等风险投资机构,解决企业融资难问题。发挥麓山创业学院优势,定期举办创业典型演讲、院士讲堂、投融资辅导、政策解析等"麓山大讲堂"系列活动8场次,1000人次参加。根据中心定位完善课程设置,按照年度培训计划举办企业沙龙27场,其中团队管理5场,人才留驻3场,创业者经验分享15场,市场推广4场。举办企业培训18场,包括工商登记、商业计划书撰写、项目申报、法律、知识产权等内容,"一对一"的项目路演和辅导154场。

基地建设。大学科技园创业服务中心采取多渠道、多层级方式,联合社会资源拓展孵化空间,先后与继善高科产业园、锦绣潇湘文化创意产业园、梅溪湖创新中心、四海通达基地、联东U谷产业园5个创业基地签署合作协议,孵化面积拓展至5.6万平方米,已使用面积4.6万平方米。对基地实行统一政策、统一服务、统一品牌、分块发展,全年共孵化企业57家,涉及新材料、智能制造、生物医药、检验检测等新兴产业。

(石庆丹)

交通运输

区交通运输局

局　　长　程继华
副 局 长　凌长庚
　　　　　　陈　萍(女)
　　　　　　左　丹(11—)
　　　　　　佘一夫(1—10月)
纪检组长　文双红(女,11—)
　　　　　　朱继忠(1—11月)
党组成员　魏拥军

【概况】 区交通运输局是主管全区交通运输工作的行政类事业单位。2016年,有工作人员107人,其中在职干部36人。

农村公路、桥梁建设。2016年,农村公路建设市计划里程共计26公里,实际完成农村公路建设里程约35公里,超额完成建设目标。完成农村公路危桥改造5座,完成鹅洲大桥、丰田大桥两座渡改桥项目前期手续办理。

农村公路安保工程建设。按照省、市安保工程同步设计、同步实施、同步验收的要求,对全区提质改造的农村公路进行安保设施的补全与修复。在坪塘、含浦、学士3个街道投资约80万元,安装反光镜62个、波形防护栏2560米、减速带18处、警示桩1050根、警示标牌24块,确保校车线路的通行安全。

农村公路提质改造。紧密结合"四好农村路"建设活动的建设目标、建设标准、路域环境要求,提质改造农村公路,围绕打通断头路、瓶颈路。重点完善路网、客运班线道路安全隐患整治,从规划和设计上坚持高标准、高起点,整治农村公路路域环境。同美丽乡村建设相结合,全面清理路域范围内的草堆、粪堆、垃圾堆和非公路标志,将具备条件的农村公路全部实现田路分家、路宅分家,打造畅安舒美的通行环境。年内,共启动X079雨九线、颜云公路、X161文家湾—栗山水库、S107谢金线、Y828天星—大湖塘组等17条县、乡村道的建设,总投资1.49亿元,年内完成投资约1.13亿元。

农村公路养护。做好建养结合,开展文明示范路创建活动和"四好农村路"建设活动,围绕路面提质改造、全线安防设施建设、绿化亮化等工程树立典型,完成含浦境内的Y831线路4.2千米、C641线路1.1千米共计5.3千米文明示范路建设。

岳宁公路。S327岳宁公路是省"十二五"国省干线公路规划项目,该项目起于长沙高新区谢家桥,与黄桥大道相交,接梅溪湖西延线,经坪山进入岳麓区,再经龙台村沙坪组、龙洞村、新桥村、瓦灰村、麻田村、红叶村、雨敞坪集镇、嵇山村、潘家山村,在杨家滩村进入宁乡县境。S327岳宁公路在岳麓区境内约17.45千米,以长湘高速为界分为两段,东部为岳宁二期,长约4.3千米;西部为岳宁三期,长约13.15千米。按一级公路标准建设,设计时速80千米/小时,路基宽度为28米(单幅14米宽)。按照市政府要求,项目用地手续和拆迁由岳麓区办理,项目的建设由湖南湘江新区市政投资建设有限公司负责。2016年,完成项目全线拆迁腾地、二期和三期用地手续办理工作。

鹤岭至南谷公路。鹤岭至南谷公路是长潭西高速白泉互通与长湘高速南谷互通之间的连接线,纳入湖南省"十二五"国省干线公路中期调整规划,其建设对于完善区域路网结构、扩大高速公路交通辐射效应、改善区域落后的交通条件、加快区域经济发展具有重要意义。项目起点至长湘高速南谷连接线段采用一级公路技术标准,设计速度为80千米/小时,路基宽度24.5米,其中长沙市段全长1.24千米,设平面交叉1处。至2016年年底,完成项目招投标工作,正在进行拆迁腾地工作。

莲花至宁乡花明楼公路。莲善公路北起莲花镇莲花社区,南至宁乡花明楼,全长3.89千米。投资概算4900万元,按二级公路标准建设,设计速度60千米/小时,路基宽度10米,路面宽度8.5米。项目的实施,对完善湘江新区路网结构、发展区域经济、加快区西部融城步伐、提升莲花两型社会示范镇建设品位具有十分重大的战略意义。至2016年年底,完成G354、G218莲花至宁乡县花明楼公路3.89千米路基路面建设及附属设施建设。全年完成项目投资约2400万元。

"公交都市"建设。2016年,由区交通运输局牵头,协调提供莲花、坪塘和城区公交站场用地102亩,超额完成站场供地任务(90亩),推进港湾式公交站点改造,在潇湘大道、金星大道等主干道改造港湾33处,全年建设公交专用道20.3千米,推动全区"绿色公交"有序发展。

道路运输市场整治。强化执法力度,遏制"黑车"非法营运势头,加大湖南湘江新区综合客运枢纽、橘子洲景区、高校周边等重点区域营运秩序整治力度。严格路面管控,坚持日常巡查、定期或不定期专项整治、夜间整治相配合的治理模式,对过往货运车辆进行全面管控。对莲花、雨敞坪、坪塘大道等治超劝返点实行24小时三班轮值守点。2016年,累计查扣非法营运车辆344台；累计查扣超限超载货运车辆706台，卸载或转运货物4536余吨；路面货运车辆超限超载率下降至1%以下，改型货车栏板切除率达100%。

道路运输综合管理。依法简政放权，简化和规范道路运输业的行政审批、年度审验、行业统计等管理，推行网上在线审批。推进中介服务事项清理、公共服务事项清查和行政审批入窗办理流程编制，提高交通运输公共服务事项质量和效率，解决群众办证多、办事难的问题。

安全生产。加强安全行业监管，坚持每月对渡口渡船进行安全检查，督促相关街道落实渡船签单发航和消防、救生等安全设施配备。全面排查农村公路、在建工地、校车线路、三类维修业户等存在的安全隐患。开展辖区内"两客一危"车辆检查。

法制建设。持续强化法制建设，进一步加强执法取证，全年查处的非法营运案件无一例行政复议和行政诉讼情况。组织参加全市交通运输行政执法人员综合法律知识培训班，在系统内全面开展行政案卷自查和交叉评查。

（彭鹏）

农业·林业·畜牧·水务

农业·林业·畜牧

区农业林业畜牧局
党组书记、局长
张献文
党组副书记、副局长
陶石岩
党组成员、副局长
郭双献(女)
周　辅
彭海军
区纪委派驻纪检组长
聂其来
农业综合技术管理服务中心主任
刘　潮
农业综合技术管理服务中心副主任
滕　云(女)
鲁　婷(女,11—)
虞蓓蓓(女,11—)

【概况】 区农业林业畜牧局和合署办公的区农业综合技术管理服务中心内设办公室、农业科、林业科、畜牧水产科、综合科、计财科。有在职在岗工作人员43人(正式干部25人,临聘人员14人),其中班子成员10人,改非1人,干部14人,森林消防队员10人,临聘4人,借调4人。有归口管理的涉农二级事业单位10家(区动物卫生监督所,区农机监督管理站,坪塘、含浦、莲花、雨敞坪4个动物防疫站,坪塘、含浦、莲花、雨敞坪4个林业站),在职在岗工作人员117人。2016年,全区完成农林牧渔总产值26.7亿元。

农村经济发展。一是农业生产保持稳定增长。2016年,全区粮食播种面积9800公顷,粮食总产量8.7万吨。猪肉价格持续上涨,生猪养殖效益大幅提高,全区生猪出栏近30.3万头、家禽出笼70.6万羽。二是产业融合势头良好。农业产业链条不断延伸,产业功能持续拓展,新产业、新业态加速涌现,蓬勃发展。2016年,全区有各类种粮大户106户，面积404公顷，其中100亩以上的8户。都市休闲农业与乡村旅游发展火热，综合性乡村旅游项目数量增加，带动全区乡村旅游迈入新的发展阶段。三是农村经济发展优势明显。农村土地基本经营制度更加完善，土地合作经营在全区全面推广，农业组织化水平加快提升，新型农业经营主体不断发展壮大。全区土地流转面积3400公顷,有家庭农场15个,专业合作社148个。2016年监测合格的省、市级农业龙头企业已有13家,新增1家省级农业龙头企业（森蓝)、4家市级农业龙头企业(斯利、湘润、沃之园、裕成),新型农业模式引领作用得到发挥。

现代都市农业。2016年是全区“产业发展年”,现代都市农业列入全区六大产业之一,有15个农业产业化项目纳入了《岳麓区2016年建设项目投资计划》,总投资23.97亿元。全年实现投资2.9亿元，占年度计划的99%,争取上级资金4000万元,各项工作进展顺利。一是主要指标。引进投资规模一千万元以上的农业产业项目两个，分别是莲花镇的湖南鹏润农业科技股份有限公司开展的原生态农副产品及大健康产品的研发、生产和销售项目及长沙市金马生态农业休闲有限公司的金马农庄项目。与深圳市铁汉生态环境股份有限公司多次对接，拟来莲花镇投资兴业。受湖南湘江新区委托，配合上海棕榈集团与岳麓区共同实施的“一带一中心”项目、深圳铁汉集团与岳麓区共同实施的“乐知村”项目规划编制。二是产业重点。全年包装推介都市农业项目10个,包括莲花现代农业公园、五丰现代农产品交易中心、莲花河两厢农业、鹅洲生态旅游岛、农趣谷、雨敞坪泉水湖健康养生生态基地、生态嵇山农业科技园等项目。按照“市场前景好、增收效益好、环境适应好”的要求,以对接消费需求、提升附属价值、打造本土品牌为途径,重点培育打造鲜切花、羊肚菌、韭黄、天泉草业和特色水果五大特色产业(爱格设施农艺园鲜切花产业,学士街道众益蔬菜基地羊肚菌产业，雨敞坪镇韭黄产业天泉集团的天泉草业，圣峰果业特色水果产业)。三是项目达效。全年农业产业项目重点是围绕都市农业旅游“五谷”铺排,吸引社会资本、技术人才向现代农业领域布局,引进培育一批现代农庄、特色基地、龙头企业、合作组织,发挥农业项目在开拓消费市场、带动周边群众、辐射产业链条方面的引领作用。四是基础保障。结合各街(镇)实际,制定《2016年都市农业产业发展年度计划》《2016—2018年都市农业三年行动计划》《岳麓区

2016年区领导联系重点产业项目建设实施方案》。由区相关领导联点、牵头调度项目建设单位和属地街道(镇)对口帮扶。为企业搭建筹资平台,推荐58个项目申报专项资金,已争取财政4000万元的扶持。采取“一事一议”形式,对重点项目予以重点支持,已对爱格设施农艺园、雨敞坪韭黄基地的特色农产品进行土地流转费用进行支持。市政府还对天泉草业、爱格设施农艺园等项目进行专题研究,给予政策和资金扶持。

城乡融合推进。一是美丽乡村建设。2016年,区委常委会议就美丽乡村建设进行专题研究,制定《关于全面推进美丽乡村建设三年行动计划》。拟由区城建投向国开行融资2亿元,用三年时间,建设15个示范村、15个特色村,着力打造布局美、产业美、环境美、生活美、风尚美的“五美”乡村格局,逐步实现美丽乡村全覆盖。2016年,重点打造坪塘街道太平村,学士街道学华村,含浦街道含泰社区,莲花镇曾家桥村,五丰村,雨敞坪镇麻田村6个村建设。其措施包括领导联点、外出学习、做好规划、宣传推介、严格考核。争取市财政资金300万元,下拨坪塘街道、学士街道、含浦街道、莲花镇、雨敞坪镇做“五谷”农业产业发展规划工作。二是特色小镇建设。推进莲花镇湖湘风情小镇、雨敞坪镇田园风情小镇建设,莲花镇已纳入全省新型城镇化试点建制镇。莲花镇通过项目建设支撑、产业发展引擎,促进传统农业向科技种植、规模经营、生态休闲、观光旅游农业转型,形成以雨莲公路、莲花河为轴线,五丰、莲花、桐木集镇为重点的“一园两轴三片”发展格局,实现城乡统筹发展。雨敞坪镇按照“几轮明月、满天星斗、绿色银行”的田园产业战略发展规划,重点打造“四个千亩基地”(千亩韭黄基地、千亩生姜基地、千亩彩色稻基地、千亩特色水果基地)和“十百千新农家”(十个特色农庄、百所农民合作社、千名种植大户)。2016年,已建成以润坪、雨泉、裕成为代表的农民合作社28个,形成以韭黄、生姜、油茶、美国山核桃等为特色的种植项目43个,特色种植面积373.33公顷。三是示范片区打造。2016年,着力打造都市农业旅游“五谷”:打造雨敞坪“彩谷”,依托雨敞坪有机农业示范园,启动瓦灰民俗文化、麻田家风主题园、红叶有机果蔬农乡等建设,形成功能齐全、环境优美、宜居宜游宜业的田园风情特色新镇。打造莲花“慢谷”,推进桐木现代农业公园、现代设施农业展示中心、大宗农产品教育展示中心等项目,建设最具田园风情的特色小镇。打造学士“农趣谷”,依托学士村、玉江村、大坡村生态资源优势以及岳麓科技产业园的产业优势和智力优势,因地制宜建设“最美乡村庭院”和“智慧农业”特色片区。打造含浦“乡韵谷”,以“靳江河乡情谷”为纽带,推进“一垸一品、一垸一色”现代都市浪漫乡村。打造坪塘“绿谷”,以湘江欢乐城、巴溪洲等项目为载体,加快曾国藩墓、湘军文化园、文正书院建设,延伸绿色、环保、生态农业链条,建设宜居宜游宜业绿色生态庄园。围绕打造“五谷”铺排的重点农业项目,包括星海农庄、千户农庄产业园、沃之园公司、新卯油茶、雨泉合作社、润坪合作社、森蓝农业科技园、圣峰果业基地、南轩蔬菜种植基地、天泉草业生态乐园、南洲湖山庄、爱格设施农艺园等,年度任务进展顺利。四是生态环境改善。按照《长沙市造绿复绿工作领导小组及其协调机构工作方案》文件精神,环城绿带生态圈建设是市对区、县考核任务之一。全区环城绿带建设一期工程2.3公里,建设总面积46公顷,总投入2.7亿元。2月19日上午,环城绿带生态圈(岳麓区段)建设项目正式启动,项目一期已竣工。6月17日上午,省委常委、市委书记易炼红率队现场观摩全市造绿复绿项目,到环城绿带生态圈岳麓段等项目现场观摩指导。一期建设扫尾工作中的补栽补种和绿道提质工作全部完成。与设计单位和相关街道召开联系会议,根据设计单位提供的方案及施工图,明确分工,开始启动项目二期建设。同时,农村三年造绿行动已投入2000万元,完成全年工作目标。新建油茶林基地66.66公顷,油茶低产林改造100公顷,毛竹低产林改造66.66公顷。大力发展林下经济,扶持中药材金银花、迷迭香、葛根种植近1000亩。全区森林覆盖率37.62%,林木绿化率43.19%,活立木蓄积量135.45万立方米。五是农村综合改革。落实农村政策。全年公开申报农业项目58个,争取省、市资金支持,充分发挥农业财政资金的引导作用。中央、省、市各项农口类强农惠农补贴资金按期按实到位,“一卡通”“一折通”及时兑现。开展“雁过拔毛”式腐败问题专项整治行动,对省、市、区农业投资项目逐一进行排查。农村土地经营权流转。制定《关于创建农业部农村土地承包经营权流转管理试点县(区)工作方案》,完善《岳麓区关于进一步规范农村土地经营权流转管理的实施意见(试行)》。在全省率先开展农村土地经营权流转工作,自2014年7月1日发文之日起至2016年,全区共召开联席评审会4次,共对15家工商企业进入农村土地流转市场风险进行了评估,审批流转面积320公顷。农村土地承包经营权确权登记颁证工作有序进行,分两个阶段开展,第一阶段涉及17个村,承包耕地2500公顷。其中,雨敞坪镇10个村基础数据全部收集完成,整体进度完成70%;莲花镇2个村、含浦街道2个村、学士街道1个村、坪塘街道2个村正在进行摸底制图。9月,岳麓区再次被农业部确定为“农村土地流转规范化管理和服务试点县(区)”,试点成功后,农村土地流转合同网签管理制度、价格指导和发布机制、土地经营权抵押物除治机制等经验将在全国推广。

农村社会发展。一是农村环境全面治理。开展农业污染源普查,采取“禁养区”和“限养区”的分类管理、种养平衡“三治”综合利用、污水净化等一系列措施,实施畜禽污染专项治理。围绕村庄整治,按照户分类、村收集、镇中转、区处理的原则,基本建成全区农村垃圾收集处理体系。重点推进重金属污染耕地修复治理,在全区5300余公顷的重金属污染耕地区域撒施生石灰、有机肥、喷施叶面肥、种植绿肥、深翻耕、水分管理6项水肥综合技术措施进行修复治理。开展耕地休耕试点,全区完成试点面积153.33公顷,成效明显。二是森林保护措施得力。全面启动林业有害生物防治,包括生物天敌赤眼蜂防治林业害虫和松材线虫防治,释放赤眼蜂防治林业有害生物,大大降低虫口密度。严格落实森林防火责任制,完善森林火灾应急预案,切实加大宣传引导,加强巡查排查,完善设施装备,提升队伍建设,强化应急处置。加强森林防火宣传造势和专业队伍培训演练,按区政府常务会议要求,招聘森林消防专业队员3人。新购置一台远程森林消防水车,检修了一批消防设备,全年全区未发生大的火灾险情。组织全区森林消防专业和半专业队伍参加全市森林消防队伍集中轮训和实战能力演练及竞赛。三是动物防疫全面到位。通过采取及早动员部署、严格落实责任、加强检疫监管、规范免疫档案、强化监督检查等措施,全区春防免疫密度95%以上。全省、全市春季动物防疫监督抽查效果明显。全区建立并实施动物养殖强制免疫、检疫申报、消毒灭源、病害动物及产品无害化处理、疫情报告等制度。及时处理各类举报电话,及时查处、查获和无害化处理病害死猪和家禽。四是产品质量全面监控。积极创建全国食品药品安全城市,实现产地准出,市场准入和质量追溯等机制,形成区、街道(镇)、市场、基地四级监测网络。无公害农产品、绿色农产品实行全程质量监管,执行责任追究制度。定期联合开展农资打假行动,定期组织蔬菜农残抽检合格率99%,自产畜禽产品定期采样抽检合格率100%。开展农民各类实用技术培训11场次,培训农民1700人次。及时指导农业病虫防治,取得良好效果。

(罗千平)

【**区城乡融合和现代农业产业发展成效明显**】《人民日报》《经济日报》以及《长沙晚报》头版头条对岳麓区特色精品农业、田园都市农业、城乡融合发展等现代农业发展进行专题报道。2016年3月21日,《人民日报》头版对岳麓区农业农村,特别是莲花镇、雨敞坪镇美丽乡村建设工作进行了专题报道。6—8月,省委副书记孙金龙、省政府副省长戴道晋、市委书记易炼红、市政府副市长陈中等省、市领导先后到岳麓区调研现代农业产业发展情况,观摩环城绿带建设成果。11月28日,全区人大、政协两会期间,代表委员考察莲花镇天泉生态草业工程有限公司、圣峰果业公司、爱格设施农艺园、长沙众益农业科技有限公司,并参观区农产品展示区。12月1日,湖南湘江新区党工委副书记、管委会主任虢正贵率队调研岳麓区经济社会发展情况时考察了爱格设施农艺园,对岳麓区现代农业发展给予高度评价。

【**在省、市率先创新重金属污染治理项目管理模式**】建立石灰、深翻耕、叶面阻控剂、绿肥、监测采样等项目微信群,通过向项目单位发送图片、小视频、微信位置等方式,实时了解工作进度,省、市、区、街(镇)、村组有关专家和监理人员在微信群中对项目实施现场调度,协调矛盾和问题,做到项目共同监督、有效快速推进。区政府多次组织区直有关部门、各项目街(镇)召开专题工作会议,研究和调度重金属修复治理试点工作。

(罗千平)

水　务

区水务局

党组书记、局长

罗国良

副书记、副局长

谭　敏

党组成员、副局长

谢茂华(1—4月)

刘时香(5—)

宾建光
纪检组长 孙荣来(1—11 月)
聂其来(11—)
党组成员 陈志良
防办主任 黄炼钢(1—11 月)
姜　波(11—)

【概况】 区水务局内设办公室、水政水资源科、水建水管科、供排水管理科、人事财务科。下设区防汛抗旱指挥部办公室（副科级事业单位)、岳麓区河道堤防管理站(加挂水政执法大队、岳麓区砂石经营管理有限公司)、岳麓区丰顺垸堤委会（含湘麓垸堤委会)、岳麓区洋湖垸堤委会、岳麓区麓山垸堤委会(含岳北垸、岳华垸、梅溪垸电排站)、白菜湖堤委会、岳麓区泉水冲水库管理所 7 个二级机构。有在职在编 52 人。

水利工程建设。潇湘南大堤(水厂—湘府路大堤)段应急除险工程、三塘冲水库除险加固工程等全面完工并通过验收，云盘垸堤防综合整治工程主体完工，河道管理用房建设已经全面动工，开展泉水冲水库扩容前期可行性研究及勘察测量等工作。小农水建设按期完工。实施山塘清淤、渠道整修、小河坝改造，累计投资 4100 万元，年度小农水项目已全部完工，通过了第三方中介机构验收，配套资金已拨付到位。

防汛抗旱减灾。针对 1998 年以来出现最大的汛情，汛期较 2015 年提前，强降雨频繁。区防汛抗旱指挥部办公室早铺排、早部署、早发动，做好“防大汛、抢大险、救大灾”的各项准备，第一时间组织实施处置雨敞坪镇西湖水库渗漏、梅溪湖街道山体滑坡等险情。汛后期，及时汇总灾情，组织街道(镇)开展水毁工程修复。经过全区各级各部门努力，实现不溃一垸、不垮一坝、不死一人、不淹一片的汛前目标。

水资源管理。开展集中宣传活动，持续打击非法取用地下水行为，全年封停违法取水井 4 处，开展在建项目水土保持专项执法检查。出台《岳麓区水资源管理制度》，建立“三条红线”“四项制度”，圆满完成市政府对岳麓区 2015 年水资源管理目标考核任务。开展水生态文明城市建设试点工作，区水生态文明城市建设工作各项评价指标及重点工程任务基本完成。

河道整治与坪塘砂石基地管理。强化对辖区河道管控力度，制订并落实《岳麓区河道管理工作实施方案》。2016 年，清理菜地、晾晒杂物 27 次，打捞水面漂浮物 580 多吨，转运废弃建筑垃圾及生活垃圾 460 多吨。河道执法队对湘江、靳江河、龙王港等主要河道开展巡查 230 次，计 16500 余公里。连续整治傅家洲地摊砂场、碳塘子地摊砂场、砂石基地临时砂石供应点、原麓山公司河滩地摊砂场。坪塘砂石基地管理团队依据砂石基地规章制度，及时捋顺生产线业主与当地群众的关系，克服天气灾害，保障砂石基地正常运转，确保辖区内砂石有序供应。

气象灾害防御。区防雷办联合市气象局对酒店、加油站、中小学校等人群密集、易燃易爆场所开展防雷检查 5 次，组织较大规模气象灾害防御宣传活动 2 次，对橘子洲街道师大社区、学士街道斑马塘社区等 13 个社区实施气象社区示范点建设，完成全区中小学校及幼儿园防雷检测工作。

自来水改造工程。超额完成长沙市户表改造及二次供水管理工作指挥部下达的水表改造任务，岳麓区位列全市第一。列入农村自来水普及铺排项目 8 个，完成投资 2690 万元，自来水普及人口 32000 人，超额完成年度考核 20000 人指标。

安全生产。强化安全生产红线意识，履行安全生产监督管理职责，落实安全生产责任制，开展安全生产检查、督查，推进河道非法采砂、防汛隐患整治行动，加强隐患排查，区水务系统未发生一例生产安全事故，处全市领先位置。

队伍建设。开展“两学一做”学习活动，深化党内法规制度学习，深化纪律教育。组织全区水务系统干部职工 280 余人分批次参加区党校举办的水务业务知识培训班学习。开展“纠‘四风’、治陋习”专项整治工作，促进党风廉政建设。定期对专项资金拨付使用进行检查，聘请审计部门对小水利资金进行专项审计，确保财政资金落到实处。　（韩娟娟）

城乡建设管理

规划管理

区规划分局

党支部书记 张志伶

局　　长 卢泽洪

副 局 长 黄　腾

规划监察执法大队长 戈　辉

规划监察执法副大队长 李炜路

【概况】 区规划局是长沙市城乡规划局派驻岳麓区正科级规划行政管理机构。内设办公室、审批室和执法大队。在编7人,其中党支部书记1人、局长1人、副局长1人、执法大队长及副大队长各1人(班子成员),办公室、审批室主任各1人。

推进项目建设。在市、区重大项目建设过程中,坚持服务为先、主动作为、责任上肩,做好各项规划协调工作。一是涉市重大项目建设服务责任到人。对岳麓区涉市重大投资项目调度进行再细化,为全区69个政府、社会投资项目逐一确定经办人,点对点服务。针对投资项目较多的教育、城投、园区、棚改等单位及部分街道,多次专题组织湖南湘江新区国土规划局、市规划局相关负责人主动上门服务,通过现场办公会议等形式推动项目建设。二是区属项目规划技术支持到位。努力推进区委主要领导调研街道(镇)及区委常委会交办项目落实进度,与望岳等7个街道进行多次专题研究、对接,按照“一问题一方案”的原则,制定详细解决方案,并积极推进实施。加大中南大学国际研发总部项目的规划服务力度,多次协调市局总工室,指导、配合大学科技园开展控规修改工作。推进后湖新村等农民安置项目完善手续工作。为区城投社保融资用地等控规修改项目做好技术指导、协调、服务,已完成金星地块社保融资用地等5个项目的控规修改,靳江村两安用地等13个项目的控规修改申请工作正有序推进,其中8项已启动程序。三是保障性安居工程及片区改造开发落实到点。推进桐梓坡大板房、白沙液街两厢、老咸嘉湖路两厢、坪塘片、观音港、三汊矶等棚改项目的拆迁、合法性认定、规划方案编制、控规修改等工作,做好规划技术服务和沟通协调。多次专题组织市规划局相关处室与区城投、城开、棚改公司对接,针对规划方面存在的问题,专题研究解决问题办法,提出具体服务措施,加快项目实施。四是服务全区拆迁工作攻坚克难。根据全区统筹情况,与各职能部门齐心协力,全力做好拆迁工作,尤其在恒大海花谷、智能驾驶、未来科技城、中南大学国际研发总部、棚改等项目上攻坚克难,稳步推进。全程参加房屋确权、合法面积认定等工作,参加现场踏勘、方案讨论会议近百次,全年累计合法确权约1400户,累计认定合法面积约30万平方米。累计出具违法建(构)筑物鉴定函581份,鉴定违法面积约10万平方米(含国有土地、集体土地)。

抓好重点工作。围绕区政府、市局提出的重点工作、重大任务,及时对接、加强协调,确保工作质量。一是在美丽乡村建设工作中发挥协调组织作用。按照《岳麓区美丽乡村三年行动计划》要求,配合上海棕榈公司,为设计单位和各村落提供规划服务工作。根据“美丽乡村规划竞赛”工作要求,组织湖大设计院、诚士设计院与莲花镇五丰村、学士街道学华村签约结对,经过现场调研,做出规划设计。二是在后湖区域综合整治工作中发挥技术支持作用。与设计单位、湖南湘江新区、市规划局、街道等部门保持紧密对接,推动规划设计工作进展。组织召开后湖区域概念性设计方案征集和专家审查会。配合完成锦绣潇湘、麻园路侧第八组、天马路三个节点景观设计方案,以及地形图现勘、后湖水体地质勘查、后湖区域水体整治规划方案。推进华人建筑师协会对当地民居房屋的改造设计工作。后湖区域修建性详细规划成果已报市规划局审查,拟上报市政府。三是在卫星遥感影像异常图斑核查工作中发挥借势攻坚的作用。通过区长办公会议、区拆控违办调度等形式,及时向各街道下达全市卫星遥感异常图斑核查任务,确保核查及时、信息准确。第12、13、14期累计核查异常图斑6384处,核实并上报违法建设图斑155处。配合住房城乡建设部城乡规划督察湖南组对

2016年第一期疑似违反总规强制性内容的11处图斑进行了现场核查,确定并上报违法建设图斑2处。组织核查非违反总规强制性内容的图斑121处，确定并上报违法建设图斑6处。

谋划长远规划。注重发挥城乡规划的龙头作用，推行规划编制工作,引领城乡品质倍升。一是组织开展城市设计工作。委托规划咨询公司和市建筑院进行白沙液路、双塘路城市设计,借助城市设计推动棚改项目规划修改的契机，为白沙液街有机棚改规划提供可实施的、操作性强的规划解决思路和方案，推动项目顺利实施。同时,做好控规层面城市设计征求意见工作，与区政府办紧密配合，将岳麓区8个片区控规层面城市设计分两批次征求各街道、职能部门意见。二是积极探索规划服务新模式。争取规划前期介入,使建设项目少走弯路。积极探索在项目土地手续尚未完善的前提下，先期介入规划技术咨询工作，对湖南检验检测特色产业园、区公共卫生服务中心、奥克斯缔壹城小学、岳麓山片安置房、玉润公园等项目进行服务模式的创新探索，为项目推进节省了大量时间。三是开展规划技术评审工作。对谷山生命文化园概念性规划、莲花镇乐只村亲子文旅项目策划与概念设计等多个专项规划成果提出评审意见。对七一六矿用地、南山白鹤天池等多个项目控规修改论证评审。对区全民健身运动中心、省人防公交停保场等项目选址提出规划意见。积极协助区住建局开展搅拌站场选址工作。

提升城市服务。加大规划宣传、公示、公开力度,促进规划公众参与。一是搭建规划宣传上层平台。5月11日，配合组织区人大常委会全体成员、部分市人大代表一行视察长沙市国际会展中心、磁悬浮列车运营为代表的规划工作情况。区第四届人大常委会第二十九次会议听取审议并表决通过区规划局关于长沙市岳麓区规划工作情况的报告，区人大常委会领导及与会人员对规划工作给予高度评价。二是办复建议提案,关注规划问题的民意表达。全年累计办理市、区建议提案5件,办结率100%,主办件办理态度、办理结果满意率均为100%。三是开展“社区微更新计划”。组织湖南大学建筑设计院为银盆岭街道英才园社区制定调研和微更新设计,调动社区居民和社区基层工作者的积极性，通过座谈、讲座、交流会等活动,让市民掌握先进的规划理念，了解设计与建设的各个环节,成为城市更新、社区治理实践的主导者。为改善城市人居环境、解决民生问题、落实“四增两减”的要求奠定了良好的基础。（李炜路）

国土资源管理

长沙市国土资源局岳麓区分局

党组书记、局长

龙征兵(1—2月)

党组成员、副局长

龙跃林(2—3月)

党组书记、局长

罗亿清(3—)

党组副书记、执法监察大队大队长

曹　晖(1—3月)

寻　文(3—)

党组成员、副局长、机关党支部书记

夏小兰(女)

党组成员、副局长、纪检组长

骆　欢(1—8月)

党组成员、副局长

骆　欢(8—)

党组成员、纪检组长

张　翔(8—)

【概况】 岳麓区国土分局内设办公室、财务科、监察室、人事科、用地科、地籍科、地矿科拆迁科、信访科、信息科、后勤中心10个职能科室，下设长沙市国土资源执法监察支队岳麓区大队、长沙市国土资源局岳麓区分局征地拆迁事务所2个二级机构及中心管理所、坪塘管理所、含浦管理所、莲花所、雨敞坪管理所5个国土所。核定编制56人，其中公务员编9人,参公编9人,全额拨款事业编31人,自收自支编7人。

保障用地。采取“一个群”建立报批服务平台、“一张图”掌握报批动态、“一套表”把控报批进度——“三个一”的创新工作方法，用地报批服务提质提速,《中国国土资源报》对此予以刊文推介。上报(含协助湖南湘江新区)用地项目37个387.47公顷,办理建设项目立项审查67个,发布预征土地方案公告37个,编制“一书四方案”43个,批准临时用地2宗,受理村(居)民建房审批594户,完成登记发证2412宗。

征地拆迁。2016年，岳麓区64个重点扫尾项目公告发布全部完成，其中清零46个，拆除919户。新启动的73个项目和47个跨年续拆项目中，完成征地补偿登记56个,入户调查2250余户,拆除房屋2490余栋60万平方米,安置6000余人。完成请款150笔48.93亿元,拨付征地补偿安置资金1286批次约37.81亿元。征拆工作获省、市领导批示肯定,并由长沙市国土资源局、长沙市征地办组织全市征拆系统到岳麓区观摩学习。

保护耕地。全年完成城市周边1826.67公顷可划定永久基本农田范围的调整摸底和核实举证工作，上报并初审通过城市周边划定面积685.13公顷。提出选址建议，减少建设项目占用耕地约20公顷。落实岳麓区耕地保有量9668公顷、基本农田保护面积7637公顷的保护任务，探索建立“重金属污染耕地档案”工作，《中国国土资源报》头条推介。

地矿管理。制定下发地质灾害防治方案，成立领导小组及应急分队，采取班子成员轮流带班24小时值班的方式，做好汛期Ⅱ级防汛响应期间隐患点防范工作，实现人员“零伤亡”。在全区共排查出地质灾害隐患点24处。投入近200万元，完成含浦街道大坡村塌陷区应急治理工作。对29家已关闭退出的非煤矿山进行专项清理及验收补偿工作，拟订经过规范化整顿的19家矿山企业去留和后续问题的相关方案，其中12家已公告关闭。

执法监察。明确违法用地查处“分责到位、履责到位、追责到位”的“三个到位”新要求，争取专项经费1000余万元，强制拆除整改并复耕复绿违规驾校8所、农家乐及工棚等42处，刑拘5人，《中国国土资源报》头版头条予以推介。组织开展动态巡查430次，发现违法用地行为220起（含村民建房）。发现并制止非法采矿行为25起。立案查处土地违法案件12宗。出具村民个人历史性违法建筑认定意见134份，面积7万多平方米。处置清理53宗闲置土地。

基础工作。受理信访件25件；承办区“12345”政府服务热线工单79件，办理回复群众依法申请政府信息公开65件，向长沙市国土资源局门户网站、湖南省国土资源厅报送工作动态信息27条，在分局子站公开相关政策法规、征地拆迁公告等事项；开展近6年来首次大范围的中层骨干轮岗竞岗交流活动，修改完善《岳麓区国土分局机关日常管理制度》、《岳麓区国土分局劳务派遣人员管理办法》、内部《财务管理制度》等。在2016年度市局工作考核中，分局年度绩效考核在内五区排名第一。

党建工作。入驻坪塘街道鹅洲村群众工作站并开展群众工作。与雨敞坪镇瓦灰村党支部结对共建，慰问帮扶6名生活困难老党员。落实“在职党员进社区”活动，实现服务群众“零距离”，发挥在职党员在联系服务群众中的先锋模范作用。与宁乡县喻家坳乡神武村6户困难家庭结对开展帮扶活动。落实党风廉政建设责任制，开展“两学一做”专题教育学习活动。分局党支部获评“先进基层党组织”。（邓亚妮）

重点工程管理

区工务局

局　　长　杨桂华(女)
副 局 长　张立清
　　　　　　唐宏源
　　　　　　王芝萍(女)
纪检组长　王　颖
党组成员　伍国裕

【概况】 区工务局内设办公室、计划财务科、项目筹备科、工程管理科、技术安全科。成立于2010年12月，是由原岳麓区重点工程建设管理办公室（简称重点办，成立于2001年4月）更名而来，原重点办职能整合划入区工务局。成立后的区工务局为岳麓区政府直属事业单位，主要负责全区各级重点工程项目的管理、协调、服务、监督工作，及区级财政投资的公共工程和公益性社会事业项目的实施和代建管理等工作。区工务局核定全额拨款事业编制15人，2016年该局正式在编干部14人、政府雇员2人，临聘人员2人。

项目建设。2016年，全区共铺排建设项目443个，总投资4376.43亿元，年度投资690.77亿元。其中，基础设施项目103个，年度计划投资138.78亿元。103项基础设施项目中，续建项目32个，年度计划投资60.89亿元；新建项目50个，年度计划投资71.17亿元；预备项目21个，年度计划投资6.73亿元。截至12月31日，有82个项目启动建设，启动率100%，完成投资139.34亿元，完成年度计划的100.4%。重点项目征拆。全区成立25个征收拆迁专项指挥部，铺排征拆项目223个，用地面积2733.33公顷。截至12月31日，71个扫尾项目中，有44个项目实现清零腾地，3个项目实现签约清零，累计完成签约653户，完成拆除884户，签约率89.2%，拆除率85.3%；发布公告，启动征拆工作项目82个，其中启动签约项目44个，累计完成签约3031户，完成拆除2391户，签约率87%，拆除率68.7%。

计划编制。根据区委、区政府工作部署，以及市发改委、市住建委、市重点办工作要求，做好“十三五”期间各级重点项目计划收集、整理、编制工作。牵头编制岳麓区2016年度重点基础设施项目建设计划，配合编制岳麓区2016年项目征拆计划及“瓶颈路、断头路”项目建设计划。配合完成省、市、区2017年城建重点项目计划的收集整理；完成市级重点项目中区级项目进度统计上报工作，规划铺排全区2017年度“瓶颈路、断头路”项目计划、2017年度区建区投项目计划、2017年申报湘江新区建设道路计划及2016—2018年市政基础设施项目建设计划和区级基础设施项目建设计划编制等工作。

建设管理。省科技厅西侧支路K-6道路(以下简称科韵路)南起银双路，北至岳麓大道，全长383.32米，路幅宽20米，为城市支路，已列入2016年度长沙市“瓶颈路、断头路”计划。根据区长办公会议纪要精神，该道路由区工务局负责组织实施，资金来源为区财政全额投资。项目主要包括道路、排水、绿化、照明、交通工程、管线综合、电力埋管等工程。科韵路于2016年2月29日和3月1日分别在长沙公共资源交易中心及岳麓区资源交易中心进行公开招标，工程施工和监理中标单位分别为湖南省西湖建筑集团有限公司、湖南开诚项目管理有限公司，中标价分别为1044.72万元和24.5万元。工程于2016年3月27日正式进场施工，10月完成全部工程建设，12月通过工程预验收。“瓶颈路、断头路”改造。2016年，市对区下达断头路、瓶颈路任务共8条。其中，桐梓坡路、茶子山路和麻园路续建道路项目已完成拆迁腾地工作，茶子山路已建成通车，桐梓坡路和麻园路部分路段已建成通车；新建项目坦山路和城市支路K-6这2条道路项目已完成拆迁腾地工作，城市支路K-6已建成通车，坦山路部分路段已建成通车，双塘路已基本完成前期准备工作，正在启动拆迁工作；岳麓出入口、学士出入口改造和望岳路2条道路项目由湖南湘江新区协调申请调整任务。湖南湘江新区片区外路网建设。对接湖南湘江新区、切实做好湖南湘江新区核心片区外道路建设工作，继续完成谷岳路东段，坦山路三标，农工商配套道路，含浦大道一段，湖大支路一、二、三，左栗路，莲坪大道学士段，岳宁大道，后湖路，麻园路，湖大路，红星美凯龙配套道路、麓景路南延线等湖南湘江新区与岳麓区共建道路的协调服务工作，并根据湖南湘江新区和区政府的共同要求，推进谷丰路南段、望岳路中段、白云路等项目的征拆建设协调服务工作。湖大支路一和麻园路的湖大支路一到阜埠河路路段竣工通车；红星美凯龙配套道路北支路、湖大路和湖大支路二、三已基本完成土路基和排水施工，后湖路建设正在进行土路基和石方填湖施工；莲坪大道学士段含浦大道以西段已完成路基和稳定层施工，含浦大道以东段正在进行路基和排水施工；岳宁大道正在进行路基、桥梁和隧道施工；含浦大道一段已完成已交地约300米段路基及排水施工；麓景路南延线已办理拆迁公告准备启动征拆工作。

综合管理。完善各项工作机制。进一步完善和理顺全区项目建设和产业发展“四项机制”，配合区政府办修改调整区级征拆建设指挥部财务管理、机构设置、工作模式等方面的规章制度，进一步完善全区项目征拆建设专项工作组办公室工作机制，探索和研究与湖南湘江新区共同建设岳麓主城区主次干道和农村地区重大交通项目建设合作模式，探索和研究引进社会投资建设城市基础设施项目的新理念和新模式，2016年，成功争取湖南湘江新区对区双塘路北段、谷丰路南段、坦山路三标等市政道路进行全额投资或部分资金补助，缓解区基础设施建设的投入压力，提速区基础设施建设进度，打通城区交通瓶颈，完善城区路网。开展项目建设常态化管理。对全区重点项目征拆和建设进度统一归口统计，实行周信息平台发布和月书面督查通报制度，全年共发布拆迁日统计信息数据195期、周统计信息数据通报47期、月督查通报10期，按要求做好湖南湘江新区“百日会战”台账统计上报、全区重大基础设施项目台账统计上报、全区“瓶颈路、断头路”台账统计上报等基础工作。强化对接沟通，健全完善信息数据制度，为区委、区政府全面了解项目征拆、建设进度提供第一手资料，为加快项目拆迁扫尾、启动建设提供服务保障。

项目协调服务。一是项目调度。全年参加对接协调项目调度会议300余次，特别是对于省、市重点项目，湖南湘江新区项目调度和相关对接会议交办项目，提前做好相关项目的调查摸底、信息收集和分析研究工作，拟定切实可行的工作建议和解决方案，及时反馈给上级有关部门，提高所提建议和方案的通过率。二是项目协调服务。协调省市区重大城建项目和民生基础项目建设工作，特别是地铁2号线西延线二期、3号线、4号线、6号线、城际铁路西延线、酒泉至湖南特高压线路、区级棚改项目等省市区重大基础设施项目建设的协调服务工作。妥善解决白鹭湖建筑公司的历史遗留问题和周边村民饮水问题。城际铁路东线包括阳光新城用地征收、市警备区绿化用地占用、枫林美景17栋地下车库渗水等遗留问题。地铁3号线、4号线主要站点主体结构性施工已基本完成。地铁项目涉及的望月湖小学和幼儿园搬迁过渡、黄鹤村安置房屋开裂、湖南大学学生公寓过渡等问题均妥善解决；协助酒泉至湖南800千伏特高压线路29座基座全部建成并完成架线；牵头协调完成红桥、洋湖、滨江变电站建设及高压配电线路敷设；协助五星村完成安置小区电力设施、二次供水设施费用减免问题协调；牵头做好区消防大队谷山消防站前期选址调查工作；协助英才园社区完成英才园路管线改造工作；配合完成莲花、坪塘公交站场选址工作；桐梓坡棚改电力、自来水、燃气管网迁改工作顺利完成，完成白沙液街棚改、咸嘉湖路棚改、三汊矶棚改项目电力、自来水、燃气管网迁改的年度工作任务。继续加强全区城建重点项目在建设过程中涉及的电力、燃气、自来水等方面的协调服务工作。做好全区市政道路、老旧农民安置小区路灯建设维护工作，增强岳麓新城的综合保障功能。结合“产业项目发展年”的相关工作要求，强化在全区重点产业项目推进中的工作力度，为产业项目建设提供全方位的协调服务，解决项目推进中存在的困难和问题，完善全区重点产业项目周边基础设施配套建设，确保年度重点产业项目开工率、投资完成率、达效率“三率齐升”。协助莲花爱格花语项目顺利完成电力、燃气管线接装手续，并启动管网建设；牵头完成后湖路电力杆线下地协调工作；协助完成石岭塘安置用地高压杆线下地建设工作；顺利解决桔洲新苑路灯亮化、英才园、安居路路灯亮化、岳华佳苑路灯亮化等路灯问题；解决沁园春楼盘、阳光新城等楼盘欠付电费导致居民无法用电的问题。三是未来城项目指挥部综合工作。未来科技城项目一期总用地面积82.13公顷，一期一阶段已发布协议拆迁公告面积71.87公顷，共需拆迁房屋112户126栋。该项目为岳麓区推行“6.30”拆迁新机制后启动的第一个项目，征地拆迁工作的民生关注度、政治关注度和社会关注度都非常高。严格按照“一线服务、两级联审、三榜公示、四月签约腾房、五月交地结算”的集体土地拆迁新机制、操作新规程的要求，做到思想观念转变到位、资料收集整理到位、计划铺排调度到位、政策标准执行到位、程序规范落实到位、联合审批手续到位、公开透明公示到位、动态宣传报送到位、痕迹管理归档到位、一线服务保障到位“十个到位”，赢得项目拆迁群众的理解、支持和配合，实现第一奖励期内100%签约清零，确保未来科技城项目一期拆迁首战告捷，并确保“零上访、零问题、零事故”，再次刷新了岳麓区集体土地征拆工作的“岳麓速度”，受到市委书记易炼红、市长胡衡华的高度肯定，专门在岳麓区委、区政府呈报的工作喜报上作出批示。

安全生产。依据安全生产法律法规，多次对重点工程项目开展专项督查工作。加强在建重点项目安全生产检查工作，全年共牵头组织对地铁3号线、地铁4号线、城际铁路等省市重点项目开展督查8次，“打非治违”专项督查6次，对存在安全隐患问题的项目单位下达整改通知书6份，且全部督促整改到位；牵头妥善处理英才园道路安全隐患问题。做好科韵路（工务局实施项目）的建设现场安全、文明施工管理工作，确保项目按计划完工。

城市环境综合整治和文明创建。牵头协调长沙供电公司、市路灯所、市电信公司等多家管线单位，对岳麓大道、金星路、杜鹃路、咸嘉湖路等主干道管线问题进行整改，确保文明创建达标；协调市路灯管理所对英才园小区路灯不亮问题整改到位；牵头组织市路灯管理所、区财政局、望城坡街道背街小巷安装路灯提出方案，解决周边居民出行不便问题；牵头做好三汊矶、桐梓坡、白沙液、咸嘉湖西路棚户区改造项目的电力、燃气、自来水管网、弱电管网迁移改造工作，确保被征收房屋顺利安全地实施拆除工作；牵头做好观沙岭街道石岭塘村生产安置用地项目高压杆线下地、岳麓街道西大门等高压杆线迁改建设等电力建设协调工作；牵头处置沁园春御院、雄海花园、西子湖畔、麻田小区等12个小区欠付电费，避免引发群体事件的问题；为长韶娄高速公路管线建设，农业产业项目艾格斯项目的电力、燃气接入等项目提供协调服务。

中心工作。一是批示件办理。2016年，共接到涉重点项目建设类领导批示件100件，“12345”市民热线、网络舆情和“区长信箱”交办问题37件。对每项工作件均严格要求，专人负责、科学调查、按期完成。二是人大建议和政协提案办理。2016年，共办理人大、政协议案12件，其中市级人大、政协议案3件。承办的人大建议和政协提案见面率、答复率、满意率均为100%。配合区人大完成市人大联工委对谷丰南路项目建设进度的督办工作。三是信访遗留问题办理。2016年，省、市、区政府工作报告交办工务局工作9项，区委常委会议、政府常务会议交办工务局牵头落实的工作共15

项，大部分交办属于“急难险阻久”的信访维稳问题、民生实事问题、历史遗留问题。及时妥善处置信访遗留问题，确保社会大局的稳定。

队伍建设。开展“两学一做”学习教育，周密部署，精准施策。通过制订个人学习计划，撰写心得体会，组织党员集中学习“专题党课”，参加“机关党员大课堂”、“机关党员微党课”活动以点促学，带动全局。健全完善“一把手负总责，分管领导各负其责，班子成员齐抓共管、局纪检组协调统筹”的党风廉政建设工作机制，做到党风廉政建设与业务工作统一研究部署、统一组织实施、统一检查考核。落实区委《关于构建“九责体系”落实党风廉政建设“两个责任”的实施意见》，将“两个责任”以清单的形式进行分解细化、责任到人，开展班子成员“一岗双责”诺责活动，落实“两个责任”公开承诺书，形成“横向到边，纵向到底”的全覆盖责任体系。结合“清风岳麓，你我同行”活动和“廉政文化进机关、进项目”活动，加强廉政教育，抓住管党治党突出问题，开展专项整治，以问题为导向，高度重视巡视整改工作；以监督为重点，扎实开展“雁过拔毛”式腐败问题和“纠‘四风’、治陋习”两项专项整治和作风建设“九项行动”。开展支部换届选举，组织党员民主评议，落实“三会一课”制度，开展党费收缴专项整治、党员组织关系集中排查和党员档案管理工作。开展党群结对共建活动。帮助桐木村“两委”理清村级建设发展思路，制定完善新农村建设规划。组织机关党员在各自社区主动认领文明创建监督员、法律援助员等岗位，2016年，全局在职党员共服务群众40余次，开展政策宣讲8余次，为社区解决了水、路灯、电力、道路等问题48余件，慰问群众38余户。践行“三服务”一线工作。全年受理区委“三服务”一线办交办的涉及道路交通、国土规划、电力、燃气等22个民生问题，办结率100%，协调帮助联点英才园社区解决路灯、道路维修、人行天桥新建、湘雅附三人行通道增设等问题10余个。开展“一进二访”活动。组织党员干部深入联点社区走访18余次，征求群众意见35条，协调解决问题20余个，化解群众矛盾15起，解决老难信访案件4件，并在传统节日期间慰问困难群众25户。（刘卓）

住房保障

区住房保障局

党组书记、副局长

郭忠祥

党组副书记、局长

何红兵（1—9月）

邹士朴（10—）

党组成员、副局长

周富强

梁运平（1—10月）

区纪委派驻住保局纪检组长

熊文学（1—9月）

党组成员 文伟林

周　庆

区纪委派驻住保局纪检组长

张智权（10—）

副 局 长 雷　凌（11—）

李治祥（11—）

【概况】 区住房保障局为区人民政府直属全额拨款事业单位。内设办公室、项目管理科、登记管理科、保障性住房管理科、棚改管理科小组办公室，下设区保障住房服务中中心（二级机构）。有干部职工共计43人（在职人员31人，临聘人员12人）。

助力新城品质提升，棚户区改造取得新成效。一是考核指标圆满完成。2016年，负责实施区棚改项目6个，涉及省厅任务2600户，市任务2850户。全年完成省任务2600户，市任务3003户。其中，重点民生实事任务2184户，实际完成2600户。二是抓项目落实。深入白沙液街、老咸嘉湖路两厢、蜂巢化工、观音港、三汉矶5个新启动项目具体抓，并从全局抽调业务精、能力强的21名干部全身心投入棚改项目，开展政策宣传、房源信息收集、签约等工作。桐梓坡棚改项目完成拆迁扫尾，老咸嘉湖路两厢、三汉矶、蜂巢化工棚改项目实现私房征收清零；三汉矶项目刷新征拆工作“岳麓速度”，征拆经验在《市委通报》上刊发；蜂巢化工项目60天完成全部签约，再次刷新棚改项目签约速度。三是稳妥解决矛盾纠纷。针对项目推进过程中面临的厂区、公房征收难度大问题，加强与市、湖南湘江新区相关部门对接协调，稳妥化解历史遗留问题，促成项目早签约，企业早搬离。加强与市财政、市棚改办、国开行等单位沟通对接协调棚改资金，畅通资金来源渠道，落实授信项目贷款。协调区财政资金调度，确保资金满足项目进度需求。2016年，中央财政城镇保障性安居工程棚改专项资金拨付到位，并接受市审计局审计。

有力推进向项目建设，公租房项目展现新形象。一是主动服务全局。服务全区大局，秉持“干部要干事，为官要有为”理念，顶着压力上，甩开膀子干，参与海花谷、三汉矶等项目征拆，工作中依法依规,贴心服务,在三汊矶项目积极筹集230套限价商品房和近千套经适房、廉租房、公租房房源,积极与商品房楼盘洽谈,实施多途径多类型安置,为全区经济社会的发展积极贡献力量。二是主动服务项目。2016年,全区有2个新建公租房项目,八方小区(464套)和金溪湾二期(583套),共1047套、77169.77平方米,已实现全部开工建设。3个续建公租房项目,湖南第一师范、商务职院、海普信息技术服务公司(1184套)均提前完成开工和基本建成任务。公租房专项资金2710.73万元,公租房配套基础设施资金1000万元已按期拨付到位。海普声域公租房项目获“湖南省保障性安居工程示范项目”称号。三是主动监管项目。开展“安全生产监管执法年”和“安全生产月”活动,每月对全区在建保障房项目进行巡视检查。按照市局和区委、区政府的安排部署,严格落实“党政同责、一岗双责、失职追责”,落实企业主体责任为重点,加强监管执法为主线,在在建公共租赁住房项目建设领域认真开展安全生产监管活动,防范和坚决遏制公共租赁住房项目建设上的安全事故发生。全年公共租赁住房项目未发生安全事故。

*着力加强住房管理,民生实事取得新进步。*一是小区环境有改善。加强对小区安全隐患的排查及整治工作,重点对居民反映最为强烈的谷山乐园4号栋公租房南向围墙安全问题积极协调相关单位,筹集70余万元实施整体改造。督促并配合诚兴园小区对小区绿化带及在楼顶违规种菜进行整治。对各小区房屋进行修缮,解决渗水问题276处,2016年新搭建电动车棚2个;对新诚小区电缆井、水井、消防通道进行了专项治理,共清理了60多个楼道,144个电缆井、水井,清理出杂物、易燃物品等10余车,维护了公租房小区安全环境。协调对接高新区加强麓谷锦和小区管理,投入900余万元对小区进行提质改造,人居环境明显改善,群众幸福感倍增。二是管理水平有提升。按照市局示范小区创建工作要求,深入排查公租房转租转借等违规问题。对全区9个公租房小区,划分为7个责任小组,由局党政领导牵头,科室相关负责人负责,分片包干,逐户核对,查找存在的问题并整改处理,确保全区公租房管理工作有序开展。强化租金收缴,明确房管员职责,定期上门服务,全年累计收缴公租房租金207.24万元,完成年度应收总额的86%,租金收缴率居全市之首。三是居民素质有提高。全年分两次在全区9个公租房小区开展保障性住房政策宣传安全讲座及消防演练。组织内容丰富、形式多样的消防宣传活动,活动共计悬挂宣传横幅82条,张贴通告200份,摆放展板42块,发放资料8000余份。组织消防知识讲座16场次,培训约1800余人,让居民系统、全面地了解公共租赁住房的性质、政策法规等方面的内容,引导居民共同遵守公租房管理的相关政策,维护小区和谐环境,有效预防各类安全事故的发生,实现安全管理目标。

*全力登记审批服务,便民惠民迈出新步伐。*一是加强政务窗口建设,投入万余元为工作人员统一着装,执证上岗。编印《办事手册》,简化办事流程,设立便民室,热心接待群众,专人指导申请对象填写表格。政策宣传全方位,全覆盖,进街道、进社区、进项目,在每个街道(镇)、社区服务窗口发放宣传资料,内容系统全面,针对性操作性实用性很强,效果明显,形成人人是政策的宣传员,知政策、懂政策、用政策的氛围更浓。以对历史负责、对群众负责的态度,投入数万元对历年来保障性住房档案资料进行整理、登记。二是筹集房源保民生。完成公租房实物配租入住217户;化解项目安置压力,向市局专题报告申请补充公租房房源369套,办理经适房解控260套,办结海花谷、西二环等集体土地征收287户“半边户”的资格审核工作。三是廉租补贴发放。2016年,共发放廉租房补贴400余户,其中新增发放廉租住房租赁补贴52户、9382万元,超额完成公共租赁补贴365户的保障计划任务。办理各类住房保障对象资格审查1050户,上报区政府认定特殊困难急需救助对象154户。对原各项目530户预安廉租房的申请资料进行收集、审核。

*努力打造特色亮点,业务工作开创新局面。*一是创新棚户改造模式。全区棚改面积大、项目多、任务重,居全市之首,以“全区统筹、整体平衡”的棚改原则和“四增两减”棚改思路,创新并率先在全市实施棚改服务购买。小房换大房、旧房换新房,长沙棚改模式的实施有效提升了城市品质,为困难群众解决生活后顾之忧,其经验长沙电视台新闻频道进行了专题报道。二是小区管理工作在全市树标杆。推行重心下移,率先在全市出台公租房小区社区和物业公司管理办法,开展公租房管理示范小区创建活动,麓谷锦和获市示范小区称号(全市仅两家),新诚小区、谷山乐园获规范性小区称号。组织对消防、

质监、安监、城管等部门联合检查小区，通过现场查看、资料查阅、电话调查等方式，严格检查考核评比，效果良好，获社会广泛关注和好评。三是创新保障房管理模式。定向研发“岳麓区保障性住房管理信息系统”，在全市带头开创保障房管理新模式，得到市局的高度评价，并推介至芙蓉区、开福区试点运行。该系统将在市内五区全面推广运行，成为全区公租房管理走在全市前列、服务民生的又一大亮点。

从党风廉政建设入手，夯实党建工作。一是开展思想理论教育。坚持每月2次中层干部理论学习制度，及时传达上级精神，全面提高党员干部及职工的自身素质。坚持集体学与自学相结合，学深学透、学出新意、学出氛围、学出成效。二是加强领导班子建设。严格遵守民主集中制原则，遵守“三重一大”制度，做到“大事讲原则，小事讲风格”，坚持集体领导，树立领导班子的公信力。结合“两学一做”主题，召开民主生活会，开展批评和自我批评，从内心深处查找不足，查找根源，强化整改措施，增强班子凝聚力、向心力。三是加强干部队伍管理。按照区委“十条严禁”要求，落实干部作风建设讲评、谈话制度。引导干部党员把“三严三实”“两学一做”作为最基本的政治品格和做人准则。落实“三会一课”、组织生活会、民主评议党员等制度。加大党员干部培养使用的力度，把想干事、能干事的干部放到最艰苦、最繁重的岗位上锻炼。四是落实党风廉政责任。4次召开党组会专题研究部署党风廉政建设工作，落实区委关于党风廉政建设的决策和部署。抓好责任分工，班子成员履行“一岗双责”，下发《2016年党风廉政建设责任制目标任务分解表》，制定两个责任清单并进行责任分解，落实党风廉政主体责任的措施。与各科室签订《党风廉政目标责任书》，层层压实责任、层层传导压力。组织干部职工观看各种警示教育片，到长沙廉政警示教育基地（静园）参观，将正面导向与反面警示相结合，以案释纪、以文施教、以图示警。（刘卓）

住建管理

区住房和城乡建设局
党组书记、局长
杨　军
党组成员、副局长
杨映红（女）
付烈山（5—）
朱潇健
徐文斌（1—10月）
党组成员、纪检组长
肖　虎（11—）
党组成员、总工程师
余利辉（女，11—）

【概况】 2016年，区住建局以管控房产市场秩序、创新物业管理举措、强化建安服务理念为工作重点，提升执法监管水平，致力民生福祉改善，加强领导班子和干部队伍建设，充分发挥了经济建设主力军作用。

强化职能职责，提升行业发展水平。一是房产销售领跑全市。全年实现全区新建商品房销售网签面积561.56万平方米，同比增长13.13%，成交面积在内五区中占比为31.35%；销售金额439.32亿元，同比增长52.77%，网签均价为7823元/平方米，投资、开发、销售继续领先全市内五区。二是建安总产值继续稳居全市建筑行业前列，共完成建安产值142亿元，外拓产值19.8亿元，预计上缴税收4.8亿元。指导企业完成安全生产许可证的延期、信用等级申报评定，完成43家企业的资质初审和区管企业资质换证。按照长沙市混凝土场站的整治要求，已完成3家混凝土搅拌场站环保提质改造，对三环禁建区内的湖南恒力建材有限公司予以停产搬迁，查处并责令停工莲花镇搅拌厂等非法建设施工项目30余个。三是物业管理日臻规范。根据市委、市政府《关于全面推进物业管理工作的实施意见》，理顺物业管理工作机制，制定《岳麓区全面推进物业管理工作责任分解表》和《岳麓区物业管理工作考核办法》。全年共受理办结“12345”、市长区长信箱、网络问政等物业管理投诉300余件；组织物业管理培训600余人次；受理维修资金申报项目124个，申报金额1073.09万元，办结55个申报项目，使用维修资金380.87万元，受益住户7000余户。四是精准质安监管。严格督促落实安全质量主体责任，创新项目监管方式，先后组织开展“节后复工专项检查”“雨季施工安全工作检查”“建筑工地消防安全检查”“安全生产月专项检查”“起重机械设备专项整治”等各类大检查。全年监管在建建筑工程14个，建筑面积约63万平方米，共下达《建设工程隐患整改书》37份、《设备限制使用通知书》2份，防范和遏止建筑生产安全事故的发生，在市对区安全生产季度考核评比中，两次排名第一。五是推进文明创建。按照“从严审批、合理设置、加强维护、严格时限”的围挡整治工作目标，制定《岳麓区建设项目施工围挡专项整治工作方案》，对辖区内

140余个工地的6000余米（约1.32万平方米）围挡进行重点督查治理，经过四轮整治，全部达标。根据市住建委《2016年长沙市建筑行业大气污染防治“冬病夏治”工作方案的通知》精神，建立“督促、整改、执法”管理机制，对辖区内120个建筑工地开展扬尘污染专项集中整治和现场督查执法，空气质量大为好转。六是加大执法强度。积极整治建设领域的违法行为，对全区范围内的农民安置房、公共建筑的二次装修项目等进行专项执法检查，先后开展“春雷行动”“飓风行动”“霹雳行动”“清剿行动”，全年共受理并办结“12345”违规装修和违章搭建投诉200余件。全面贯彻落实长沙市城镇燃气“大排查、大管控、大整治”百日行动工作的要求，针对辖区内城镇燃气存在的安全隐患开展取缔和整治行动，共排查液化气销售网点144家，整治和规范网点32家，关停无证经营网点共10家，收缴钢瓶400余个。七是完善行政审批。根据市住建委权限下放的要求，结合《岳麓区政府投资建设项目管理实施细则(试行)》，严把项目行政审批关，全年针对40个项目组织25次评审会，下达初步设计批复10个，出具审查会议纪要18个，完成13个项目施工图审查备案、12个项目绿色建筑节能登记，对76个项目招投标进行了备案监管。

民生实事工程新业绩。一是推动房产办证处遗工作。采取领导包案落实、一项目一方案、联合会审结案等措施，通过统筹调度、分类施策、分步实施、分块清零、分项整改，累计完成全区13个项目4769户办证处遗，办证数量、进度均列内五区第一。对于不具备办证条件的23个项目，已和市处遗办进行紧密对接，并与各项目单位、所属街道汇总报审资料，为后续处遗奠定坚实基础。二是加强房屋安全管理。按照省、市农村危房改造工作要求，全年计划改造300户农村危房，实际完成406户，超额完成35%，并已入住320户。全年共鉴定房屋85户，开展行政排危17起，并已完成市六运输公司宿舍和麓山宾馆宿舍两处危房加固改造工程。三是推进天然气进社区。高位协调市住建委和新奥燃气公司减免改造费用，全年共完成天顶街道八家湾小区和望月湖街道岳龙、湖中、荣龙、湖东共5个社区的燃气改造任务，超额完成燃气改造计划，4300余户居民彻底告别瓶装液化气和煤球的污染。开展燃气安全宣传教育活动，全区共发放宣传海报1500余份，悬挂和张贴燃气宣传标语136处，街(镇)组织宣传教育活动8场，普及居民3000余人，增强了居民安全用气意识和应急处置能力。四是开展黑臭水体整治。按照“整体设计，分步实施”的原则和“源头治理、流域治理、片区治理”的理念，完善整治实施方案，综合应用控源截污、内源治理、生态修复等措施，对全区黑臭水体开展整治工作。截止2016年，7个考核项目已完成方案设计、立项可研等前期工作，完成学士片区、后湖片区的清淤疏浚、垃圾清理、截污纳管。五是加快慢行系统建设。贯彻落实市政府对慢行系统建设要求，已完成岳麓大道、潇湘大道、观沙岭路、杜鹃路等城乡绿道、自行车道(步行道)66公里，建设生态停车位208个。

严肃党风党纪，抓实干部队伍建设。一是提升凝聚力。认真组织“两学一做”活动，组织专题学习5次、“微党课”4次，号召支部党员争做讲政治、有信念，讲规矩、有纪律，讲道德、有品行，讲奉献、有作为的合格党员。开展经验交流，接待河南省漯河市召陵区组织部机关党建考察学习一次。指导帮扶党建结对支部斑马塘社区支部，成功创建市级“同心社区”。局班子成员深入网格开展“三服务”一线工作，创建五星网格3个、四星网格3个、三星网格2个。加强榜样引领，充分发挥党员的先锋模范作用，全年推选市党代表、区党代表、区人大代表各1人，推荐选拔优秀年轻副科职干部1人。二是提振精气神。构建“九责体系”，开展“九项行动”，把党风廉政建设与业务工作同部署、同落实、同检查，严格落实党组的主体责任和纪检监督责任。抓好执纪问责，对单位违纪人员案件进行通报，邀请区检察院来局进行案件分析，让全体干部接受最直面、最真实的反腐教育。开展“雁过拔毛”专项整治工作，对项目审批、质安监管、城建执法等工作程序进行梳理，重点对2013—2015年200余户农危房改造对象进行电话回访，并对其中30余户改造对象进行上户核查。实行上下班考勤制度，启用指纹打卡，对外出人员实行去向登记。落实公车改革制度，封存公车2辆，杜绝公车私用现象。三是以法制建设为保障，提高公认度。加强领导班子民主集中制建设，坚持重大事项由领导班子集体研究、民主决策，严格执行一把手“三不直接分管”和重大事项决策“末位表态”制度，促进权利公开透明运行。全面做好信访稳控工作，妥善答复群众来信来访，圆满解决原国有土地拆迁的各类历史遗留问题。做好人大建议、政协提案办理工作，完成4件区人大、政协的建议提案答复，代表满意率100%。坚持依法行政，重点对审批服务事项、行政许可裁量权、许可依据以及权力清单和责任清单进行全面集中梳理，简化工作流程，建立行政许可裁量公开制、过错责任追究制等制度，服务对象的认同度明显提升。（文双红）

房屋征收与补偿

区城市房屋征收和补偿管理办公室

主　　任　李　磊

副 主 任　黄雅玲（女）

　　　　　　黄　浩

【概况】 区城市房屋征收和补偿管理办公室内设办公室、征收业务科、审查科、拆除科和财务科。核定全额拨款事业编制6人（实际到位5人）。因工作需要，经区人民政府批准另聘请15名工作人员。

征收项目。2016年，区新启动国有土地征收项目7个，分为10个地块进行征收，涉及房屋面积156.27平方千米，征收私房1321户、单位32家，完成补偿资金12.66亿元。

规范管理。2016年7月27日，以区人民政府名义下发《国有土地征收程序办理及实施工作流程》和《岳麓区国有土地征收指挥部机构设置指导意见》。国有土地征收日趋规范。（杨晶）

城建开发

区城市建设开发公司

经理、副书记

　　　　　　刘悦阳（1—5月）

　　　　　　彭　浩（5—）

书记、副经理

　　　　　　彭晔凯

副 经 理　龙立新

　　　　　　李喜明（女）

　　　　　　章　谦（女）

【概况】 区城市建设开发公司内设办公室、工程部、融资招商部、财务部、征收事务部、资产管理部、滨江解遗部、滨江物业公司，下辖长沙市欣湘贸易公司、长沙市滨江物业管理有限公司，有干部职工68人，其中在编职工28人，政府雇员2人。

项目开发建设。岳华新苑项目6栋房屋全面完成主体封顶，内部装饰装修有序推进；金麓西岸·和苑农民安置保障房2-1栋项目竣工交房；望新片区正圆实业棚改项目（一期）全面启动；岳麓区交警大队坪塘中队业务用房基本竣工。

征拆工作。滨江新城拆迁安置建设项目完成5户签约任务和3户临时建筑签约任务扫尾工作；西二环拓改项目国有土地征收5家单位全部签约，交通集团旗下桃花岭公交首末站待充电桩迁移事项落实后即可腾地；岳宁公路项目的麻田磷矿和莲善公路项目的莲花建材2家国有土地征收单位完成签约并腾房交地；麓景路南延线项目国有土地征收单位岳麓区城投公司产权名下的长沙市养鹿场完成签约并腾地；潇湘大道南延线3户遗留问题依法推进。

产权遗留问题办理。金麓西岸·和苑小区房屋栋证全部办回，累计完成网签1048户，办理分户产权证数657户。吉景项目办理产权证105户、国土证435户，超额完成2016年度绩效目标。

物业管理。滨江物业公司从规范有序、优质服务、提升满意度着手，抓规范、抓服务、抓效率，金麓小区物业管理水平显著提升，并完成为民办实事项目金麓小区自来水户表改造工程，获得广大业主的信任、认可和支持。（罗瑶）

城建投资

麓山城市建设投资有限责任公司

党组书记、董事长

　　　　　　李强舜（1—5月）

　　　　　　黄　兴（5—）

总 经 理　黄　兴（1—5月）

　　　　　　谢茂华（5—）

副总经理　龙　波

　　　　　　李　曼（女）

　　　　　　闵志群

　　　　　　潘文军

　　　　　　谢　力

　　　　　　周育林

【概况】 麓山城市建设投资有限责任公司是岳麓区区投区建项目融资、建设及土地整理的主要平台，区属国有资产运营的重要载体。截至2016年年末，有员工105人，其中在编职工16人，政府雇员3人，班子成员8人。公司内设综合办公室、计划财务部、资产运营部、风险控制部、总工室，下辖长沙市麓山城投土地开发有限责任公司、长沙市麓湘城乡建设发展投资有限责任公司、长沙市麓山城乡投资发展有限公司、长沙市麓城置业有限责任公司、长沙市岳麓区新城保障房建设开发有限责任公司。按照区委、区政府明确的“全区第二财政、第一建设主体”定位要超额完成全年目标任务，在2016年全区绩效考核评比中，公司获评一类单位。

筹资融资。多渠道筹集资金55.28亿元，较上年增长10%,目标完成率110.5%。2016年,在把握国家宏观经济趋势的前提下,公司坚持“理性筹资、效益投资、持续融资”指导方针,通过年初财务分析、资金预算，中期监控调整,年底统计反馈,扩增渠道,抢占先机,创新融资方式,狠抓收入组织,累计完成筹融资约55.28亿元,融资成本6.26%,维持资信等级为“AA”。积极探索新采购模式,把握国家政策性银行期限长、利率低、安全、稳定等特点,与国开行、农行等金融机构合作,完成了公司白马小学等7个项目的政府购买服务银行授信24.46亿元,白沙液和老咸嘉湖路2个棚改项目国开行授信10.1亿元，为公司项目发展提供了有力资金保障。在保障公司发展建设和偿债资金需求的同时，向多个街镇调拨资金2.34亿元。

土地储备及整理。围绕“增加储备、加速拆迁、加快出让”要求,瞄准目标,精准协调,加速指标落地。2016年,完成土地收储35.54公顷,完成目标任务的178%。完成土地调规51.2公顷，完成目标任务的192%。锁定了梅溪湖C-17地块、桐梓坡和熊家湾出让地的意向开发商。

项目建设与管理。2016年,公司涉市、区考核项目22个。坚持将“促进度、保安全、抓质量、控成本”贯穿项目建设管理全过程,确保18个市重大项目达到考核标准，新建项目按时开工率100%,预备项目可行性研究批复上半年提前到位，续建项目进度有条不紊,适当超前。年底全面完成项目建设任务。

资产运营。按照“打造百亿城投”的要求,积极做大资产规模,实现“资产、资源、资金”联动发展。公司对照“扩增量、优质量、去存量”三项目标,通过清查全区物业资产情况，最大力度归集物业资产,为街道、村镇做活产业,带动片区产值增长。实现新增物业3.42万平方米，完成目标任务的114%。完成租赁自持物业面积10.4万平方米，完成目标任务的108.23%。完成收入1350万元,完成目标任务的112.5%。资产规模达126亿元，较上年增加24亿元,上缴税收2760万元。

公司治理。按照“六个走在前列”大竞赛活动要求,结合自身工作实际,开展“规范公司管理、加快项目建设、做好土地整理、推进产业发展、加速企业转型”的主题活动。通过成立工作组织、加强宣传发动,营造浓厚的活动氛围,同时围绕公司融资、棚户区改造和城中村建设土地整理、项目开发建设等中心工作,真抓实干,扎实推进业务工作开展,圆满完成了区委、区政府下达的各项目标任务。确保政令畅通,推动工作落实。全年公司高质量完成了各类提案、建议和“12345”市民热线等交办事项的办理,无信访投诉案件及责任事故发生，综治、计生、文明创建等工作均按要求落实到位。

新型融资。积极促成区政府与国开行签订200亿元战略合作协议。积极对接金融交易机构筹备债券发行工作。2016年9月，银行间交易商协会私募债审批政策调整,成功递交申请,完成私募债20亿元项目和第二批9.3亿元企业债项目报批工作，对市内五区城投政府购买服务贷款与交易所公司债发行工作发挥了引领作用。 （陈锋）

城市管理与执法

区城市管理和行政执法局

党委书记、局长
张武强(1—9月)
周　永(9—)
党委副书记、纪委书记
朱　玲(女,1—9月)
区纪委驻城管执法局纪检组长
邹永忠(9—)
副局长　范　彪(1—9月)
郑　浩
余新跃
刘味珍(11—)
周建华(11—)
党委委员　尹新生

【概况】 长沙市西区城市管理办公室为区人民政府工作部门。内设办公室、党群办、执法监督科(行政审批科)、市容维护科、工程管理科、财务科,机关核定行政编制15人。2014年,成立区城市管理委员会,城市管理委员会办公室下设区城市管理和行政执法局。

党群工作。召开2016年“两学一做”学习教育动员部署会,制定下发区城管执法局党委《关于开展“学党章党规、学系列讲话，做合格党员”学习教育实施方案》,成立“两学一做”学习教育协调小组。一是抓党员思想建设。区城管执法局党委下属各基层党组织全部制定学习教育计划，坚持每月组织一次集中学习,在5月、7月、9月、11月分别召开全体党员专题讨论会，重点围绕中央提出的“四讲四有四做”进行学习讨论。5月18日,举行入党积极分子和发展对象“两学一做”知识考试。二是落实党组织建设。按照党员发展方针,坚持党员标准,严格审批程序，将入党积极分子的三项积分、三次投票情况和三次考察结果公示，接受党员群众监督，确保发展党员工作公信度。2016年，共发展新党员5人，预备党员转正5人，组织6名入党积极分子参加区委培训班。开展党代会代表和党员违纪违法未作相应处理情况排查清理工作，共排查出涉及“黄赌毒”等行政处罚案件的党员2人，全部处理到位；开展党费收缴工作专项检查，补交党费15572元。三是汇报总结信息工作。2016年，共撰写文明单位、作风检查、组织工作等各项汇报总结26份，撰写各种活动方案、通知等37份，党委发文25篇，刊发《区“三服务”通讯》《“两学一做”学习教育简报》《岳麓监察信息》11篇，《新湖南网站信息》1篇。

行政审批与数字化平台案件办理。区城市管理窗口2016年度共办结行政审批案件2059件，其中临时占用街道两侧公共场地许可1746件，市政类176件，户外围挡广告许可51件，园林类86件，接待指导招牌设置100余件，全年审批无行政违规。市、区两级数字化城市管理运行平台运行状态良好，共接收、派遣市级案卷108068件，区级平台运转至4月30日，共立案8508件(区级平台4月30日后停止运转)。

城市管理督查与考核。督查“分片分组”方式进行，将全区分为南北两片，组建2个日常督查小组和1个机动小组，采取巡查和徒步巡查、普查与抽查、明察与暗访相结合方式对全区进行督查，全年组织日常督查1060余次，发现各类问题8895起，问题的处置率99.94%，编发《岳麓城管》工作通报35期。联合区市政、环卫、园林、执法等专业部门形成联合督查网络，开展联合专项督查26次，发现各类问题408起(含城市斑点问题40余起)，开展文明创建专项督查行动20余次，发现问题240余起，完成重大活动和线路保障124次，督促各单位处理领导交办和群众投诉案卷50宗。针对市对区考核变化，开展考核工作调研学习，听取、收集各方意见和建议，重新调整考核办法和考核指标，主持制定《岳麓区城市管理工作日常考核评价办法》《岳麓区城市管理工作日常考核评价细则》。建全督查台账登记、派发、催办、销案、归档等工作程序，对发现的问题立案和整改情况一并记入各单位月考核成绩。按照岳麓区日常考核办法和细则实施奖惩，依据考核对象城管工作日常考评计算成绩排名，全年编发《政务督查》考核通报8期。在市城市管理绩效考核中获得年终一类的成绩。

城管执法。以实施“史上最严格城管执法”为抓手，开展市容秩序、户外广告、占道停车、违法建筑、渣土扬尘、建筑工地等十大专项整治，先后办案6410起，罚款538.74万元。印发《岳麓区户外广告招牌整治实施方案》，规范户外广告招牌设置管理，拆除户外广告444处、5.61平方千米。

按照拆违控违“全面清零”的工作要求，突出对“六路、四周边、三重点”的违法建筑进行拆除，共拆除历史违建3146处，拆除面积473.6平方千米，拆除新增违建332处，拆除面积49.27平方千米。

道路提质改造。完成登高路、石门楼、集贤路、麓源路、锦绣路、谷丰路、晨风路、平川路、黄陂塘西路、高电巷、左家垅菜市场支路二（已申请更换为望月湖路)、麓景支路三（已申请更换为月华街)、左家垅菜市场支路一(已申请更换为月宫街)、科技路K6、麓山小路、隆平巷、裕民巷、德智园路、公园道东侧支路、望新路等20条道路综合提质改造；金星大道完成主道施工，基本完成立面、亮化及管线整治。2016年，道路绿化共设6处点位，潇湘大道阜埠河路口及潇湘大道牌楼路口完成建设，金星大道枫林路口、咸嘉湖路口、桐梓坡路口、银双路口完成绿化施工。

社区环境建设。2016年，完成八方小区、阳明山庄、金星小区、荷叶塘社区、咸嘉新村社区、湖中社区、火炬城社区、学堂坡社区、裕民小区社区、石岭塘社区10个社区环境综合提质改造。继续推进社区交通微循环提质改造工作，完成岳北社区停车场、八方小区停车场、龙王港停车场、咸嘉花园停车场等23个停车场建设，新增4516个公共停车位。银盆路银双路口人行天桥原计划由市轨道公司负责实施，2016年11月，决定由区政府组织实施，由于前期设计和手续办理耗时长，截至2016年12月底完成建设。

【“门前三包”】 2016年6月22日下午，岳麓区委副书记、区长刘汇主持召开区长政府常务会议，专题研究岳麓区“门前三包”工作。会议通过“门前三包”责任制工作方案。下发《岳麓区加强门前市容环境卫生责任工作实施方案(试行)》，推行“门前三包”责任制。将辖区内道路两厢门店全部纳入“门前三包”责任管理体系。8月31日上午，召开区城管“四创”暨“门前三包”工作推进会，市城市管理和行政执法局副局长胡智慧，区领导张永久、陈茂学出席会议，会议现场对“门前三包”“示范路段”“星级门店”授牌授奖，相关单位作了经验介绍。2016 年,区各部门、各街道共组织门店(单位)业主、自治协会、路段责任人召开动员大会 17 次,编制印发“门前三包”宣传手册 4 万余份,制作路段责任公示牌 200 余块、门店“四位一体”责任牌 7000 余块,114 条路段 7000 家门店门前卫生责任区域“四至”划定工作基本完成。7—12 月,岳麓区评选出“星级门店”488 家,市容环境脏乱差现象得到改善。（左乐）

【召开大王山片区“百日整治大行动 建设秀美旅游区”誓师动员大会】 2016 年 1 月 28 日,区举行大王山片区“百日整治大行动、建设秀美旅游区”誓师动员大会。副市长李蔚出席会议,岳麓区委副书记、区长刘汇参加会议。

（左乐）

城管执法

区城市管理综合执法大队

党委书记、大队长

周　永

党委委员、常务副大队长

吴　君(1—10 月)

李凌云(11—)

党委委员、大队教导员

吴　君(10—)

党委委员、纪委书记

邹品德

党委委员、工会主席

何为群(1—10 月)

党委委员、副大队长

朱　斌

彭　咸(11—)

【概况】 区城市管理综合执法大队,内设办公室、法制科(副科级)2 个科室,下设副科级中队 22 个:橘子洲中队、望月湖中队、西湖中队、银盆岭中队、观沙岭中队、咸嘉湖中队、望岳中队、望城坡中队、岳麓中队、梅溪湖中队、天顶中队、莲花中队、坪塘中队、含浦中队、雨敞坪中队、洋湖中队、学士中队、潇湘大道中队、橘子洲景区中队、特勤中队、拆违控违中队、餐厨垃圾中队。核定全额拨款事业编制 223 人,特勤队员 120 人。2016 年,在全市城市管理绩效考核中取得了七个第一、两个第二的成绩,连续三年走在全市前列。

党群工作。2016 年,紧紧围绕城管执法中心工作,坚持以邓小平理论和“三个代表”重要思想为指导,认真贯彻中共十八大,十八届三中、四中、五中、六中全会精神和省、市、区委的一系列重要决策部署,促进城市管理工作的全面发展。一是开展“两学一做”学习教育活动。制定“学党章党规、学系列讲话,做合格党员”学习教育活动方案,成立大队“两学一做”学习教育活动领导小组,召开全体党员“两学一做”专题学习讨论动员大会,引导党员学原文、读原著、悟原理,熟读党章内容,牢记党规条文,领会讲话要义,做好学习笔记,并撰写学习心得;引导党员干部做讲政治、有信念,讲规矩、有纪律,讲道德、有品行,讲奉献、有作为的合格党员。二是优化党组织建设,完善党建制度。完成 2016 年区城管执法大队党委所属党支部换届选举工作,选举产生全大队 18 个党支部新的支委班子,明确大队领导指导、联点支部的工作制度;落实和完善民主生活会、党员民主评议、党内民主选举、“三会一课”等制度。三是规范党员管理、培养和发展工作。按照区委组织部发展党员“三三制”的精神,采取“三项量化积分,三次民主投票,三级综合考察”的方式加强管理,按照从递交入党申请书到预备党员审批备案 16 项发展流程,做好党员发展工作,全年发展预备党员 1 人,确定入党积极分子 2 人。四是开展在职党员进社区、到红色革命纪念地参观学习、“迎七一”主题微党课竞赛及群团组织活动 20 余次。

队伍建设。一是优化中层力量。2016 年 6 月,在全省范围内公开遴选 3 名年轻优秀干部,安置 3 名军转干部人员;通过民主测评新提拔 1 名正科级干部、7 名副科级干部;交流中层干部及科员,经区委同意调整 15 名副科职干部岗位;开展副中队(科室)长竞争上岗工作,对 28 个副中队(科室)长岗位进行公开竞聘,竞争上岗。二是强化队伍素质。打造“学习型队伍”。开展“两学一做”学习教育活动,学习习近平总书记系列重要讲话精神和中央、省、市、区委的各项政策规定,大队中心理论组聘请专家教授专题讲座,党委书记讲党课。每月举办一次法制业务、执法知识培训。三是纯洁队伍作风。打造“效能型队伍”。从“建一流队伍、树一流形象”着手,修改制定《队伍管理细则》,对内务管理、队伍形象、执法执勤、政令畅通等方面进行精细化管理。46 名副科职以上干部纳入区“三服务”一线工作体系,增强队伍与人民群众的联系。组织开展一系列评优评先的活动,评选出区城管系统的“城管之星”2 人、岳麓区“道德模范”1 人、区优秀共产党员 2 人。开展“文化活动月”活动,组织拔河比赛、羽毛球比赛、乒乓球比赛和趣味运动会等。建设城市管理行政执法案件审批系统,建立执法工作微信指挥调度平台,将"微汇报""微执法""微督查"纳入日常执法工作中。按照区纪委《关于构建"九责体系"落实党风廉政建设"两个责任"的实施意见》《关于开展作风建设"九项行动"的实施办法》的要求，进行责任分解，明确岗位要求、履职标准和工作目标，各中队长、科室长向大队长签订《廉政责任书》，各执法队员向中队长或科室长签订《廉政承诺》。开展"雁过拔毛"式腐败问题和"纠'四风'、治陋习"专项整治，认真执行各项廉政规定；坚持监督检查实效化，廉政建设制度化，推进城管执法队伍惩防体系建设工作，全年没有发生一起廉政建设方面的案件。

法制工作。一是依法办理各类案件。2016年，共办理案件6410件，罚款538.74万元。其中，"门前三包"案件342件；店外经营案件427件，乱摆摊担案件698件；乱吐乱扔案件47件，渣土案件870件；违法建设案件15件；户外广告案件42件；占绿、毁绿案件54件；占道、损路案件165件；环保案件75件；违章停车处罚3497起。二是开展法制教育培训。对中队长、法制员、新进队员、特勤队员进行有针对性的讲授；到一线中队进行培训，解答实践中如何执法、运用法律；针对"门前三包"、违法建设类案件进行5期专项培训。开展"七五"普法教育，组织无纸化网上普法考试。三是规范办案文书管理。加强案卷送审管理，制作《案件登记本》，在文书领用核销上，完善《文书领用核销登记本》。四是妥处复议、诉讼案件。全年共有行政复议案件5起，行政诉讼案件25起(已结案8起)。五是推行法制信息公开。全年共收到2份政府信息公开申请，对申请人均做出相应回复，设置法制信息公开栏，宣传法律法规，公示职权职责，实时更新处罚信息、暂扣物资去向。

日常执法。一是强化日常市容秩序整治，形成常态。大队领导针对日常执法管理工作查摆问题、解决难题，全力抓好事关全区市容秩序工作并制定《市容秩序整治工作方案》。优化执法力量，各中队根据辖区实际，安排执法力量进社区，每一名执法干部联点一至两个社区，对联点社区内的城市管理乱象进行巡查与执法，实现城管执法全覆盖；深入推进"门前三包"责任制，在巩固2015年良好效果的基础上，街道社区干部按照路段责任划分，采取教育劝导—黄牌警示—案件移送的方式，加强门店、企事业单位的前置管理，强化"门前三包"责任制的落实，各执法中队进一步加大对移送案件的办理，及时查处门店违规行为。加强重点敏感地段的日常管控，分时段、分节点进行全方位管控，并联合街道社区力量，对溁湾镇广场周边、汽车西站周边、奥克斯广场周边、麓山南路沿线、王府井广场周边、步步高广场周边、肿瘤医院周边、白云路沿线、地铁出入口周边等地段进行集中清理整治。全年查处流动摊担2000余起，办理案件618起，罚款19.77万元；查处店外经营1200余起，办理案件400起，罚款144万元；"门前三包"方面办理案件342起，罚款9.88万元；人行道占道停车抄牌7200次，处罚3187起，罚款31.87万元。二是重大节日与重点维护。针对重大节假日及重大活动期间的市容保障工作，制定相应的工作方案，实现"四个基本一样"(检查与不检查基本一样、工作日与节假日基本一样、白天与晚上基本一样、工作时间与空挡时间基本一样)，全区主次干道和重点敏感区域市容市貌达到"四个基本看不见"(早夜市流动摊担基本看不见、店外经营基本看不见、随地乱吐乱扔基本看不见、门前三包违规行为基本看不见)。全区市容市貌经受了特殊时间节点的严峻考验，得到各级领导的肯定和广大市民的称赞。三是推进数字化城管工作。突出加强城市管理行政执法的快速反应能力，及时有效地解决群众反响强烈的热点、难点问题。全年110指挥中心受理市民投诉案件8408条，出警率100%。长沙市城管数字化案件3790，挂案3条，结案率99.9%；区"12345"数字化案件512条，结案率100%；市民电话投诉4106条，结案率98%。

专项整治。全年，组织开展户外广告、渣土扬尘、市容秩序、人行道停车、占道围挡、餐厨垃圾、早夜市、水上客运等十大专项整治2960余次，出动执法人员2万余人次。开餐厨垃圾专项整治，签约840家，签约率80.5%，覆盖75%，办理餐厨类案件39起，罚款4.15万元；办理工地围挡不规范案件39起，罚款2.9万元；办理市政园林类案件49起，罚款8.38万元；拆除违法违章建设面积47.13万平方米，超额完成年初制定的目标任务；拆除违规户外广告444处，5.61万平方米；取缔渣土黑工地18个、黑消纳场4个，关停黑消纳场4个，办理渣土案件846起，罚款140.34万元，对全区145个在建基建工地进行了全面清理，规范基建工地125家，办理案件24起，罚款4万元。各类违法行为得到有效遏制。

拆违控违。根据区委、区政府统一安排，以拆违带拆迁，配合全区重大项目建设，全面行动，组织、参与拆违行动420余次，出动人员1万余人次，拆除历史违建3146处，拆除面积47.36万平方米，超额完成2016年31万平方米的拆除任务，拆除新增违建332处，拆除面积4.93万平方米，实现全区违法建筑“四零”目标。坚持“拆违促拆迁，拆迁带拆违”的工作思路，采取“三个集中”办案法(即集中认定、集中入户、集中办案)，派驻专职城管执法干部进驻各项目指挥部开展执法办案工作，为重点项目拆迁腾地提供力量保障，特别是在桐梓坡棚户区改造项目中，优质高效，树立了城管执法品牌，为重大项目顺利落地积累经验。　　（刘紫春）

【区城管执法大队被授予省级文明单位】 2016年，省文明建设指导委员会通过实地查看、问卷调查、审查资料、听取汇报等环节，对岳麓区城管执法大队省级文明单位创建工作给予充分肯定和一致好评，并授予湖南省2016年文明单位。　　（刘紫春）

市容卫生

区环卫局

局　　长　彭新伏
书　　记　梁　鼎
副 局 长　黄　琼
　　　　　　周雨成
　　　　　　余劲光(1—10月)
　　　　　　曾　蓉(1—10月)
　　　　　　李　军(10—)
　　　　　　宋　芳(10—)

【概况】 区环卫局内设办公室、市容督查科、基建设备科、财务科、政工科、安技科、绩效劳资科，下设汽车运输队、渣土办、物业公司、渣土公司、南片维护所、北片维护所、西片维护所及二环线维护所8个二级机构。有正式在职在岗职工154人，临聘人员1075人。担负城区433万平方米主次干道、72.27万平方米绿化带的市容环卫维护，92座公共厕所、105座垃圾站、34座收集点、2座人行天桥、10000多个果皮筒的清扫清掏和卫生管理以及全区每天1500余吨生活垃圾的日产日清等业务。

市容环卫工作在全区城市管理分类月考核中，有8个月得分高于95分，渣土管理工作在长沙市月度检查考核排名中获得3个第一、5个第二。

创新环卫工作机制。一是市容维护保持常态化。创新推出拖班制，即在10:00—14:00时段内将相邻两网格合并为一个拖班网格，在中午时段，按两个小时一班次进行保洁，解决管理空档。完善“一路一方案”道路维护作业模式，根据各路段路幅宽窄、门店数量、人(车)流量、难易程度等具体情况，设定526个人工清扫网格、12个机扫网格、10个清洗网格，量身打造一套专业化维护方案，实现效率和质量双提升。二是日常管理做到规范化。坚持管理与考核并举，全面规范日常管理。抽调精干人员组建绩效考核办公室，加大对各部门在业务完成情况、政令畅通、作风建设等方面的考核力度，考核结果与部门年终奖挂钩；由局办公室牵头抓总，局属各部门具体负责，逐步建立人、财、设备等环卫各项业务数据库，并于每季度最后一个月更新数据库，为环卫发展战略提供决策依据。从2016年5月1日起，全面清理兼职人员、清退超龄人员，累计清理兼职人员21人，清退超龄人员91人，为一线岗位管理工作提速和降低作业安全风险提供坚实保证。三是清洗清扫实现精细化。为落实区政府“垃圾不落地”的工作目标，营造整洁优美、和谐有序的城区市容环境，在严格落实“先中间道路强冲，后收边沟”冲洗作业流程基础上。11月，在桐梓坡路、枫林路等16条道路上实施快速保洁试点，全面开展快速保洁工作，合理划分快速保洁网格，并配备快速保洁车，提升动态问题的处置效率，做到垃圾落地五分钟内处置的目标。实施数字化城管工程，在强化数字化工作培训的基础上，为作业单位产生数字化案卷数量设上限，严格奖惩，数字化案卷月平均数由270条降至100条，清洗清扫质量得到较大提升。四是设施设备建设高效化。严格按照建设河西靓城，全面打造市、区城市管理品质工程的要求，结合岳麓区环卫设施使用的实际情况，完成6套站厕新建、10座垃圾站改造、20套除臭设备安装等任务，进一步完善环卫设施布局。

渣土管理。在完善“四位一体”管理模式的基础上，抓好日常监管、专项治理和范围延伸三个关键点，提升渣土管理治理效率。一是强化日常监管。坚持完善“四位一体”“过三关”“三个不交接班”“门前三包”等工作制度，建立健全监管员考核机制，明确监管职责，以施工工地、消纳场为重点，加大巡查和现场监管力度，督促渣土工地建设规范的洗车设备、安装视频监控和车辆识别系统，全面推广新型环保渣土运输车，切实堵住监管死角。二是推进专项行动。坚持每周组织开展1次联合管理与执法行动，采取不

定期、错时段、分片区、找难点、联合会签、严管重罚等措施，加大管理与执法力度，不断增强对违规行为的威慑力，牵头组织区城管执法大队、城管公安大队、交警大队、交通局等职能部门开展渣土扬尘专项联合整治、“三黑”整治、“百日坚攻”整治行动23次，参与人数810人次，查处违规行为1622例，下发《限期整改通知书》650份，教育整改违规工地502个；共协助渣土中队进行证据登记保存车辆（扣车）347台，办理行政处罚案件606件，罚款128万元。三是延伸渣土管理范围。加强对滨江、洋湖、梅溪湖等重点片区的渣土扬尘治理。强化城郊接合部监管执法力度，做到扬尘污染综合整治工作三环以外区域全覆盖。

垃圾清运。推进垃圾运输模式改革，挖掘运输潜力，确保生活垃圾日产日清。一是推动垃圾运输车改造。全年完成19辆垃圾运输车改造升级计划，增强了垃圾清运“硬件”。二是垃圾清运实行“五定”。以“定量、定格、定额、定责、定核”为原则，准确统计每一个垃圾站垃圾日产量，核定每名驾驶员的日运车数，并将日产量、车数、驾驶员姓名在垃圾站公示。同时，由车队负责根据照片和市民投诉等情况，对驾驶员清运情况进行核实，监督情况作为工资核算依据，将责任落实到人。自2016年4月实行以来，居民投诉垃圾站爆棚的现象大幅减少，在确保生活垃圾日产日清的同时，运行成本得到有效控制，取得良好的社会效益和经济效益。三是不断丰富监管方式。在落实“一车一GPS”的基础上，从3月14日起，推行垃圾清运“痕迹化管理”，即垃圾车驾驶员清运各垃圾站点垃圾都要拍照传送车队，由座席员核实留档，作为计算驾驶员工资的一个重要依据，并结合GPS运行轨迹核查，有效杜绝虚报运输车数、揽私活等违规现象。

环卫业务管理。创新业务管理方式，增强管理效率。一是延伸环卫督查范围。7月起，区政府将滨江片区、学士片区、洋湖片区及梅溪湖片区等市场化区域和街道维护范围纳入环卫专业督查范畴，做到与专业维护区域同部署、同督查、同考核。二是日常督查与专项督查互为补充。在强化日常督查的基础上，抽调业务骨干，组建6个专项督查组（白天4个组、夜间2个组），分片区、全天候对道路清扫、水车冲洗、站厕维护等作业情况开展督查，及时督促各维护作业单位对问题进行整改，提升环卫业务管理效率。

组织建设。一是抓班子带队伍。凡是涉及人、财、物等“三重一大”事项，都召开党政班子会议进行民主决策，确保各项重大工作举措科学合理。严格执行《岳麓区环卫局关于进一步规范工作人员管理的实施办法》，加强工作作风督查力度，严肃查处违纪违规行为。二是推进“两学一做”学习教育。以“三会一课”等党的组织生活为基本形式，确保每一名党员都参加党支部的活动。三是建立工作考核机制。将全局各部门划分为业务、经济、服务三大考核类别，出台《岳麓区环卫局“转作风、比服务、赛实绩”业务大竞赛活动方案》，落实“日督查、周通报、月打分、季讲评”制度。依据考核结果奖优罚劣，充分调动全局职工的工作热情。（李斌）

市政管理

区市政管理局

局长、党支部副书记

张晨阳

副局长、党支部书记

戴晓辉（女，1—10月）
周　锋
徐国泉
彭红辉（女）
陈治国（1—11月）
曾国军（11—）
曾世凡（11—）

【概况】 区市政管理局内设办公室、政工科、财务科、路政管理科、供应保障科、维护督查科、工程技术科、应急管理科、工会、维护公司、杜鹃维护所、梅溪维护所、岳麓维护所及1个民工队应急分队。有工作人员118人（含临聘人员50人）。有各类机械设备68台（套）。财政核定维护量：路面设施（含人行道）595.46万平方米，排水管网57.63万米，各类井6.6万个，涵盖全区65条主次干道、4座桥梁、2个广场及1条隧道。

队伍建设。开展“两学一做”主题教育活动，深入学习《中国共产党党章》、习近平总书记系列重要讲话，贯彻落实中共十八届六中全会、区第五届党代会等会议精神，全年共收到学习笔记40余本，学习心得200余篇。组织参加上级部门举办的书画摄影赛、“两学一做”主题微党课、演讲比赛、春节团拜会，组织全体党员干部在革命老区绥宁开展“学先烈，争当合格党员”重走红军路活动，丰富组织生活。

维护业务。一是编辑《岳麓区市政管理局维护管理资料汇编》，制定市政类设施的建设、养护、移交三大标准，形成一套“有章可依、有据可循”的规范管理模式。二是对岳麓大道、金星路、潇湘大道、咸嘉湖路、西二环等主次干道的预防性维护，开展路面人行道修补、沟渠清浚，井座井盖更换工作。全年共接收并处置市政类数字化案卷5876条，修补沥青路面24.14平方千米，调整平侧石18658套米，修整人行道8.69平方千米，清浚下水道30.19千米，清掏下水井26556个，更换井座井盖1640个，外运淤泥1200吨。三是争取区级经费432万元，购置市政维护、防涝排渍急需的沥青保温车、摊铺机、应急排水单元等新设备，提升机械化维护水平，降低作业风险。四是完成全区市政设施维护量调查和经费审核工作。

路政管理。一是对潇湘大道、西二环、坪塘大道、咸嘉湖路、雷锋大道、杜鹃路、麓山南路等路段，对地铁3、4号线，长株潭城际铁路，王家湾截污工程二期，坪塘大道燃气、电力主管施工及人行道、绿化等提质改造项目进行全面整治。二是牵头组织开发建设项目排水许可的现场查勘验收工作。全年，共办理占道许可212起，挖掘许可182起，开展大型施工围挡整治行动5次，共拆除围挡2.14平方千米，拆除踏步309个，处置堆物291处，处罚无证开挖53起，违章破路277起，协同特勤中队办理市政执法类案卷21起。

工程建设。一是明确全区138条市政道路排水管网管道走向、管涵材质及长度等相关数据；二是完成北津城路截污工程改造；三是咸嘉湖西路（西二环桥下）堵点改造已进场施工；四是完成咸嘉湖东路污水管道的清浚和检修工作；五是完成全区865千米排水管网的全面清浚；六是完成市政基础设施提质改造工程的前期招投标工作；七是完成枫林路（滦湾镇广场—高新区边界）、银杉路（岳麓大道—西二环）、岳麓大道(西二环—银盆岭大桥)的清浚和防坠网加装工作。

应急保障。一是按照“查全、查实、查细”的要求，调度协调组织区城防指成员单位对辖区65条主次干道、700余千米管网、6.6万个下水井座、33个重点区域进行拉网式排查。二是对岳麓大道、金星路、潇湘大道、枫林路、白云路等36条道路、15个社区的管道进行全面清淤维护，清浚管道10.88千米，清掏各类井座1056座，外运淤泥602车，更新井座468套，改造重大堵点2处。三是汛期内全面启动一、二、三级预案8次，出动应急车辆、排水设备2000余台次，人员1200余人次，整治渍水点38个，抽排渍水4.8平方千米，做到不漏查一处设施，不放过一个险点，确保“河西不看海”。四是完成区交办的各类临时性应急任务，如“两会”驻地美雅斯酒店前坪和府中路约2000平方米的路面改造及路面交通标识线的重新施划。五是解决了电力、电信、移动等非市政类井座井盖破损、沉塌的历史遗留问题。

基层民生。筹措经费60余万元，解决全区“三服务”一线工作中市政类问题23个，及时为社区基层解决市民群众重点关注的热点、难点问题，如为新民路社区购买治安巡查电动车、市检察院宿舍小区路面改造、珏龙社区健身坪修建、商贸城社区地坪修缮等。开展星级网格创建活动，局医院网格被评为2016年度岳麓区“五星网格”。 （王清）

园林绿化

区园林管理局

书记、副局长
戴铁华

局长、副书记
陈岳恒(1—11月)
谢立华(11—)

副局长 周　哲
王小兰(女,1—4月)
李　诚(1—4月)
卢　毅(1-10月)
陈代辉(4—)
饶　艳(女,4—)
陈金祥(11—)
唐金花(女,11—)

【概况】 区园林管理局系区政府园林绿化维护管理职能部门，公益一类事业单位。内设办公室、人事教育科、总工室、计划财务科、生产督察科、绿化管理科、工程建设科、绿委办、综合协调科、工会，南、中、北和潇湘4个维护管理所，岳麓园林工程有限责任公司1个控股公司（注册资金1038万元，二级资质区园林管理局占52%股份），区城市管理与综合执法大队潇湘大道（园林）中队1个驻局中队。事业编制94人，雇员2人，聘用制64人，维护人员471人。

维护绿地面积588.26平方米，行道树208976株，古树名木756株，主次干道64条，公园广场8个。

绿化维护。以“六无标准”为基础，开展维护提质提标工作，实现绿化维护的常态化、精细化、全域化，全年参加市园林管理局四次考核名次分别为第二、第六、第四、第三名，在区城市管理日常考核中，得分95分以上五次，90分以上 95 分以下六次。

绿化建设。推进"十大工程"(二环林带、两路"花化"、城市公园、桥梁立体绿化、主次干道提质、边坡绿化、屋顶绿化、交通路口景观绿化优化提质、主次干道降土和拆墙透绿),完成二环(岳麓区段)两厢林带建设、5 座桥梁立体绿化、3 处屋顶绿化、64 条主次干道 141 个路口交通路口景观绿化优化提质、1 条道路绿化提质。

新增绿地。完成新增绿地 52.62 公顷 (其中新增公园绿地 23.45 公顷),完成率 116.93%。绿色创建。创建 2 个市级"绿色示范村庄"、6 个市级 "绿色示范社区",完成市、区重点民生实事工作指标任务。

绿化管理。组织区级"3.12"全民义务植树节 1 次,绿化宣传周 2 次, 处理车辆损绿事件 76 次,接转处理绿化 110 报警 105 次,办理行政审批初审 58 件,受理办结市民电话 178 次, 接待来人来函 73 人次,办结"12345"市民热线 80 件,制止破绿行为 76 起,绿化服务日趋完善。 (毛世栋)

环境保护

区环境保护局

党组书记、局长

陈志勇

党组副书记、副局长

杨 彪

党组成员、副局长

刘熙靖

党组成员 甘建文

陈跃辉

党组成员、总工程师

胡 晓

【概况】 区环境保护局内设办公室(法制宣传科)、综合管理科(自然生态科), 下设环境监察大队、环境监测站 2 个二级机构。核实编制 38 人,其中有行政编 13 人,参公管理事业编 10 人,全额拨款事业编 15 人。2016 年,有在职人员 37 人,其中政府雇员 2 人。

污染防治。开展"清霾、碧水、静音、净土"行动,完成市政府下达的黑臭水体整治、排口截污、大王山片区整治、 坪塘绿心地区农村环境综合整治、环保违规建设项目清理整治等 22 个环保重点项目;加强建筑工地扬尘、岳麓山风景名胜区景区保护与提质、河道管理、重金属污染耕地治理式休耕试点、农作物秸秆露天禁烧和综合利用、饮用水源地保护、水库投肥养殖退出、非煤矿山关闭退出、混凝土搅拌站场改造搬迁、三年造绿行动等重点领域污染防治并取得成效;推进 27 个涉农行政村生态补偿试点和咸嘉新村、白鹤咀等 6 个社区 "互联网 + 垃圾分类"试点。通过综合防治,区环境质量持续改善, 空气质量优良率 71.86%, 较 2015 年提高 4.46 个百分点;PM2.5 浓度均值为 53 微克 / 立方米, 较 2015 年下降 10 微克 / 立方米;重度及以上污染天数 3 天,较 2015 年减少 12 天;城区集中式饮用水水源地水质达标率为 100%, 桐溪港、观音港、靳江河、白泉河水质基本达标, 龙王港入湘江水质优于入岳麓区水质。

环境管理审批。落实新《环保法》和新《中华人民共和国环境影响评价法》, 严把环境准入关,坚决防止污染行业、企业进入,推动产业转型升级, 依法审批建设项目环评 105 个, 参与湖南湘江新区环评审批 58 个,备案 34 个,已竣工建设项目 "三同时" 验收 36 个,参与项目立项审查 55 个。全面开展排污申报和排污费征收,完成 122 家企事业单位排污申报核定工作, 征收排污费 96 家 598 万余元。加强法制建设,制定《环境行政处罚工作规程》《环境行政复议和诉讼案件答复应诉工作规程》《长沙市岳麓区环境保护局重大行政执法决定集体讨论办法(试行)》等制度。

环境监管执法。建立有计划、全覆盖、规范化的随机抽查和网格化环保监管体系,组织住建、城管、文化、工商、质监等部门开展散煤整治,"三考静音",水上餐厅环境污染、大气污染等联合执法行动 78 次。配备环境监察移动执法系统对全区 149 家日常监管企业每个季度进行一次随机抽查,全年实施查封(扣押)3 家,责令改正 36 家,停产整治 1 家,立案查处 11 起,罚款 38 万余元。建立行政执法与刑事司法联合办案机制, 移送行政拘留案件 2 起,2 人因环境违法行为被行政拘留。办理、答复来自 "12369" 热线、"12345"热线、"三服务"一线等渠道的环境信访投诉 1534 件,未因环境信访投诉处置不力引发群体性事件。

环境监测。开展五湖 (梅溪湖、洋湖、西湖、桃子湖、后湖)、四河(龙王港、靳江河、观音港、白泉河)、两库(茅栗冲水库、泉水湖水库)水环境质量评价和集贤村、金凤村、麻田村土壤环境质量评价以及奥克斯广场、梅溪湖噪声控制示范区声环境质量评价, 为污染防治提供决策依据。开展噪声、水质监测 150 余起, 实施 127 家企业日常环境监管环境监测服务社会化, 为环境执法和排污费征收提供了有效依据。

法制宣传。建立环保网络舆情管理长效机制，及时处理环保舆情27件;撰写宣传推介岳麓生态环保文稿120余篇次，其中在《人民日报》3月21日头版《春暖岳麓又一年,秀美了村庄,敞亮了心房》一文作专题报道,《中国环境报》采用6篇,编印每周《岳麓环情简讯》40期和每月《环情通报》9期;组织开展“6·5”世界环境日、高校环保文化节等主题宣传活动5次;开展生态文明知识“六进”活动100场;投放环保类公益广告112处;创建省级环境教育基地1个(洋湖再生水厂)、噪控示范区1个(梅溪湖街道),节能环保社区5个(白鹤咀社区、钰龙社区、林海社区、润龙社区、靳桥社区),绿色学校1所(区第五实验小学),公众参与环保工作氛围持续浓厚。（余南）

【办理水上餐饮整治环境污染案】 6月3日,省政府通报一批环境违法典型案例2件，其中有湘江长沙段水上经营餐饮污染案。经整治，没收并公开拆解非法水上餐饮渔船2艘，彻底解决了湘江西岸多年非法水上餐饮顽疾。

【组织生态补偿试点年度评估工作】 2016年12月，由湖南湘江新区住建环保局牵头组织生态补偿试点年度评估工作，通过实地查勘、采样检测、年度对比方式进行测评打分。区纳入生态补偿范畴的27个村中，有26个村被评为优秀,1个村评为良好，全区获生态补偿奖励资金1922余万元。

【创建省级第一批环境教育基地】 区洋湖再生水有限公司建立专门环境教育团队，设计印刷了分别针对中小学生和社会团体的环境保护宣传册，制作了洋湖再生水厂环境教育宣传视频，打造高标准的环境教育基地,年接待考察、学习、交流达上万人次,2016年6月获湖南省第一批环境教育基地称号。（余南）

两型社会建设管理

区两型社会建设管理办公室

主　　任　郑明方

副 主 任　周　晗(1—5月)

　　　　　夏策联(6—)

【概况】 区两型社会建设管理办公室核定编制4人。2016年,有工作人员3人,临聘1人。

两型品牌创建。一是创建标准不断完善。根据省、市两型示范创建要求,修订完善2016年度区两型示范创建指南，研究出台促进两型示范创建的标准及政策措施。拟定并下发《2016年全区两型社会建设工作要点》《2016年全区两型示范创建工作方案》,在全区各行各业打造两型示范典型。二是示范典型多点开花。在村庄、社区、学校、企业、门店(市场)、家庭、公益团队七大领域开展两型示范单位创建活动，指导申创单位开展创建活动,组织恒华、白鹤咀社区分别申报省级两型示范基地和社区。长华社区、博才咸嘉小学获评长沙市两型示范单位。区智能垃圾分类项目获评长沙市两型示范项目。斑马塘社区,八方社区,恒华社区,麻田村,区滨江小学,区第五小学,学堂坡社区周桂新、刘欢军家庭7个单位(家庭)获评长沙市两型创建单位（家庭),超额完成省市创建任务。是年,新增创建34个区级两型示范单位(家庭)。三是综合片区创建纵深推进。2016年,区咸嘉新村社区、白鹤咀社区、八方社区、恒华社区、博才咸嘉小学、华宝村等13个单位(项目)列入湖南湘江新区两型综合示范片区，创建示范工作均取得阶段性成绩。咸嘉新村、白鹤咀、银谷、荷叶塘已初步形成两型元素集成应用展示的连片社区，八方社区初步形成集两型文化观光道、家庭两型风采室、智能垃圾分类、两型社会组织、木友俱乐部工作室等两型元素于一体的社区两型宣传体验平台。恒华社区塑造了省内首家两型市级宣教基地,两型理念传播中心、两型参与示范窗口初步形成。太平村、双湖村、华宝村打造集两型高效农业、生态景观优美、设施服务完善的最美乡村样板。含泰社区探索出一条“专人包干,奖惩结合”的农村垃圾分类新模式。博才咸嘉小学启动校内两型文化工程与校外两型实践活动相结合的两型素质提升教育工程。四是两型文化宣传全面覆盖。注重岳麓两型建设的宣传推介，两型宣传网络初步构建,《引领绿色发展新常态谱写两型高地新篇章》一文在《长沙通讯》发表,《发挥自身优势,争当两型建设的排头兵》署名文章在省两型委《两型社会理论与实践》发表,会同区环保局开展“推进绿色发展,共建品质岳麓”为主题的“6·5”环境日大型宣传活动,《湖南日报》专题推介了咸嘉新村社区垃圾分类试点工作。组织《长沙晚报》等媒体不定期宣传报道白鹤咀、八方、恒华等社区两型创建探索的新亮点、新动作。着力推进长沙两型宣传教育基地建设,6月，市首个两型宣教基地在恒华社区挂牌成立，在基地构建四大学习交流板块，组建1支两型宣讲队伍，开展宣教和体验活动30

余次。

抓机制创新。一是两型标准化建设稳步实施。落实省、市部署，完成两型标准实施与认证情况摸底，开展3类两型标准实施和认证试点，申报桃花岭景区、岳麓区机关大院、桐木村、立马村、嵇家山村5个两型标准实施与认证试点单位。重点推进桐木村、立马村两型村庄认证试点工作，指导桐木村、立马村对照认证试点标准要求，完善制度建设和村庄两型软硬件建设，接受第三方专业认证的各项建设工作全部完成。二是垃圾分类试点工作不断推进。研究确定岳麓区垃圾分类试点方案，率先在全省推进社区有机垃圾、无机垃圾软硬件处理体系建设，探索城市居民生活垃圾分类收集处理的引导、分类和处理模式。在咸嘉新村、白鹤咀、八方、恒华、银谷国际、荷叶塘6个社区开展"互联网+垃圾分类"的探索试点，相关设施、设备、宣传引导、终端处置全面到位并开始运营，覆盖家庭3000多户，试点社区居民垃圾分类知晓率90%以上，居民参与垃圾分类参与率60%，垃圾分类正确率60%。

生态绿心保护。一是着力构建绿心保护联动机制。全面落实绿心保护条例，继续实施《岳麓区生态绿心保护工作目标责任状》，将生态绿心保护工作落实到坪塘街道及区直相关部门，区、街、村三级联动管理机制保持常态有效。全年绿心区内未发现一起违法违规行为。二是着力推进绿心区发展。开展绿心区农村环境综合整治工作，完成生活污水治理工程、生活垃圾处理工程、绿化美化工程、饮用水源地保护工程四大主体工程的建设，11月，通过省环保厅组织的验收。会同区水务局、坪塘街道开展鹅洲岛居民整体移民的前期调查工作，会同区环保局做好绿心地区农村生态补偿工作，绿心地区5个村庄已全面通过湖南湘江新区生态补偿评审，400万元生态补偿资金于年底发放到位。与省、市对接，研究提出适当调整绿心保护区规划范围的建议，为理顺绿心区保护与开发关系探索新路径，拓宽新渠道。三是着力开展宣传引导。深入开展绿心保护进村组、两型新风进家庭等宣教活动，加强绿心保护政策法规、条例文件等宣传。全年在绿心区范围内5个村庄开展"绿心保护政策法规进村庄""环保知识入农户、美化清洁新农村"等专项宣传活动5次，在植树节当天会同区直机关工委和区园林公司组织区四大家领导、区直各部门干部参加"为绿心增绿、给两型添彩"植树节主题活动，引导和发动人人参与到绿心保护工作上来。

深化体制机制改革。一是发挥牵头协调作用。出台《岳麓区2016年生态文明体制改革责任分解表》，将生态文明体制改革七大任务细化成19项重点工作，明确具体目标、主要内容、时间进度、改革成果、责任单位、责任人员。向区委改革办申报改革案例《"互联网+"智能垃圾分类，引领两型生活新方式》，向市两型办申报改革案例"莲花镇农村两型发展模式创新"，在《长沙通讯》发表《践行两型理念，塑造美丽幸福新咸嘉》一文，将生态文明体制改革形成岳麓改革特色经验。二是探索清洁低碳技术推广路径。着力构建"政府主导、市场运作、分类推进、项目落实、突出实效"的清洁低碳技术发展模式，集中推广新能源发电技术、重金属污染治理技术等十类清洁低碳技术。下发《岳麓区2016年综合节能与新能源技术应用推广实施方案》等政策文件，明晰全年清洁低碳技术推广综合试点的重点任务和操作步骤，形成"政府推动，政策带动，部门联动，企业主动"的工作格局。整合政府、企业、科研院所和社会组织等各方力量，构建岳麓区清洁低碳技术研发合作、融资对接、项目对接、宣传推介的服务平台。对全区清洁低碳技术项目进行全面摸底，区清洁低碳技术项目库建立，储备清洁低碳技术项目18个，清洁低碳技术在全区广泛应用，完成坪塘农村生活污水处理项目、洋湖干混砂浆生产线建设项目，合同能源管理模式在区直机关、通程商业广场麓山店得到推广应用，地源热、江水源热等可再生能源应用在滨江、洋湖等片区正推广实施，集政府采购流程、清洁低碳宣传推广、两型产品发布及供应商征集于一体的两型采购网站服务平台已初步搭建，赛恩斯、亚晨科技等骨干企业加速扩容提质。（凌杰）

财政·税务·金融

财　政

区财政局

党组书记、局长

邹　刚(1—10月)

党组书记　王　洋(10—)

党组副书记、副局长

喻林辉(女)

党组成员、副局长

李建平

党组成员、总会计师

汪树德

党组成员、纪检组长

刘艳群(女)

党组成员、副局长

李应怀(女)

党组成员、区政府采购监督管理办公室主任

申巧兰(女,1—10月)

党组成员、区国库集中支付核算局局长

雷素平(女)

岳麓科技产业园财政分局局长

吴清萍(女)

区非税收入管理局局长

贺越强(女)

区财政预决算(投资)评审中心主任

肖建胜(女,1—10月)

区政府采购监督管理办公室主任

刘　婵(女,10—)

区财政预决算(投资)评审中心主任

程　艳(女,10—)

【概况】 区财政局内设办公室、预算国库科、行财科、经建科、教科文科、乡镇财政管理科、国资办、监督检查科,下辖区国库集中支付核算局、区非税收入管理局、区政府采购监督管理办公室、区财政预决算(投资)评审中心、区财源建设管理办公室5个二级机构,其中区国库集中支付核算局、区非税收入管理局为参照公务员法管理的副科级全额事业单位,区政府采购监督管理办公室、区财政预决算(投资)评审中心为副科级全额事业单位,区财源建设管理办公室为全额事业单位。截至2016年年末,有在职在编干部职工49人。

2016年,区财政局成功通过复审并继续保持省级文明单位称号,获评全市先进基层党组织和全区"五好"领导班子等,预算国库科成功创建省级青年文明号,非税征管、财政监督、部门预算绩效管理、投资评审、财政管理绩效等6项业务工作获全省先进。

财政收入。全年实现财政总收入76.99亿元,为年度任务的100.50%,增长10.66%。完成地方一般公共预算收入29.53亿元,同比增长9.21%。税收占财政总收入比重达86.23%,收入增幅和税收占比指标均居中心城区首位。全年全口径税收和区级税收均提前一个月完成目标。充分履行主体职责,科学分解,准确研判,强化考核调度,牢牢掌握收入组织主动权。全面推进"营改增"改革各项工作,妥善应对营改增对区级财税影响。多管齐下加强房地产建安行业税收管理。健全征管联动机制,加快建成综合治税信息平台,数据基础进一步夯实。围绕"产业发展年"决策部署,出台街(镇)财源建设绩效考核办法,完善区对街(镇)财政管理体制,激发产业发展活力。准确把握全区产业转型升级、项目建设强力推进和房地产高位增长的优势,强化财源引进和产业培育。区内全口径税收和区级税收千万元以上企业分别达117家和42家,较2016年增加39家和13家。10个街道区级税收突破亿元,银盆岭、天顶、梅溪湖等街道区级税收达2亿元,观沙岭街道迈上3亿元台阶。

财政支出和民生保障。全年完成区本级一般公共预算支出39.16亿元,为区四届人大常委会第三十六次会议通过的调整预算的97.83%。坚持保障重点项目。筹措资金18.5亿元,切实保障环城绿带生态(岳麓区段)、轨道交通、湘江库区等重点基础设施建设,服务中央、省、市重大项目。投入1.8亿元,支持园区发展,促进科研成果转化和特色产业集聚。重点保障农村危房改造、棚户区改造等建设项目,确保省、市民生实事工程全面落实。持续提升民生福祉。坚持新增财力持续向民生倾斜,全区教育、社保就业、卫生计生等主要民生事业支出占比达80%。坚持教育优先发展,白马小学等5所学校建成开学,奥克斯缔壹城小学等7所学校启动建设。提升医卫保障水平,提高人均基本公卫经费、计生奖励扶助、城乡居民养老和医疗保险补助标准。加强资金统筹调度。积极盘活财政存量资金,收回结余结转资金2.57亿元统筹使用。强化债务管理，完成地方政府债券置换存量债务17.78亿元，科学分配新增债券1.03亿元。推行政府和社会资本合作模式，熊家湾小区等7个项目完成政府购买服务授信审批，玉赤河（呼吸谷）PPP项目敲定合作资本，大幅缓解当期支出压力。

财政财务管理。管理基础不断夯实。清查全区行政事业单位国有资产，摸清存量，完善基础数据，实现动态监管。强化政府采购电子平台管理，完成政府采购项目666个，节约财政资金1100万元。优化财政投资评审流程，前移评审关口，严控超预算超概算行为，评审项目1353个，审减3.52亿元，核减率8.78%。财政改革持续深化。支付改革再迈大步，17个街（镇）全部纳入国库集中支付单一账户体系，完成改革的单位达219家，覆盖区、街镇两级全部预算单位。公务用车制度改革基本完成，全面取消一般公务用车，收缴封存车辆208台，实现公务交通节支7%。推进非税电子票据改革，对284家执收单位建档确权并挂接收费项目。财政监督取得实效。加强对街镇、村社区财政账务的业务指导和监督检查，开展“雁过拔毛”式腐败问题专项整治。大力推进部门预算绩效管理和评价，完成20个重点民生项目的第三方绩效评价。开展“一查四规范”、预算执行、纠正“四风”等专项监督检查15次，范围覆盖17个街镇和62个区直部门、学校、指挥部。

班子队伍建设。贯彻落实党的会议和习近平总书记系列讲话精神，坚持学习党纪条规，确保令行禁止、政令畅通。坚持对照“五好”领导班子标准，激发干事创业热情，提振工作信心。召开“三严三实”专题民主生活会，着力查找问题，做到立行立改。班子成员定期述职述廉，开展民主测评，强化自我约束。坚持正确的选人用人导向，注重人才梯队建设，加强年轻干部的培养与启用。综合运用绩效考核、民主测评、党员积分等方式，客观真实评价干部，提升干部推荐选用的透明度。年内，有2名干部提拔至副科级岗位，3名年轻职工通过竞争上岗成为中层干部，注重党的理论学习，深入推进“两学一做”专题教育，扎实开展四次讨论，党组书记、支部书记分别讲党课，党员干部踊跃参加“微党课”、主题演讲等活动。从严从优发展党员，2名预备党员转正，新培养入党积极分子1人。扎实开展组织关系集中排查，清转党员1人。严格实行积分管理，党员干部进社区报到，广泛参与志愿服务。自查党费缴纳情况，核查补缴党费3.29万元。深入开展结对共建和联点帮扶，为雨敞坪镇西湖村争取帮扶资金21.8万元，分别支持航天社区、青山村群众工作经费5万元。

党风廉政建设。廉政责任层层压实。按照构建“九责体系”要求，制定个性责任清单，班子成员对党风廉政建设责任签字背书、公开承诺。召开财政系统党风廉政建设暨反腐败工作大会，各科室、二级机构和街（镇）财政所向局党组递交责任状，确保压力层层传导。分管领导坚持“一岗双责”，定期组织廉政学习和谈心谈话，认真撰写《廉政纪实手册》。切实规范权力运行。落实“三重一大”事项集体决策制度，一把手坚持“三个不直接分管”“末位表态”原则，严守政治规矩和政治纪律。纪检组长和廉政监督员列席党组会、局务会，监督评议重大决策，规范权力运行。局班子成员做好表率，主动报告重大事项，上交个人护照，定期公开述职述廉，接受组织和群众的监督。坚持廉洁自律，局班子成员全年上缴无法拒收的红包礼金共13.4万元。强化廉政文化建设。加强机关内控制度建设，梳理编撰《岳麓财政制度汇编》，进一步健全廉政风险防控体系。持续深化“清风廉理手、阳光财政人”廉政文化进机关活动，创建廉政文化示范点。丰富廉政警示教育形式，深刻剖析周永康、徐才厚等反面典型案例，观看《黑瞳》《镜鉴》等专题警示教育片，参观长沙廉政警示教育基地。严格落实作风建设新规，逐年压缩“三公”经费，主动公开部门预决算。严肃工作纪律，定期开展督查，通报违反作风建设规定典型案例1起。

（胡泉）

国家税务

区国税局

局　　长　井晓宇

副 局 长　陈建强

陈雄伟

廖　玮

丁　胜

赵道军

刘丽蓉（女）

纪检组长　李正强

【概况】 区国家税务局内设办公室、财务科、政策法规科、收入核算科、征收管理科、人事教育科、监察室、纳税服务科、税源管理一科、税源管理二科、税源管理三科、进出口税收管理科、机关党委办、工作委员会，信息中心（事业单位），下设桔洲税务分局、望月湖税务分局、望城坡税务分局、银盆岭税务分局4个派出机构。2016年,有在编干部职工164人,临聘人员60人。负责岳麓区15个街道和2个镇的国税征收管理工作,有开业状态纳税人17687户,其中纯所得税企业342家,其他企业10888家(增值税一般纳税人企业2831家,小规模纳税人8057户),个体工商户6457户(其中起征点以上的749户)。

2016年,在岳麓区委、区人大、区政府、区政协和上级国税部门的正确领导下,不断加强队伍建设,大力组织税收收入,推进税收征管创新,优化纳税服务,各项工作取得长足发展。截至12月8日,累计完成税收23.22亿元,剔除四大行业"营改增"后入库11.71亿元,占全年收入任务的97.58%。同时,"营改增"四大行业税收收入形势喜人,达11.51亿元,"营改增"收入连续多月排名全市全市第一。

队伍活力显著增强。紧紧抓住干部队伍中"关键少数",充分发扬民主,落实好民主集中制原则,重大事项集体决策,让大家充分发表自己的观点。班子成员坚持以身作则,注重在学习、工作、纪律、绩效等各方面发挥先锋模范作用,班子在绩效考核中,如基层工作出现差错,分管领导要负领导责任,并扣发资金。广泛开展谈心交心活动,及时了解群众的思想动态,消除误解,达成共识,激发工作热情。开展"强党性修养、促能力建设"专题培训、组织国学讲座、省市党代会精神宣讲、"两学一做"教育党员队伍进社区活动,组织青年干部座谈会和"青年文明号"扶贫帮困活动。加强内部管理。财务、政府采购、固定资产、档案管理,办文办会、舆情信访、税收科研等,内部管理工作更加规范有序。不断改善干部职工的工作生活环境,对4个分局的办公环境及家属宿舍的生活设施进行改善,安装局机关大院视频系统,将机关篮球场与停车场通用,缓解停车难问题。突出绩效管理,全面落实绩效管理自评、考评和讲评制度,将具体指标优化细化到具体科室和个人,实行事前提醒单、事中督办单和事后考评单的"三单"闭循环制度。坚持绩效管理会议制度,分析、讲评绩效管理形势,注重绩效结果的运用,优秀公务员全部从绩效优秀人员中产生。

税收收入亮点纷呈。2016年是"营改增"全面铺开试点的第一年,累计完成税收入库23.63亿元,剔除四大行业"营改增"收入入库12.28亿元,完成全年收入任务的102.32%,同比增长13.29%。年"营改增"四大行业收入11.36亿元,连续排名全市第一。其具体做法,一是抓牢管实重点税源。"营改增"后,房地产占全局税收收入的50%以上,建安占25%,通过风险识别排查,加强纳税评估,减少税收收入的流失。建立专业管理队伍,实行专业化管理,借助大数据,开发专门的管理软件,效果较好,并在市局系统的亮点项目评审会上赢得广泛好评。二是科学分解收入任务。按月下达收入计划,严格按组织收入考核办法考核并通报。强化对经济形势的宏观研判,采取各种有效措施,做到应收尽收。

执法基础夯实巩固。开展税法宣传。全年开展"营改增"大课堂培训辅导6期,近2000人次纳税人参加,组织纳税人党校培训10期,先后8次通过微信公众平台向纳税人宣传最新政策,确保各项税收政策,特别是税收优惠政策的落地。严格执行税收政策。在确保应收尽收的前提下,积极落实税收优惠政策,2016年,全区享受免征增值税优惠政策的小微企业共计108708家次,免税销售额16.99万元,免征增值税5103.54万元。加强税收法制教育。约束和规范自由裁量权,规范、公正、文明执法。严格落实执法责任制,加大税收执法督察力度,逐步建立税务行政案例指导制度,严格执行省、市局关于取消和优化审批清单。

服务质量明显优化。落实"局长值班制""首问责任制""一窗式"办税和"延时服务",尽管业务量增加一倍多,窗口增加一倍多,纳税人增加一倍多,但纳税人满意度排名大幅提升。优化服务惠税户。全面落实便民办税春风行动,开展税务干部进企业活动,上门进行纳税辅导和培训,加强一线税务人员的纳税服务培训教育,简化优化服务流程,提质改造办税厅的服务设施,进一步方便纳税人办税。下半年,相继推出了"一人一机一窗"和"畅易代开"服务,纳税人办税更加方便快捷。

(吕美柃)

地方税务

区地税局

局长、党组副书记
杨　军(11—)

党组书记　彭仕明(1—10月)

副 局 长　易礼文
欧清香(女)
彭文凯
李　明

工会主席　田培忠

【概况】 区地方税务局2016年有在职干部168人，内设办公室、税政法规科、征管和科技发展科、收入规划核算科、财务管理科、人事教育科、监察审计室7个行政科室及3个税源管理科，下设办税服务中心、稽查局2个直属行政机构，8个税务分局。辖15个街道、2个镇、2个景区管理处和1个科技产业园，共178个村、社区，辖区面积552平方公里，常住人口82万人。

2016年，在区委、区政府和市局党组的坚强领导下，紧紧围绕服务经济社会发展大局和组织收入中心任务，充分借助湖南湘江新区大建设、大开发和岳麓区"产业发展年"的有利契机，在稳增长、深改革、优服务、强素质、保平安上下功夫，全年共组织入库各项收入44.01亿元，剔除"营改增"因素，同比增加8.92亿元，增长25.62%。其中，区级七税种总收入37.67亿元。

征管转型开创新局面。按照"营改增"工作安排，做好对营业税纳税人的摸底调查、分类统计和集中清理工作，在5月1日前，向区国税部门移交营业税11335户，共清理入库营业税9416.05万元，顺利完成"营改增"过渡工作。面对"营改增"后地税征管工作的新形势、新挑战，按照上级税务部门和区委、区政府要求，区局积极探索"营改增"后征管转型新路子。一是抓重点行业促征管转型。在建安房地产行业管理上，逐一按户按项目建立税源档案，做好实地巡核查，强化税源监控。开展建安项目国税预缴地税附征工作，促进收入入库。二是抓各税管理促征管转型。规范企业所得税管理，编写《不征税收入企业所得税风险管理操作指引》，加大汇缴力度，提升申报率；在将行政事业单位作为"纯管户"进行专业管理的同时，加大对高收入群体的个人所得税管理；集中业务骨干组成若干个清算小组开展土地增值税清算，全年共清算9户，补交土地增值税11244万元；依靠政府牵头主导，国地、公安、综治、城管等多部门协作配合的联合治税模式，逐小区、逐栋、逐楼层、逐门面摸清税源底数，夯实征管基础。三是抓个体税收促征管转型。联合银盆岭街道、工商、国税等部门，在银盆岭街道办事处成立全市首个街道联合办税服务厅，打造个体零散税收联合征管新模式。四是抓查补清缴促征管转型。加大税务稽查和欠税清缴力度，全年清理入库各类欠税24717万元，征收滞纳金15.2万元。

纳税服务提升新高度。一是深化联合办税。与区国税建立联席会议机制，规范业务流程，加强窗口共建，深化信息共享，采取互设窗口、共建办税服务厅的"互驻"模式，在区内所有国税窗口实施地税自征。二是优化便民服务。切实完善360服务举措，深入推进"便民办税春风行动"，积极推行省内通办、免填单服务等措施，提高纳税人满意度。深化"互联网+税务"建设，推出掌上办税系统，提升纳税服务水平。三是强化税法宣传。以第25个税收宣传月为契机，通过纳税人学校、微信公众号推送、印发宣传册、企业走访等形式，提升社会公信力和纳税人遵从度。

队伍建设呈现新风貌。一是干部教育纵深推进。扎实开展"两学一做"学习教育，明确每周五为"集中学习日"，集中学习党章党规、习近平总书记系列重要讲话和中共十八届六中全会精神。认真开展"岗位大练兵，业务大比武"活动，坚持在岗人员人人参与、全员充电，做到真学真练真比，提升干部业务技能。二是人力资源合理调配。适当调整税源管理机构职能职责，积极开展干部交流工作，合理布局人员力量。组建征管纳服、风险防范、财产行为税、所得税4个专家团队，提高税收工作质效和干部业务水平。三是廉政建设不断加强。制定"两个责任"清单，创新任务下达、督查督办、结果运用三位一体的清单运作模式。在全市地税系统率先推行重大事项决策签字背书制度，将党组监督的主体责任落到实处。认真落实"雁过拔毛"式腐败问题和"纠'四风'，治陋习"专项整治工作，做好自查自纠。通过写廉政春联、参观警示教育基地、观看教育片等方式，筑牢廉洁自律思想防线。 （黄知明）

金　融

区人民政府金融工作办公室

主　　任　罗　纯（女）

副 主 任　钟昭华（4—）

【概况】 区人民政府金融工作办公室为正科级事业单位，归口区政府办公室管理，核定全额拨款事业编制4人。2016年，在职在编干部3人。

融资协调。2016年，全区各融资平台计划融资80亿元。城投、园区分别完成融资43.81亿元、31.89亿元，融资进度、融资规模均明显提升。城投、园区积极创新融资方式，PPP、企业债、公司

债、基金等新型融资模式已有实质性推进。开展了中小企业对接资本市场进行专题培育，指导区内企业拓宽直接融资渠道，金融产业服务实体经济造血功能日益增强。

金融招商。精选全区优质地块和精品楼宇编印《岳麓区金融产业招商手册》，分析项目优势、招商政策、地理位置等，为企业在选址、运营、环境、政策等方面提供全方位服务。在项目落地达效上，为在建金融项目提供"保姆式"服务，全程跟踪服务，全力协调调度。民生银行、长沙银行、浦发银行、广发银行、三湘银行、吉祥人寿、开源证券、海南海药基金、湖南省信用联社9家金融机构入驻落户，东亚银行、华融资产、平安集团、财信金控等金融机构正在深入对接。充分发挥在建项目以商招商的功能，引导建设项目为金融产业落户"量身定制"，湘江财富金融中心、楷林国际大厦、钱隆金融中心等一批高品质专业金融商务楼宇加快建设。

企业上市服务。支持岳麓科技产业园、岳麓山大学科技园加快中小企业孵化，为岳麓产业发展积蓄后备力量。2016年，走访调研11家中小企业，从市场规律出发掌握企业所需，9家企业列入长沙市拟上市企业重点名录，3家企业在新三板挂牌上市，1家企业在资本市场成功融资。支持中小微企业对接资本市场，11月，与湖南省股交所合作开展78家中小企业进驻资本市场专题辅导培训，推动优势企业上市融资，拓宽直接融资渠道。

金融创安。采用自查自纠、现场检查、报表报送、评级定等、交叉检查等方式，强化融资性担保公司和小额贷款公司的日常监管。建立健全"金融机构内部监控、监管部门外部监管、地方政府协助监管"的监管体系，完善风险监测预警机制、金融稳定协调机制、金融风险应急处置机制建设，加快推进金融信用体系和金融法制环境建设，严把金融机构质量准入关、金融市场参与者诚信教育宣传关、金融业运行实时监控关。全面开展2949家投融资类企业普查，"打击非法集资宣传月活动""打非宣传'六进'"等活动取得实效，金融环境不断优化。

金融服务。进一步增加目标客户对湖南金融中心的价值趋同感、品牌认同感、发展归属感，9月22日，承办2016年长沙金融服务节开幕式暨岳麓银企对接会，推荐湖南金融中心8个金融产业项目，建设银行、长沙银行与4家岳麓区中小微企业签约授信，授信贷款额度3000余万元，企业在线下签约合计授信额度约1亿元，搭建了人才、资金、项目的合作平台。9月22日，区政协对区现代金融业发展进行专题协商，实地考察湘江财富金融中心、浦发、广大、楷林国际项目建设情况，提出要将滨江金融中心打造成为全省唯一的金融中心，继续加大招商引资力度，加大政策支持力度，加大配套建设力度，加强服务功能保障。7月13日，牵头举办为期两天的岳麓区"产业发展年"金融产业专题知识培训班，从金融基础知识、投资理财、非法金融辨别、维权与经济四个方面进行培训，120余人参加培训，有效提高全区金融工作者的能力素养。加大金融知识宣传普及力度，开通岳麓区金融微信公众号，通过开展金融知识进社区、进机关、进企业活动，提高民众对金融知识的了解度。（谭楚）

湘江新区农商银行股份有限公司

党委书记、董事长
陈　颢
党委副书记、行长
黄立新
纪委书记、监事长
周松柏
党委委员、副行长
危志成
陈　盛

【概况】 湖南湘江新区农村商业银行内设15个职能部室、28家支行、22家分理处，是湖南省第一批股份制农村商业银行。现有注册资本5.110亿元。

截至2016年年末，公司各项存款余额174.21亿元，比年初增加41.3万元，增幅31.07%，完成任务的294.97%。各项贷款余额78.44亿元，比年初减少2.83亿元。不良贷款余额1.24亿元，占比为1.58%。全年累放贷款72.4亿元，存贷比45%。

全年实现总收入8.69亿元，实现经营利润4.07亿元，缴纳税费0.73亿元。资本收益率18.13%，资产收益率1.91%，综合费用率为24.68%，百元贷款收息率7.3%。资本充足率15.89%，拨备覆盖率214.9%，拨贷比3.4%。全年手机银行净增23609户，完成全年任务133.69%。社保IC卡金融应用激活率82.82%，电子银行替代率60.59%。福祥便民卡累计户数930户，合同金额2.69亿元，合同已用金额1.62亿元。贷记卡累计户数1357户，授信额度5103.3万元，透支金额

879.78 万元。

党建工作。深入贯彻学习习近平总书记系列重要讲话精神，认真落实党章关于加强党员教育管理要求，强化党员队伍在思想、组织、作风、纪律等方面建设，以"两学一做"活动为抓手，着力于改进服务水平，提升发展质量和效益，强化内部管理，稳步推动业务发展。通过"两学一做"活动的开展，涌现一批吃苦耐劳、敢于挑战、甘于寂寞、甘于奉献、志愿报名到农村偏远网点、到村镇银行、到条件最艰苦、组织最需要的地方去干事创业的积极分子，提升了党员干部的素质修养，增强了党组织的凝聚力和战斗力。

经营工作。一是精心组织资金。通过紧跟开发重点、紧盯项目资金、紧抓拆迁资金。新增网点和自助银行，安装 POS 机、ETC(电子不停车收费系统)，加大福祥贷记卡、便民卡、公务卡、网上银行、手机银行，全方位开展宣传促销，促存款增长。二是安全投放资金，推动地方经济。突出支农、支小重点，支持农民安置房、重点工程、公共设施建设，支持农业特色产业、区域专业市场和公共客运行业，推进就业小额担保贷款工作。三是增加资金活跃度。2016 年，各项业务利息收入 1.99 亿元，利息支出 452 万元。

管理工作。加强信贷管理，确保信贷资产安全。严格落实贷款新规，确保贷款用途合法合规。每一笔贷款都坚持贷前调查、贷中审查、贷后检查。进一步提高利率定价水平。二是财务管理。严格控制费用增长，落实账户管理制度。合理定价，取消内部清缴业务。三是安全、内控管理，严格稽核、排查。2016 年，对辖内营业网点开展稽核项目共计 20 项、70 次，工作量 219 天，提出整改建议 54 条，下达整改通知书 41 份，实现全年安全无事故。加强纪检监察工作。2016 年，公司增设监察室，推动党风廉政建设和反腐败工作的深入开展，促进全年工作目标顺利完成。四是服务质量管理。2016 年，新建服务网点 14 个，开展 3 轮服务质量检查，启动第三期网点服务质量提升及固化项目以来共 10 轮回访检查和调研督查。

董事会工作。2016 年，召开股东大会 1 次、董事会 22 次、董事会专门委员会 50 次，研究或审议重大议案 134 项。重大事项决策严格按照《公司章程》规定，决策程序遵循公开透明的原则。充分发挥专门委员会作用。全年，董事会战略委员会共召开会议 10 次，风险管理委员会召开会议 20 次，审计委员会召开会议 10 次，关联交易控制委员会召开会议 1 次，薪酬与提名委员会召开会议 9 次，共审议提案 134 项，为董事会的高效工作和科学决策打下坚实基础。　　　　（高莹）

旅游服务

旅 游

区旅游局

党委书记、局长
胡艳苹(1—10月)
副 局 长 赵耀方(1—11月)
葛 昊(11—)
纪检组长 邓余良(1—11月)

【概况】 区旅游局为区人民政府直属事业单位。核定区旅游局全额拨款事业编制6人,有在编工作人员6人,临聘3人。内设办公室和业务科。

旅游接待。2016年,接待旅游总人数1071.76万人次,实现旅游总收入134.68亿元,同比分别增长17.8%和25.1%。其中,接待国内旅游人数994.26万人次,接待入境旅游人数77.5万人次。岳麓山、橘子洲景区各大节假日游客量稳居全省前三,洋湖湿地景区、梅溪湖国际新城成为最受市民欢迎的城市游憩地,巴溪洲水上公园、西湖文化园成为岳麓的新名片。

乡村旅游。整体打造学士农趣谷、莲花慢谷、雨敞坪五彩谷、含浦温情谷、坪塘暖心谷岳麓乡村旅游的"五朵金花"。坪塘街道以"千户农庄示范园"为重点,首批20家农庄开业。含浦街道按照"都市田园,乡韵含浦"定位、景区化方式推进美丽乡村建设,以油菜花、荷花、彩色功能稻种植为主,打造特色片区。莲花镇立足创湖湘风情文化旅游小镇、全国AAA级旅游景区,完善基础设施,打造立马草海、桐木莓果、南洲香荷、圣峰果林、爱格花海等旅游品牌。学士街道引进湖南中央汽车文化公园落户。

景区建设。西湖文化园正在对外招商;湘江欢乐城正进入主体全面施工阶段;梅溪湖国际文化艺术中心项目主体全部完工;洋湖李自健美术馆正式开馆;湘军文化园、湘军文化博物馆正在施工,桐溪寺一期完成建设;湘江西岸渔人码头等情景式、体验式商业实现开业;恒大旅游地产"海花谷"完成拆迁。为力争橘子洲景区AAAAA复牌,对景区游步道和厕所等硬件进行整改,加大对不文明行为的劝导力度,提升服务质量。其他景区吸取橘子洲摘牌教训,制定景区全面提质改造方案,对景区垃圾箱、垃圾处理站、旅游厕所等设施全面排查和整改,对所有游客中心和游客休息区设施整修、换新,进一步完善了服务内容。按照旅游"吃、住、行、游、购、娱"六要素的要求,加快旅游基础配套设施建设,完善旅游交通体系。岳麓山、橘子洲、洋湖湿地景区、梅溪湖国际新城、巴溪洲水上乐园、西湖文化园、裕湘纱厂、新民学会等景点纳入全市旅游观光巴士站点;开通岳麓山爱晚亭(岳麓书院)至橘洲景区的旅游专车;橘洲景区增设湘江水上旅游项目,打造"长沙印象游""长沙生态游""烟花游"等线路。增设签证中心,德国、法国、瑞士签证服务中心相继落户裕湘纱厂。

节会活动。品牌效应持续提升。协助、联合有关单位承办岳麓山红枫节、梅溪湖元宵灯会、橘洲音乐节、橘洲花灯艺术节、橘洲冰雪嘉年华、中国长沙湘江杯国际帆船赛、2016中国长沙国际名校赛艇挑战赛、洋湖灯光美食节、洋湖雕塑节、含浦首届油菜花大赏暨纸鸢节、莲花镇首届生态果蔬采摘节、雨敞坪泉水龙虾节、中俄红色旅游年等节会活动,着力展示岳麓全域、全业、全季旅游形象。

公共设施建设。新设游客服务中心。洋湖湿地景区、梅溪湖景区设立旅客服务中心6个。优化旅游咨询集散配套服务功能,提升旅游咨询设施和服务能力;新建旅游公共自行车道。洋湖湿地景区自行车系统已对外开放,道路全长约13.15千米,涵盖一至三期整个景区。梅溪湖公共自行车系统已建成,投入200辆自行车,环湖设站点8个。新增旅游公共厕所。橘子洲景区换蹲位隔断46套、洗手池下水管、换气扇、烘干机等设施96套,改扩建5座厕所。

旅游配套项目。渔人码头、麦德龙等一批商业设施相继落成;王府井河西商业广场、湘江玖号、红星美凯龙家居广场等商业卖场建成开业;佳兴世尊开业运营,世茂希尔顿、洋湖皇冠假日酒店、梅溪湖喜来登等一批五星级酒店正加快建设。

品牌宣传。围绕"快乐岳麓"形象定位,全方位宣传推介区旅游工作,《长沙晚报》头版头条刊

登《全域旅游潮涌湘江西岸》《更美岳麓：一个舍不得离开的大景区》《乐在田园 纯美岳麓等你回家》报道，不断增强岳麓旅游影响力。协助编制完成莲花镇旅游攻略《一起去旅游——莲花，你的心灵慢谷》，制作《醉岳麓——岳麓区旅游地图》手绘版，将乡村旅游景点资料与岳麓旅游画册、旅游地图、旅游推荐线路、景区宣传册集中打包投放到星级酒店、星级餐馆及各景区岳麓旅游宣传架。

（李晶）

景区管理

岳麓山风景名胜区管理局

党委书记 丁继荣（1—6月）

吴　江（6—）

副书记、局长

胡德强

党委委员、副局长

易克彪

胡　佳（女）

党委委员、纪委书记

施柏林

总工程师 曾常清

【概况】 岳麓山风景名胜区管理局内下设办公室、综合管理科和法规科，加挂行政审批科和综合执法队牌子，下辖麓山景区管理处和橘子洲景区管理处两个二级管理机构，其中麓山景区管理处为副处级事业单位，橘子洲景区为正科级事业单位。核定编制23人，现有工作人员31人，其中合同制工人8人。

资源保护。继续推进景区总体规划修编和单元景区详细规划编制工作，《总规纲要》获住房城乡建设部认可和省住建厅批复，《石佳岭景区详细规划（送审稿）》已编制完成，《寨子岭景区详细规划》已完成前期调研工作。会同湖南湘江新区、市规划局等单位和部门，启动风景建设区概念性规划和城市设计招标工作，完成《后湖国际艺术园区综合整治规划》《后湖国际艺术园区产业发展规划》编制工作。组织编制麓山景区东部南入口区域提质改造概念性规划、穿石坡景区组团概念性规划。完成中南大学游泳池改造等11项景区建设项目审核，其中，5项重大项目上报省住建厅审批，行政审批案卷评查优秀率100%。开展以“保护风景资源，践行绿色发展”为主题的《岳麓山风景名胜区保护条例》及《岳麓山风景名胜区特许经营办法》宣传月活动。全年累计巡查325人次，控制违法建筑面积19.11平方千米。扎实开展违法葬坟、违法修建驾校等行为集中整治，查处违法墓葬2起，控制违法建设驾校5所。主动对接区城管、国土、规划等部门，形成景区资源保护部门“会议联席、信息联通、行动联合”三联工作机制。完善《景区内街道风景资源保护（拆控违）百分考核细则》，建立健全日常巡查、月份通报、季度分析与年度考核相结合的街道资源保护长效机制。麓山景区、橘子洲景区认真履行资源保护工作职责，建立健全文物古迹巡查、森林病虫害防治、森林防火等工作机制。开展古树名木保护救治工作，麓山寺前坪千年罗汉松成功复壮。

综合管理。橘子洲AAAAA旅游景区摘牌后，按照“立行立改、近期整改和中长期巩固”的步骤迅速启动AAAAA旅游景区复牌整改。投入资金近8000万元，着力完善景区游览、交通、安全、环卫设备设施，新增景区导览图80余块、标识标牌620余块，更换垃圾桶925个，改扩建旅游厕所10座，增加休闲座椅180多套，提质改造景区道路10千米。完成渡学楼、朱张渡、枕江亭等8处古建筑及3.84平方千米木栈道油漆翻新。游步道改造、核心景区外围交通秩序优化、生态停车场改造等14个重大基础设施项目建设正加紧推进。麓山景区危旧房屋改造、消防三年行动计划、交通安全设施提质改造已经市政府审批立项。推进后湖景区综合整治，拆除各类违法违章建筑60平方千米，麻园路、湖大路等5条道路已建成通车，复绿30万平方米。岳麓山后山综合整治工作扎实推进，西二环拓改工程拆迁已进入扫尾阶段，梅溪湖立交建设正加紧推进，麓景路隧道建设前期设计及征地拆迁工作已如期启动。开展“禁烟、禁狗、禁车、禁流动摊贩”文明劝导，联合城管、工商、公安等职能部门，开展景区旅游环境集中整治，景区非法租赁自行车、游船违规停靠揽客等违法违规行为得到有效遏制。完成8座景观水塘清淤，提质改造园林绿化525.5平方千米，补植各类苗木23000余株。按照“谁主管，谁负责”“一岗双责”“党政同责”“三个必须”等工作要求，进一步健全景区安全工作领导机构。层层签订安全生产目标责任书，建立健全“上下联动、齐抓共管”的安全生产工作机制。组织景区开展安全生产知识培训、技能演练21次，干部职工安全生产意识和技能明显提高。深入开展安全生产“打非治违”“安全生产月” 等专项整治行动，发现并整改安全隐患80余项。突出抓好森林防火、焰火燃放、节假日游客疏导和安全生产设施设备维护，成功应对橘子洲景区三次洪水袭扰和麓山景区特大暴雨灾害，确保了景区安全生产万无一失。

旅游产业。出台优惠政策,实行精准招商,58众创等60余家知名创业企业入住后湖，后湖国际艺术园区呼之欲出。积极挖掘景区文化资源，扎实推进长沙非物质文化遗产博物馆、长沙海关博物馆、毛泽东青年艺术雕塑展馆、“湘女”小剧场建设,橘子洲旅游文化产业“五馆一剧场”项目建设继续推进。麓山景区兰涧项目全面完成改造升级并对外开放,“旧民主主义革命纪念园”项目、露营项目经营权已完成对外招商。橘子洲在音乐节、柑橘文化节等成熟品牌的基础上,着力打造“体育+旅游”系列节会活动,全年共举办“为爱而来”公益马拉松赛、中国长沙湘江国际帆船邀请赛、长沙国际马拉松赛等体育节会活动40余次。麓山景区联合《长沙晚报》举办的“中国麓山红枫文化艺术节”系列活动(红叶论坛、悦麓美食节、悦麓菊花展、麓山禅文化体验)反响强烈,得到市民、游客的高度关注和充分肯定。积极探索特许经营行政许可,《岳麓山风景名胜区特许经营管理办法》于2016年10月6日正式实施。重新修订《岳麓山风景名胜区节会活动管理办法》,景区节会活动管理更加规范、有序。开展景区“服务质量提升年”活动,进一步细化经营门店服务标准和工作规程,景区所有经营资产经营权均按照“公平、公正、公开”原则,实行了对外招投标。

队伍建设。制定《关于开展“两学一做”专题教育活动的实施方案》,统一发放《习近平总书记系列重要讲话读本》《中国共产党章程》等学习资料。局党委书记带头进行专题授课，局系统7个党支部220余名党员按要求开展“四讲四有四做”专题学习讨论。2016年，景区2名党员干部被提拔至景区领导岗位,1人被评选为长沙市优秀党务工作者,3人获岳麓区“优秀党员”光荣称号。按照区纪委构建“九责体系”要求,制定领导班子及成员党风廉政建设责任清单，分解细化党风廉政建设目标任务，全面压实党风廉政建设“两个责任”。采取“请进来”授课和“走出去”取经两种方式,深入开展形势教育、“两个责任”主题教育、廉政守法教育和党纪党规教育,做到警钟长鸣、防微杜渐。全程参与项目招投标、政府采购、经营场所承包、人事任免等重大项目、重点领域监督检查,从源头预防腐败行为的发生。着力抓好干部作风、工作纪律、工作效率监督检查，对7名干部进行行政问责处分，查处干部职工违反有关作风纪律规定行为20余人次，约谈违纪工作人员及相关部门负责人5人次。开展“学雷锋树标兵岗位服务明星”评选活动,全年评选季度“岗位服务明星”48人次、年度“岗位服务明星”4人。实施“景区管理精英特训营”计划,年内共举办中高层管理人员培训6期、基层骨干培训4期,累计轮训740余人次。认真执行党费补交相关制度，局系统党员干部累计补交党费近30余万元。严格标准，规范程序，发展预备党员4名,3人如期转正。（江兰芬）

岳麓山风景名胜区

麓山景区管理处

主　　任　周竹平(女)

书　　记　高春波

党委副书记、副主任

彭　浩(1—10月)

党委副书记

刘金亮(10—)

副 主 任　刘金亮

纪委书记、工会主席

郑　伟

党委委员、管理处副主任

李艳芳(女)

龚延春

党委委员、管理处副主任

何晓华(女,10—)

【概况】 麓山景区管理处内设教育人事科、计财科、保卫科、景点管理科、群工办、办公室,下设行政后勤服务公司、园容绿化服务公司、索道经营公司、观光车经营公司、停车场经营公司、门店经营公司、旅游发展公司。2016年,有在编职工244人（其中内退36人),新招(实习)2人,雇员3人,人事代理制16人,招聘合同制77人,临聘制60人。

基础设施建设。全年新增北极峰、蟒蛇洞两座旅游厕所,提质改造长廊厕所和响鼓岭厕所,对全山13座厕所的内外墙进行清洁和全面检修，更换补充所有厕所内的配套。利用景区标示标牌,以诗词的形式特制文明如厕公约和厕所保洁员工作职责宣传牌50余块,10月11日,《中国旅游报》头版头条进行了宣传报道。全年整改指路标牌、交通警示标牌、景点指示标牌635处，整改服务门点、门楼、工作用房、售票亭公示标牌、标语标牌、文明用语标牌、公共信息符号标牌134处，新增富有景区文化特色的文明旅游宣传栏5套，更新宣传版面200多块,问题标牌基本整改完毕。新增爱晚亭咨询室，休息座椅50余条，新建服务点和环卫职工宿舍各一处。新建景区露营基地,将南泥湾改造成现代的旅游综合体,为游客提供了更加便捷、文明、优美的游览环境。

智慧景区建设。全年维修更换摄像头球机3个、枪机13个,更换视频线路800米、电源线路1050米、光纤线500米。在穿石坡湖片区埋设一条24芯光纤,在水电房、长廊和肖劲光故居新增7个监控点位、11个摄像机。森林防火智能检测系统建设已全面完成并交付使用。天网工程建设已通过市政府审批,门禁系统、停车收费系统以及人流量控制系统已明确纳入第二期天网工程建设计划。

安全生产管理。成立麓山景区安全生产委员会,将驻山单位和经营门店统一纳入安全生产委员会成员。从管理处书记、主任到各重要岗位职工,层层签订目标管理责任书,进一步细化安委会6个副组长、20家成员单位、36个经营门店及40多个班组负责人安全生产责任。制定各项应急预案4个、安全管理制度5项、岗位职责24项、安全生产目标管理责任书范本10类。先后开展安全生产检查20次,查找安全隐患30余处,下达整改通知16次,整改率90%。开展"禁烟、禁狗、禁车、禁流动摊贩"的专项整治活动。悬挂消防警示横幅60余条,新增消防警示牌数十块,清理流动摊贩1000余起,处理违停车辆52台、电动车辆31台。7月,对20余处影响道路的倒塌树木进行了清理,将核心景区清理景区水沟4000米,确保了无人员伤亡。

生态环境保护。加强病虫害预测防治。组织越冬代森林虫害防治9次,累计使用生物农药3吨,采取以虫治虫方法,在主要景点及主干道沿线投放赤眼蜂12万头,覆盖范围近2000亩,有效防止了虫害的大面积发生。对全部古树名木及后续资源的生长情况进行全面摸底调查,完成5株古树的牵拉加固和支撑保护工作,完成了麓山寺两棵千年古罗汉松的复壮保护工作。修剪主干道、重要景点树木,清理枯枝死树200余车,排险抢通景区道路2次,伐除危险倒伏树木20余株,完成景区主游道补植1000平方米,补植各类苗木20000余株,整理林相2000余亩,并对亮化工程造成的园容环境破坏进行了景观恢复。

经济管理。2016年,景区总收入4635.6万元。剔除分成部分,收入为2940.23万元,包括索道收入779.71万元,观光车收入842.31万元,停车场收入360.52万元,旅游发展公司收入140.5万元,经营门店收入802.84万元,绿化收入14.35万元。对4个合同到期的经营门店、索道、原鸟语林用地和露营项目经营权,完成了公开招标工作,并分别签订了合作协议。其中,索道、原鸟语林用地和露营项目的服务管理及开发建设,3个项目通过招标每年净增加收入近500万元,单索道年收益净增400万元。年内,旅游发展公司承接各项大型活动及广告位招商,实现经济收入213万元;后勤服务公司利用通讯机站建设,增加管理费30多万元;园容绿化公司在植树节期间,开展古树名木认植认养活动,全年组织社会人士认植古树13棵,认养50棵,完成创收6.98万元,与2015年相比增长了150%,是历年来认植认养数量最多的一次。坚持绩效考核,管理处及各部门分别成立绩效考核领导小组。班子成员每月带队考核一次,纪委书记每周带队考核一次,绩效办(监察室)主任每天带队考核一次。全年共展开作风建设督查80余次,下发督查通报19份,其中有25名干部职工被通报批评并扣发绩效奖。

(张铮)

【麓山红枫文化节】 以浪漫枫情·惬意人生为主题,开展万人登山、菊文化艺术展、"HI 悦麓"美食节、禅文化体验节、文明旅游大行动等系列活动。与《长沙晚报》联合举办2016中国旅游景区红叶论坛,邀请湖南师大旅游学院张副院长作专题讲座,北京香山、河南云台山、东湖磨山、广州白云山等11家全国知名景区代表参加会议,并就"文明旅游与景区担当"进行经验交流。300多名志愿者参与"文明旅游"倡导仪式。共接受媒体采访50余次,刊登头版新闻6条,宣传稿件300余篇。

【文明旅游劝导】 全年开展学雷锋志愿服务活动200余次。3月5日,组织开展"建设美丽麓山 清理白色垃圾"万人大行动,5000多人参与其中。在合理安排本职工作的基础上,班子成员、中层干部及全体机关工作人员分4个小组,定期轮流参与志愿服务活动,对游客集中区域分片负责守点巡查,重点对遛狗、骑自行车、吸烟、打赤膊和流动摊担等不文明行为进行劝导。 (张峥)

橘子洲景区

橘子洲景区管理处

管理处书记、主任

彭 浩(9—)

曹喜军(女,1—9月)

纪检员、工会主席
姚凤仙(女)
副 主 任 盛 泽
彭 柯
屈卫国

【概况】 橘子洲景区管理处（与长沙市橘洲公园管理处合署办公),内设办公室、计财科、经营科、绿化科、保卫科、人事科、设备管理科。2016年,有职工136人,其中在编职工90人,未上编实行人事代理制退伍安置人员10人,招聘合同制人员33人,政府雇员3人。专业技术人员11人，其中副高级职称1人,中级职称4人,初级以下职称6人。

2012年1月5日，橘子洲晋升为国家AAAAA级旅游景区。2016年8月3日,因安全、卫生、管理等问题，国家旅游局撤销橘子洲旅游景区AAAAA质量等级。针对存在问题,景区管理处迅即制定整改措施,以“5A复牌”为目标,坚持问题导向,找准差距,突出重点，扎实推进安全管理创新,生态环境提质,文化内涵挖掘及公共服务体系建设。全年,接待游客突破576万人次，同比增长15%，圆满完成各级接待779批次,获得湖南省2015届文明风景旅游区、湘港澳青少年交流基地、2016长沙国际马拉松赛先进单位、岳麓区先进基层工会、岳麓区先进基层党组织、“五好”领导班子等荣誉称号和岳麓区2016年圆梦行动爱心助学活动捐赠荣誉证书等荣誉。

综合治理。一是增加巡查力量,提高巡逻频次,协调、组织保安、保卫、城管、公安等力量开展不间断巡查，确保一旦有事能够快速响应、统一指挥、高效稳妥处置。8座岗亭做到24小时专人值守,保障游客游园安全。二是建立“园容管理集中执法,市场秩序综合执法、公共安全联动执法”模式,与城管、交警、治安、交通、海事等部门无缝对接，成立联合执法巡查队伍,定期开展黑车、非法自行车租赁、非法小摊小贩、游船非法揽客、非法发放旅游传单等专项整治行动。全年,开展各类联合执法行动399次，依法暂扣违规经营自行车82台,暂扣并处罚流动摊贩1130人次,处理违规发放传单417起，收缴违法广告设施11件,拆除违法搭建1起。三是严格推行“日巡查、月检查、年考核”的安全督查制度,定期开展安全生产检查,常态化排查,零容忍整治安全隐患。健全应急体系，完善工作预案，将主要驻景区单位负责人纳入景区应急体系,按照预案启动等级,明确职责分工,确保责任上肩。全年,景区召开安全生产专题会议5次，开展安全生产专项检查12次,月计划检查11次,发现和排除各类安全隐患55起。

设施管理。对照AAAAA旅游景区标准制定《橘子洲5A复核问题整改工作方案》,成立整改项目提质办公室,建立整改台账,明确整改项目,提出整改要求,确定整改期限,指定责任部门及领导,倒排时间，挂图作战，全面打响“5A复牌”攻坚战。更换(增设)临江、水塘安全提示牌665块,出入口温馨提示牌11块,更换存在安全隐患的木栈道230块，设置禁烟标识牌20块，完成渡学楼、朱张渡、枕江亭等8处古建筑油漆翻新，完成木栈道油漆翻新3836.94平方米。

对照新出台的旅游厕所建设与管理标准,制定厕所整改方案,按照3A级厕所标准做好地铁口、污水处理厂、橘洲客栈等厕所的改扩建,增建第三卫生间,安装新风空调系统，并对厕所周边小环境进行提质改造,增设游客休憩、购物等场所;对S路、入口大门、沙滩公园3座厕所进行提质改造，按照2:3的比例调整男女蹲位数量,改造通风系统,实现厕所整体提质；聘请专业公司负责厕所保洁,细化保洁流程,健全考核制度,做到定职、定责、定岗;成立厕所保洁巡查班,每日开展5次考核巡查,有效保障厕所干净整洁。

按照环保督查要求，对污水处理站进行提质改造建设，启动委托运行招标，由专业公司负责日常运营管理,实现污水达标、稳定排放；对餐饮企业进行摸底调查,统一安装油烟净化设施,实现餐厨垃圾统一收集、处理;完成8座景观水塘清淤、消毒,水塘水质达到地表水3类标准；完成全洲10公里道路提质改造建设，关闭影响环境的旧垃圾站，新建地埋式垃圾站并投入使用，整体更换垃圾桶685套;按照“定区域、定人员、定任务、定权责”的原则,重新划分卫生保洁区域,实现了空间上的全区域覆盖、时间上的全天候响应,游园环境得到显著改善。

绿化管理。修改绿化维护管理制度,推行标段“一对一”管理模式,细化工作流程,强化监督考核;遵循“局部调整,精细养护”的原则,对大草坪入口、美孚洋行东侧等21个游客踩踏损毁区域进行局部改造,种植茶花、红叶石楠球、法国冬青及花桃等2529株,种植春娟、八角金盘、沿阶草(又名麦冬)等3000平方米,补植草皮20945平方米,更换花坛、花箱草花128129盆，追播黑麦草50.16万平方米；对竹园古银杏、民俗文化园古紫薇桩等古树名木进行就地保护，确保树木良好的生长态势；公开招聘 3 名绿化专业技术人才，有效解决绿化工程建设、养护管理后备人才不足的问题。

经营管理。利用景区湖南省两型社会展览馆、古董钢琴博物馆等展馆对外开放的资源优势，配合长沙市文广新局、长沙海关、红太阳演艺集团等单位做好长沙非物质文化遗产博物馆、长沙海关博物馆、毛泽东青年艺术雕塑展馆、“湘女”小剧场的建设，全力打造“五馆一剧场”项目。依托“全国十大跑步圣地”品牌优势，联合长体产业、洋湖湿地公园等 7 家单位成立“长沙市路跑协会”，进一步规范赛事组织，实现路跑运动与景区节会活动的统筹管理。全年，景区举办各类节会活动 80 余次，其中举办“为爱而来”公益马拉松赛、中国长沙湘江国际帆船邀请赛、李宁 10 公里路跑联赛、长沙国际马拉松赛等体育赛事 40 次。

游客接待及志愿服务。按照文明创建及 AAAAA 旅游景区整改要求，组织签约高校大学生及社会志愿者在景区地铁口、大巴停车场、洲头核心景点等人流集散地开展文明劝导、义务讲解、医疗义诊、禁烟劝烟等志愿服务活动。全年，景区共开展各类志愿服务活动 300 余批次，志愿服务参加人数达 15000 余人次，中央、省市文明网、《湖南日报》等各级媒体先后 10 余次对景区志愿服务活动的开展情况进行了深入宣传和报道。

工会工作。慰问住院、困难职工共支出 28178 元，为独生子女购买安康保险 35 人次，为全体女职工购买防癌保险，组织全体职工开展健康体检，发放生日慰问礼品，开展在职及退休职工住房补贴清查工作，为 88 名符合条件的退休职工办理了住房补贴手续，全年发放住房补助金 115 万元。开展“橘洲飞歌”迎新联欢会、“奔跑吧橘子洲”职工劳动竞赛、“弘扬长征精神，争创一流景区”工会活动，组织女职工前往大围山参观学习，组织退休职工开展重阳节活动等。

作风建设。一是扎实开展“两学一做”。成立领导小组，制定《“两学一做”学习教育活动实施方案》，召开动员大会，深入开展学习讨论，统一发放《习近平总书记系列重要讲话读本》《中国共产党章程》《中国共产党廉洁自律准则》《中国共产党纪律处分条例》及“两学一做”学习笔记本，人手一套学习资料，做到随时学习、随时记录。二是切实加强党风廉政建设。成立景区纪检监督领导小组，做好基层纪检员培训学习，完善“三重一大”集体决策制度；制定党风廉政建设责任和监督责任清单，修改并签订党支部与各科室的党风廉政建设责任书，组织开展集体廉政宣誓和签订廉洁履职承诺书；建立工程建设施工廉政合同监督制，所有工程建设施工项目均需签订廉政合同；精简“三公经费”支出，严控公务接待预算和标准；修改完善景区劳动制度，设置机关工作人员去向牌，进一步规范职工请、休假等制度。

（杨灿）

教育·科技·文体·卫计

教育事业

区教育局
党委书记、局长
李　鸿
副 局 长　周利群(女)
雷　亮
黄瑾辉(女)
纪委书记　黄　海
区人民政府主任督学
李晓丽
工会主席　黄瑾辉(女)

【概况】 区教育局内设办公室、组织人事科、教育科、财务科、监察室、督导室、规划科、建设科、工会、党建科,下辖教师进修学校(教研室)、少年宫、体校、招考办、教育后勤办公室、卫生所、素质教育基地、会计核算中心、信息中心9个二级机构。2016年,有在职(含雇员、退伍安置人员)教职员工3309人,区属学校95所,其中小学78所、中学17所,在校中小学生69522人;驻区中小学校17所;幼儿园134所,其中公办园33所,民办园101所,在园幼儿27930人。全区注册民办学校93所。

2016年,按照区委、区政府"三融共进、五化同步"战略部署,全面推进教育供给侧结构性改革,主动服务区域新发展,推动岳麓教育实现更高质量、更有效益、更加公平和更可持续发展,岳麓区成为湖南省唯一的国家学前教育改革发展实验区。

调整教育布局,优化教育环境。一是合理调整教育布局。根据《岳麓教育新三年行动计划(2015—2017)》,围绕岳麓教育资源空间布局,查找教育"短板"。制定《岳麓区振兴沿江教育风光带行动方案》,在全区推进"一带一片"计划,以振兴沿江教育风光带计划促进城区教育优质均衡,以雨莲含片区集约整合带动城乡教育优质均衡,确保"有书读"。进一步优化校园规划,让优美的校园与良好的育人环境成为宜居岳麓的重要组成部分。进一步完善《岳麓区教育发展"十三五"规划》,明晰教育未来五年发展方向。二是推进学校提质改造。青山中心小学后续工程已基本完成;麻田中学等6所改扩建学校已完成设计、地勘、编标等工作,陆续启动建设;麓山外国语实验中学、望月湖二小等8所沿江校提质改造基本完工;望岳小学等50余所学校(幼儿园)维修改造全面完工;白马实验小学等10余个二次装修项目完成;新、扩建学校(幼儿园)设施设备采购全面到位,学校(幼儿园)校园文化建设项目完成设计,正有序推进。三是推进新学校(幼儿园)建设。近五年,岳麓区平台公司与开发商配套建设了34所学校(幼儿园),建设面积达69万平方米,吸纳资金40余亿元。2016年,区实验小学西校区、湖南师大附属滨江学校、周南梅溪湖小学、白马实验小学、湘江实验小学已开学,长沙市示范性综合实践基地进行试运营,工程正在扫尾,共建场馆已进场施工,雅礼实验梅溪湖中学、川塘中学、红桥中学(南雅实验中学)、坪塘中心小学主体施工基本完成;坪塘中学已进入土方和基础施工;栗山学校、奥克斯实验小学启动建设;万科金域滨江配套幼儿园(二幼)即将开园,金科东方大院配套幼儿园(二十幼)计划年底开园。万科梅溪郡等11家开发建设单位开办的6所幼儿园、5所托儿所已顺利移交,由政府举办普惠性民办幼儿园。

践行共享发展,优质教育服务。一是加强名校合作办学。继续扩大与名校的合作办学,第二十八中学由麓山国际实验学校全面托管,并更名为"麓山外国语实验中学",与周南梅溪湖学校合作开办周南梅溪湖小学,区优质教育资源得到进一步扩充。继续深化十九中与湖南师大的合作,使其成为湖南师大的生源、教学、实践基地。二是推行"一校两区"策略。把谷峰小学、咸嘉湖小学分别并入博才卓越小学、博才寄宿小学,成为其分校区,由区实验小学统一管理2个校区。通过统一教师调配、统一教学进度、统一管理要求、统一共享资源、统一责任担当、统一目标追求"六个统一",实现优质资源无缝对接,确保2个校区教育质量得到。三是支持民办学校发展。全区民办培训机构93家,上规模的艺考培训机构38家。有"拓维""新东方""新航道"等教育品牌培训机构,基本形成银盆岭文化培训一条街、锦绣潇湘文化创意产业园、后湖教育培训园的"一街两园"格局,彰显出岳麓区作为全省“教育培训聚集地”的活力。引入拓维信息公司、马思特教育集团,与长郡中学、博才小学、师大附中博才实验中学合作,分别创办郡维学校、博才拓维小学、博才培圣学校,均已顺利开学。积极支持微力量艺术培训学校“新三版”上市,积极参与岳麓山、后湖周边民办培训校的规范、提质与综合治理工作。全区教育资源配置更加优化。

践行开放发展,提高教育效益。一是提高区域教育质量。实施目标管理,量化质量目标,明确质量要求,所管学校均递交《目标设定表》。完善《岳麓区特色学校建设工作方案》,新增创特学校12所。成功承办“中国国际青少年篮球联盟第二十八届CPBA全国(U13)‘苗苗杯’小篮球赛”“2016年第二届中国小学生柔道嘉年华活动”两项全国学生体育竞赛活动,获特殊贡献奖和多项比赛第一。构建长沙市综合性实践基地全课程体系,打造全省乃至全国最佳课外实践基地。二是提升校园文化品位。根据区域环境和学校发展方向,结合时代特征,务实创新校园文化,充分发挥师生的主体性,倡导师生共同参与校园环境的设计,维护、绿化、美化校园,使校园干净、整洁,办出校园的文化味道,让校园文化成为学校文化的外衣、学校办学的体现、孩子心里的种子、教师手上的教材。彰显乡村校园乡土文化特性,打造留得住的“乡愁”校园文化,让孩子能够记得起乡村场景,想得起校园故事,感受到乡土文化的体温。三是确保校园安全。加强校园安保体系建设,全区有校园保安人员281人。组织全区师生通过网络观摩全区消防演练。对全区民办学校开展安全工作督查,发现问题,限期整改。加强与街道(镇)、区直部门的沟通联系,强化街道(镇)属地责任、部门监督责任、学校主体责任。积极申报“湖南省平安校园建设先进县市区”,在第一、二季度的城区安全生产考核中分别排名第一和第二。按照创建国家食品安全城市工作要求,落实各项工作部署,配合做好学校周边食品安全专项整治行动。四是推进依法治教。开展教育收费检查,对学校贯彻落实教育法律法规、规范办学行为、规范教育收费等进行检查。推进学校法治建设,加快建设现代学校规章制度,组织专家进行学校章程审核,形成全区学校“一校一章程”格局。依法依规对民办中小学(幼儿园)教育教学管理和办学水平进行评估和年检,召开民办学校(幼儿园)年度办学情况评估工作推进会,落实民办学校(幼儿园)办学许可行政审批,吊销明道培训学校办学许可证。

推进教育均衡,强化教育队伍。一是加强教师队伍建设。出台《岳麓区中小学校长管理办法(试行)》《岳麓区中小学骨干教师管理办法》,为校长、骨干教师队伍提供制度保障。开展“我身边的好老师”征文活动,挖掘优秀教师典型事迹。面向社会公开招考(选聘)中小学、幼儿园教师142人。推进校长、骨干教师交流力度,全年交流校长、教师90人,进一步优化教师队伍结构,激发教师活力。拓宽培训渠道,组织55名校长(书记)赴清华大学学习培训,选派100余教师参加后备干部培训,通过邀请教育名家到校讲座或走出去参加教学研讨活动,进一步提升教师教研水平。二是加强作风制度建设。开展廉政专题培训,邀请市检察院、省委党校专家作《预防职务犯罪》和《做遵规守纪的共产党员》的廉政报告。加强对违规招生、补课收费等行为的自查自纠。加强执纪问责,不回避、不包庇违规违纪事件。对群众反映大、社会关注度高的案件,做到“件件有着落,事事有结果”。全年共立案10件,结案10件,同期相比增长330%,党、政纪处分16人,其中移送司法机关追究刑事责任1人,为国家挽回经济损失216.42万元。对违规发放交通补贴、设置“小金库”、违反工作纪律、违反相关放假规定等典型案例进行重点通报,在全系统形成强大的震慑作用。三是开展“两学一做”活动。根据区委“两学一做”工作部署,局党委制定《关于印发〈关于在全区教育系统党员中开展“两学一做”学习教育实施方案〉的通知》等文件,全面落实“两学一做”学习教育工作,组织全系统各基层党组织完成各项学习,让“两学一做”学习教育落到实处。四是抓好系统会风会纪。坚持开短会、讲短话,杜绝冗长散漫的会风。严肃会议纪律。严格执行请假制度、签到制度,严格遵守会场纪律。从请假销假、参会时间、会议着装、会场秩序、听会要求、会议落实等方面加以规范。强化会风会纪考核。把会风会纪情况纳入年终绩效考核。对违反会议纪律和作风散漫、开会不在状态的干部,会后不落实的单位负责人实行约谈。

深化教育改革,增强教育活力。一是落实阳光招生政策。根据市委、市政府招生新政要求,对全区小学招生入学范围进行详细摸底,合理调整,确保孩子就近入学。开展违规招生专项督查行动,严禁中小学校违规提前招生,严禁举办任何形式的选拔性文化考试录取新生，严禁学校以特长生名义招收文化生等。2016 年,全区新录取小学一年级学生 11000 余人、初一学生 7500 余人,均按市委、市政府文件要求入学,确保阳光招生。二是加大教育督导力度。创新组建责任区督学队伍,全区共设立 9 个督学责任区，按照责任区督学小组工作制度，对责任区内学校随访或督导。运用信息技术手段,使用“红黑榜”应用系统,创新督导新途径。实行“一督查一通报”督导工作制度,将其落实情况与学校(幼儿园)绩效考核挂钩。争创全国责任区督学挂牌督导创新区县。三是深化课堂教学改革。建立 5 所课改实验校。鼓励教师创新教育教学方法,广泛宣传课改典型。实施课题带动策略，加强职能部门与学科教师共同参与课题研究实践工作,引导中小学教师开展微型课题研究,促进教研教改成果应用。推进以改革课堂结构模式为重点的教学改革,积极扶持课改“样板建设校”的建设。四是推进教育信息化建设。将教育信息化作为教育发展创新的驱动力，发挥信息化强大“引擎”作用。推进区域智慧教育，研究大数据环境下的教学模式和学习方式，促进教育与技术深度融合。加大投入,提升信息化装备水平，进一步实践“三通工程”的建设及信息化创新应用。迭代式电子教案系统、积木式教育网站、电子档案系统、“红黑榜”系统、直播课堂和微信公众号 6 个链接彰显应用特色。启动“岳教云”微网站群和微信公众号建设，推进“岳教云”新网站的广泛应用,构建基于“移动互联网 +”下的学习环境，扩大优质教育资源在区域内全覆盖。

（张文峰）

科学技术管理

区科技局

党组书记、局长
张　伟

党组成员、副局长
许艳萍(女,1—11 月)
熊伏辉(11—)
凌云峰(1—11 月)
冯江霞(女,11—)

党组成员　程庆荣(1—11 月)
黎志明(11—12 月)

纪检组长　曾贵斌(1—11 月)
程庆荣(11—)

【概况】 区科学技术局（区知识产权局）与区知识产权局合署办公,两块牌子,一套人马。有干部职工 11 人,其中事业编制 1 人。

2016 年，完成高新技术产业增加值 325 亿元，占地区生产总值比重达 35.6%；全年区内专利申请总量 6963 件，授权专利数 3793 件。完成 15 家高新技术企业省高企认定推荐工作。红露种植农民专业合作社、长沙市裕旺农业技术开发有限公司、岳麓区雨敞坪镇麻田村村民委员会成功创建市级“12396”科技助农直通车示范站。全年向上级主管部门报送信息 40 余篇。

培育科技型企业。一是实施科技型中小企业备案制。通过广泛宣传发动,调查摸底,从检验检测、健康养生、文化创意、大数据等主导产业中认真筛选，完成全区 178 家科技型小微企业备案登记工作，全面建立科技项目管理台账，筛选专利孵化项目 20 个。二是实施科技企业“小巨人”计划。建立科技型企业评价机制。落实科技型企业三年强基工程,7 家科技型企业进入市科技局“小巨人”培育计划,逐步壮大和做强全区科技型企业队伍。三是强化高新技术企业培育。完成 34 家高新技术企业报备国家火炬计划系统的基础性工作。聘请省生产力促进中心和湘楚会计师事务所专家组织高新技术企业申报培训 2 期,全程指导和组织 15 家高新技术企业完成省高企认定推荐工作。利用中国(长沙)科技成果转换交易会平台，上报技术需求项目 15 个;签约项目 2 个,融资需求项目 8 个、人才需求 28 人,推进科技成果转化和产业化。

加强科技项目管理。组织全区 12 家企业完成省级科技计划项目申报，长沙军民融合大数据虚拟科技产业园平台建设与实施(长沙岳麓区高校科技成果转化发展研究中心)和“互联网 +”科技创新服务平台建设（八戒合创股份有限公司）两个平台和人才计划项目已列入市“双创”项目管理,完成 2016 年长沙市促进小微企业创业创新公共服务项目、长沙市科技技术奖和创新领军人才奖、市农业科技特色产业基地建设和科技特派员项目等五大项目 37 项申报。星海农业有限公司、桃岭农业科技有限公司、莲花镇龙台村成功获批市第九批科技特派员项目，长沙村味农业专业合作社、长沙煜凯农业专业合作社获市农业科技特色产业基地建设项目推荐资格。配合市、区审计局对区辖 30 家科技型企业使用科技扶助资金和科技研发经费投入情况进行跟踪监管，对违规问题进行了查实和纠正。

引导科技平台建设。一是国家级平台。岳麓山大学科技园创业服务中心通过国家级科技孵化器验收，梅溪湖九合众创、麓客众创和中南大学学生创业指导中心列为科技部火炬中心众创空间，二是省级科技平台。岳麓科技产业园完成省级检验检测产业园认定，岳麓智谷创新创业基地、湖南中大建设工程检测技术获认省级企业孵化器。三是市级创新平台。湖大海捷工程技术研究、长沙矿冶金属矿产资源开展利用公共服务平台、长沙矿山矿物设备检测服务平台获批市“两创”公共服务项目，梅溪湖创新中心、弘德创智、库克咖啡文化创客、58众创、麓客众创空间等获批湘江新区首批示范性众创空间。

深化知识产权工作。2016年，区科技局与长沙市产权交易中心、岳麓山大学科技园创业服务中心签订岳麓区众创空间知识产权服务平台共建协议并挂牌；聘请中南大学知识产权学院院长蒋言斌为顾问，组织驻区众创空间开展相关专题培训。

全区年专利申请总量9891件，其中发明专利申请5775件；专利授权总量4766件，其中授权发明专利1741件，两项指标及万人专利拥有稳居全省前列。全年开展“双打”(打击侵犯知识产权和制售假冒伪劣商品)市场巡查6次，立案查处侵权案件43件，办结案43件，涉案金额260万元。

(袁野)

文体建设

区文化体育新闻出版局

党组书记、局长
金长清(1—10月)
李玲艳(10—12月)

党组副书记、副局长
徐知秀(女)

副局长(兼)、区文化市场综合执法局局长
付杜娟(女)

副局长 谈　红(1—11月)
安伟峰(女)

纪检组长 黎中华

党组成员 陶季君

区文化市场综合执法局副局长
胡常红

区文化馆馆长
刘华维(1—10月)
盘易安(10—12月)

区图书馆馆长、公共文化科科长(兼)
杨　娟(女)

【**概况**】 区文化体育新闻出版局(以下简称区文体新局)，内设办公室、文化市场科、体育科，下设区文化市场综合执法局、区文化馆、区图书馆、区文物管理所4个二级机构，其中区文化馆、区图书馆为全额拨款事业单位。区网吧管理工作协调领导小组办公室、区文物保护管理委员会办公室、区非物质文化遗产保护领导小组办公室、区“扫黄打非”领导小组办公室均设在区文体新局内。区文化体育新闻出版局有在编干部职工30人，其中在职职工24人，退休职工6人。核定行政编制7人，实有人员8人(含区纪委派驻纪检组长1名)。区文化市场综合执法局核定人员编制6人，实有人员8人；区文化馆(副科级)核定人员编制3人，实有人员3人；区图书馆核定人员编制3人，实有人员4人；区文管所核定人员编制1人，实有人员1人；政府雇员4人，其中3人分配至3个街道担任文化专干。

2016年，围绕文化强区和“人文岳麓”建设目标要求，推进公共文化服务，打造群文活动品牌，净化稳定文化市场，发展文化产业项目，加强文物保护利用，全面提升文化基础设施建设、文化服务机制建设、文化活动创新建设和文化经济实力建设，在省、市各类文体比赛中获奖项和荣誉48个，全区文化事业发展再上新台阶。4月，原省委书记、省人大常委会主任徐守盛专题调研长沙现代公共文化服务体系建设，深入咸嘉新村社区实地考察，对区基层公共文化服务阵地和群文团队建设给予高度肯定和赞誉。6月，在全省公共文化服务体系建设工作会议上，岳麓区代表长沙市作典型经验介绍。9月，全国文化系统纪检工作座谈会代表到长沙市调研基层文化阵地廉政建设，实地考察望岳街道综合文化站和阳明山庄社区综合文化服务中心，给予高度评价。

围绕服务民生理念，强化公共文化服务体系建设。一是提质提效文化阵地。全面落实重点民生实事工程等中心工作。紧紧围绕重点民生实事工程、全面深化改革、全面建成小康社会工作要求，深入推进公共文化服务体系建设，新建雨敞坪镇综合文化站，提质改造望城坡街道综合文化站；创建完成白庙子、斑马塘等12个市级示范性社区(村)综合文化服务中心，为2个街道(镇)、13个社区(村)配送60套(件)文化设施设备。投入150万元，新建乡(镇)全民健身中心3个、室外健身路径42处，配备下发室内外体育健身器材106处。推进“两馆”总分馆体系建设。通过多方协调争取，区文化馆、图书馆新“两馆”建设立项并破土动工，力争2018年全面竣工。对现区文化馆、图书馆进一步拓展阵地、增配设施、完善服务，区文化馆麓山剧场、岳麓书法美术艺术交流中心成为群众享受公共文化服务的重要场馆；区图书馆投入30余万元对场馆进行提质改造，为广大群众提供更加舒适、精准、优质的服务。延伸推进区图书馆、文化馆总分馆服务体系建设，区图书馆新增3家分馆，区文化馆新增5家分馆。二是规范文化服务运行。结合实际制定《岳麓区公共文化服务体系建设管理标准化手册》，对各级文化阵地的功能定位、阵地建设、服务内容及运行管理进行明确规范，并对全区138个基层文化阵地实施公共文化服务体系积分制评定管理，确保统一规范、运行有序。区图书馆指导各街道(镇)基层服务点做好文明创建硬件工作，完成全区60家“基层公共电子阅览室管理平台”项目软件安装，定期开展管理员业务培训，组织4个分馆管理员进行跟班学习，进一步提高管理员的业务水平。三是发展文体队伍。文化团队不断壮大，2016年年末，全区有文艺团队224支，其中注册团队32支，协会5支，选拔培养文化辅导员3000人，文艺骨干力量快速发展。文体人才不断优化。充分调动和发挥“特聘馆员”专业专长，开展各类文艺培训共35次，培训1200余人；组织开展体育业务培训，全年累计培训社会指导员97人，其中二级社会指导员74人，省一级社会指导员20人，国家级社会指导员3人。

围绕文化强区目标，打造人文岳麓品牌。一是群众文体活动亮点纷呈。围绕“坚持培育一街(镇)一品牌”，打造五位一体的集成化综合文化活动中心，形成“醉美莲花”“幸福银盆”“洋湖大舞台”“咸嘉四季歌”等公共文化品牌，“人文岳麓”品牌效应更加凸显。推出“欢乐潇湘 幸福岳麓”大型群众文化活动、校园文化进社区、社区文体节、“我们的节日”等系列活动，组织实施全区性重大活动15余场，参与人数8000人次。区图书馆以“我们的节日”为主题，开展“美丽岳麓”喜迎新春书法名家送春联、剪纸进社区、“喜乐元宵”——猜灯谜等活动，弘扬中华传统文化。进一步扩展全民体育事业，组织开展全民健身系列活动大小赛事40余场次，其中区级以上赛事20余场次，累计参加赛事活动15万余人。举办岳麓区全民健身系列运动会、全民健身篮球赛等多项活动；协助市体育局承办长沙国际马拉松赛、世界名校赛艇挑战赛、“为爱同行”(长沙)公益健行等八大有影响力的大型体育活动，岳麓区被市政府评为长沙国际马拉松赛突出贡献单位；组织参加“公仆杯”篮球赛、“羽协杯”羽毛球赛、冬泳大赛等市级体育赛事，取得较好成绩。二是文体惠民服务扎实开展。区文化馆推出为基层送电影、送戏、送演出等系列活动80余场，丰富基层群众精神文化需求。区图书馆“岳麓小小向日葵营地”开展免费文艺培训，受训人数200余人，该活动获评长沙市未成年人思想道德教育创新案例。进一步加大政府购买服务向中小学生免费开放力度，累计开放免费游泳及培训场所11家，受益人数5万余人次。三是文化活动成果百花齐放。区文化馆选送的中南大学建筑与艺术系湘灵合唱团获长沙市庆祝中国共产党成立95周年“红旗颂”大型群众合唱比赛金奖，翼之梦获第九届俄罗斯索契世界青少年合唱大赛金奖和全省“欢乐潇湘”文艺会演一等奖，贝贝文化志愿服务团队《狐仙秀英》获省“欢乐潇湘”铜奖，新创文艺作品《彭嗲嗲和他的面人们》《舞乐潇湘》等在省、市、区演出中倍受称赞。四是文化产业链条快速拓展。协助区文产办，顺利推进后湖国际艺术园、梅溪湖国际文化艺术中心、中南大学科技园、岳麓书城、渔人码头、四海通达基地、大王山旅游度假区等重大项目建设，58众创、省美术馆等项目入驻岳麓区，形成文产项目竞相发展的良好局面。

围绕文化繁荣发展，强化文化市场监管服务。一是加大执法力度。坚持日常执法与错时执法相结合，设立“片区责任制”，深入开展联合执法行动。共检查网吧6540余家次，立案查处违规网吧69家，罚款22.5万元。以“扫黄打非”为抓手，积极开展“清源”“净网”“秋风”“护苗”“固边”五大专项整治行动，加大出版物市场监管力度。组织开展联合执法行动10余次，办结案件11宗，取缔“黑网吧”6家，收缴盗版非法出版物22000余册。加大对重案要案的查办力度，2016年4月，区文化体育新闻出版局与区公安分局联合查办了全国挂牌督办的“4·28”侵权盗版销售案件，有力打击了侵权盗版行为，确保了岳麓区文化市场繁荣稳定。二是创新实现监管机制。结合商事制度改革，健全行政审批机制，修订《岳麓区文体新局行政审批(暂行)办法》，规范审批程序，提升审批效能，坚持按审批制度办事，实现接收率、办理率、办证率三个100%。坚持属地管理原则，三是强化基层监管。根据国务院第666号令和《长沙市人民政府关于进一步加强文化市场监管工作的意见》精神，全面推行区、街道(镇)、社区(村)三级联动监管。制定重点网吧监管制度，建立网吧管理台账，联合区教育局制定完成《教文联合严控在校学生进入网吧工作方案》，坚持每月开展一次联合检查行动，每季度召开一次情况通报会议，大力整治校园周边文化市场。研究制定《岳麓区举报文化市场违法违规经营活动奖励办法(试行)》,发动广大群众积极参与监督，形成齐抓共管的良好态势，共同营造健康繁荣的文化市场环境。全年累计受理“12345”市民热线和“12318”文化市场举报热线反映的问题233起，办理率和群众满意率均达100%。四是树牢安全意识根据区安委会统一部署，积极开展“打非治违”以及重点行业(领域)大排查、大整治、大管控等安全生产专项行动，累计开展安全生产专项检查20余次,检查各类文化经营场所820家次，下达整改通知书110余份，排除安全隐患190余处，强制关停场所15家,责令限期整改63家。

围绕传承历史文明，加强文物遗产保护。探索建立区、街道(镇)、社区(村)三级文物安全责任工作体系，成立长沙国王陵墓群专职巡护队伍，层层签订文物安全责任状，建立健全区文物保护安全机制。组织开展第十一个遗产日宣传活动，让广大群众充分认识到文化遗产的弥足珍贵，强化文物保护意识。

围绕合格党员标准，锻造过硬党员干部队伍。一是强化理论学习,提升党员干部党性修养。按照“两学一做”活动计划,党组成员轮流授课，组织全局党员干部原原本本学党章、学讲话、谈体会、找差距,真正做到入脑入心，进一步强化各级党员干部的党性意识,增强明辨是非的能力,全局党员呈现出锐意进取、积极向上的良好风貌。二是严格日常管理，增强党员干部履责意识。由局办公室牵头成立局考核小组，制定工作目标,落实责任分工,实施年度绩效与评优评先挂钩。坚持业务工作每周一报，信息报送和内部考勤每月一报，工作情况每季干部职工大会一讲评，不断提升党员干部履职尽责意识。三是严格组织生活坚持开好民主生活会,深入开展批评与自我批评,让红红脸、出出汗成为常态,及时发现和纠正各级党员干部存在的问题,紧紧围绕“两学一做”,深入开展配套活动,精心承办了“不忘初心,继续前进”暨岳麓区“两学一做”演讲比赛,彰显了新时期优秀党员的良好精神风貌。(刘振峰)

卫生和计划生育

区卫生和计划生育局

党委书记、局长
钟贵荣

局党委副书记、副局长
刘四清

局党委纪检书记
袁文胜

局党委委员
蔡振宇
彭上红
康　勇

副 局 长　徐　进(女)
李国华
周　燕(女)

【概况】 区卫生和计划生育局内设办公室（含会计集中核算中心)、党建人事科、公卫法制监督科、行政审批和管理科、基层指导科(含规划与信息)、家庭发展科(含流动人口计划生育管理科)、宣传教育科（含计划生育药具管理站)。核定行政编制32人,其中事业编17人。2016年,有在职干部33人,其中党员23人。下辖区计划生育协会,区红十字会,区计划生育药具管理站、区计划生育执法大队、财务集中核算中心、区血防站、区疾病控制中心、区妇幼保健计划生育服务中心、区卫生计生综合监督执法局、湖湘肿瘤人民医院、望月湖街道社区卫生服务中心，橘子洲街道社区卫生服务中心、岳麓街道社区卫生服务中心、观沙岭街道社区卫生服务中心、银盆岭街道社区卫生服务中心、望岳街道社区卫生服务中心、咸嘉湖街道社区卫生服务中心、望城坡街道社区卫生服务中心、天顶街道社区卫生服务中心、麓谷街道社区卫生服务中心、梅溪湖街道社区卫生服务中心、洋湖街道社区卫生服务中心、坪塘街道社区卫生服务中心、学士街道社区卫生服务中心、含蒲街道社区卫生服务中心、莲花镇中心院、雨敞坪镇卫生院、东方红镇卫生院。

辖区内有医疗卫生机构554个,其中门诊部146个(综合门诊部86个、中医门诊部11个、医疗美容门诊部10个、口腔门诊部34个、专科门诊部5个),医务室(保健所)43个,诊所169个,社区卫生服务中心16个(橘子洲、观沙岭、梅溪湖和咸嘉湖4家为民营,业务托管高新区东方红镇卫生院),镇卫生院2个,社区卫生服务站47个,村卫生室77个。全区卫生监管单位共1861家,其中公共场所1488家，学校293家,二次供水83家。全系统共有职工1575人,其中在职在编412人(含政府雇员10人)，聘用职工892人,退休职工271人。

2016年,管辖总人口91.7万人（含高新区)，其中常住人口63.4万人,流入人口28.3万人,常住已婚育龄妇女12万人。全区出生人口12325人(其中常住人口出生9005人,流动人口出生3320人),符合政策生育率98.95%,出生人口性别比105.25,人口自然增长率4.62‰。区卫生和计划生育局在全省计划生育年度考核评估排队中,居全省城区第一名,获省计生工作模范单位称号,继续保持 "市计划生育工作红旗单位""省计划生育工作优质服务先进单位"和"国优"称号。

强化服务效能。制定下发《关于改进生育证办理工作的通知》,进一步规范审批流程,简化办证手续,强化服务指导,落实便民服务,取消二孩生育证申请审批制,改为发放制。制定《行政审批若干规定》和《政务公开办事指南》,上传至区政务网,方便群众查阅、办事;启用区"长沙市岳麓区卫生和计划生育局执业注册专用章"和"长沙市岳麓区卫生和计划生育局医疗机构校验专用章",快速办理医师、护士执业注册和医疗机构年度校验业务,提高医政医管和行政审批效能。在依法依规审批医疗机构准入和开展执业注册工作时,缩短审批(办理)时限50%,全年共计办理医师注册228人、变更805人,护士注册1039人、变更549人,审批新增变更医疗机构189个。在全系统深入开展"转作风、优服务"主题活动,系统各单位制定"转作风、优服务"个性化便民措施58条,出台个性化为民办实事42项,全面优化服务环境、优化服务技术、优化服务效能、优化服务形象。

加强作风建设。一是严格绩效考核。岳麓区卫生和计划生育局完善了卫生计生工作目标管理和绩效考核办法,制定出台《岳麓区2016年度人口计生工作考核评估办法》《岳麓区2016年基层医疗卫生机构基本公共卫生服务项目经费分配方案》《岳麓区关于对社区卫生服务中心(卫生院)绩效考核细则》《岳麓区卫生和计划生育局关于对服务站、村卫生室考核办法》《岳麓区关于对社区卫生服务中心(卫生院)绩效奖励细则》《岳麓区基层医疗卫生机构绩效工资实施细则》等文件。建立局班子联系街道(镇)、街道(镇)负责人包干社区(村)的卫生计生工作责任制。二是念好责任"紧箍咒"。按照"两个责任"和"一岗双责"要求,岳麓区卫生和计划生育局全体班子成员同时负责所分管的单位、科室及联系的社区卫生服务中心(卫生院)的党风廉政建设工作,对重点任务和工作责任分解细化、责任到人,实行"清单定责"。区卫生和计划生育局与局属二级机构、各街道(镇)社务卫生服务中心(卫生院)签订《党风廉政和行业作风建设目标责任书》。局机关增设一名纪委副书记兼监察室主任,加强纪检监察工作力量。三是筑牢制度"防火墙"。制定局务会制度、月工作通报制度,完善包括财务管理制度、机关考勤制度、办公用品管理制度、车辆管理制度等在内的系列规章制度。印发《2016年岳麓区卫计系统纪检监察工作要点》到基层单位,全面落实中央"八项规定"精神,落实党风廉政建设"两个责任",把纪律挺在前面,坚决纠正"四风"遏制腐败,着力解决侵害群众利益的不正之风和腐败问题,构建岳麓区卫计系统党风廉政建设和行业作风建设新常态。四是形成监督"新常态"。狠抓廉政宣传教育,印制《作风建设相关规定汇编》1200册,全系统干部人手一册。将纪律规矩意识内化于心、外化于行、强化于律。采取明察暗访、随机抽查、专项检查等形式,对局机关、二级机构开展经常性监督检查。五是用好纪律"铁戒尺"。严明党纪党规,规范行政执法行为,加强突出问题整治,开展"纠'四风'、治陋习"和"雁过拔毛"式腐败问题专项整治。全年,对3个局二级机构、18个社区卫生服务中心(卫生院)、48个社区(村)卫生服务站(室)进行了明察暗访,查处违规违纪行为8起。

提升应急能力。一是为有效预防、及时控制和消除突发公共卫生事件及其危害,减少突发公共卫生事件对公众健康造成的危害,区卫生和计划生育局报请区政府办下发《岳麓区突发公共卫生事件应急预案》,进一步明确和落实各级各类机构的工作职能,对各类可能引发突发公共卫生事件的情况及时进行分析、预警,做到早发现、早报告、早处理。二是加强与部(省、市)管医院的协调对接,为急救病人提供优质医疗服务,并及时为区应急办、拆迁指挥部等提供医疗保障,全年共出动救护车61次。

完善制度建设。一是落实"三定"方案,明确乡级卫生计生办的计划生育、公共卫生、综合监督执法等行政管理职能,明确乡级卫生计生办与社区卫生服务中心的工作协同关系,完成卫生计生综合监督执法和技术服务资源的优化整合,完善妇幼健康服务和监督执法体系。二是建立卫计系统安全生产监管和文明创建工作制度。每季度由联点局班子成员带队对中心(院)开展安全生产和文明创建工作督查,针对存在的问题和安全隐患制定整改措施,通报督查结果并纳入考核。三是实行月工作例会制。局各科室和二级机构将每月工作进度、完成质量以书面形式上报，召开会议，研究分析存在的问题并明确相关责任人。各街（镇）的卫计工作主要指标完成情况也以月报表、月通报形式下发。

基本卫计服务。截至10月31日，全区接种一类、二类疫苗41万剂次，艾滋病检测13万余人次，重点传染病监测5.7万余例，死因监测3300余例，对7.2万余名儿童进行免疫规划管理，安全管理HIV患者，加强全区3百多名结核病患者的管理治疗，完成血吸虫、疟疾的防治工作；完成妇女病查治17.5万人，“两癌筛查”7997人，产前筛查8221人，婚检8813人，免费孕前优生检查6008人，爱心助孕33对，开展孕妇地中海贫血检测1万余人，新生儿疾病筛查1.1万余名，听力筛查1万余名，免费出生缺陷干预审批206人；检查公共场所、医疗机构、“五小”门店2.6万余家次，立案102起，罚没34.8万元，下发整改通知3千余份。

发展健康产业。一是拟制《岳麓区健康产业2016—2018年三年行动方案》和《2016年产业发展年度实施计划表》。二是成立局健康产业发展工作小组，明确局班子成员分工，深入项目现场，调度相关项目进度，了解项目主要困难：长沙柯信肿瘤医院（二期）、松年康养老公寓、青山颐年养老庄园、岳麓农趣谷4个项目正在申报办理前期用地规划调整审批；长沙市口腔医院河西分院项目因院方计划安排问题延期启动；展辉橘子洲健康管理中心项目因原租用房屋消防遗留问题，需另选理想房屋等。三是建立健康产业项目管理台账，督促含浦社区卫生服务中心建设进度，已新建（改造）村卫生室6所，上级专项资金已争取到位3200万元。

创新工作方法。一是流动人口卫生计生基本公共“套餐式”服务得到了省、市卫生计生委和国家卫生计生委流动人口服务管理司的肯定，在全省流动人口均等化推进大会作为现场参观点在全省予以推介后，共接待全省县（市、区）30余批次的参观考察学习团。二是与市四医院联合开展无陪护病房试点，获评省卫计委工作创新奖。已有13个失独家庭接受优质服务，及时解决计划生育特殊家庭病无所护问题。在橘子洲、望城坡、观沙岭街道开展以政府购买服务方式帮扶计划生育特殊家庭的试点工作，探索建立政府支持引导、社会组织参与、部门上下联动的计生特殊家庭长效帮扶机制。区失独家庭参与上访逐渐减少，满意率逐年提升。三是自主研发免费孕前优生健康检查智能服务辅助系统和计划生育奖励扶助智能信息系统，既有效提高了工作效率，又节约了工作成本，得到省、市卫计委领导的多次指导和一致好评。（彭上红）

【实施中医药服务提升工程】2016年，岳麓区卫生和计划生育局推进中医适宜技术进社区工作，对18个中心（院）的中医诊室、针灸室、推拿室、理疗室等中医药服务场地进行集中布局，设置中医药特色服务区“中医馆”。“中医馆”根据老年人、妇女、儿童等重点服务人群的常见病、多发病的医疗保健需求，提供饮片、艾灸、刮痧、拔罐、推拿、牵引等10项基层中医药适宜技术治疗服务。着力建立完善以辖区省、市公立中医机构和科室力量为支撑、社区卫生服务机构为主体，各类中医诊所为补充的中医药工作服务体系，完成全区中医药服务提升工程各项指标，成功创建“全国基层中医药工作先进单位”。2016年9月，国家中医药管理局局长王国强到岳麓区调研，对岳麓区发展中医药事业工作给予肯定与评价。（彭上红）

【创新妇幼健康信息服务手段】全面落实避孕节育、优生优育、生殖健康等妇幼和技术服务项目，在岳麓区推广应用自主研发的免费孕前优生健康检查智能服务辅助系统。年内累计为2820对计划怀孕夫妇免费提供孕前优生健康检查，室间质评合格率100%。继续执行《岳麓区落实长效避孕节育措施奖励补助办法》，全区2901人自觉落实长效避孕节育措施。（彭上红）

社会事务

民政事务

区民政局
党组书记、局长
龚毅夫
副 局 长 黄奇刚
张振华
党组成员、副局长
周 沫
区纪委派驻纪检组长
彭振刚
党组成员 陈汉先

【概况】 区民政局内设办公室、规划财务室、基层政权和社区建设科、优抚退伍安置军休科、社会福利科、社会事务科、区划地名科、纪检监察科。下设长沙潇湘园管理处（单独核算的正科级事业单位）、区社会救助局(副科级事业单位)、区救助管理站(副科级事业单位)、区双拥办、区民间组织管理局、区社工局。有干部职工35人。

社会救助。一是城乡一体化试点。严格界定保障对象,适时调整家庭收入计算评估项目和标准,抓好城乡低保规范化建设,做到动态管理下的应保尽保。截至12月,有城市低保对象2610户、4322人,2016年累计发放保障金1985.83万元,月人均补差353.24元；有农村低保对象3122户、6581人,累计发放保障金1710.58万元,月人均补差215元。二是急难救助。全面建立社会救助“一门受理、协同办理”机制，各街道（镇）服务大厅均建立社会救助“一门受理、协同办理”服务窗口，统一挂牌，建立健全由“政府领导、民政牵头、各相关单位齐抓共管”急难救助工作机制,确保困难群众求助有门，受助及时。2016年,累计救助684人次(其中城市383人次、农村301人次),发放救助资金126.1万元（其中救助低保对象、特困供养人员154人、27.49万元)，救助独生子女家庭137户、双女户家庭28户。三是特困供养人员及敬老院建设。岳麓区共有特困供养人员941户、966人（其中分散供养794户、816人，集中供养147户、150人),2016年累计发放773.97万元。完成坪塘敬老院建设,新增床位150张,现有农村敬老院4所,床位500张,入住老人226人。进一步加大敬老院队伍建设，完善敬老院相关制度，按比例配套工作人员,其经费纳入区财政预算。加强敬老院安全管理，从福彩公益金列支改造敬老院消防设施，其中莲花和雨敞坪敬老院设施改造工作已完成。四是困难居民医疗救助管理。加强对特困家庭医疗救助工作管理,由区民政牵头，联合区财政、区卫计局对区一站式即时结算服务定点医院进行督查。累计救助6960人次,救助金额1984.23万元（其中一站式服务救助4908人次、751.47万元)。五是精神病人救助。岳麓区共有7个精神病人药物发放点、3家重症精神病人住院救治定点医院。在册1035名社会精神病人接受药物救助,2016年，累计救助6729人次，救助金额59.5万元。有133名重症精神病人接受住院医疗救助。六是低收入家庭认定。共认定182户,其中经济适用房、廉租房150户,公租房32户。

基层政权和社区建设。一是社区办公服务用房达标建设。2016年,纳入市级社区办公服务用房达标建设任务共7个，学士街道斑马塘、洋湖街道山塘社区通过整合共享调剂方式完成600平方米的达标建设任务，望月湖街道湖东社区通过新建方式完成830平方米达标建设任务,咸嘉湖街道咸嘉新村社区通过改扩建方式石门楼社区已完成600平方米办公用房达标建设任务。二是社区规范化建设。指导区75个社区基本完成室内功能布局、一站式平台建设和机构门牌、社区指引路牌、社区导视牌和功能布局图、室外公开栏等规范化建设。三是社区减负。指导社区按照区委办公室、区政府办公室《印发〈关于规范社区(村)职能职责实现减负增效的实施方案〉的通知》和《长沙市委办公厅、长沙市人民政府办公厅印发〈关于进步开展社区减负增效工作的实施方案〉的通知》要求,逐步规范社区(村)公共事务,提升社区(村)自治能力。四是村务公开和民主管理。结合党风廉政建设工作，与岳麓区农林局联合制定并下发《关于印发〈村务公开进农户制度实施方案〉和〈村民质询制度实施方案〉的通知》,对区各街道(镇)和17个村进行村务公开民主管理工作督

查，开展对村务公开进农户制度和村民质询制度的专题检查，下发督查情况，制作《村务公开明白卡》发到各农户家中，进一步推进村务公开工作。五是惠民资金管理。2016年，下拨84个社区1680万元惠民资金。统一设计并印制惠民项目宣传LOGO和宣传海报1000份，发到各街道、社区进行张贴和宣传，让惠民资金家喻户晓。六是精品示范创建。2016年，创建7个市级和谐社区示范社区、8个市级和谐社区精品社区和11个市级社区服务品牌。莲花镇桐木村评为市级农村社区建设示范村，学士街道东山湾村、含浦街道大坡村完成市级农村社区建设试点村建设。七是社区提质提档。按照区委办公室、区政府办公室《关于印发〈岳麓区社区全面提质提档三年行动计划（2016—2018年）工作实施方案〉的通知》要求，拟定岳麓区民政局关于《加强社区建设提升服务效能工作方案》及《社区全面提质提档涉及民政工作考核细则》发到各街道、镇，要求各街道、镇根据考核细则自评打分，区民政局根据自评情况逐社区进行分类、重点指导，确保2016年社区全面提质提档工作完成。

双拥优抚安置和军休管理。一是双拥工作。营造“军民团结、军政团结”的浓厚氛围，在“八一”和征兵期间开展国防教育和拥军优属活动，做好现役军人家属优待工作，及时发放义务兵家庭优待金和进疆进藏奖励。2016年，发放义务兵家庭优待金670余万元，发放进疆进藏奖励10万元。二是优抚工作。开展优抚数据核查，确保人员精细化管理，有效杜绝虚报冒领的现象发生，民政部优抚安置局对岳麓区的优抚数据核查工作进行检查时给予充分肯定；优抚对象补助资金及时准确足额发放。2016年，向2499名优抚对象发放抚恤金2340万元。为重点优抚对象购买城镇居民基本医疗保险支付14万余元，医药费支付320万元。对其他重点优抚对象按优待抚恤类别进行医疗补助，支付在定点医院医疗补助34万元、非定点医院医疗补助23万元。2016年，共受理各类优抚对象审批申请1083人/次，审核通过614人/次。受理烈士、因公牺牲、病故现役军人一次性抚恤金申请5人/次，发放抚恤金200余万元。三是退伍安置。2016年，岳麓区共接收转业士官22人，2015年12月退役士兵58人，发放地方经济补助128万元，2016年9月退役士兵164人。22名转业士官按长沙市退役士兵安置政策，纳入长沙市统筹安置；抓好退役士兵免费培训和推荐就业。对有62名自愿参加培训的退伍士兵进行就业培训。培训后就业率达95%以上，培训合格率100%；推进“双带双促”工作。10月，与区人武部、区财政局联合出台《岳麓区“双带双促”活动专项资金管理使用暂行办法》，规范奖励、有效激励退役军人创业就业。2016年的扶持奖励工作，配合区人武部进入实地考察阶段。四是军休工作。发放军休干部和无军籍职工工资340余万元。春节、“八一”建军节对军休干部进行了慰问，重阳节组织无军籍职工座谈。依托街道、社区，推进分散供养方式的军休服务管理工作。

社会福利工作。一是养老工作。全区已建成居家养老服务中心28个、日间照料中心9个、农村幸福院8个。其中，2016年完成养老床位300张，新建日间照料中心5个、居家养老服务中心2个、农村幸福院1个。加强社会福利机构安全消防工作。除每月按时要求自查上报消防安全工作情况外，对重点阶段进行地毯式督查。二是孤儿保障。及时足额下拨散居孤儿生活保障金，全年对32名散居孤儿发放生活保障金22.98万元。2016年，共接待60余次收养登记政策咨询。对符合政策条件的，按程序登报公示或指导办理手续；对不符合条件的，耐心做好解释工作。三是残疾人两项补贴。严格做好困难残疾人生活补贴和重度残疾人护理补贴申报与发放工作。全年对11573名困难残疾人员发放生活或护理补贴843.87万元。四是老龄工作。2016年，共发放高龄津贴43241人次、706.72万元，对岳麓区19位百岁老人相关资料复核备案，建设雨敞坪镇潘家山村、西湖村、莲花镇华宝村、西湖村街道先锋社区等养老服务示范点7个，基本养老服务补贴全覆盖。对761名应补对象共补贴180万元，覆盖率100%；推广老年人意外伤害保险工作。由政府出资17万余元完成对五类人员意外伤害险投保。五是福利彩票销售。截至12月31日，完成销量5106万元，对比2015年同期增长582万元，增长比为12.86%；刮刮乐即开票200万元任务全面完成。

社会组织管理工作。一是社会组织登记和备案。2016年，新成立登记的社会组织44家，变更登记19家，注销登记2家，拟撤销3家，发放行政许可65份,，年登记社会组织净增率14%。2016年区，登记在册社会组织358家，其中民办非企业单位313家，社团44家，基金会1家。对新登记的社会组织逐一进行现场核查。二是社会组织登记管理制度改革。2016年，直接登记公益慈善类社会组织7家，建立健全直接登记与双重管理相结合的社会组织登记管理制度，对新成立的6家社团取消筹备阶段及分会登记手续,实行备案管理。三是基层社区社会组织备案管理。2016年,新增备案社区社会组织110家,全年区备案社区社会组织共394家。四是社会组织评估工作。对岳麓区教育培训类社会组织启动等级评估。五是行业协会与行政机关脱钩试点。参加第一批试点工作的4家行业协会，有3家行业协会变更为直接登记，另外1家完成注销手续。六是孵化培育社会组织。2016年，共孵化和培育社会组织10个,举办和协办社区社会组织活动30余场，开展沙龙、主题分享会20次,组织专题业务培训会3场，跟踪服务出壳的社会组织11家，对23家社区社会组织进行站外指导服务,推动社会组织持续健康发展。

社会工作。一是开展“社会工作者职业水平证书”考前辅导培训工作，岳麓区共有340人报名参训，有140人取得初级或者中级“社会工作者职业水平证书”,至此岳麓区持有“社会工作者职业水平证书”人数达361人。二是开展多元化志愿服务。依托区志愿服务联合会建立“益呼百应”志愿者服务管理平台,至2016年年底有115家社会组织（志愿服务团队)和2256名志愿者在平台注册，全年发布753条活动消息和291条活动回顾,志愿者累计服务总时6499小时,以数据化的形式直接显现和统计志愿服务绩效。三是开展国际社工日大型社会工作宣传活动。在省、市区领导现场指导下，由区社会工作协会联合主办，湖南省大同社会工作服务中心承办的国际社工日宣传活动在岳麓区成功举办。邀请了26家社会组织、岭南药业等6家爱心企业代表参与。通过红网等5家新闻媒体进行推荐报道，参与人员300余人。四是打造6个社区社工站，即橘子洲街道学堂坡社区社会工作站、望岳街道恒华社区社会工作站、望城坡街道南家塘社区社会工作站、观沙岭街道钰龙社区社会工作站、梅溪湖街道阳明山庄社区社会工作站、望月湖街道岳龙社区社工站。

区划地名工作。一是建制村合并。依规依程序合并建制村28个,减幅达32.9%,雨敞坪镇荣获省级乡镇区划调整改革先进乡镇称号。二是第二次全国地名普查。已完成信息采集、服务外包项目招投标、合同签订、相关设备采购、地名普查外业信息采集等工作,已进入地名属性表的收集、整理和完善工作阶段。三是道路命名及行政争议区域的调解和协调处理。完成“德智园街”“科韵路”“银安路”的道路命名,并对历史遗留的锦和园小区管辖归属问题进行了明确。四是加强界线管理,完成与天心区的勘界工作。

防灾减灾救灾工作。一是防灾减灾工作。组织“5·12”国家防灾减灾日和“10·13”国际防灾减灾日宣传演练。投入近10万元,增加对救灾物资储备仓库建设,经验在长沙市推广。二是救灾工作。2016年7月1—5日,全区因暴雨,损坏房屋共计268户,共发放三批救灾资金108万元。三是精简退职工作。岳麓区共有精简退职人员1226人,2016年共发放精简退职人员生活救助金19.4316万元。四是雷锋超市。岳麓区共有雷锋超市57家,较上年新增5家,2016年共发放雷锋超市物资2000份，资金27.5万元,全部采取点对点方法。

慈善工作。组织慈善日和慈善法系列宣传。开展“慈善助学”“慈善助医”活动,配合市级援助214人,发放助学金75.6万元;区级助学援助275人，发放助学金25.36万元。以“市级主导、区县配套”形式开展“城乡低保家庭尿毒症患者”专项援助,全年援助238人次,发放援助金28.32万元(市、区各14.16万元)。临时救助11人,发放6.25万元。配合市慈善会完成“金叶慈善医疗卡”“金叶情·心连心”“友阿知青困难帮扶”“特大病医疗慈善救助”等慈善项目的申报与审批工作。

社会事务管理工作。一是婚姻登记。2016年,共办理结婚登记6808对,离婚登记2634对,补领结婚证1063对，补领离婚证131人。二是殡葬管理。开展岳麓区违法墓葬专项整治行动，针对岳麓街道桃花墓园、学士街道、望岳街道、坪塘街道、梅溪湖街道、坪塘街道、天顶街道等出现的乱埋乱葬行为予以重点整治，对岳麓区违法墓葬专项整治行动调研,向区人民政府呈报调研汇报材料。下发整治文件,收到良好成效,岳麓区实现火化率100%,违法土葬和城区搭棚处置率100%。三是生活无着落人员救助管理。开展“冬季送温暖”“夏季送清凉”和“接送流浪孩子回家”等专题救助工作。2016年，共接待和劝导救助人员3789人次，其中未成人29人次，上街主动救助出车711次，工作人员出动971人次，发放衣服2965件、鞋子2067双、方便面865件、矿泉水946件,护送救助人员95人次,未发生一起责任事故。四是留守儿童。5月,对岳麓区农村留守儿童进行摸底排查，成立以民政局牵头的农村留守儿童领导小组，区财政局申请10万元专项资金，对特别困难的留守儿童家庭进行走访慰问。

（肖向晶）

陵园管理

长沙潇湘园管理处

主　　任　周铁军
副 主 任　刘　婷（女）
　　　　　　梁荣伟
　　　　　　李　宇（女）
　　　　　　许名贵（11—）

【概况】 长沙潇湘园管理处内设行政部、党群部、营销部、工程部、企划部、财务部和客服部。有在职员工75人，其中正式干部职工29人，合同制员工34人，巡防队员12人。管理陵园面积51万平方米。

销售经营。2016年，实现营业收入4704.88万元，目标完成率为115%；实现主营业务利润2768.89万元，目标额完成率为127%；上缴区财政资产占用费280万元。按照区政府会议研究决定，2016年5月30日，上交区财政资产占用费3800万元。全年未发生一起森林火灾及安全责任事故和群体性事件。

惠民措施。完善惠民殡葬措施，做好做实服务群众“最后一公里”工作。推出一系列惠民殡葬政策，对特困家庭、伤残人士、低保户等符合条件的客户，购墓可享受5%～15%的优惠。全年累计为34户困难群众减免墓位购买费用14.1万元，还为符合条件的低收入人群免费提供骨灰抛撒生态葬服务。

自身建设。一是实施绩效考核管理。制定《2016年绩效考核管理实施办法》，明确各部门的工作目标及考核办法，调动干部职工的工作积极性。二是加强作风建设。把党风廉政建设作为工作重点，贯彻落实党风廉政建设责任制。制定《领导干部党风廉政建设目标责任分解表》，明确领导班子及成员责任范围和责任内容，规范班子成员落实党风廉政责任制的工作职责。三是按照区委推行“三服务”一线工作要求，管理处5名班子成员每月28日准时到云麓园社区、桃花岭村网格听取群众意见，帮助解决实际问题。按照市委“一推行四公开”工作要求，每月安排2人到云麓园社区开展群众工作2天，全年走访接待群众百余户。

墓区开发。全年新开发仙鹤C4区墓位800余座、忆亲廊区域墓位400余座。完善龙慧苑、龙德苑、龙恩苑、龙善苑墓区配套设施工程，该墓区已经进入销售阶段；完成艺术墓园96座小型艺术墓及其他区域艺术大墓的基础建设。

环境提质。进一步打造成生态、绿色花园式陵园，围绕环境建设提质，完善环境管理措施，完成山下公共卫生间及龙王殿停车坪综合体建设；完成上山公路“白改黑”提质工程；对仙5区山顶200余米道路实施硬化，优化处理水渠及边坡环境，硬化龙子福地D区、仙4区、仙C4区、仙5区墓区过道，更换部分墓区树林，避免墓区的白化现象。改革墓区卫生保洁管理模式，选定专业公司整体承包，实行一周一检查、一月一考核，确保卫生保洁效果。

安全稳定。抽调骨干力量对有安全隐患的区域进行集中排查。班子成员带头值守晚班，陵园全年未发生一起山洪事故。对老墓区进行不定期巡查维护，发现问题及时处置，全年维修墓位200余座；处理客服务各类意见150多条；不定期开展安全生产大检查，建设墓区周边防火隔离带，增设灭火器箱和消防水箱，及时维修更换不达标灭火器。巡防队员24小时对墓区防火工作实施巡查、值守。春节和清明节做好祭扫高峰期接待工作，成立领导机构，制定工作方案和应急预案。“两节”期间，共接待祭扫市民20余万人，疏导祭扫交通车辆3万余辆。开展“花草有情寄思念，无烟无霾爱满园”清明节主题活动，引导广大群众错峰出行、文明祭祀。全年实现“无森林火灾、无重大安全事故、无群体性事件”工作目标。

（李珊珊）

街道·镇

岳麓街道

工委书记 罗勇刚

工委副书记、办事处主任

侯朝阳

工委副书记、人大工委主任

李亮球(1—5月)

工委副书记

谭 幸(女)

工委委员、人大工委主任

廖 宇(5—)

办事处副主任、政协联络处主任、武装部长

刘志装

办事处副主任、纪委书记

彭勇智

工委委员、办事处副主任

凌 云(4—)

林长茂(11—)

办事处副主任

谢 俊

工委委员、组织委员

曾 蓉(女,11—)

【概况】 2016年,岳麓街道机关人员编制数60人,在职工作人员74人,离退休人员47人。机关内设党政办、党建办(纪检监察室)、综治办、财政所、社会事务办、城建办、卫计办、城管办、群众工作"三服务"一线办、文明建设办、综合治税办、安监站12个职能部门,下辖左家垅、桃花岭、五星、黄鹤4个村,靳江、枇杷塘、云麓园、麓山南路、科学村、麓枫、阳光、中海8个社区及两保站、社区卫生服务中心、丰顺垸3家直属事业单位。全年完成地方公共财政收入1.24亿元,连续4年税收过亿;完成全社会固定资产投资54.19亿元,同比增长141%;实现社会消费品零售总额34.65亿元,同比增长11%;新增市场主体1488个,完成5万平方米商业主体二次招商,新增"四上"企业5家,新注册总部企业2家,引进并启动重大建设项目2个,经济总量及增速位居岳麓区前列。

项目建设。全年共承担市、湖南湘江新区及区政府重点工程项目16个,完成征拆面积388.69亩,拆除611户。项目建设过程中,注重将工作做实做细,赢得拆迁群众充分理解、信任与支持,有效加速项目的推进,其中后湖路,湖大支路一、支路二、支路三及水系工程,阳光中学等项目已实现清零;含浦大道一段、中南大学科研总部、长特硬等项目均已进入扫尾阶段;后湖综合整治工程项目土地流转、一期房屋租赁工作顺利推进;岳麓街道首个执行拆迁新政策项目西二环交通改善工程,在一奖励段提前一天实现签约率100%;148亩安置房等项目顺利启动建设。这些项目的建设为群众生产生活的便利和安全提供有力保障。2016年,岳麓街道获评岳麓区项目征拆一类单位。

产业发展。以"一山一湖一带"为重点,实现文化艺术、汽车销售、高校商圈三大产业由提质发展转为提效发展。年内,湖南微力量艺术传媒有限公司正式上市,目前已进入A股辅导期;全通教育集团中南总部入驻街道,阳光100"凤凰街"产业商街全面启动,大学城商圈集聚效应不断凸显;湖南三马五星项目实现腾地并正式签订合作意向,福特汽车顺利启动建设,集聚以宝马、华洋、雷诺、别克为首的云栖路汽车产业带顺利扩容;泛岳麓山创新创意集聚区代表项目58众创正式投入运营,培育(签约)企业50余家,并多次接受省、市、区领导考察观摩和指导。岳麓街道产业发展前景日益赢得市场认可,更好地服务地方经济,更多地惠及人民群众。

城市管理。一是运行"大城管"模式,市容市貌有新提升。新建街道城市管理调度中心,实现工作阵地、资源、维护"三集中";积极开展"百日会战"行动,重点对城郊接合部垃圾进行专项整治,获评长沙市"百日会战"一类街道;严格管控违章建筑,坚持集中整治和常规管理相结合,全年拆除违建307处,拆除面积85508平方米,获评岳麓区拆违工作一类单位;继续推行严管重罚的高压态势,年内,城管中队办案524起,拆除各类违规广告招牌8000平方米;投入300万元完成城管品质工程左家垅村支路一、支路二改造项目,提质居民出行道路;投入1200万余元启动靳江村榨泥湖黑臭水体整治项目,改善居住环境。二是推进"大综治"格局,社会治理有新成效。探索建立"五联双控”治安防控体系，形成大街小巷联控格局，全年各类案发率整体下降21.6%；加强专项综合整治，打击黄赌毒，抓获犯罪嫌疑人16人，乱源治理卓有成效；建立街道禁毒工作站，管控社区戒毒康复人员91人，尿检合格率100%，无一例重新犯罪，被湖南省禁毒局评为“一级工作站”；整合司法所、派出所等有关职能部门力量，形成调解合力，全年成功调处各类纠纷145件，挽回经济损失656.4万元；完善信访维稳机制，依法严处非访行为，未发生一例赴省进京非访和重大恶性群体性事件。街道综治维稳工作获评岳麓区红旗单位，人民调解委员会获评岳麓区基层先进单位，防范和处理邪教工作获评市、区考核先进基层单位。三是强化“大安全”理念，平安建设有新突破。探索新的安全生产管理模式，与人人居安消防安全服务有限公司合作，通过购买消防宣传培训服务，全面提升全街消防水平和消防意识；加强监督执法检查力度，全面实施街道党政领导每月带队检查安全生产的工作机制，下达检查记录154份，现场整改不规范操作、违章行为21次，对2家多次检查仍未整改的单位进行行政处罚。每季度开展一次专项整治联合执法行动，对全街范围内企业进行逐一排查，排查出一般隐患105起，较大隐患2起，现场整改99起，限时整改4起，年内，未发生一起重特大安全生产事故，保障了人民群众生命安全。

社会事业。一是顺利完成全年文明指数测评任务。在中国文明网发表评论16篇，其中5篇刊登首页；推选滕明英为岳麓区第一届道德模范候选人；组织《人民日报》《湖南日报》《长沙晚报》等媒体多次头版头条宣传报道岳麓街道后湖拆违整治等中心工作；策划开展精神文明活动，组织多所小学开展读书节活动，在云麓园社区举行2016年“社区最美”颁奖典礼，中国文明网等多家网站进行报道。二是优化流动人口的服务与管理。全年清查流动人口2万人次，签订育龄妇女合同5000余份；入户宣传“二孩”政策，指导群众优生优育；承办“5·15”国际家庭日暨居民健康知识抢答赛；组织开展计生知识系统培训，举办培训班40余次，培训5000余人；采集、完善居民健康卡38062人；全面完成全年的义务献血工作；组织已婚育龄妇女免费开展妇科病普查，有效保护广大育龄妇女的身体健康。街道卫计工作位列全区第三。三是高标准实施示范食药监所建设。全年未发生一起食品安全事故；为城乡低保户、特困家庭、高龄老人等各类对象发放慰问金500余万元；零就业家庭动态就业援助率100%；协调物业公司、开发商共投入1460万元，对麓枫等3个社区提质提档；全力助推创业就业，利用“三服务”一线法工作平台，打造“麓南880”服务团；努力争创星级网格，全街50个网格中，被评为五星网格的有21个、四星网格23个、三星网格6个，星级网格创建走在全区前列。全年，“12345”市民服务热线按期办理工单396份，群众满意率达92.6%。

基层基础建设。一是抓实七项重点工作，强化规范管理，对全街38个基层党支部1448名党员的党组织关系进行全面梳理排查，对2名失联党员进行组织处理。对2008年4月以来党费缴纳情况进行自查自纠，共计补缴党费15.99万元。严把党员入口关，对1名志愿服务积分不实的取消发展对象资格，对负责审核的党支部书记进行提醒谈话，对2名在工作中不能发挥党员先锋模范作用的预备党员延期半年转正，对全街不符合相关规定、党内生活不规范的10家非公党组织予以撤销，从严规范管理党内政治生活。持续推进五星村农安小区“五联五化”管理模式，获得岳麓区委高度肯定。2016年，获评岳麓区履行基层党建工作责任述职一等街道。二是党风廉政建设方面。接受长沙市委第三巡察组为期2个月的巡察工作，对全街党员干部、基层进行一次全面政治体检，党政班子成员及广大党员干部无一例重大违纪情况；成立党风廉政建设责任制领导小组，全面抓实“两个责任”，及时办理市、区两级督办件、交办件6个；组织观看《不可碰触的底线》《黑瞳》等警示片，组织参观坪塘监狱，接受警示教育；严格执行政治纪律、组织纪律等党的各项纪律，严肃查处违反党纪行为，年内，给予2名党员开除党籍、4名党员党内警告、1名党员留党察看一年的纪律处分。街道获评岳麓区党风廉政建设一类单位。三是班子队伍建设方面。落实“一把手”抓党建的目标责任制和支部书记公开述职制度，强化履职意识；拍摄微电影《前行的力量》，展示一批优秀共产党员在一线艰苦奋斗、任劳任怨、坚韧不拔的钉子精神。五星村党支部书记赵希求荣获“长沙市优秀基层党组织书记”称号。在西二环交通改善工程中，桃花岭村、左家垅村党支部充分发挥基层堡垒作用，“带头宣传、带头动员、带

头拆迁”,创造岳麓“速度”,受到岳麓区委高度肯定。

【拆出湖光山色，建设品质后湖】 1月5日,《长沙晚报》A1版（头版),以《拆出湖光山色 建设品质后湖——岳麓区后湖“有机改造”清零60万方平米违建》为题对岳麓街道进行报道。

【西二环交通改善工程项目实现内街新政拆迁清零】 岳麓街道西二环交通改善工程项目于2016年5月18日启动,涉及岳麓街道桃花岭、左家垅2个村、11个村民小组，总计用地面积51.25亩,红线内房屋共计79户,房屋总面积约19367.865平方米,需安置人口303人。该项目是岳麓街道“6·30”新政实施的第一个项目，也是全区内街实施新政的第一个项目。12月13日，该项目正式启动签约，当天签约率96.2%。17日上午，第一奖励阶段结束前一天实现签约率100%,打赢内街新政拆迁第一战，成功树立内街新政拆迁模式。（吴红杰）

橘子洲街道

工委书记 肖 弘

工委副书记、办事处主任

李泽亮

工委副书记

陈 灿

工委副书记、人大工委主任

陈 斌

工委委员、政协联络处主任

李 志

工委委员、办事处副主任、人武部长

范 彪

工委委员、纪工委书记

陈海清

工委委员、组织委员

吴漫红

工委委员、办事处副主任

易江泉

人大工委副主任

孔 明

办事处副主任

周海宁

【概况】 橘子洲街道地处湘江西岸,总面积16.02平方公里,常驻和流动人口共16.8万人，下辖8个社区、2个村。2016年,街道坚持“文化立街、服务兴街、产业富街”的发展思路,上下鼓足干劲,抓住发展机遇，各项工作取得长足发展。先后获得“湖南省创新创业带动就业示范街道”“长沙市经济社会发展十快街道”等荣誉称号,学堂坡社区党支部获得“全国先进基层党组织”荣誉称号。

经济建设。深入推进“6+2”网格化综合治税、“三服务”网格化综合治税、财源建设“双培”活动,全年完成国地税收入7500万元左右,税源结构得到优化。全年实现固定资产投资11.35亿元,完成全年任务的113.5%;新增商事主体1896家，完成全年任务的167%，其中新增企业367家,比2015年同比增长20.72%;实际到位外资1040万美元,引进市外境内资金形成固定资产7.02亿元,完成各项经济指标。积极争取各级财政下拨资金，盘活存量的账面资金。加强财政预算控制,注重资金使用效率，规范财务审批管理,总体实现2016年度街道财政收支平衡。

城市管理。拆迁安置进展顺利,后湖路拆迁工作基本完成,完成签约并拆除78户,办理拆迁保障房安置指标182个，办理保障房安置指标回购74个。天马路和麻园路建设完工,投入使用。地铁3、4号线站点拆迁工作和交通导改全部完成。湖大学生公寓腾房进入主体施工。实施立面改造,修建绿化带，有效拆除违章建筑和广告招牌，实现对后湖片区土地的整体租赁，完成拆违清渣覆土绿化工作,德智园路、天马路、后湖老农贸市场和锦绣潇湘等节点改造基本完成，实现区域形象的全面提升。确保施工环境,解决地铁、隧道施工导致房屋损害、后湖路施工填湖、湖大207亩历史围墙等一系列的项目施工碰到的问题,做好后湖路,麻园路,湖大、师大研究生楼和地铁3、4号线工程的施工协调和维护。

社会治理。落实安全生产“三大体系”建设,完善管理台账,开展隐患排查,确保辖区生产安全。落实食品安全城市创建工作,对全街食品生产和经营企业进行全面梳理和摸底，实施动态监测和管理。调整“区域联创”社会治理模式,压实辖区单位责任,确保辖区稳定。突出问题化解,解决吴国强等重点信访个案。做实“三服务”一线工作和群众工作,化解热点难点,落实惠民工程。全年接待群众1083人,走访群众9044户,收集群众诉求77个,问题解决率95%。开展五星网格创建,五星网格创建率45.3%，三星以上的网格100%。做好“12345”市民服务热线工作，按时签收和处置回访率100%,群众满意度92%。实施机制改革，组建城管综合执法队伍,建立街道城管调度中心,启动“三巡三查”,实施片区联治,开展铁腕整治,街域环境改善,通过全市城管示范街道复评验收。同时，深入推进文明创建，紧抓生态环境治理，根治部分管理乱源。增进民生福祉，推进社区提质提档工作。软件方面，学堂坡"大数据智慧社区"项目打造"互联网＋社区服务"创新模式，建立"书香学堂"手机APP，为居民提供便民服务。硬件方面，实施道路改造、房屋美化、环境绿化等项目，使老社区焕发新生命力。免费孕前优生健康检查完成全年任务的105%，无偿献血完成全年任务的103.3%，六项奖扶工作落实到位，均等化服务工作全面推进，"南音心房"项目创新推出"家庭医生服务"模式、"无陪护病房"，不断优化卫计服务。全街新增6000平方米社区服务阵地，完善文体活动中心，不断丰富群众文化生活。深入开展"街校共建"，打造"四点半课堂""社区助理"等志愿服务品牌，1200多名大学生志愿者参与其中，实现街道与高校的互利共赢。办好民生实事，不断优化社区服务，学堂坡典型做法在《人民日报》、人民网等媒体得到刊载。推动就业创业，完成失地农民及失业人员创业培训63人、就业技能培训78人，新增创业主体877家，带动城乡劳动者就业人数1349人，扶持大学生创业人数180人，均超额完成年度任务，完成合并村工作。民政工作实行动态管理，发放救助金、优抚金、重残补贴、生活护理补贴等90余万元，解决一大批民生问题。

党的建设。建立"党建三责"工作体系，街道党政班子成员每月到联系点党支部指导监督党建工作。开展"三会一课"、民主评议等党内基本生活制度，抓好"两学一做"学习教育，创新开展"四微一说"活动，其经验在《长沙通讯》《长沙党建》刊载。落实多党合作、民族宗教、对台工作、侨联工作等政策，学堂坡社区开展"同心社区"建设省级经验交流会3次，并荣获省级"同心社区"称号。执行"三个机制"，做好老干部工作。严格执行党员发展"三三制"，发展9名预备党员，从严处置4名不合格党员。面向社会公开招考6名社区专职工作人员、3名街道工作人员，提拔调整了23名社区干部，调优配强社区干部队伍。先后组织集中学习、选送培训、专题培训20余次，提升基层党务工作者的业务素养。严肃执纪问责，有效净化党员干部思想工作作风。学堂坡社区建设"廉心公园""廉政文化展厅"，开展"1+X"党建品牌创建活动，打造推出"一体四化"党建工作格局，选树"零距离"党代表工作室、"银龄志工"等特色品牌。建设培养通讯员、网评员队伍，拓展基层宣传渠道，开发"文化桔洲"微信公众号，开展"书香长沙"全民阅读学习活动，与区委党校联合开展"理论宣讲进网格"活动，加强与央媒、《湖南日报》、《长沙晚报》等媒体联系，宣传重点与亮点工作，在区级以上媒体发稿200余篇，省级以上媒体发稿9篇。

【创新创业推进就业】 2016年，街道强化劳动保障，以送岗位、送培训等形式推进就业创业，积极创造良好就业、创业环境。组织大型招聘会，帮助群众就业；挂牌成立大学生实践基地，为大学生提供社会实践平台；积极培育以"库可咖啡"为典型的创业基地，落实各项优惠政策。橘子洲街道被评为"湖南省创新创业带动就业示范街道"。

【文化立街、服务兴街、产业富街】 2016年，岳麓街道坚持"文化立街、服务兴街、产业富街"的发展思路，开拓进取、奋发有为，经济实力显著增强，产业结构不断优化，城市管理高效运转，社会事业全面发展，社会治理扎实推进，基层党建有效夯实，被评为长沙市经济社会发展"十快街道"。

【突出党小组特色，创党建品牌】 学堂坡社区党支部以"书香学堂"党建品牌为引领，着力构建了"一体四化"党建工作格局。以功能化的党小组延伸服务触角，组建了育民宣传、助民帮困等"六民"功能化网格党小组，着重突出党小组特色服务功能和服务实效。以多元化的党员志愿服务团队壮大服务力量，引导党员志愿者创建孙立明"五老"工作室、刘立强市民智囊团、"太阳园"为老服务队、在职党员志愿服务队等多个志愿服务团队，发挥居民自治功能，优化社区管理与服务。以专业化的社会公益组织提升服务品质，积极引进非营利公益性社会组织湖南省大同社会工作服务中心，以"政府引导、社会运营、专业服务、社区联动"的培育模式培育孵化社区社会组织。以个性化的工作室丰富服务内涵，社区"零距离"党代表工作室、心晴工作室以实际行动服务社区，服务基层，满足居民群众各种需求。2016年，获得"全国先进基层党组织"称号。

（沈姣）

望月湖街道

工委书记 王 洪

工委副书记、办事处主任

许望兴

工委委员、副书记

廖建兵(11—)

工委副书记、人大工委主任

李为富(1—11月)

工委委员、人大工委主任

唐 凯(11—)

工委副书记、纪委书记、政协联络处主任

喻春晓(女,1—9月)

工委委员、办事处副主任、政协联络处主任

彭跃武(11—)

工委委员、纪委书记

朱继忠(11—)

工委委员、办事处副主任

石 健(11—)

工委委员、组织委员

蒋 敏(女,11—)

办事处副主任

周建华(1—10月)

人大工委副主任

徐佳帅(11—)

【概况】 望月湖街道辖区面积1.57平方公里，下辖8个社区居委会(其中中南、湘陵两个社区在望城区境内),总人口5.2万人(其中常住人口3.7万人，流动人口1.5万人)，是全区面积最小但人口较多的老旧街区。街道工委下设党支部16个,其中非公党支部2个,有直管党员762人。街道机关在职干部51人(其中政府雇员1人),临聘人员26人,退休干部34人。2016年,按照区委、区政府推动“三融共进”、实现“五化同步”、打造六个功能组团、建设“四个新岳麓”的战略部署,以产业发展为主线,以项目建设为重点,着力建设产业兴旺、平安稳定、文明秀美、和谐幸福、文化繁荣的望月湖街道。

产业发展。在全区产业发展态势整体良好的带动下，绿地湖湘中心已建成住宅和商业销售势头良好，湖南金溁湾商贸有限公司以8.7亿元购买绿地湖湘中心S5地块5万平方米商业，打造湖湘天街项目(G16),邀请上海大悦城运营公司和香港思彼思商业管理公司对项目进行整体运营管理,启动“飞行日记”创客空间的上线仪式，组织多场有影响力的招商和宣传推介活动。全年实现社会消费品零售总额(限额以上)1.25亿元，实际到位外资900万美元，引进市外境内资金形成固定资产投资68亿元,实现全社会固定资产投资34亿元。

项目建设。全力推进白沙液街有机棚改项目，切实做好规划设计、宣传动员、拆迁安置等各项工作。项目一期征收进展顺利,截至2016年年底,75户楼栋房剩1户未签约,13栋独栋私房剩3户未签约，单位公房签约稳步推进。完成轨道四号线站点拆迁,做好外围施工环境维护,实现岳麓一幼、望月湖一小顺利过渡。推进绿地湖湘中心项目建设,全程跟踪服务，全年办理网签11715平方米，可售商业面积50501.95平方米，可售商品住宅18939.8平方米。

安全稳定。全力抓好溁湾镇棚改项目扫尾解遗，进一步健全工作机制,配优配强人员队伍,定期与拆迁户见面约谈，想尽一切办法促进签约，全年强征对象实现11户签约,解决其他单个遗留问题13个。制定联系帮扶制度,进一步与信访对象融洽关系,加强人文关怀,消除对立情绪,全年实现进京“零非访”目标,牢固树立安全生产红线意识，加大安全生产投入,建设社区微型消防站,投入16万余元完善开放式小区楼栋的消防设施，增加配备楼道灭火器1179个,在各楼栋集中安装灭火器箱300个，定期开展安全生产宣传教育培训、日常排查和专项整治。

市容环境。实施城市管理服务外包，利用市场化的管理机制和考核手段，全面提升市政、园林、环卫的维护作业水平。启用街道城管指挥中心，成立城管综治特勤中队,保持拆违控违力度,强力推行“门前三包”责任制,重拳取缔溁湾横街马路市场、月宫街沿线夜市。建立文明创建常态长效机制，积极开展培育和践行社会主义核心价值观主题宣传活动,努力提高区域城市文明指数。

民生改善。探索医养结合养老新模式,规范提升“百万助老济困益寿工程”,共发放“惠民证”700余本。委托专业养老机构管理运营“夕阳红社区家庭”，望月湖卫生服务中心荣获全国“百强”称号。健全“三社联动”机制，扶持培育“大爱无疆”“乐善”“麓枫” 等多家社工组织。全面落实“三服务”一线工作法，共接待群众2129人，收集民情问题388个，办结382个,办结率98.5%。启动社区提质提档三年行动，完成湖中社区提质改造,社区面貌焕然一新。推进岳龙、湖中社区办公用房达标建设，完成湖东社区阵地整体改建提质。推进燃气入户民生工程建设，完成天然气对接入户3114户。

党建工作。坚持从严治党，抓实“两学一做”学习教育，不断夯实基层党建基础。组建智慧讲师团，建立“望月湖微故事”“和美望月湖”微信公众平台，获评全国社区教育先进街道。全面落实党风廉政建设“两个责任”，强化绩效考核结果运用。结合“两学一做”，开展基层党组织“八个一”活动（一个支部、一座堡垒，一个小组、一支力量，一个家庭、一片廉洁，一个党员、一面旗帜）。不断拓展“朝阳天使”“骄阳天使”“晚霞天使”“巾帼天使”“平安天使”“五天使”志愿服务工程。

【白沙液街有机棚改项目（一期）启动】 白沙液街有机棚改项目于9月23日发布征收决定，28日正式启动征收签约，征收涉及单位10家，国有土地征收楼栋房75户、独栋私房13户。其中，住宅面积5887平方米，商业面积1942平方米，办公面积9365平方米；征收征地成本预计2.16亿元，总投资约8.62亿元。项目改造涉及住宅户数1758户，商业户数61户，立面整治20万平方米，屋顶改造4.8万平方米，道路1000米。

【创新招聘书记助理】 2月16日，通过笔试、资格审查、面试和复审，望月湖街道创新招聘的6名书记助理正式入职，此次招聘工作旨在通过全方位、多角度、深层次的观察对比，选优配强社区专职干部队伍，为建设产业兴旺、平安稳定、文明秀美、和谐幸福、文化复兴的“五个望月湖”提供有力组织保障。

【组建智慧讲师团，践行“两学一做”】 4月8日上午，望月湖街道举办年内首期“智慧讲堂”。邀请长沙市委党校马列教研部副教授、副主任余敏授课，余敏深刻诠释“两学一做”“学”与“做”的内涵，用翔实的数据和生动的语言带领街道党员干部回顾党史、学习党章党规，号召新时期的党员干部铭记党走过的艰难曲折道路和光辉历程，强化经常性理论教育学习，提升党性修养，以纪律处分条例为戒尺，用行为准则来自律，比学赶超争做合格党员，为党的建设增色添彩。望月湖街道通过组建智慧讲师团，搭建资源共享平台，以微课堂进学校、进网格，社区开展微党课、微心愿、微服务等形式，推动“两学一做”活动全面深入开展。（曾清娟）

银盆岭街道

工委书记 张　淳
工委副书记、办事处主任
文注桃
工委副书记
谭　楠（女）
厉雅硕（5—）
工委副书记、政协联络处主任
刘时香（1—9月）
工委委员、人大工委主任
彭　轶
工委委员、纪委书记
刘晓林（10—）
工委委员、政协联络处主任
陈松林（10—）
工委委员、副主任
余劲光（10—）
副主任 陈　良（女）
工委委员、组织委员
戴校丰（10—）
工委委员、副主任
高　勇（10—）

【概况】 银盆岭街道下辖11个社区和1个村，总面积7.9平方公里。2016年，银盆岭街道按照“三融共进”“五化同步”的发展要求，紧盯建设“四个新岳麓”的目标任务，主动担当，积极作为，圆满完成各项工作任务，实现“十三五”的顺利开局，呈现经济增速、民生改善、社会安定的良好局面。

经济健康平稳发展。全年完成区级财政收入2.25亿元，同比增长12%；完成全社会固定资产投资总额41亿元，社会消费品零售总额15.5亿元；引进市外境内资金形成固定资产22亿元，同比增长10%；引进外资3080万美元，同比增长40%。聚焦项目建设，发展空间持续拓展。桐梓坡棚改项目征拆扫尾工作顺利推进，完成滨江新城三期一、二阶段的征收腾地工作。保利西海岸商业综合体、麓江春二期、世茂希尔顿酒店、圆泰国际广场等7个项目顺利推进，雍景阁、枫树园二期项目完成建设。完成城市支路K–6线建设。麓山滨江实验学校整体提质改造主体建设完工，中南大学湘雅三医院科教大楼装饰装修工程基本竣工。聚力产业转型，发展质量持续提升。开设“幸福银盆”微信公众号招商平台，开展点对点招商、联合招商、以商招商活动。全年引进商事主体1006家，新增限额以上企业7家。建立楼宇工作站，实行楼宇协商机制，助力奥克斯、绿地等楼宇实现企业满楼。培育以总部楼宇、金融商务、餐饮服务、文化娱乐四大产业为主导的产业体系，坚持驻街单位联谊机制，做大做强优势产业，使产业结构逐步向更优化迈进。全年街道基础税源占比由上年的

45%增至56.6%,50家骨干企业纳税占比42.3%。突出财源建设,发展后劲明显增强。成立以主要领导牵头的财源建设工作领导小组,做到财税工作周研判、月分析、季小结。建立全市首个街道联合办税服务厅,强化税源管理,完善以票控税模式,确保税收应征尽征。加强小税种清理征收,成立联合评税小组,对辖区个体经营户进行摸底调查,根据摸底情况定税评议。为红星美凯龙、奥克斯等楼宇的个体经营户办理工商手续和税务登记,规范各类经营门店税收管理,实现税源挖潜全面增收。

城市品质明显提升。实施精细城市管理。组建"六位一体"的城管指挥调度中心,全街划分为四个片区,实行街域分片治理。全年处理各类环境卫生问题、市政设施缺损等案件近5000件,取缔夜市排档12处,纠正店外经营263处,整治流动摊贩300余次。成立"两违"专项整治工作领导小组,加大违法建筑日常巡查工作,拆除违法建设190处共9000平方米。实施高效文明创建。建立常态督查机制,成立督查小组,采取日常督查、重点督查、专项督查等方式,建立问题台账,实行销号制度,强化工作落实力度。积极培育和践行社会主义核心价值观,张贴宣传标语18000多处,全街23块电子显示屏滚动播放宣传内容。实施全面提质提档。推进火炬城社区提质提档工作,对202家企业进行消防安全隐患摸底排查,完成集贤路、麓源路、景秀路道路"白改黑",完善老旧小区建筑物立面、下水管网、绿化等配套设施。

社会事业务实惠民。社会保障不断完善。落实低保政策,全年落实城市居民低保305户,保障人口496人,为800多人发放救助补助金额200多万元。完成惠民资金项目68个,拨付惠民资金110万元。举办3场大型招聘会,建立工资集体协商制度,涵盖76家企业。卫计服务提升质量。推进卫生计生合并,提升基本公共卫生服务均等化水平,成立妇幼保健计划生育服务站,为3200名妇女、儿童提供免费体检。一线工作深入开展。48个社区(村)网格共走访群众2512户,收集群众反映问题187个,解决183个,问题办结率98.4%。为群众办实事好事34件,开展群众性活动184场次,提供帮扶救助资金31.6万元。文化活动精彩纷呈。打造群众艺术团队,团队数量从3支发展到13支,聘请专家教授对文体团队进行分类指导和培训。进一步完善社区绿色网吧、未成年人活动室、健身房等阵地设施,完成综合文化站和3个健身路径、1个室内健身房、1个篮球场的整合提质。

社会大局保持稳定。综治维稳扎实推进。建立以街道司法所为主体,结合信访、公安、民调的"四位一体"的联动联调社会矛盾纠纷机制,做好桐梓坡等拆迁区域拆迁人员稳控工作。开展"六五"普法、平安进基层综治大走访、综治宣传月、禁毒宣传日、安全生产月等大型宣传主题活动。全年零进京非访,全街发案率持续下降。遗留问题逐步解决。主动对接市、区和湖南湘江新区相关部门,研究解决问题,引进社会资本,推动枫树园二期、麓江春二期两个烂尾楼复工。帮助雄海花园小区300多名居民办理国土证,修建润泽府垃圾站,协调处理杏林小区湘雅三医院家属区供暖管道改造等民生问题。安全生产监管有力。全面开展安全隐患排查工作,在重点区域、人群居聚地等场所不定期开展宣传活动,组织各类消防培训180场,培训居民、职工1019人。开展火炬城片区综合整治,查处消防安全隐患5000多处。

党建工作全面加强。加强组织建设。树立"能者上、平者让、庸者下"的用人导向,建立了能上能下、能进能出的选人用人机制。培育和发展新型社会组织,创新社会治理方式,出台《社区公共服务中心管理规定》。完成了傅家洲与银鸿社区的合并工作。注重工作创新。深化帮帮团工作服务平台,与《潇湘晨报》探索成立"潇湘帮帮团"银盆岭街道联络站,高标准打造街道工作室和"邻里帮手""红袖章"等8个特色工作室。强化党风廉政建设。实施"两学一做"学习计划,落实"一岗双责",坚持党风廉政建设工作与中心工作同部署、同落实、同检查、同考核。开展"3·23"廉政警示教育日活动,开展"纠'四风',治'陋习'"和"雁过拔毛"两项专项整治。

【建立银盆岭街道联合办税服务厅】 2016年10月,银盆岭街道建立全市首个街道联合办税服务厅,提供工商、地税、国税"一站式"便民服务,共办理工商执照276户,办理税务登记458户,购领国税发票7万余份,代征国税税款330.48万元,代征地税税款63.84万元,签订三方协税197份。

【举行第二届银盆岭之星评选活动】 继2014年首届银盆岭之星评选活动后,组织开展第二届"群星耀银盆，众心向党心”银盆岭之星评选活动，按照“挖掘典型、激励先进、弘扬正气、示范带动”的思路，通过宣传推荐、走访考察、微信投票等环节，最终评出廉孝之星、文明之星、敬业之星、自强之星各8人，共32人。9月28日晚，举办“群星耀银盆，众心向党心”银盆岭之星颁奖晚会，长沙市委宣传部常务副部长赵柏林，长沙市文明办副主任丁德喜，岳麓区委书记周志凯，区领导周凡、袁精华、罗予武、杨利成、潘旺明、彭又沙等出席，约2000名居民群众观看晚会，省内多家大型媒体进行宣传报道。

【在全区首创作风建设群众监督员制度】 聘请110名威望高、受群众信赖的居民代表和各行各业代表，对街道、社区、职能部门干部职工“有令不行，有禁不止，推诿拖拉，纪律涣散，雁过拔毛，索拿卡要，脱离群众，不接地气”等行为进行监督，全程参与、监督街道重点工作、中心工作。

【“幸福银盆”微信服务应用平台建立】 搭建“幸福银盆”微信服务平台，涵盖街道动态、生活服务、便民查询、招商平台等内容。发挥了政务宣传的窗口、招商引资的平台、企业服务的载体、居民生活的帮手、联系群众的桥梁五个方面的作用。（陈灿）

观沙岭街道

工委书记 厉　军（1—7月）
李　江（7—）

工委副书记、办事处主任
陈建新（1—7月）
苏文斌（7—）

工委副书记
赵　嫚（女）

工委委员、人大工委主任
周　宇

工委副书记、政协联络处主任
任亿文（1—7月）

办事处副主任
李尚武

办事处副主任、政协联络处主任、武装部长
刘　勇

工委委员、纪委书记
胡继军（11—）

工委委员、办事处副主任
潘　多（1—8月）
邱　铭（11—）
童红宇（1—7月）
李　戒（11—）

工委委员、组织委员
魏养亲（女，11—）

【概况】 2016年，全街总人口51106人，其中常住人口40470人，流动人口10636人，人口自然增长率7.09‰（含流动人口），男女性别比104.55（含流动人口）。2016年，街道累计实现区级财税收入2.965亿元；完成固定资产投资76亿元，完成全年任务的101%；实现社会消费品零售总额7.8亿元，完成全年任务的130%；完成外贸进出口总额100万美元，实际到位外资3080万美元，引进市外境内资金形成固定资产27.77亿元，新增限上企业3家。

*项目征拆。*全年全街共铺排项目60个。坦山路二标和支路八两个项目红线内清零，茶子山村两安用地项目完成杆线迁移，湘水听澜、观沙岭路四标正在协调资金到位，谷岳路项目正在审核最终资金总额，坦山路三标、市少年宫项目完成摸底调查前期工作，其他项目有序推进。长望路延期过渡费、秀山丽水等项目遗留问题妥善解决，积极服务桔洲移民、岳华村69亩安置房建设，配合三汊矶棚改项目完成520户私房签约。

*产业发展。*抢抓建设湖南金融中心的历史机遇，引进长沙银行、吉祥人寿、湖南三湘银行3家全国总部金融机构；力促“街区满铺、企业满楼”，共引进楼宇企业108家，餐饮、住宿等现代服务业项目40个，街区商业氛围日益浓厚；楷林国际、浦发银行、当代滨江MOMA、湘江玖号主体竣工，福晟国际金融中心主体封顶；渔人码头2016年9月整体开业，南山·雍江汇步行街、协信·星澜汇商业街等社区“10分钟便利消费圈”已具雏形；当代、万科、中铁等房产企业销售业绩不断攀升，以金融、总部经济、高端商务为特征的产业发展基础不断夯实。

*安置建设。*完成10万平方米岳北渔场安置小区抽签分房工作，149户居民喜迁新居；茶子山村通过城中村改造，村民已纳入“两保”；完成岳北渔场资金筹备、资料摸底等前期参保工作；完成桔洲新苑社区桔洲移民小区、枫林绿洲小区、枫林美景小区，三汊矶社区岳麓化工厂宿舍，石岭塘社区晟利隆小区、银杉雅园小区、石岭塘小区、煤安小区、兴安苑小区的水表改造工作。

*民生保障。*全年城镇居民医疗保险共参保2.58万人，城乡低保共1146户；走访慰问困难群众882户，发放各类慰问金66.6万元。开展“春风送岗位下乡”“技能助你就业”、扶持创业等活动30余次，帮助外来务工人员、失地农

民400余人实现再就业。辖区5所小学适龄儿童入学率、升学率达100%。开展各类计生健康教育主题活动，累计服务8000人次。深化网格服务，解决石岭塘社区篮球坪改造、金麓小区路灯不足等38个民情问题。“12345”市民服务热线按期办理工单747份，办结率100%。坚持区级统筹、部门指导、街道为主、社区实施的基本原则，完成钰龙社区和石岭塘社区提质提档工程。

城市管理。坚持精细化、常态化、全域化管理，成立城市综合管理大队和调度指挥中心，设立六支中队和一支直属特勤中队分片执法，依托数字化城管系统，开展“百日会战”、拆违控违、拆墙透绿等行动，营造整洁、有序、和谐的发展环境。全年共组织大小整治行动200次，清理违规户外广告900平方米，清除裸露垃圾3400立方，拆除违章建筑近3万平方米，发放城市管理宣传资料1万份，三汊矶社区成功创建“城市管理标杆社区”。

综治维稳。拧紧安全生产阀门，落实“党政同责、一岗双责”，抓好安全隐患排查、打非治违、专项治理等工作。加大治安防控力度，强化网格巡逻、出租房屋管理、学校周边治安整治等工作，扎实推进“五级五覆盖、五落实五到位”工作，全街、村(社区)两级覆盖率达100%。全年共召开安全生产会议20次，开展安全生产检查200余次，检查单位81家，查处整改问题30个。加大宣传力度，开展“安全文化进校园”等安全知识讲座26次，应急救援演练8次，发放宣传手册5000余份，受教育群众1万余人。健全矛盾调解机制，落实“八个一”和“五包一”信访包案机制，2016年调处各类社会矛盾纠纷106件，调解成功率99.8%。

文明创建。加强街道精神文明建设，促进“幸福型街道”创建，帮助各村(社区)成立腰鼓队、舞蹈队、合唱队等文化队伍，组织辖区群众参加老年人运动会、门球协会系列比赛、广场舞大赛、志愿清扫、文明劝导等活动；开展“电影下乡”活动，全年共放映电影24余场次。街道文化站及各文体活动室、文体活动中心均按照国家公共文化服务体系示范区标准建设图书室，新增图书3000余册，并配备书柜、书籍、光碟和硬盘等设备设施。

党组织建设。先后开展“我对结果负责”大走访、大调研活动，帮助基层解决难题73个；扎实推进“两学一做”学习教育，以“五创”活动为载体，深化“天天书记助理”“党旗飘扬工作站”等党建品牌。按照“十六字”要求发展新党员10人，保持党员干部队伍的先进性和纯洁性；对5个示范党小组进行表彰，现场观摩1个党小组示范点，切实激发基层党组织活力。严格落实“两个责任”，制定下发《2016年街道领导班子成员党风廉政建设职责》等文件4份，组织党员干部观看《不可触碰的底线》等警示教育片5次，利用道德讲堂、远程教育、培植钰龙社区廉政文化示范点等多种形式，营造风清气正环境，凝聚反腐倡廉合力。

【长沙银行全国总部落户楷林国际】 1月25日，在湖南湘江新区重大投资商座谈会暨项目集中签约仪式上，长沙银行全国总部正式签约观沙岭街道楷林国际，购置楷林国际B栋写字楼，作为全国总部办公场所。

【举办岳麓区首场“名师经典进基层”活动】 12月9日，岳麓区首场“名师经典进基层——传统戏曲与道德修养”市民学习活动在观沙岭街道举行。市委宣传部副部长、市文明办主任郭润葵，市文明办副主任丁德喜，市文明办创建综合处处长刘爱梅等领导出席。现场，花鼓戏《刘海砍樵》、茶艺表演、钰龙社区书法爱好者挥毫泼墨等节目引人入胜。随后，国家一级演员、第六届中国戏剧家协会理事、湖南电视剧《一家老小向前冲》严爹扮演者王永光，以“传统戏曲与道德修养”为主题，介绍中国戏曲的概念、剧目分类，和观众分享自己对传统戏曲的体会。

【举行长沙市“唱中国梦　舞价值观”文艺会演活动】 12月28日上午，长沙市“唱中国梦　舞价值观”文艺会演活动在观沙岭街道举行。长望社区“党旗飘扬工作站”志愿者把铿锵有力的劳动号子和志愿服务情景剧有机融合，用极富创意的形式展现社区党员志愿者的风采。舞蹈、花鼓戏、快板、朗诵、太极拳等多项才艺则充分展现社区群众文艺生活风采。

（方彤）

西湖街道

工委书记　王　军

工委副书记、办事处主任

吴　卫

工委副书记、人大工委主任、纪委书记

王莲霞(女,1—9月)

办事处副主任

周　波(1—10月)

工委副书记

周　波(10—)

工委副书记、党政办主任

康腾飞(1—10月)

人大工委主任、党政办主任

康腾飞(11—)

工委副书记、政协联络处主任、人武部长

张亮宇(1—10月)

办事处副主任、政协联络处主任、人武部长

张亮宇(10—)

办事处副主任

曾　炼

刘正武(1—5月)

周应辉(1—10月)

工委委员、纪委书记

周应辉(10—)

工委委员　朱　军(1—11月)

楚未平(10—11月)

工委委员、办事处副主任

朱　军(11—)

楚未平(11—)

工委委员、组织委员

卞　庄(10—)

【概况】 西湖街道办事处辖1个村（茶场村）、1个管区、8个社区居委会，常住人口27743人10712户，流动人口18389人。总面积8.22平方公里。2016年，街道完成税收4400万元，其他各项经济指标全部完成或超额完成考核目标：完成全社会固定资产投资总额19.2亿元；完成限上社会消费品零售总额0.77亿元；新增入库“四上”企业4家；引进总部企业2家、亿元以上企业2家；引进神斧怡园项目已摘牌，投资约2.7亿元；引进楼宇企业30家，完成4.7万平方米二次招商，新增商事主体781个；圆满完成3家改制企业社会职能移交工作；西湖咸嘉湖创客空间于11月底率先申报岳麓区示范创客空间。

*产业结构不断优化。*大力培育服务型经济、科技型经济、旅游经济“三大经济业态”。依托独有山水资源优势，突出自身发展特色，建立完善产业项目库，着力策划一批产业关联大、经济效益好、环境污染小、人力效率高、税收贡献足的大项目、好项目。重点发展科技研发、总部经济、高端文化科技产业，挖掘内在潜力大、发展后劲足的初创型高新产业、智能化产业。启动辖区内第二家五星级酒店恩瑞·万豪酒店建设，以佳兴世尊、恩瑞万豪、西湖财富中心、西海广场等为载体，打造金星中路国际商业街区。培植湖南众投建设投资有限公司等税收支柱企业，进一步拓宽税源，促进财政增收。

*重点项目扎实推进。*街道完成熊家湾棚改项目拆迁扫尾、西韵佳苑安置房建设及分房、咸嘉湖西路两厢片区棚改项目、西二环交通改善工程、白沙液街有机棚改等项目。其中，西二环交通改善工程项目作为全区集体土地拆迁新规实施的第一个城区街道项目，仅用六天时间圆满完成区指挥部下达的签约任务，签约率100%；咸嘉湖西路两厢片区棚改项目街道负责的原帆布厂宿舍，共完成278户签约，签约率达99.5%，腾房266户。安置房建设如期推进，其中熊家湾二期安置房共5栋457套48000平方米的主体建设基本完工；西韵佳苑安置小区完成4栋安置房及1栋物业楼60600平方米的建设任务，并于年前完成第一批202户297套安置房分房抽签工作。

*文明创建成效显著。*圆满完成各项工作任务，逐步完善辖区文明创建长效机制。通过文明创建，裕民安置小区，麓山名园小区停车秩序，岳麓后山脏、乱、差等一批热点问题得到根本治理，广大群众出行条件、生活环境大为改观，文明素质大幅提升，精神风貌焕然一新。2016年，市、区督查组多次对街道进行督查，获得一致好评。组织开展“关爱星儿　你我携手”第31个国际志愿者日主题活动、“特别天使特别爱”唐氏儿童专场演出活动、“学习向日葵女孩，做向上向善少年”主题宣传教育活动暨全国助残日主题志愿服务等活动，获得省、市媒体的高度评价，并在中国文明网首页刊发。

*综合治理名列前茅。*以“平安创建”为目标，深入开展创建“平安社区”“平安单位”“平安家庭”“无毒社区”等活动。特护期间，街道实现零进京、零赴省上访的工作目标，受到区联席办的通报表扬。圆满完成湘江国际帆船赛，全省政法系统领导干部培训，城市规划发展大会，市第十三次党代会，区人大、政协换届选举期间的维稳安保任务。2016年，开展大型综治宣传活动3次，制作平安建设系列宣传资料5万余份，调处矛盾纠纷54起，成功率100%。街道评选出“平安家庭”4000户、“平安和谐模范家庭”200户。街道连续四年获得市级综合治理红旗单位、2016年全市综治工作优秀街道称号，实现“五连冠”。

*卫计工作再创佳绩。*着眼于实现卫生计生合并“1+1>2”的目标，街道在全省率先试点推出“套餐式”服务模式，极大提升群众对卫生计生服务内容的了解度、知晓率。2016年，获评“湖南省流动

人口基本公共卫生计生服务均等化示范街道”。

城市管理渐趋精细。紧紧围绕“城市管理走在前列”这一中心,全面落实城管工作重心下移,积极推进和深化最严城管常态化、管理服务精细化,构筑高位协调、权责明确、通力协作、齐抓共管的“大城管”工作格局。全年拆除违章建筑22000平方米,其中完成项目外拆违11440平方米,实现彻底清零;开展集中整治重点区域执法行动27次,组织参加省、市、区重大活动线路保障40余次,特别是在省委党校2016年举办的多次省部级、厅级干部培训活动和市区人大、政协两会期间,切实做好金星路、枫林路、白云路以及省委党校周边经营秩序、环境卫生保障工作。投资2200万元对裕民小区、金星小区、麓山小路进行环境综合提质改造。

社区建设品质提升。按照社区全面提质提档行动三年计划要求,金星社区、咸嘉湖社区先后完成规范化改造。街道8个社区均已落实500平方米标准化社区阵地;省委党校社区荣获“长沙市文明创建示范社区”“长沙市示范性社区学习中心”岳麓区城市管理开放式精品社区”等荣誉称号。

社会事业全面推进。街道累计审批发放城市低保68户(101人),共计45.8万元;农村低保15户(21人),共计6.1万元;新增城镇就业人数613人;扶持大学生创业37人,完成年度任务的105%;引进医养结合的普亲老年养护中心,年内累计收集民情问题25个,解决率为96%。群工站队员合计走访群众1477户,召开座谈会79场。帮扶困难群众人数139人,提供帮扶救助建设资金4.32万元。2016年,党校社区一网格,二网格,先锋社区二组,石佳冲社区办公区,谭家冲社区谭石路等10个网格评为五星网格。

安全生产持续稳定。进一步健全安全生产责任体系,狠抓安全生产隐患排查和整治,确保辖区安全生产形势持续平稳。年内,共开展各项安全生产教育培训活动15次,开展各类安全生产专项整治活动12次,共检查企业和单位158家,实现全年“零事故”工作目标。

基层党建卓有成效。履行支部书记第一责任,把抓好党建作为最大政绩。坚持党建工作集体研究制度,年内,召开专题会议研究、部署党建工作16次,协调解决党建工作重点难点5个。落实“三级联述联评联考”和“双述双评”工作,坚持将党建工作纳入各村(管区)社区绩效考核范围。通过落实责任、及时督导、定期述职等方式,进一步强化各级党建责任的落实。细化52个党建网格,积极组织1339名在职党员进社区开展活动,街道681名党员志愿者开展组团集中服务活动达45余次。解决群众反映强烈的问题25个,慰问困难党员60人,138名党员按照组织要求共计补缴党费2.9万元。

队伍建设强基固本。结合“两学一做”学习教育,开展“立足本职岗位、争做合格党员”和“三比三争”季度述职竞赛活动,将村(管区)、社区等二级机构负责人纳入到活动中来,抓好干部队伍建设。开展中层干部职位竞聘及工作人员双向选择工作,免任4名中层干部,新提拔任用干部2名,明确待岗人员1名,调整65%干部岗位,逐步形成“能者上、平者让、庸者下”的干部选拔机制。在街道开展党的群众路线教育实践活动、“三严三实”专题教育和“两学一做”学习教育,砥砺作风、锤炼党性,街道党员干部综合素质和能力水平持续提高。

筑牢防线廉洁从政。2016年,街道党政领导班子成员坚持抓班子、带队伍、谋发展、保稳定,切实做到严于律己、率先垂范,认真落实“一岗双责”制度,推动党风廉政建设主体责任落实,做到守住底线,不越红线,筑牢防线。认真落实“三重一大”事项集体决策、“一把手末位表态”、“三个不直接分管”等规定。坚持重大事项集体研究,民主决策,自觉接受干部群众监督。强化对党员干部的管理和监督,加强理论学习,提升干部队伍素质,年内,街道干部职工没有发生违纪违法现象。

【举办“特别天使特别爱”活动】 1月9日上午,湖南省第一家关爱唐氏综合征“特别天使特别爱”活动由湖南省文明委指导,长沙市文明办、长沙市教委、长沙市民政局、长沙市残联、岳麓区文明办、岳麓区教委、岳麓区残联、岳麓区西湖街道联合举办。活动在岳麓谷丰生态园隆重举行,省、市相关领导作重要讲话。

【开展“全国助残日”宣传志愿服务活动】 5月18日,第二十六个法定“全国助残日”即将来临之际,岳麓区西湖街道联合石佳冲小学及岳麓区唐氏综合征家长互助中心组织一场主题为“学习向日葵女孩　做向上向善少年”主题宣传教育暨全国助残日志愿服务活动。湖南省文明办副主任熊科文、市文明办副主任丁德喜、市文明办学雷锋志愿服务处处长袁军及区委宣传部副部长、文明办主任雷云飞等出席活动，区相关部门、西湖街道主要负责人及石佳冲小学学生及唐氏宝宝家庭近1000余人参加活动。

【“筑牢安全防线，建设和谐家园”安全生产文艺演出观演活动】 10月24日，岳麓区“筑牢安全防线，建设和谐家园”安全生产文艺演出观演活动在西湖街道湖韵佳苑举行，街道机关干部、村（社区）相关负责人、企业代表及辖区居民群众观看演出。

【岳麓区首家社区创客空间成立】 3月20日，西湖街道咸嘉湖社区创客空间启动仪式正式开幕，此次活动由西湖街道、咸嘉湖社区、湖南枫树创业孵化服务有限公司联合主办。市、区相关领导和部门负责人参加。启动仪式上，西湖街道咸嘉湖社区和湖南枫树创业孵化服务有限公司签约并交换签约文件。副区长李舜做重要讲话。与会人员参观了入驻空间的项目，与创业团队进行现场交流。湖南经视、长沙电视台、《湖南日报》《长沙晚报》、红网等多家媒体报道此次活动。（陈娟）

望城坡街道

工委书记 张胜良（1—9月）
陈海军（9—）

办事处主任
张智余

工委副书记
廖科仁

工委委员、人大工委主任
刘　坤

办事处副主任
李胜宏（10—）
文　丹（10—）

工委委员、纪工委书记
肖　然

办事处副主任、人武部长、政协联络处主任
黄英廓

工委委员 刘晓林（1—10月）

工委委员、组织委员
王　山（10—）

人大工委副主任
刘　钰（10—）

【概况】 望城坡街道地处长沙西大门，交通便捷，可辐射湘西、湘北的长沙汽车西站坐落其中，湖南湘江新区综合交通枢纽、地铁2号线汽车西站换乘站位居街道中心，二环线、雷锋大道、岳麓大道、金星大道、咸嘉湖西路、枫林路、桐梓坡路等城市主干线构成其交通线的“三纵三横”，交通便利。街道辖区内有湖南商学院、湖南省武警消防总队、长沙市气象局、市林业局等省、市驻街单位70多家，湘浙小商品批发市场、广大环球家具超市、郁金香家居装饰建材市场等专业市场7家，小型企业110多家，个体工商户5000多家。

经济发展。2016年，完成税收1.12亿元，完成全社会固定资产投资9亿元，实现限额以上社会消费品零售额5.42亿元，新增商事主体2902家，累计引进市外境内固定资产投资11.55亿元，实际到位外资2100万美元，完成外贸进出口总额500万美元，上行趋势持续凸显。借力湖南湘江新区，不断加大招商引资工作力度，全力实施“引大引强、育业聚财”战略，努力完善招商优惠政策，积极改善招商环境，释放交通优势，制作招商项目册，推介区域价值，同时实施“以商招商、以商引商”的战略部署，成功引进河西第一家跨境商品直购体验中心郡城跨境，天润通美食广场、纽纱商业、百合百乐商业、湖南中汇财集群注册托管有限公司、橙天嘉禾影城、中影星美影城、家润多等195家企业顺利进驻，楼宇经济发展持续升温，达美D6区、长房时代城等成为千万元纳税楼宇。以湖南湘江新区综合交通枢纽为依托，致力挖掘和深化“枢纽经济”的各项举措，引导规范郁金香、广大环球、湘浙等专业市场转型发展，联动达美D6区等商务楼宇，积极打造达美万秀街现代商务服务街区，联动喜地大厦、长房时代城等楼宇，建成集合商务、办公、休闲、衣食住行为一体的一站式生活广场，河西商业中心初具规模，市场消费环境不断改善，居民消费结构日趋升级。

项目建设。全街共铺排各类建设项目共13个（含续建项目2项、新建项目5项、预备项目6项），总投资12500万元。其中，续建项目中，梅溪湖国际新城一期已按计划完成年度管网建设；中冶长天梅溪湖科研设计中心已完成内外墙装饰，道路绿化施工，并已投入使用。新建项目中，西二环线交通改善工程项目已完成拆迁腾地工作，实现首个签约日100%签约、腾房、倒地，现已进入维护性施工；长房时代城酒店项目已完成年度施工任务；轨道交通6号线工程正在按年度计划在做工程可行性研究方案；明海国际广场项目正按年度计划在进行水、电、土方等基础性施工；望新大厦项目正在进行前期手续审批。中运量公交系统一期工程、万宝山棚户区改造、望新片区旧城区改造、河西交通枢纽微型消防站、湘浙国际商贸广场、吉祥房地产公司6个预备项目按预期目标有序推进,相关工作进展顺利。

城市管理。社会治理显实效,推进“门前三包”管理工作,与所有沿街门店、单位共签订“门前三包”责任书3961分,发放温馨提示单、黄牌警告单、执法移交单共计5126张。共组织各类整治行动307次,暂扣各种经营工具和移动灯箱1820起,教育、处罚629人次,有效震慑流动摊贩无照经营的行为,遏制店外经营集中突出的乱象。对长华社区、桐梓坡路、枫林路、湘仪社区、商贸城部分路段更新制作1300余块“门前三包”责任牌,100余户经营门店被评为星级门店,受到区城管委的表彰奖励。全年共组织行动13次,拆除16处共计1100余平方米,实现新建违法建设零指标管理。同时分步骤拆除恒生超市、龙蟠小区、大坝咀农安小区内历史违章建筑100处共6000余平方米,执法中队完成各类行政执法案件1115起,街道维护完成125万平方米道路维护、23万平方米园林维护、1.2万株乔木维护;完成58万平方米市政、38公里新增管沟暗明沟日常维护。街道指挥中心对社区、片区、执法中队、城市管理综合维护所和专业承包公司共开展考评12次,日常督查248次,接受区级督查17次,市级督查24次,接受市级数字化案卷7876件,按期结案7876件,按期结案率100%,街道的城市管理整体水平得到大幅提升,市容形象明显好转,运转机制良性循环,人民群众满意度不断增强。

社会事业。街道因地制宜,首创“四大”城市管理工作模式,将辖区相邻的社区按面积大小、任务轻重进行整合,划分为东、南、西、北四大片区,将综治协管员、城管协管员、执法中队、民警、交警、环卫、市政、园林、社区等队伍资源进行整合,建立以街道党政领导为总指挥指挥中心统筹调度、片区各司其职的“大综治、大城管、大安全、大服务”工作体系,打造了全覆盖、无死角的工作网络,形成上下联动、齐抓共管的浓厚工作氛围。

建立和完善卫生、计划生育工作责任落实和考核讲评机制,全面提升全员人口信息系统数据质量,加大流动人口服务管理经常性工作力度,积极开展流动人口区域协作,扎实推进流动人口计划生育重点协同治理。投入200多万元,对社区卫生服务中心进行全面高标准改造,居民群众的就医环境不断改善,卫计基础工作得到不断加强,工作面貌得到了明显改观,排位稳步上升。

全面落实社区惠民资金项目,加大对惠民项目的审批力度,对申报项目范围、额度标准、工作流程、资金预算进行严格把关,确保惠民真正落到实处,群众真正得到实惠。2016年,全街共实施社区惠民资金项目30个,其中箭弓山社区燕航小区基础泥清理和围栏修复、长华社区楼道单元防盗门安装等项目得到了广大居民的一致好评。扎实开展社会救助工作,全面推行“一门受理,协同办理”工作机制,开展医疗救助“一站式”服务,在落实最低生活保障制度的同时,有重点地开展临时困难救助,城乡低保居民的基本生活得到有效保障。

加大对基层社区扶植力度,全面铺开社区提质提档工作,积极打造“精品社区”。全年投入400余万元,完成长华、湘仪社区阵地升级改造,基层基础不断夯实;老虎岭、南家塘、望麓社区稳步开展“综合减灾示范社区”创建,湘仪、涧塘社区正逐步落实行动计划要求,不断加强社区管理力度,改善社区环境,提升社区品位。街道投入100余万元,全力打造以网络化、智能化为特征的望城坡街道政民智慧平台,创建智慧党建、企业发展、吃喝望城坡、生活缴费、智慧停车等12个版块,以“互联网+”打通服务群众“最后一公里”,畅通与居民的联系渠道,让全民共享普惠化的智慧生活。

党建工作。街道党工委紧抓“两学一做”学习教育开展的有利契机,立足自身实际,以党支部为基本单位,以组织生活为基本形式,以落实党员日常教育管理制度为基本依托,在全体党员中广泛开展“两学一做”学习教育,有针对性地解决党员队伍在思想、组织、作风、纪律等方面存在的问题。学习过程坚持以“学”促学提认识、以“学”带做促发展、以“学”促改转作风,切实增强党员思想政治意识,工作作风得到改进,党的凝聚力和战斗力进一步增强,学习教育活动取得了扎实成效,开创基层组织建设新局面。通过开展党员“四联四进四促”活动,进一步夯实基层党建工作基础,激发街属党组织和党员队伍活力,强化党员的政治意识、大局意识、核心意识和看齐意识,持续开展干部作风建设督查,廉政建设不断强化,各部门、各单位和全体干部职工严格遵守党风廉政建设和“十个严禁”等规定,坚持“纠‘四风’,去陋习”,营造团结和谐、风清气正的干事氛围，为全街各项工作又好又快发展提供可靠的组织支撑和纪律保障。

【城市管理改革新机制正式启动】 3月17日，望城坡街道“大综治、大城管、大安全、大服务”工作动员大会在街道会议室召开，街道城市管理改革新机制正式启动运行，共200余名工作人员参加此次会议。

【举办“幸福望城坡·诚信向善”文艺演出】 6月5日下午，一场以“幸福望城坡·诚信向善”为主题的群众文艺演出在岳麓区望城坡街道达美D6区广场上演。来自全区6个街道(镇)的群众文艺团队和大学生艺术团带来的精彩表演，让现场500余名观众过足了眼瘾。市文明办、区文明办、区文体新局、望城坡街道等相关负责人观看演出。

(陈芳芳　段存权)

望岳街道

工委书记 王　洋(1—9月)
龙明星(9—)

工委副书记、办事处主任
龙明星(1—9月)
周　云(9—)

工委副书记、人大工委主任
王　华(1—9月)

工委副书记、办事处副主任、政协联络处主任
陈利华

工委副书记
陈　裕(9—)

工委委员 曾志勇(1—4月)
刘　成(4—11月)
曾利民

工委委员、人大工委主任
曾　伟

工委委员、纪工委书记
肖春华

办事处副主任
李毅飞

办事处副主任、武装部长
何剑波(10—)

人大工委副主任
罗　列(11—)

【概况】 2016年，望岳街道办事处辖5个行政村、4个社区居委会，总人口约3.13万人。全年完成国、地两税9839万元，完成全社会固定资产投资额23.22亿元，实际到位外资1430万美元，外贸进出口总额1375万美元，引进市外境内资金形成固定资产10.22亿元，社会消费品零售总额5.4亿元。积极推进营改增税制改革，严控非生产性支出，“三公”经费较往年下降30.85%，实现全年收支平衡、略有盈余。

项目建设。全年共引进和培育高新技术企业1家、总部经济2家、楼宇企业26家，新增企业、个体工商户1250户，有效推进街道经济转型升级。截至2016年，恒晟湘江中心已完成6000平方米招商；信享汇与中信商业管理有限公司合作，正式进入招商阶段；谷山养生谷项目已完成项目公司设立注册；完成七字湾、岳鞍阁二期空置门面房等村级物业招商21400平方米；盛世耀凯、广泰锦苑、谷山里等项目相继开盘交房；奥克斯缤纷广场城市综合体于2016年6月开业，街道发展动力更加强劲。

文明创建。积极探索新媒体管理方式，搭建“望岳街道爱心驿站”“望岳优生活”等全街性微信公众平台，大力推行“互联网+”学雷锋志愿服务模式，实现政务信息共享、志愿活动同步。继续推进“道德仲裁庭”建设，完善物业服务企业联席会议制度，广泛开展群众性活动。共开展社区春晚、社区文化节等各类大型主题活动15次，依托“爱心驿站”开展大型学雷锋志愿服务活动6次，同时在恒华社区衍生出“I DO互助社”等邻里互助志愿服务品牌。开展“榜样金星人”“榜样恒华人”等评选活动，大力营造良好道德氛围，涌现谷峰村潘运能孝顺患癌父亲、七里营社区邱淑华、谢秋莲两家“最美婆媳”等模范典型，传递强大社会正能量，有效促进精神文明建设工作在基层扎根结果。

社区提质。按照目标要求、时间节点全面推进恒华、七里营社区提质提档工作，顺利完成七里营农安小区水电、燃气改造和金峰小区路面白改黑、环境绿化等工程，新增生态停车位270余个。恒华社区成功建成长沙市“两型”宣教基地、市图书馆分馆、区群众文化馆分馆，七里营社区“孝”文化长廊初现雏形，有效扩展服务范围，丰富服务内容，社区品质进一步提高。

城市管理。围绕创建全市城市管理示范街道目标，推进城市管理重心下移，完成城管统一指挥中心建设并入驻办公。扎实开展城乡接合部环境综合整治“百日会战”及拆违控违、“门前三包”、市容市貌等专项治理，完成并通过市“百日办”交办督查问题23起，组织环境卫生大扫除5次，办理“门前三包”案卷82个，拆除违法建筑面积3.92万平方米，清理流动摊担201个、灯箱广告224个，确保了街道辖区干净整洁。稳步推进城市管理品质工程建设和拆围透绿工作，共完成黄陂塘公园、二环线辅道、恒大华府、含光路等区域绿化提质约14.6平方米，设置休闲绿化广场2个，拆除街道大院围墙230余米，城市管理水平进一步提升。（李勇焜）

咸嘉湖街道

工委书记 黄　燕(女,1—9月)
李群素(女,9—)
工委副书记、办事处主任
潘绍辉
工委副书记、武装部长
熊　杰
工委委员、人大工委主任
钟兴志
工委委员、办事处副主任、政协联络处主任
谭景佳(女)
办事处副主任
黄　巨
工委委员、纪工委书记
谭　旦
工委委员、办事处副主任
何鑫华(5—)
欧阳文中
工委委员、组织委员
杨　晴(10—)

【概况】 咸嘉湖街道位于岳麓区中部，总面积2.88平方公里，下辖咸嘉新村、润泽园、西大门、白鹤咀、荷叶塘、银谷国际6个社区，常住人口4.8万人，驻街企事业单位2100余家。至2016年，街道及社区累计获得国家级荣誉29项。

经济发展。一是完成经济指标。2016年，完成财税收入7537万元，固定资产投资总额10.03亿元，限额以上社会消费品零售总额21.12亿元，引进市外境内资金84350万元，实际到位外资2200万美元，外贸进出口总额2000万美元。二是产业发展情况。全年新增“四上”企业3家，引进公信诚丰、本草纲目、金海恒丰、世联行等总部企业5家，引进楼宇企业50家，新增商事主体1757户；开展“服务进企业，同心促发展”大走访活动，共走访企业2098家。三是重点工程建设。年内，共铺排重点项目14个，计划总投资约5亿元。老咸嘉湖路棚户区改造项目启动征拆，完成41户协议签订；集体土地拆迁于9月29日发布征收土地意见公告，个案问题与区征地办、拆迁事务所对接，召开二轮会审，即将发布实施公告(第三公告)；中央·美郡项目二期完成主体建设；新建荷叶塘社区公共服务中心主体竣工。

城市管理。一是构建精准、精细、精品的“大城管”工作格局。重点开展抓拆控违、星级门店评比、城管物管联盟等工作，共处理数字化信息3700余条，处置率达100%，开展专项整治行动30余次；建立“城管指挥中心”，利用网络通信、数据分析等现代信息技术手段，打造“感知、控制、分析、服务、监管”五位一体“智慧城管”。全年城管工作累计获得全区排名3个第一、2个第二、2个第三，全年工作在全区考核中名列前茅。二是提质改造社区。咸嘉新村、荷叶塘、白鹤咀3个社区纳入长沙市2016年社区提质提档范围，完成咸嘉新村社区悦峰园水网改造、咸嘉花园东片区、悦峰园等7个小区环境提质改造；完成荷叶塘社区丽臣宿舍区绿化提质、道路“白改黑”等工程；完成白鹤咀社区教师村水表改造、湖湘中医院宿舍区环境提质改造，建设高鑫麓城“聚乐汇”群众文化阵地。三是创建文明城市。主动策划并在中央、省级媒体发稿14篇，开展“五彩咸嘉，童梦启航”亲子节、“嗨翻趣课堂，争做小里手”青少年夏令营等极具影响力的主题活动60余场，动员群众参与达5万人次。书记徐守盛在4月调研街道公共文化服务体系建设时给予高度评价。在全年宣传工作中位列全区第一。

社会治理。一是食品安全工作。创建市级食品安全示范街道、示范社区、基层示范所，高标准配置食药监所和食安办的软硬件设施，面向社会择优选聘40名食品安全义务监督员；在辖区设置宣传牌500余块，印发宣传手册1万余份，对食品药品经营户开展多轮全面巡查，示范社区实现门店信息公示牌全覆盖，重点针对校园周边、农贸市场、蔬菜水果店面开展专项整治30余次；承办岳麓区推进“明厨亮灶”工程观摩会，完成辖区40家餐饮服务单位、3所小学、1所大学的“明厨亮灶”工程。全年食品安全工作考核居全区第一。二是综治安监工作。打造“智慧平安”，链接天地人和网，形成“实时监控、联网布控、定向防控”的立体治安防控体系；实施“零发案”竞赛、“金牌物业”单位创建评选活动，辖区发案率同比下降15.7%，共处置各类矛盾纠纷130起，连续10年获评“长沙市社会治安综合治理红旗街道”。实施“消防安全进万家”居安消防工程，累计出资200万元向社会购买消防安全服务，累计培训7.3万余人次，督促指导整改消防隐患1100余处，在咸嘉新村社区率先设立“微型消防站”。全年安全生产工作居全区第一。三是群众工作。实施“三服务”一线工作法，全年走访群众1621人，干部结对群众112人，接待群众657人次，帮扶困难群众576人，收集网格民情问题47个，解决46个，办结率97.9%；新创五星网格10个、四星网格8个。按时签收、处置、回访、办结“12345”市民服务热线工单，共办结232件，按时办结率98.31%，回访满意率90.52%。

民生事业。一是建设“智慧街道”。创新打造“咸嘉里手”智慧服务平台，建立全省首个“智慧街道”，2016年发布信息3100余条，开展线上线下活动130余场，吸纳社会组织38家，粉丝人数达4.8万余人，获评腾讯2016年度“智慧民生飞跃奖”，完成平台2.0升级版建设。将全市政务服务“基层工作平台”示范点建设和“智慧街道”相结合，建立智慧服务中心，着力建设“智慧城管”“智慧平安”。经验做法被《半月谈》《人民日报》等多次报道推介，并受到徐守盛、杜家毫、易炼红等省、市领导的高度肯定。二是建设“两型”社会。引进垃圾分类智能回收机、餐厨垃圾减量处理机等，4000余户家庭办理了“乐投卡”，共回收废旧物品近173吨，回收干垃圾8吨、湿垃圾3吨。“两型”工作经验做法被《湖南宣传》《湖南日报》《长沙晚报》等报道推介。三是服务社会民生。举办“主动对接促就业，精准服务助扶贫”大型招聘会，提供就业岗位3000余个，实现就业1300余人；推进“和谐咸嘉，幸福人家”活动，全年卫计工作居全区第一；在荷叶塘、白鹤咀社区试点开展“家庭医生”签约服务，签约3102户；西大门社区创建“残疾人明星社区”，银谷国际社区挂牌“幸福婚姻家庭咨询指导服务基地”，市妇联“家庭教育”公益项目落户白鹤咀社区。

党的建设。一是队伍建设。紧扣“两学一做”学习教育要求，开展“深情诵党章、深学抄党章、深入讲党章、深思悟党章”主题学习教育活动，开设“凝聚力党课”，1700余名党员参与其中，收集各类手抄党章作品600余份，“两学一做”经验做法被省委组织部在全省推介；重新制定《街道机关各部门和社区绩效考核管理办法》，抓党组织建设、抓队伍培育、抓带头人培养；实施《街道聘用人员管理办法》，对全街聘用人员进行笔试、面试、考评等综合考核，择优选聘工作人员。二是党组织建设。着力打造“开放型党建、学习型党建、智慧型党建、服务型党建”“四型”党建。整合“七彩志愿服务队”“五红志愿服务队”“金色夕阳志愿服务队”等党员志愿服务团队，激活网上“道德银行”，形成社区志愿服务订制模式，注册志愿者17800余人，开展服务3.2万人次；开展“三送”“三进”志愿服务活动，2100余名直管党员和在职党员参与帮扶群众；整顿软弱涣散党组织，完成787名党员组织关系排查，建立党员档案室，新组建3家非公有制企业和社会组织党组织，补缴党费5.1万余元。街道获评“长沙市先进基层党组织”，省委常委、长沙市委书记易炼红在调研时对党员在加强联系和服务群众“最后一公里”发挥的作用表示充分肯定。三是党风廉政建设。与各部门、各社区签订《党风廉政建设责任制工作责任书》，制定下发《咸嘉湖街道2016年党风廉政建设责任分解表》；由纪委、绩效办组成督查组，聘请18名勤政廉政监督员，对工作人员的服务态度、工作纪律等及社区惠民资金使用、居务公开、财务审计等进行监督；开展“纠‘四风’、治陋习”“雁过拔毛”式腐败问题专项整治，共开展各项督查38次，14人受到通报批评；开展对换届风气的监督，对21名区党代表、人大代表候选人进行了考察；打造白鹤咀社区教师村廉政文化阵地，开展“清风岳麓，你我同行”主题廉政教育活动。

（孙萍　戴路尧）

【“咸嘉里手”智慧服务平台正式上线】 1月7日，“咸嘉里手　智慧到家”咸嘉湖街道“咸嘉里手”智慧服务平台上线仪式在咸嘉广场举办。区委书记周志凯，区委副书记周春晖，腾讯区域内容总监、腾讯大湘网总裁邓科，长沙市文明办副主任杨立平，市广播电视台副台长潘开政、新闻广播总监黄华，区相关领导和部门负责人出席。区党代表、人大代表、政协委员，街道辖区企业代表，公益组织、企业合作伙伴等代表，相关媒体人士及市民朋友共600余人参加上线仪式。该平台自2015年12月8日上线测试，首期覆盖30余个服务项目，分为“嘉政务”“嘉邻里”和“嘉生活”三大板块，政府与居民、居民与居民、居民与商家联系互动，政府办事实现一键告知、预约和办理，居民邻里之间无障碍沟通，以公益等共同兴趣爱好集结，同时享受街道内所有衣食住行的优惠折扣。1月18日，该服务平台获腾讯2016年度“智慧民生飞跃奖”。

【举行“主动对接促就业，精准服

务助扶贫”——岳麓区大型现场招聘会】 2月26日上午,由区人民政府主办，区人力资源和社会保障局、咸嘉湖街道承办的“主动对接促就业，精准服务助扶贫”——岳麓区大型现场招聘会在河西王府井商业广场前坪举行。岳麓区委书记周志凯到会考察用工企业招聘情况。市、区相关部门领导参加启动仪式。招聘会上,王府井百货等123家企业提供岗位3000多个,有3000余名求职人员参加应聘,初步达成意向723人,发放各类宣传资料10000份,驻岳麓区的5 家创业促就业单位与咸嘉湖街道签订了合作协议。

【举行“公益同行 互联咸嘉”岳麓区装饰行协会诚信服务承诺发布会】 3月15日，在第34个国际消费者权益日之际,“公益同行 互联咸嘉”岳麓区装饰行业协会诚信服务承诺发布会暨咸嘉里手“扶贫助残”协议签订仪式在咸嘉新村社区广场举行,市、区街道及企业等相关领导出席，活动现场有近500名居民群众参与。仪式现场，岳麓区装饰行业协会会员代表宣读“6拒绝3公开”的《诚信服务承诺书》,咸嘉湖街道与岳麓区装饰行业协会现场签订《扶贫助残合作协议书》。

【举办“国际社工日”宣传周启动仪式暨岳麓区社会工作发展成果展】 3月17日,第10个国际社工日之际,岳麓区“国际社工日”宣传周启动仪式暨岳麓区社会工作发展成果展在河西王府井商业广场举行。此次活动由岳麓区文明办、区民政局、咸嘉湖街道办事处、区社会工作协会联合主办,省、市、区相关领导出席。活动现场展示南音心房社工服务中心等26家社会组织工作成果,对2015年全区优秀社工、优秀社工团队和优秀公益创投项目进行宣传,80余名社工代表上台庄严宣誓。

【开展“五彩咸嘉,童梦启航”大型亲子节活动】 5月14日上午，“五彩咸嘉,童梦启航”咸嘉湖街道亲子节活动在河西王府井购物中心前坪开幕。此次活动由长沙市文明办、岳麓区文明办、区商务局、区文化体育新闻出版局、共青团岳麓区委联合指导，咸嘉湖街道工委、办事处主办,市、区相关领导出席。有200余名家长、小朋友及500余名居民参与。现场开展了“最美咸嘉,亲亲宝贝”嘉宝贝评选的颁奖仪式，经过前期海选、PK总决选,在“咸嘉里手”智慧服务平台上投票评选出15名“嘉宝贝”,分获一、二、三等奖。湖南省乐善社会工作发展中心向咸嘉湖街道“道德银行”现场捐赠价值2万元品牌奶粉。亲子节从14日持续至15日，故事童年总决赛、家庭亲子秀、少儿节目展演、游戏大冲关、亲子手工制作、跳蚤市场等活动同步展开,共1100余户家庭参与活动。

【举办“人社政策惠星城,便民服务进社区”大型宣传活动】 12月8日上午,由岳麓区人力资源和社会保障局主办、咸嘉湖街道办事处承办的“人社政策惠星城,便民服务进社区”大型宣传活动在金星路步步高广场前坪举办。区人社局局长李学军、副局长康景洋，街道工委书记李群素、工委副书记熊杰等出席,1000余名市民参加活动。活动中穿插了人社知识抢答、抽奖活动、微信摇一摇抢红包等趣味游戏，长沙科尔雅口腔等4家医院为现场居民提供义诊服务、免费艾灸体验与诊治,区社保中心、医保中心、“12333”咨询服务中心、劳动监察大队及咸嘉湖街道人力资源和社会保障服务站现场设置政策咨询台为居民答疑解惑。

【举办“明厨亮灶”工程现场观摩会】 11月24日上午，岳麓区推进“明厨亮灶”工程现场观摩会在咸嘉湖街道茉莉花国际大酒店举办。此次活动由岳麓区创建国家食品安全城市办公室主办，咸嘉湖街道承办，市、区相关领导出席。岳麓区100家大型以上餐饮服务单位和17所民办幼儿园负责人,全区17个街道、镇食安工作分管领导、食安办主任参加观摩会。咸嘉湖街道工委副书记、办事处主任潘绍辉就街道推进“明厨亮灶”工程作经验发言,岳麓区教育局、“筷乐潇湘”饭店作表态发言,各街道、镇现场递交《明厨亮灶工作责任书》,10家大型餐饮服务单位递交《明厨亮灶工作承诺书》。 （孙萍 戴路尧）

梅溪湖街道

工委书记 沈 毅

工委副书记、办事处主任

肖盛辉(1—9月)

范 璐(9—)

工委副书记

姜 林

人大工委主任、纪工委书记

曾 伟(1—9月)

王 华(9—)

办事处副主任、政协联络处主任

许　伟

工委委员、组织委员

彭　波(女)

工委委员、办事处副主任

李志刚

钟　凯(10—)

办事处副主任

伍志坚

工委委员、纪工委书记

刘建新(10—)

工委委员　周　益(1—11月)

【概况】 梅溪湖街道成立于2007年4月,总面积20.2平方公里,常住人口4.6万人,下辖2个村、6个社区。2016年,税收入库2.7亿元,完成全社会固定资产投资88亿元,完成全社会消费品零售总额7400万元,完成外贸进出口总额300万美元,引进市外境内资金形成固定资产投资19.5亿元。扶持房地产业发展,全年共20个楼盘实现销售,销售商品房面积111.2万平方米,销售额97.7亿元。新增商事主体762家,二次招商完成12.6万平方米。引进总部企业3家、高新技术企业1家,新增"四上"企业6家。

城市建设。全年实施拆迁项目7个,其中续拆项目6个,共计拆除房屋460户1100栋,腾地3000余亩。全面完成环线外协议拆迁和梅溪湖路西沿线项目的保障性住房安置,共安置495户1095套房,完成货币安置179人。全年铺排重点建设项目42个,年度投资45.7亿元,启动麓景路南延工程、二环线交通改善工程、轨道交通6号线工程等项目建设,三环线立交桥改隧道工程竣工。组织对违章建筑进行了全面拆除,全年拆除违章建筑共21处23241.4平方米。

社会事业。街道投资800余万的社区卫生服务中心建成并投入使用。在全区率先推进社区提质提档,阳明山庄社区被评为长沙市示范社区。新建骑龙、嘉顺、金茂、梅园4个社区筹备委员会,与金茂梅溪湖、中海·梅溪湖壹号等9个楼盘签订了合同,面积达6390平方米。全年新增就业480人,创业带动就业518人。全年累计发放低保金17.1万元;全年共计大病救助10人次,发放救助金4.97万元;发挥"雷锋超市"作用,全年共计救助210余人次,发放救助物资折价2.46万元;发放各类优待抚恤金44.85万元;完成辖区内所有80岁以上老人共计212人的生活补贴费的资料采集、录入,发放补助金13.17万元。

社会治理。全年共受理各类纠纷41起,调解成功率100%。实施"红袖章"工程,扩大群众参与面,组建义务巡防队伍414人,有计划、分批次定期开展安全提示和治安巡防工作。按照"党政同责、一岗双责、失职追责"的要求,开展各项安全生产工作,开展消防安全警示教育10场、校园安全培训5场,组织企事业单位负责人、安全专干参加市、区安全培训10人次,职业健康和职业病防治培训3人次。2016年以来,街道共开展"九打九治"打非治违专项行动51次,出动人员206人次,排查建筑工地、消防、道路安全等领域安全隐患319处,全部整改到位,全年未发生一起重大安全生产责任事故。开展"一推行四公开"群众工作及"三服务"一线工作,全年接待群众532人,走访737人,走访企业52家,解决群众反映问题41个,帮扶困难群众126人,发放慰问金7.2万元。集中化解矛盾纠纷,接待群众来访731人次,召开座谈会71场次,收集群众反映意见建议45条,协调解决了12起矛盾纠纷。

【阳明山庄社区提质提档】 4月,根据岳麓区委、区政府统一安排部署,梅溪湖街道投入专项资金,阳明山庄社区启动提质提档工程,从社区基础设施、公共服务和基层治理等方面对阳明山庄社区进行提质改造,社区硬件、软件双提升。5月30日,阳明山庄社区作为老旧社区改造的样板得到市委书记易炼红的高度肯定。

【推选中共十九大代表候选人】 12月20—21日,梅溪湖街道各社区(村)党支部召开各级党员大会推选中共十九大代表候选人初步人选,各级会议一致通过大会监票人及指定计票人名单,采取无记名投票方式投票,根据得票多少排名,向上级党组织推荐易炼红、周志凯等五人作为长沙市出席中共十九大代表候选人初步人选,圆满完成此次候选人推选工作。

(戴湘蓉)

天顶街道

党工委书记

龚毅夫(1—9月)

蒋志国(9—)

党工委副书记、办事处主任

蒋志国(1—9月)

李　定(9—)

党工委副书记、人大工委主任、纪工委书记

王钟元(1—10月)

党工委副书记

卢　艳(10—)

党工委委员、人大工委主任

王钟元(10—)

党工委副书记、政协联络处主任

范　璐(女,1—9月)

办事处副主任、政协联络处主任

刘虎踞(10—)

党工委委员、武装部长

曹志武(1—9月)

党工委委员

刘虎踞(1—9月)

办事处副主任

戴正江(1—)

卢　艳(女,1—9月)

赵国亮(4—9月)

党工委委员、办事处副主任

赵国亮(10—)

武装部长、办事处副主任

卢　毅(10—)

党工委委员、组织委员

伏　灿(10—)

党工委委员、纪工委书记

刘华维(10—)

【概况】 2016年，天顶街道内设机构有党政办、党建办、经济贸易办、社会事务办、综治办、卫计办、城管环保办、城建(安置)办、财政所、安监站、食安办、文明办、监察室,共有工作人员73人。全年完成区级财税收入3亿元，为全年任务的137%，同比增长65%,税收完成进度和增幅均排名全区第一。完成全社会固定资产投资77亿元,限上全社会消费品零售额2亿元,新增限上企业2家;外贸进出口总额完成2500万元,实际到位外资完成4060万美元,引进市外境内资金形成固定资产15.2亿元,各项经济指标完成良好。

项目建设。全年共铺排重点工程项目42个,其中区领导联系重点产业项目11项,各项目均按年初铺排计划有力有序推进。信息产业园中电三期基本完成。长城信息项目、区公共卫生服务中心项目拆迁扫尾；桐宁路完成湖南茶厂国有土地征收签约并启动建设；长株潭城际铁路西延线项目28天完成拆迁任务,正在紧张施工。金茂广场、中建·梅溪湖中心、振业城、高鑫·天麓、金科·世界城、长房·云时代、金鹰·玖瓏山等项目建设顺利。金茂览秀城、金茂豪华精选酒店已开业,沃尔玛、韩国CGV国际影院、快乐星球等一批优质品牌商家已签约入驻；中建·梅溪湖中心商业街完成全部招商工作,运营良好;梅溪湖创新中心汇聚电子商务行业，进驻猪八戒网等70余家企业。

社会事业。稳步推进合并村工作，顺利将原有的6个建制村合并为3个新村。推进食品安全城市创建工作,先后组织实施“利剑整治”等十大清查整治行动,将梅澜坊商业街打造成为全市食品安全示范商业街，推进全街食品安全创建工作,保障群众“舌尖上的安全”。青山中心小学改扩建工程扫尾,有序推进川塘中学、岳麓二小、振业小学、新丰源小学等学校建设。协调处理安置小区房屋权证办理、社会化管理等拆迁安置遗留问题；完成高新区信息产业园保障性住房99户319套选房工作；举办2场失地农民专场招聘会；开展城乡低保一体化工作,全年发放各类补贴、救助、补助资金近200万元，民生保障水平明显提高。卫生计生工作扎实推进，全年共发放奖扶资金约58万元,基本公共卫生保健管理和服务持续改善,有效保障人民群众健康安全。天顶街道被评为2016年度全市卫计工作良好单位。

城市管理。全力开展最大规模拆违行动,年内,组织开展拆违行动63次，累计拆除违章建筑200余处约5万平方米,超额完成区政府年初下达的拆违任务。控制新建违章建筑，打击农民安置小区、新建楼盘乱搭乱建行为,拆除新增违章52处，面积3907平方米。全面开展城乡接合部环境综合整治“百日会战”,扎实推进城乡环境卫生整治和市容市貌整治；配合完成柏家塘社区公园和八家湾小区路面改造。落实“门前三包”责任制,开展“星级门店”创建工作，强化辖区市容市貌和城乡环境卫生整治，全年组织开展集市、夜市、流动摊担、广告招牌等专项整治行动60余次,实现街域城市管理新常态。

安全生产。举办“筑牢安全防线，建设和谐家园”安全文艺演出；持续开展安全生产大排查大管控大整治行动，全年累计摸排幼儿园、民办培训机构66家,娱乐场所91家,特种设备(电梯)47家,五类场所危险化学品992家,排查安全隐患67处。

信访维稳。畅通民意表达渠道,引导群众依法依规表达诉求,有效化解一批信访积案和苗头性倾向性问题，全年信访总量同比下降59.1%。加强矛盾纠纷排查调处,全年排查、受理各类民事纠纷90件,调解成功88件,及时、稳妥处理突发死亡事件10起。开展4次大规模综治宣传活动,发放宣传资料12000余份，联合派出所开展禁赌专项整治行动6次,加大违法犯罪打击力度,有力维护全街的和谐稳定。深入践行“三服务”一线工作法,干群关系更加和谐。全年网格干部接待群众1710人次，走访群众852户，收集问题165个，现场解决75

个，已办结 84 个，问题办结率达 96.36%。开展“五星网格”创建工作，全街网格星级创建申报率达 100%。

党建工作。深入践行“两学一做”，组织开展四次集中学习教育和专题讨论，创新开展“手抄党章报”、“党员示范岗”窗口创建等一系列学习活动，丰富学习教育的形式和内涵，扎实推进学习教育关键动作落到实处，确保学习教育取得实实在在的成果。切实浓厚党建氛围，组织基层党组织书记观摩学习党建工作先进单位，组织党组织书记和党小组组长进行业务培训，督促各党支部落实“三会一课”“双述双评”和“四议两公开”工作，积极开展农村党员冬春训，营造浓厚的党建氛围。全面增强党员活力，“七一”时表彰先进党支部 6 个、优秀共产党员 87 人，发展新党员 10 名，处置违法违纪党员 8 人。通过考核奖惩、推优激励、设岗定责、积分管理、教育培训等方式，充分发挥党员的先锋模范作用。永安村 17 名基层党员在长株潭城际铁路西延线项目拆迁中带头签约，28 天内完成拆迁任务，其先进经验在《湖南日报》等媒体推广。1 个支部被评为全区优秀基层党组织，1 名街、村干部被评为全市优秀共产党员，2 人被评为全区优秀共产党员。优化党建格局，聚焦基层党建党员组织关系集中排查和党员档案管理、党费收缴、基层党组织按期换届选举、非公有制企业和社会组织“两个覆盖”等重点工作，定期召开党建工作讲评会，组织村党组织书记开展双述双评和季度讲评，层层传导压力，推进党建工作责任落实，增强党组织凝聚力。加强村级党组织活动阵地建设，全面启动 6 个村级场所阵地改造，“村改居”工作进入实质阶段，开创党建工作新局面。切实改进作风建设，印发《天顶街道工作制度》《天顶街道临时聘用人员管理办法》和《天顶街道财务管理办法》，对机关干部职工及临聘人员实施考勤、请销假、值班及工作纪律等“八个严禁”，倡导想为敢为、勤为善为的实干之风。

精神文明建设。举办“唱红歌　倡诚信　舞和谐”纪念建党 95 周年、青少年演讲比赛、第三届十佳评选之“和谐文明家庭”颁奖典礼暨“举国同庆·共享华诞”国庆节等系列文艺会演，开展“遵章守纪出门，规范生命航线”道德讲堂、“名师经典进基层——传承经典　树德育人”市民学习等活动，得到多家媒体报道，社会反响良好。关心下一代工作经验在市、区推广；计生工作积极对接国家计生政策调整，扎实推进相关工作；人大、政协、老干部、武装等各项工作取得新成绩。

【打响城乡接合部环境综合整治“百日会战”】 4 月 6 日，天顶街道城乡接合部环境综合整治“百日会战”动员大会在机关四楼中会议室召开。区政府副调研员陈茂学，街道党政领导，各村（社区）书记、主任及城管专干，各办（所）主任，城管办、城管中队、维护所全体干部队员，环卫外包公司负责人，城管协管队等 80 余人参加会议。会上宣读《天顶街道城乡接合部环境综合整治“百日会战”行动方案》，明确此次整治行动的工作目标、整治范围和内容、整治标准和时限、领导小组和责任分工。街道党工委书记龚毅夫向各村（社区）、各办（所、队）交办城乡接合部环境综合整治“百日会战”工作台账。4 月 10 日，天顶街道组织城管办、执法中队、综治办、城建办和城管协管队员、综治巡防队员共计 100 余人，对辖区永安村大石塘和大龚家湾组城际铁路重点工程项目内的 7 处违章建筑进行全面拆除，共拆除违章面积 3442.4 平方米。（张智权）

【开展纪念建党 95 周年文艺会演暨党员志愿服务活动】 7 月 2 日上午，由长沙市文明办、长沙市岳麓区文明委主办，中共岳麓区委宣传部、区文明办、区文体新局、区工商联、中共岳麓区天顶街道工委、岳麓区天顶街道办事处承办，湖南红星井湾子国际家居 MALL 梅溪湖店协办的“唱红歌　倡诚信　舞和谐”纪念建党 95 周年文艺会演暨党员志愿服务活动在天顶街道湖南红星井湾子国际家居 MALL 梅溪湖店前坪举行。市、区相关领导及红星家居企业负责人参加活动。活动现场，20 名优秀党员举起右手，瞩目党旗，庄严宣读入党誓词，向党献上节日礼物。同时，街道结合“两学一做”学习教育活动，组织机关党员志愿服务队走访慰问辖区困难党员和老党员，征集老党员们的“微心愿”，并在活动现场为 8 名困难党员和老党员代表送上微心愿礼物。有 8 支表演团队为现场观众表演优秀节目。（张智权）

【举办长沙市“名师经典进基层”市民学习活动】 12 月 19 日，一场以“名师经典进基层——传承经典　树德育人”为主题的市民学习活动在岳麓区天顶街道五楼市民学校举行。长沙市文明办副主任丁德喜，区委宣传部副部长、

文明办主任雷云飞，街道机关干部，周边居民群众共200余人参加此次学习活动。 （胡忻）

【推荐提名中共十九大代表候选人初步人选】 12月22日，天顶街道机关支部召开推荐提名中共十九大代表候选人初步人选大会，街道机关支部全体党员参加会议。会上，机关支部书记向全体党员传达出席中共十九大代表候选人初步人选的资格条件、政治标准、廉洁要求及身份认定，要求推荐候选人要严把政治关和廉洁关，适当提高生产和工作第一线代表比例，真正把那些理想信念坚定、政治立场正确、作风品行良好、清正廉洁的优秀党员推荐为中共十九大代表候选人初步人选。全体党员以对党和人民高度负责的态度，反复酝酿，积极参与讨论发言，经过全体党员的投票表决，推荐提名长沙市委书记易炼红等5名党员为长沙市出席中共十九大代表候选人初步人选。

（胡忻）

坪塘街道

工委书记 张胜良(9—)

工委副书记、办事处主任

吉文斌

工委委员、人大工委主任

方 强

工委委员、办事处副主任、政协联络处主任

张 驰(11—)

工委副书记、政协联络处主任

曹春辉(1—9月)

工委副书记

龚 常(1—9月)

工委委员、组织委员

吴 浪

工委委员、纪委书记

徐云武(11—)

工委委员、办事处副主任

邬 炼

工委委员、人武部部长

黄炼钢(11—)

办事处副主任

余一夫(3—12月)

人大工委副主任

黄 捷(女)

【概况】 坪塘街道地处长沙市岳麓区南端，东临湘江，南抵湘潭九华工业园，西与岳麓科技产业园毗邻，北接洋湖街道，是岳麓区的南大门。全街总面积约90.13平方公里，总人口4.6万人，辖狮峰山村、红桥村、莲花山村、太平村、白泉村、兴合村、双湖村7个行政村和桐溪港、观音港2个社区。2016年，完成财税收入3800万元，实现固定资产投资60亿元，引进市外境内资金2.04亿元。全年城镇居民人均可支配收入45301元。

经济建设稳步发展。一是项目建设。全年铺排重点项目建设任务28个，其中省市重点项目25个，区级投资项目3个。截至2016年12月底，实现固定资产投资60亿元，完成率114%，引进市外境内资金2.04亿元，新增商事主体350个，引进总部企业1家，新增“四上”房地产企业1家，完成财税收入3800万元。恒大海花谷项目落户坪塘，是湖南湘江新区、长沙市乃至湖南文化旅游产业发展的标志性项目，项目建成后，将有力支撑大王山旅游度假区建成世界旅游目的地。截至2016年12月，大王山旅游度假区项目已完成总投资160亿元。二是现代农业。大力发展绿色生态农业，培育规模生态休闲农业企业3家。实施美丽乡村“千户农庄”产业项目，形成规模绿色农庄12家。开展绿心地区农村环境综合整治，累计投入资金1500万元，对核心区域内进行垃圾治理、生活污水治理、环境治理等系列的工作。

基础设施日臻完善。聚焦南部农村区域的基础设施改造，争取上级资金500万元，对辖区内主要交通要道进行整修，并同步实施亮化工程。申报4条干道纳入区级美丽乡村建设“白改黑”工程。投入资金150万元修建骨干山塘30口,，清淤1万亩，改造沟渠10公里。遏制抛荒，稳定粮食生产，开展土壤重金属污染治理工作，修复耕地6810亩。投入资金开展检验检疫工作，全年辖区内无重大动物疫情发生。

社会事业不断发展。一是低保和社会救助工作。积极组织工会等群团组织开展“金秋助学”活动，帮助寒门学子圆梦大学，开展“八一”慰问帮扶活动，共发放慰问救助资金15万余元。积极开展拆迁群众再就业培训工程，协调各部门开展失地农民再就业招聘活动，提供就业岗位2000余个。二是卫计工作。全年4次深入村、社区免费为8000余名育龄妇女提供全面的妇科病大普查，组织育龄群众进行免费生殖检测，共计开展健康检查1255人，治疗各类疾病460多例，编印健康教育印刷资料7000余份，开展无偿献血170人次。三是投资100余万元对街域内中、小学及幼儿园进行维修维护，对存在的安全隐患进行排查整改，对食品卫生安全工作进行检查。

重点工程强效推进。一是征拆工作。全年完成集体土地扫尾项目19个，签约私房134户、企业11家,腾地总面积4732.79亩;启动“6·30”新政集体土地拆迁项目20个,签约私房619户、企业31家，腾地总面积4655.9亩;完成国有土地项目2个，签约私房394户,腾地总面积360余亩。拆迁体量居全区首位，多次刷新全区拆迁速度，实现签约首期必清零。其中,恒大海花谷拆迁项目以最优的保障、最快的速度、最好的成绩,赢得了市、区领导的高度评价。二是拆迁安置。做好拆迁群众的住房安置工作，积极协调湖南湘江新区完成南片安置小区第一期建设达标验收。组建安置工作领导小组，认真组织实施住房安置工作，确保街道范围内拆迁群众实现安居乐业。全年共完成五批次安置分房工作，共实现住房安置1332户、计3150人,分配南片安置房2436套。

综治安全再上台阶。一是综治维稳工作。构建全街“大安全、大综治”工作格局,全力维护辖区项目建设施工环境，积极化解各类信访积案，深入开展“警灯闪烁”工程。组建9个综管中队,装备警用巡逻车11台,在辖区主要道路、治安复杂区域和110个治安巡防点进行24小时全天候巡逻,随时接受群众报警、求助;严厉打击各类严重刑事犯罪和“两抢一盗”“黄赌毒”等违法犯罪,现场调解治安案件120余起。健全信访各项工作制度及矛盾纠纷排查解决机制，全年共接待群众来访150余次,处理信访交办案件8起,结案率达100%。二是安全生产工作。全街9个村(社区)以及辖区内58家企业签订了《安全生产目标管理责任书》,全年制作宣传专栏34期,组织讲座培训6期次,出动宣传车60台次,发送安全短信、微信4100条次,发放安全宣传资料4000余册。成立岳麓区首个微型消防站,对辖区内所有企业开展“地毯式”联合执法检查,完成市安委会标准化达标验收。

党建基础更加夯实。一是顺利实现合村并村工作，升级村级服务中心，建成标准化一站式村级服务阵地2个，发展村级组织集体经济,支持红桥、狮峰山2个村建设物业、完善手续,近10万平米村级物业全面竣工。二是抓实七项重点工作，新建标准化党员档案室1间，清理清查档案1062本,新建“两新”党组织1家,处理违法违纪党员7人，清理补缴党费26971元。对“两学一做”“三会一课”实施常态化督查20次,编印“两学一做在坪塘”学习手册2000本。三是扎实推进公民道德建设，利用敬老院道德讲堂等基层阵地，开展多种学雷锋志愿服务活动。继推出全国“道德模范”廖月娥之后,街道见义勇为英雄谢芳，及照顾妻子不离不弃的谢芳丈夫谢海华，相继被中央文明委评选为“中国好人”,“一对长沙夫妻,两个中国好人”成为长沙和岳麓的佳话。（房华建）

【创建五型机关】 2016年，坪塘街道机关各办(所)开展“服务型、规范型、节约型、廉洁型、活力型”机关创建活动。进一步明确机关工作人员岗位职责和工作规程，形成职责清晰、目标明确、考核严格、奖惩分明的机关运行机制,使机关工作人员整体素质有大幅提高,机关干部职工的工作积极性、主动性和创造性有大幅提升。

（房华建）

【建设“千户农庄产业示范园”】 坪塘街道美丽乡村“千户农庄产业示范园”项目经过两年建设和经营打造，呈现出一批以农耕文化活动为基础，以产业经营为主线,集农业生产、休闲观赏、娱乐为一体的高端精品农庄。阡陌农庄和星海农庄被评为湖南省四星级农庄。（房华建）

【社会治理持续创新】 坪塘街道严格落实安全生产和社会稳定责任,探索和实践“三线融合、四化管理”的综治、安全、城管新型工作模式和机制，构建全街“大安全、大综治、大城管”工作格局。全力维护辖区项目建设施工环境，化解各类信访积案13例，其中，信访积案百日攻坚中,4例个案得到有效化解，深入开展“警灯闪烁”工程。与全街9个村(社区)以及辖区内48家企业签订了《安全生产目标管理责任书》,创造务实高效的政务环境，营建稳定平安的治安环境。（李文郁）

【征地拆迁工作获通报表彰】 恒大二期等项目征拆工作正式启动后，坪塘街道一班人保持和发扬坪塘征拆优良传统，主动履职尽责、积极担当作为，科学统筹调度、高效强力推进。截至9月22日23:15,该项目240户私房在第一奖励期内（五天）实现签约清零，坪塘街道一次兑现首期必清零目标。岳麓区以《继承传统　履职担当　坚决打赢项目征拆攻坚战》经验文章在全区通报表扬。

（李文郁）

洋湖街道

工委书记 黄大勇
工委副书记、办事处主任
刘振乾(9—)
李 江(1—7月)
工委副书记
丁 玲(女)
办事处副主任、人大工委主任
刘 辉
办事处副主任、政协联络处主任
陶华山
工委委员、纪委书记
刘 成(10—)
工委委员、人武部长
李 定(1—9月)
办事处副主任
廖 曦
邹士朴(1—5月)
刘正武(5—)
候 光(12—)
工委委员、组织委员
周 晗(5—)

【概况】 洋湖街道是2013年1月由原坪塘街道析置后成立的新街道。全街区域面积23.88平方公里,常住人口约2.5万人。2016年,辖洋湖、连山、蓝天3个行政村和白庙子、新生、山塘3个社区居委会及龙骨寺社区筹委会。

经济发展。完成全社会固定资产投资总额约82亿元;完成限额以上社会消费品零售总额0.305亿元,与2016年同期增长8.5%;新增"四上"企业5家,分别是湖南山力房地产开发有限公司、长沙隆鑫房地产开发有限公司、长沙先导城市资源投资有限公司、湖南先导洋湖再生水有限公司、长沙宏远物业管理有限公司;完成实际到位外资约1.17亿美元(折合人民币8.2亿元);完成引进市外境内资金形成固定资产166100万元;引进总部企业6家(长沙宜家购物中心有限公司、湖南省建筑设计院、湖南红宇耐磨新材料股份有限公司、湖南省上市公司协会、北大资源湖南地产有限公司、湖南合能房地产开发有限公司);新增楼宇企业40家;新增商事主体540户。

招商引资。全年共铺排产业项目62个,其中城建基础设施项目24个,社会事业项目14个,现代服务业项目13个,精品商品住宅项目11个。完成连山村、洋湖村、蓝天村、山塘社区4个村(社区)集体经济—长沙市湘洋开发建设有限公司的工商注册办理。长沙宜家购物中心有限公司、中国水电建设集团房地产(长沙)有限公司、北大资源湖南地产有限公司、合能地产、中盈国际广场等10余家大型区域总部企业成功入驻。

项目拆迁全年集体土地拆迁共铺排项目31个,共计3701亩、计1556户,其中洋湖公司项目13个计1419亩、404户;湘新投公司项目18个计2282亩、1152户。完成外业调查项目18个,计1799亩、687户,其中洋湖公司4个(统三、画廊、图书城、艺术品市场),计474.5亩、233户,全部完成签约,艺术品市场拆除46户,统征地块三18户,画廊街19户,洋湖图书城10户,其拆除93户;湘新投公司14个计1324.5亩454户,其中钢材市场、轨道3号线、保障性住房及农民就业培训中心已完成外业调查153户,其他项目均已签约清零,其中景观工程、现代物流中心、三环线辅道共58户已全部拆除清零,青年创业基地拆除27户,大王山图书城拆除2户,科技成果转化中心拆除5户,共拆除92户。年内,洋湖和园一期通过五批次分房1169套,安置1454人,剩余55套。

文化发展。全街共有群众文化团队7支,其中山塘村"好运来"艺术团于2005年成立,2008—2012年连续四年获得"长沙市百佳群众文艺团队先进团队"称号。9月,在湖南省体育局主办的"体彩杯"全民健身节暨广场舞表演赛中获银奖。洋湖街道综合文化站建设面积1700平方米,设有图书阅览室、健身活动室、排练室等8个活动室。图书室藏书达3000余册。文化站有标准篮球场1个、羽毛球场2个。全年举办各类群众文化活动20余场。

环境整治。坚持全域治理、源头治理、立体治理、精细治理、常态治理,主次干道基本实现"五无五净"目标。先后组织45次大型拆违行动,拆除违章广告87块,拆除违章建筑面积47595平方米,制止违法在建行为20起,完成复绿51240平方米,达到"零违建"目标。坚持推进拆违控违攻坚战,组织开展大型安全生产大检查行动25次,排查各类安全隐患1025处,强化安全生产知识宣传教育,举办安全生产知识培训(讲座)60次。街道荣获"省安全生产示范街道"称号。

文明创建。积极开展"关爱他人""关爱自然""关爱社会"的主题志愿活动和街道"文明之星"评选活动。5月,中共长沙市委、市政府授予洋湖景园小区市级"文明小区"称号。山塘社区被评为"长沙市文明创建示范社区"。

民生保障。全年审核发放低保金3719人次,共79.75万元。申报、审批、发放大病医疗救助65

人次，发放医疗救助资金36.44万元，55周岁以上老年人群体购买老年意外险136人次；全街125名重点优抚对象足额发放各种定补和抚恤金337人次，慰问金共168.034万元。为308户困难群众发放慰问钱款物资13.15万元；为74名困难群众申请临时救助，争取救助资金10.8万元；申报市级慈善助学10人、区级慈善助学13人，争取慈善助学资金5.2万元；慰问孤残、留守贫困儿童25人，发放慰问钱款物资1万余元。办好民生实事，完成老集镇自来水管网改造，解决5000余人饮水问题。

社会治理。加大投入，严格管理，抓好专业巡防队伍。新增特勤队员11人，投入8万元购置综治巡防电瓶车19台，与“红袖章”巡防队伍相结合，实行分班制分批次、分重点常态化治安巡逻，构建全方位、全覆盖的防控体系。全年共抓获犯罪嫌疑人42人，查处各类行政违法人员96人。结合“三服务”一线工作法，继续推行“双百大走访”活动，全街党员干部共计走访群众2489户，收集意见建议122条，解决实际问题57个。组织开展大型安全生产大检查行动25次，排查各类安全隐患1025处，强化安全生产知识宣传教育，举办安全生产知识培训（讲座）60次。建立健全12个突发事件应急预案，认真落实领导带班、全天候的值班备勤制度，全年未发生重大安全责任事故。

居民就业。全年组织辖内失地农民开展创业培训班两期，培训60人次。举办各类招聘会2场，共吸纳42家用人单位提供700多个就业岗位，吸引900余名地农民和失业人员到现场求职，达成就业意向523人，成功实现上岗就业120人。全年新增城镇就业人数334人，失业人员再就业268人，完成全年目标任务134%。

宣传推介。全年在《长沙通讯》发表经验文章2篇，在《长沙宣传》发表调研文章1篇，《岳麓工作》发表理论文章4篇，《湖南日报》《湘江早报》《长沙晚报》发表文章及信息21篇，新华网、中国文明网、“先锋潮”网、岳麓新闻网、区政府门户网等发表各类信息400余篇，宣传推介洋湖。

党建教育。街道以召开党政办公会、党建工作部署会、村（社区）书记座谈会等形式，多次专题研究部署党建工作。严把党员入口关，发展党员6人。以“两学一做”学习教育为契机，整合“五老四教”讲师团、社区学校等资源，共计组织党员学习活动30场次、大型集中学习12场次。创办以党员教育为主体的“润民讲坛”，开通党员学习微信平台，打造党员学习“移动课堂”，总结、提炼、推广基层党建“山塘模式”，深入开展“岗位大练兵”活动，干部队伍的凝聚力、战斗力、创造力明显增强。全年22名优秀青年被提拔任职中层干部，干部队伍结构优化、活力彰显。　（何仕蓉　彭升）

【三环绿带和洋湖艺术品项目签约】 10月30日为三环绿带（含三环绿带景观工程、现代物流中心、三环辅道3个项目58户）和洋湖艺术品市场（56户）两个项目签约首日，当日分别签约55户、55户，总签约率达96.5%。其中，现代物流中心项目实现全部签约，为全街项目拆迁打响头炮、实现开门红。

【好运来群众艺术团自编舞蹈获奖】 12月11—15日，“盛世中国梦　2017中·港国际文化艺术群众舞蹈争霸赛”在香港隆重举办，洋湖街道好运来群众艺术团队的自编舞蹈《走进敦煌》和《红灯笼》分别获得“中·港国际文化艺术群众舞蹈争霸赛”—“2016全国中老年文艺会演”的“特等奖”及“最佳优秀奖”。

【神速破案，立警为民】 4月15日、16日，坪塘派出所分别接到洋湖景园小区居民刘某、罗某报警，称自己停放在小区内的狮龙牌电动车与珠峰牌摩托车被盗。接到报警后，派出所组织民警、协警、综治协管员迅速开展侦破，于17日凌晨1时将犯罪嫌疑人唐某抓获，找回赃物，追回损失。刘某、罗某手执“神速破案，立警为民”锦旗送至坪塘派出所，表示衷心感谢。

学士街道

岳麓科技产业园党工委副书记、街道工委书记

罗　政

工委副书记、办事处主任

吴静波

工委副书记、人大工委主任、纪工委书记

殷建国

工委副书记、政协联络处主任

张　驰

工委副书记

严民意

曾　兵（11—）

工委委员、人武部长

刘金顶（1—10月）

办事处副主任、人武部长

刘金顶

工委委员、办事处副主任

曾　兵(1—10月)

办事处副主任

李昌遐(1—10月)

徐祎琳

工委委员、纪工委书记

李昌遐(11—)

工委委员、组织委员、党政办主任(兼)

彭　阳

政协联络处副主任

周海波

【概况】 学士街道地处长沙西南门户,湘水之滨,麓山脚下,与岳麓科技产业园相伴而生,产业和生态优势明显,兼顾生态环境与经济发展,连续四年跻身全区绩效考核街道类一类单位序列。2016年,学士街道下辖3个行政村、4个社区委员会、129个村(居)民小组,总人口12万人、9860户、81020人,其中农业户4180户、农业人口12080人;非农业户5680户,非农业人口68940人。总面积42.28平方公里,其中耕地面积415公顷,实现粮食总产量6876吨。

经济发展。2016年,全街完成全社会固定资产投资25.4亿元,同比增长25.7%;社会消费品零售总额6.03亿元,同比增长29.1%;市外境内资金形成固定资产11.2亿元,到位外资1230万美元,外贸进出口总额180万美元;新增"四上"企业7家,引进总部经济2家,财税收入1.09亿元。农林牧渔业总产值1.32亿元,建筑业总产值2.63亿元,建筑从业人员1240人。学士街道获"全市十强十快街道"称号。

全年积极推动全区集体土地"6·30"拆迁新规试点实施,在未来科技城项目建设中,启动之日即率先达成100%签约清零,创造全区第一个"签约之日即收官之时"的佳绩,受到省委常委、市委书记易炼红肯定性批示。积极响应市委、市政府提出的"三年造绿大行动",快速完成2.3公里三环绿带建设任务,获评2016年全市"三年造绿大行动"先进单位。积极融入岳麓科技产业园组团,服务园区获批检验检测特色产业园,引进世界汽车500强中汽零公司成功签约、落户园区,协助举办长沙市首届越野挑战赛。完成全区"一带一廊"云栖路国际汽车走廊前期建设工作,推动云栖路向具有国际范的汽车文化小镇迈进。岳麓农趣谷项目一期建设完成,获评长沙市美丽乡村示范点,全年接待游客10万余人次。开展葡萄节会活动,打造"天露葡萄"品牌,促进葡萄种植产业蓬勃发展,实现销售额1300余万元。引进楼宇企业15家,新增商事主体近2000户,完成辖区8万平方米二次招商。

社会事业。举办"春风行动"大型招聘会,建设"创业就业网络平台",提供就业岗位近1400个,带动就业650人。推行"享春风拂面,爱无处不在"公共卫生服务赶集系列活动,惠及群众1.2万余人。严格实行城乡低保动态管理,实现"应保尽保、应退尽退"。全年发放老人生活补助、残疾人补助、自然灾害补助等21项社会保障资金共307万元,实现法定人员全覆盖。发放助学资助款2.5万余元,助推慈善事业发展。积极推进居家养老服务,白鹤社区打造全市首家标杆性老年人日间照料中心。完成农村公路提质7.8千米、农村公路安保设施建设5千米,完成农村危房改造30户,完成迪亚溪谷、枫华府第小区自来水户表改造。以读书会为龙头,以读书分享为抓手,以文艺志愿者为骨干,着力打造"书香学士"品牌,主办"书香学士"全民阅读启动仪式,邀请省文化厅厅长李晖到会指导。通过创新文化载体,依托驻区高校、在职党员等资源,成立"书香学士文艺志愿者联盟",分设多个读书阵地,广泛开展"悦读、修身、交友、践行"活动。2016年,推出24小时免费图书馆和治安巡防站点、城管执法站点相结合的"1+X"多元公共服务模式,建成两处"24小时市民免费图书馆",建成1个市示范性街道综合文化站、2个市示范性社区(村)文化活动中心(室),设立全市第一个社区孔子学堂。

社会治理。创建全市红旗单位,巩固"小安大爱"特色治安防控体系。2016年,辖区发案率同比下降11.36%,辖区刑事发案对比2015年同比下降26.94%,侵财案件同比下降27.76%,八类恶性案件下降72.73%。稳妥处置麓山里、米兰春天、九龙领仕汇"楼跑跑",在全区率先实现成功复盘。开展"手术刀"精准打击传销专项行动,铲除假天狮传销窝点,遣散传销人员300余人次,拘留涉嫌非法拘禁传销人员23人。完善"党政同责、一岗双责、失职追责"体系,落实"两月一行动,一月一警示"活动,推进街道安全生产网格化建设。积极开展"春雷、飓风、霹雳、清剿"四大行动,累计排查生产经营单位3419家、安全隐患4476处,责令整改578处,停产整顿57家,关闭非法生产企业18家。完善食品安全监管机制,将街道网格内56名安全员纳入食品安全协管员队伍,建立街、村

(社区)、网格三级工作队伍,全年未发生一例食品安全事故,被区推荐为全市食品安全示范街道创建单位,顺利通过检查验收。

城市管理。创新城管综合调度机制,率先开展村(社区)交叉评比制,圆满完成全市“百日会战”城乡综合整治任务,整治图斑20余处,清理陈年垃圾2400余车,清退非法经营场地5000余平方米,拆除违章招牌350块,城市道路清障200余处。全年共计拆违194处、68685平方米,并对拆后清场进行绿化,实行规范管理。市长胡衡华在《拆违覆绿简报》第三期对学士街道拆控违经验作出肯定批示。立足城乡接合部特点,建立覆盖全街的文明创建工作考核体系和多部门参与的联合执法模式,在全市率先推行“城乡结合部文明创建常态化”。积极推进全民植绿和绿色社区创建,实现复绿11.7公顷。12月23日,在全区第一轮“三年造绿”总结暨新“三年造绿”推进大会上,作为街(镇)唯一代表作典型发言。2016年,获评全市城乡环境综合整治先进单位,学泰村顺利通过长沙市“垃圾分类示范点”验收。

党建纪检。坚持党建引领,党政班子率先示范,带头攻坚,切实发挥党委的领导核心作用,强化政治引领功能,加强思想、制度、作风、廉政建设,严肃党组织生活,严格党员教育管理,将党员队伍建设作为发展街域的基础工程,保证党的路线、方针、政策得到坚决贯彻落实。2016年,共有党支部14个,其中村、社区党支部7个,非公经济党组织6个,正式党员共909人,预备党员8人。一是落实党风廉政建设。把好主体责任方向。街道工委始终坚持“领导主体、落实主体、推进主体”三位一体,强化组织保障,切实传导压力,持续抓好落实。党政办公会议专题研究党风廉政建设工作4次,全体班子成员带头签名《学士街道领导干部廉洁从政十项承诺》,全面落实党风廉政建设“两个责任”要求。工委书记研究部署基层党风廉政建设工作12次,组织民主生活会,开展干部述职述廉会,开展批评和自我批评,开展谈心谈话28次。织密廉洁施政网络。制定下发《关于下达学士街道党风廉政建设责任目标的通知》《2016年学士街道村、社区绩效考核实施办法》,强化党政班子成员“一岗双责”意识,明确部门、村(社区)工作责任,建立横向到边、纵向到底的责任体系。将党风廉政建设责任制的落实情况纳入对部门、村(社区)考核体系,与党支部签订党风廉政建设责任书,确保村(社区)种好“责任田”,主动作为不懒政。用好执纪监督戒尺。选优配强纪检队伍,落实纪检监察工作“一体化”建设要求,全面提升监督执纪问责的能力和水平。扎实开展“纠‘四风’、治陋习”“雁过拔毛”式腐败问题专项整治和作风建设“九项行动”,运用实践执纪监督“四种形态”。2016年,在全区率先自查2例案件,发文通报批评和追责21人。二是夯实党建组织基石。细化党建责任,严格落实党建工作责任,坚持街道“大工委”制度和社区兼职委员制度。下发《学士街道2016年党建工作要点》,与各村(社区)签订《学士街道2016年党建工作责任书》,对支部书记落实党建工作责任情况、党员信息系统更新情况、党费收缴情况和发展党员工作等进行定期监督。健全培优体系。组织村(社区)书记在全街“七一”大会上向全体党员公开述职,比拼谁更有担当。针对全街仅有15名党员担任村民小组组长、基层党员先锋缺位的现象,探索施行推荐优秀党员担任村民小组组长、推荐优秀村民小组组长加入党员队伍等“四推荐”工作模式,全面激发基层党员发挥先锋模范作用。激发党建活力。深入学习中共十八届六中全会精神,扎实开展“两学一做”学习教育4次,累计开展党课20余次。同时引入“互联网+”学习模式,通过“幸福学士”微信平台,打造“指尖党建课堂”。加强对软弱涣散党组织的整改,着力整顿党组织服务水平、党组织凝聚力、群众满意率三大问题,基层党组织凝聚力、战斗力、号召力明显增强。三是强化党建引领示范,凝聚党心民心。重点推进“七项任务”。重点抓好党员组织关系集中排查、党费收缴专项检查等基层党建七项重点任务,对全街909名党员组织关系进行全面排查,补交党费4.15万元,建立党员档案室,对档案进行规范化管理。下发《学士街道2016年“两新”党组织党建工作要点》,将全街6个“两新”党组织合理划分为2个党建联组,新增“两新”党支部2个。全面助力经济发展。按照“一街镇一项目一示范点”的要求,制定《学士街道党建工作创新示范工程实施方案》,通过“支部联项目,党员联农户”模式,继“葡萄党小组”后新成立“农趣谷”党小组,助力地区经济发展。调强调优基层服务。大力开展“同心社区”创建,白鹤社区获评区级“同心社区”,斑马塘社区获评市级“同心社区”。深化“网格化管理、组团式服务”,推进党员进网格,申报“五星网格”20个、“四星网格”9个，民情问题办结率90%以上，连续三年作为“一推行四公开”群众工作与“三服务”一线工作典型示范单位在全区进行推介。

（任佳）

【实施拆迁新规，推进“未来城”项目拆迁】 2016年，在拆迁新规实施的第一个试点项目“未来科技城”拆迁中，全面完成分45大户60小户的签约任务，创造项目首日清零新纪录，形成“学士速度”，在全区集体土地项目征拆中做出榜样和表率。市委书记易炼红在岳麓区委呈报的《关于未来科技城（湖南湘江新区职能驾驶测试区）项目征拆工作取得阶段性成果的喜报》上批示：“予以充分肯定！望再接再厉。”同时，全速推进三环绿带项目征拆，通过边拆迁边腾地，以施工促拆迁等方式，全线快速完成动迁。

【打造“农趣谷”休闲观光农业综合示范园】 街道以学华村自然生态环境为依托，全面推进美丽乡村建设，精心打造“农趣谷”休闲观光农业综合示范园，打造葡萄种植、无公害蔬菜生产的产业富民带。通过筹集资金，对“农趣谷”内公路、电力、庭院等进行提质改造，铺设12公里沥青彩虹道路，安装220盏节能路灯。逐步推进建成以大型户外水车为标志物，集乡村酒吧、农耕博物馆、环山栈道、主题乐园及原生态农户酒家为一体的“乡村迪士尼乐园”。

【构建“1+1”街所联动，平安创建品牌】 街道联手驻街派出所，携手驻街单位，创新工作模式，构建平安体系，理顺体制机制，以“1+1”街所联动模式和“小安大爱”创建季活动为“两翼”，以调度指挥中心为“一体”的平安工作格局。5月，长沙市综治委相关领导指导“小安大爱”创建工作。10月，“小安大爱”调度指挥中心组织开展建街以来打击面最广、打击程度最深的打击传销行动——“手术刀”行动，并被红网等市级媒体网站报道。

（任佳）

含浦街道

党工委书记
李学军(1—9月)
肖盛辉(9—)

党工委副书记、办事处主任
夏　峰

党工委副书记
熊海江

人大工委主任、纪工委书记
舒　拉(1—9月)
严民意(10—)

党工委副书记、政协联络处主任
杨岳军

办事处副主任
伍永华

党工委委员、纪工委书记
谭水清(10—)

人大工委副主任
康景洋(1—9月)
黄立刚(10—)

党工委委员、组织委员
蒋　敏(1—9月)
陈星宇(10—)

【概况】 2016年，含浦街道围绕区委“三融共进、五化同步”的战略目标，认真贯彻落实区委、区政府系列重要会议精神和决策部署，全力推进街道各项事业健康持续发展。全年完成财税收入720万元，固定资产投资达0.5亿元，新增限上企业1家，新增商事主体30户，农民人均纯收入达9200元。完成未来科技城一期、桐关桥路、学士路南延线等项目的拆迁安置工作。启动黄桥大道南段、长沙市南横线等项目前期工作。加快推进民生项目建设，社区卫生服务中心主体竣工，颜云公路、雨九线提质改造顺利进行。完成水稻种植1.92万亩，连片油菜1610亩，连片绿肥6700亩。开展农田水利基本建设，抓好云盘垸堤防整治，启动九江水闸改造工程，完成山塘清淤29处，水渠护砌20处，小河坝维修加固2处。完善了官埠口美丽乡村的概念设计和示范点深度规划。推进乡村环境卫生整洁行动和农村环境连片综合整治。以“沃之园”为桥头堡，打造沿靳江河特色休闲观光农业示范带。

民生保障重点整治集镇和主干道两厢的违法建筑，共组织拆违行动20余次，拆除违章建筑31处，拆除面积15117平方米。清理拆后建筑垃圾29处，清场1.21万平方米，复绿面积5570平方米。全年共为群众办理建房证72本、规划证70本，完成危房改造60户。开展“服务育龄群众百日行”活动，完成孕前优生健康检查的对象共209对，超额完成目标任务。完成低保审核577户、1021人，发放救助金251.13万元；完成农村养老保险的参保人数9977人。

社会管理。大力开展普法宣传和“平安进乡村，整治大走访”活动，加强矛盾纠纷排查和信访积案化解。共排查调处各类矛盾51起，调处成功51起，调处成功率为100%。加强食品安全专项治理，依法依规取缔辖区内无证经营的小作坊，落实农村聚餐报备、检查制度。严格落实安全生产“一岗双责”和领导带队检查制度，依法加强对易燃易爆物品、建筑工地、校园周边等重点领域的安全隐患排查。大力推行“三服务”一线工作法，共收集民情问题15个，全部解决到位，进一步密切了党群干群关系。

党建事业。街道工委严格落实“三会一课”制度，严格规范“四议两公开”工作。在全街各总（支）部专题调研基础上，召开全街党建工作推进会，进一步细化党建工作考核细则；制定完善基层党组织书记履责清单和责任状，有效传导责任压力。实行党建工作“月调度、季讲评、半年度督查通报”制度，扎实开展“两学一做”活动，认真落实党建工作七项重点任务。街道工委牢固树立“党要管党、从严治党”的核心意识，不断夯实基层党建基础。切实加强基层党建力量，配齐配强党务工作者，在各村（社区）村级后备干部中择优挑选7名村级党建专干，并加强业务培训和量化考核。按照“六有”标准，新建1个非公组织，撤销6个不合格非公组织。认真做好村（社区）换届的前期准备工作，确保选准选好村级组织带头人队伍。选派优秀得力干部任合并村第一书记，明确工作目标、措施、责任，推动合并村党组织平稳顺利过渡。落实基层党组织书记培训工作，积极选送村（社区）党组织书记参加市、区组织的基层党组织书记培训。全面开展党员组织关系集中排查，按照“六有”标准建立档案室，已建立完善624份党员档案。严格落实“三三制”党员发展办法，全年发展9名党员，新培养17名入党积极分子。按时、足额收缴党费，全年收缴56221元。以党员积分为基础，深入开展党员“亮身份、找差距、作表率”活动，党小组阵地建设稳步推进。以“两学一做”、党员冬春训为契机，先后10次邀请专家对各支部党员进行培训，“下乡党课”覆盖面广，参与度高，效果明显，深受欢迎。

党风廉政。街道工委认真贯彻执行《岳麓区2016年党风廉政建设党委主体责任、纪委监督责任清单》《岳麓区构建“九责体系”落实党风廉政建设“两个责任”》，不断强化党工委抓党风廉政建设责任制的主体责任意识。街道党政联席会议先后4次听取纪检工作情况汇报，召开5次中心组理论学习会议和8次中层干部会议对党风廉政建设和作风建设等方面进行专题学习、研究，并制定下发了《含浦街道工委、办事处、人大工委、政协联络处领导班子成员2016年党风廉政建设职责》，与各村（社区）层层签订党风廉政建设责任书，将工作责任层层落实到分管领导、相关单位、具体人员。街道党工委结合庆祝建党95周年大会，组织全体机关党员和村（社区）“两委”干部开展了“重温入党誓词”活动，牢固树立党章意识、宗旨意识；运用街道工委中心组理论学习、支部专题教育等多种形式，认真传达全区反腐倡廉建设工作会议精神以及区纪委会议精神，组织中心党员干部观看了《作风建设永远在路上》《黑瞳》等警示教育片，进一步增强廉洁自律意识，筑牢思想防线。设立了街道纪工委专门的办公场所和谈话室，配备了专职纪委书记、纪委副书记、纪检员，切实强化工作保障。加大案件查办力度，坚持以“零容忍”的态度严肃整治“雁过拔毛”式腐败问题，做到有案必查、有腐必惩，始终保持严惩腐败高压态势。针对党员干部违纪问题，全年共立案5件，查处5件，其中党内警告处分2人，党内严重警告处分2人，免于党纪处分1人。认真制定并落实领导干部述廉制度、责任追究制度、诫勉谈话制度、重大事项报告制度、党政正职“三个不直接分管”等规章制度，切实加强领导班子成员之间相互监督。坚持和落实民主集中制，凡涉及重大事项决策、重要人事任免、重大项目安排和大额度资金的使用，均通过党政联席会议集体讨论决定，确保党风廉政建设责任制不留“死角”。严格按照《党政领导干部选拔任用条例》的规定和要求，坚持“公开、公平、公正”的原则，调整选拔了3名中层干部，招聘了3名文秘人员、3名城管协管员，接受党员群众的监督。

【举办首届油菜花大赏活动】 3月10日，含浦街道在沃之园生态农庄举办“听油菜花开的声音”为主题的首届油菜花大赏活动。活动由岳麓区农林畜牧局、区旅游局、区环保局、区两型办、区文明办、含浦街道办事处主办，含浦街道官埠口村、湖南沃之园现代农业科技有限公司承办，活动展现含浦街道良好的生态环境，让市民体验“观油菜花海、赏靳江清流、游春天美景、享乡村农乐”的乐趣。

【推荐“含浦之星”，评选身边好人】 7月6日，含浦街道“温暖向善·身边好人”含浦之星颁奖典礼在区政府机关13栋会议中心举行。含浦街道在全街范围内发现典型,培养典型,弘扬正能量,为建设美丽含浦提供生动的思想道德榜样,共推荐了20人参加“含浦之星”候选,最终推选李桂林等10人成为2016年首届“含浦之星”,并纳入岳麓区“基层好人”行列。

(彭麟凯)

莲花镇

党委书记 黄军其(1—9月)
文志龙(10—)
镇　　长 彭首志(1—9月)
党委副书记
黄　伟(10—11月)
党委副书记、镇长
黄　伟(11—)
党委副书记、人大主席
杨新军(1—3月)
党委委员、人大主席
杨新军(4—)
党委副书记、纪委书记
何权刚(1—3月)
政协联络处主任、副镇长
何权刚(4—)
副 镇 长 李建成(1—3月)
谭　玲(1—3月)
候　光(1—11月)
张　恩(12—)
党委委员、副镇长
李建成(4—)
党委委员、纪委书记
李　诚(4—)
副镇长、政法委书记
刘建中(4—)
党委委员、组织委员
谭　玲(女,4—)
人大常委会副主席
杨华英(4—)
镇长助理 龚　煌

【概况】 2016年,莲花镇辖11个行政村和1个居委会、268个村民小组,有16518户、50624人。镇域面积113.9平方公里,山林面积94050亩,森林覆盖率55%。粮食总产10301吨,水产品产量4207吨。镇人民政府设立党政办、党建办、宣传中心、社会事务办、综治办、农办、卫计办、美丽乡村办、城建办、城管办、财政所、“三服务”一线办等办所。按照区委、区政府“一线四点一中心”发展要求,沿着“三融共进、五化同步”的战略路径,以雨莲公路和莲花河为轴线,将产业基地、现代农庄和节点串线连片成网的方式定位产业发展。突出以爱格设施农艺园为主轴的花卉博览园,围绕“莲花漫谷,花香小镇”品牌建设,匠心打造精致精美升级版全国美丽乡村。

扶持龙头企业,助推产业发展。一是深化产业结构。提质桐木现代农业产业示范园,包括建设园区游客集散中心基础设施、杨柳湾湿地栈道基础设施以及两型生态瓜果长廊。二是加大对龙头企业的扶持力度。建成爱格设施农艺园一期基础设施及研发、生产及仓储等配套设施。提质改造天泉草业,致力推进宏远园林生态苗木基地配套设施建设,包括园区道路、水沟水渠硬化和自来水及灌溉管网建设。三是以现代农业产业升级促进第三产业发展。以节会为契机,利用金鹰纪实卫视与天泉草业成功举办“奔跑七大洲,心跳一公里”节目,通过圣峰果业顺利举办莲花镇首届生态果蔬采摘节,打响莲花镇品牌知名度,实现产业联动发展。通过美丽乡村建设,引导农户向乡村休闲旅游发展,重点建设曾家桥村、桐木村、五丰村等美丽乡村示范点。五丰村成功入选全市美丽乡村示范村建设范畴。提质改造桐木现代农业公园内基础设施,整治400余平方米公共区域绿地,通过“公司+合作社+农户”模式,发展5个庭院式农家乐。

夯实基础建设,筑牢发展根基。一是积极推进重点项目建设。完成岳宁大道征地拆迁以及黄桥大道南延线的拆迁腾地工作,提质改造莲善公路并顺利建成通车。全面完成建设长沙市示范性综合实践基地主体及附属工程,并于9月5日迎接第一批学员。对桐木小学的扩建以及莲花法庭审判楼主体建设已全部建成并投入使用。二是加快建设农村公路及农田水利设施。建成20公里乡村公路,“白改黑”道路共6公里,整修骨干山塘8个。提质改造雨莲公路两厢部分山体滑坡路段护坡防护工程,并做好莲花河桐木段河道清淤、河岸基础处理、护堤加固等工作。

推进环境整治,提升发展实力。一是循序推进生态文明建设。以开展“五美家庭”评选,继续推进美丽乡村建设,并重点打造曾家桥村、桐木村、莲花社区、五丰村为示范点。二是持续开展环境综合整治。统一护砌整修莲花社区集镇后沟,提质升级沿线的绿化、河岸护堤加固,综合整治河道2.6公里。加大对桐木示范农业产业园、雨莲公路两厢片区的绿化改造。提升莲善公路、黄桥大道、长韶娄高速公路沿线绿化密度和品质,对已关停的矿山实施覆绿工作。

深化社会民生,增进人民福祉。一是积极落实就业政策。转移农民就业2457人,帮扶失业人员再就业5人。做好下岗失业人员的登记管理工作,发放“就业失业登记证”66本,发放失业金存折28本,接待失业金领取人每月签到人数20人次左右。二是大兴"惠民"举措。推进城乡居民养老保险工作，其中居民参保缴费1.8万人，缴费金额达182.32万元，完成比率110%。每月享受养老保险待遇老人8574人次左右，每月发放养老金125万元左右。城乡居民基本医疗保险，全镇参保续保人数达4.3万人。共向182名优抚对象发放优抚定补金126万元，30名伤残军人发放抚恤金167.25万元。三是多办"利民"实事。落实农村危房改造政策，全年改造139户农村危房，已全部启动建设。建成中长、华宝、龙洞、金凤4家养老示范点。对桐木、云盖、华宝等8个村卫生室实施标准化建设，其中4个村卫生室顺利通过验收并投入使用。组织开展全民K歌赛、篮球赛、合唱比赛等活动，丰富群众文化生活。

*整治生产安全，维护社会稳定。*一是狠抓安全生产。规范和完善监管制度，落实隐患排查治理，加大安全生产宣传力度，全年排查安全隐患17处，对存在重大安全隐患的3家砖厂烟囱实施爆破。对全镇校车安全、食品安全、烟花爆竹、危险化学品、建筑施工安全实施专项整治工作，加大巡查排查力度，确保全年未发生安全生产责任事故。二是深化矛盾调处，强化综合治理。成立社会治安综合治理委员会以及平安创建、维稳等工作领导小组，以镇党委书记为总指挥，切实履行政府职能，全年共排查出突出矛盾纠纷和信访隐患5起，共调解案件矛盾58件，调处成功率达100%。全面开展"家庭拒绝邪教活动"，实现"三个零指标"。

*加强党队建设，服务人民群众。*一是强化干部责任意识。落实"管党责任"，强化支部书记亲自抓党建的责任意识，当好"第一责任人"。明确专职副书记分管、组织委员主管基层党建工作，实行党建工作联点制。二是巩固基层组织建设。8月5日，选举15名长沙市岳麓区第五次党代会的正式代表。11月，对5个合并村临时工委书记、村级办公场所、村级财务进行明确，将17个村(社区)合并为12个村(社区)，平稳实现人、财、物的统一。完善各村(社区)一站式办公场地建设，加大投入改善软硬件基础设施，将桐木村打造成农村基层党建综合示范点，全年迎接各级参观指导20余次。率先在全区建立云盖村党建服务中心。三是严格管理干部队伍。落实"有错无为"的问责办法，对无直管党员、党支部活动无法正常开展的莲花种粮专业合作社等13个非公党组织进行撤销，对机关支部等5个届满基层党组织进行了按期换届，吸纳岳麓区禾湘文教促进会为新的基层党组织。严把党员入口关，按照党员发展"三三制"办法，确定14名拟发展对象，并对1名不履行党员义务、不具备党员条件的预备党员取消其资格。四是发挥党员示范作用。继续深化"支部联产业，党员联农户"特色双联活动，桐木村联系对接蓝莓基地、立马村联系对接天泉草业、东塘村联系对接爱格设施园艺等，通过支部的积极协调对接产业不断壮大。2016年，桐木村党支部获评长沙市先进基层党支部，萤火虫公益志愿团队获评区级优秀志愿团队。

【岳宁大道岳麓区段开工】 2月24日，湖南湘江新区岳宁大道岳麓区段开工动员仪式在莲花镇龙台村沙坪组隆重举行。岳宁大道起于雷锋镇坪山，止于宁乡县汽车南站与宁乡二环线交叉处，全长约32.93公里，项目建设投资额约12.7亿元。湖南省委副秘书长、湖南湘江新区党工委副书记、长沙市委常委、副市长虢正贵出席仪式。

【荒山变成花果山】 3月12日，省委常委、市委书记易炼红深入岳麓区莲花镇圣峰果业等基地实地查看。市领导徐宏源、夏建平、陈中参加调研，区领导周志凯、刘汇陪同。易炼红到圣峰果业基地，向圣峰果业负责人黄仕其详细询问果树品种、规模、产量和销售等情况。果园以"吃农家饭、品农家果、游农家景、享农家乐"为主题，建设集休闲观光旅游、领略乡村风情、体验农耕文明于一体的水果养生乐园。易炼红为莲花镇现代农业点赞。

【长沙市示范性综合实践基地迎来第一批学员】 9月5日，长沙市示范性综合实践基地试开营，迎来了第一批学员。长沙市示范性综合实践基地位于岳麓区莲花镇莲花社区，是长沙市唯一的市级综合实践基地，也是全市乃至全省最大的学生课外活动基地。综合实践基地由中央、市、区各级政府投资2亿余元共同建设，项目总用地面积约10万平方米，基地打造共建主题场馆10个、特色功能教室18间，拥有实践楼、生活楼、培训楼、学生剧场，并结合莲花镇当地特色，开辟生态养殖园、百果园、蔬菜种植园等户外场地10个。

【湖南湘江新区产业科普旅游在莲花镇启动】 12月16日，2016湖南湘江新区产业科普旅游启动式暨休闲农业与产业旅游协作交流会岳麓专场在莲花镇正式启动。市、区分管领导和相关部门负责人出席启动仪式。岳麓区社会团体、企业等相关单位代表共500余人参加活动。启动仪式上,为莲花镇爱格设施农艺园授予"长沙市农村科普示范基地"和"长沙市产业旅游示范基地"牌匾。此次活动持续一周,1000名科技工作者及社会各界人士参与,感受岳麓区农业发展氛围,学习产业科普知识。

(杨湘平)

雨敞坪镇

党委书记 李群素(女,1—9月)
曾英姿(女,9—)
党委副书记、镇长
刘志军
党委副书记
余劲松(4—)
党委委员、人大主席
吴俊良
党委委员、镇长、政协联络处主任
刘 震
党委委员、组织委员、武装部长
王桃兵
党委委员、纪委书记
叶 兰(女)
党委委员、副镇长
罗勇谋
刘 锋
人大常委会副主席
何桂莲(女,11—)
副 镇 长 黄友良(1—10月)
熊 高(11—)

【概况】 2016年,雨敞坪镇按照辖内田园风情特色美镇和"五彩谷"建设定位,着力抓好党委人大政府换届、并村、岳宁公路征拆建设、产业发展、民生保障等中心工作,整体推进平稳有序,各项工作稳步开展。全年财政总收入4220万元,其中国税100万元,地税450万元。全社会固定资产投资2.9亿元。年内签约项目4个,投资额5000多万元,履约率100%。荣获"湖南省区划调整改革先进乡镇""长沙市农田水利建设优秀单位""长沙市现代农业发展优秀乡镇""长沙市环境卫生一类乡镇"等称号;成功创建市级安全生产示范镇。

经济发展。一是农业产业壮大。2016年,建成润坪、雨泉、裕成、湘润等62家农业公司,其中长沙湘润农业科技开发有限公司和长沙裕成农业开发有限公司获评长沙市农业龙头企业。按年度计划建成雨敞坪农产品"五彩"生态园(雨敞坪镇有机农产品基地),形成以韭黄、生姜、油茶、美国山核桃等为特色的种植项目43个,特色种植面积近400公顷,其中韭黄基地100公顷,生姜33.3公顷,有机稻26.7公顷,小龙虾养殖基地20公顷,稻虾养殖基地6.7公顷,绿建草皮基地13.4公顷,常规草皮种植20公顷,花卉苗木53.3公顷,良种油茶53.3公顷,水果种植基地20公顷。注册本土农产品品牌3个,农业企业"三品一标"认证2家。成功举办首届国际虾趣节,宣传推荐雨敞坪特色农业,以"节会"经济带动带活产业发展。二是其他产业稳定。全年工业总产值2.28亿元;引进无污染企业4家,外贸进出口总额50万美元;实际到位外资550万美元;引进市外境内资金任务形成固定资产1.16亿元。完成重大项目引进企业1家;新增"四上"企业1家,引进总部企业1家,二次招商引进项目1家;新增商贸企业1家;新增商事主体194家。三是优化发展环境。制定《雨敞坪镇2016年服务产业发展计划》和《雨敞坪镇2016—2018年产业发展三年行动计划》。成立优化产业发展环境领导机构,各村、社区成立相应机构对接和落实,提供环境优化的组织保障。全年召开协调会议6次,涉及问题全部协调到位。组织农业技术培训5场次,参加农民500人次。农地确权全部完成,建立土地流转管理机构和纠纷调处机制,严格按区、镇文件落实流转事项,无流转纠纷等涉及土地事件。

城镇开发。一是融城通道畅通。岳宁公路历经雨敞坪镇三村一社区,总长度11.6公里。为抢抓岳宁公路打通融城通道契机,雨敞坪镇全力做好拆迁、清表和施工维护工作,一个月内拆迁房屋47栋59户,腾地702.335亩,项目按期推进。投资100万元建设4公里通村示范公路,争取上级投入3000多万元,提质改造宏卯、雨九、罗瓦、青卯、泉水、麻田村部至瓦灰村部、雨霞基地等40公里公路。二是基础设施完善。投资600万元建设占地面积20亩的群众文化广场,投资100多万元新建雨敞坪镇移民服务中心,不断完善城乡公用基础设施配套,综合服务能力提升。改善水利设施促进产业发展,2016年冬投资400多万元,启动重点水毁项目5个、山塘清淤500亩、渠道疏浚20公里、小河坝整治3处、管道输水3处。三是镇域品质提升。创新"三三"工作法(即锁定三个目标、把握三个节奏、抓住三个环节),强力推进拆违控违工作,全年共拆除违章建筑1.2公顷,实现造绿复绿0.6公顷;扎实推进"三年造绿行动计划",完成迹地更新13.3公顷,植树造林33.3公顷,创建绿色示范社区1个、绿色村庄3

个、绿色示范庭院120个。

社会管理。一是维护社会稳定。加大矛盾纠纷排查调处力度，全年共调处各类民间纠纷85宗，涉及各项赔偿107万元，成功率100%；确保全年重大节假日和特护期的安全稳定，辖区没有发生一起进省、赴京非访事件。加强治安巡逻防控，有效维护辖区内的治安秩序。全年，派出所共立刑事案件15起，破案6起，破案率40%。二是抓好安全生产。以“安全生产执法年”活动、“大排查、大管控、大整治”行动、“打非治违”专项行动为契机，重点突出烟花爆竹、危险化学品、校车安全、交通运输、电力等重点行业和领域，定期或不定期进行安全检查，全年共查处各类安全隐患136处，整改到位136处；查处非法违规生产经营行为12处，整治到位12处，整治率100%。三是开展群众工作。深入推进“三服务”一线工作，为群众解难题办实事。全年走访群众1006户，收集群众反映意见建议105条，收集群众反映问题1128个，解决群众反映问题1178个，办结率92.75%，排查调处社会矛盾纠纷99件，为群众办实事好事267件，举办群众性活动80场次，召开座谈会112场次，帮扶困难群众444人。

社会保障。一是推动就业创业。在岳麓区人社局的支持下，联合相关企业召开2场专场招聘会，实现农民在家门口就业，提高全镇就业率。全年新增城镇就业40人，农村劳动力转移就业50人，失业人员再就业10人，带动城乡就业100人；新增创业主体102户，扶持大学生就业15人，发放创业担保贷款10万元。二是提高保障水平。扎实有序开展助残助孤助学等社会救助和全民参保工作，为全镇1291个低保对象、293名特困人员发放保障金448万元；救助大病医疗对象1177人次，累计发放救助金额243.635万元；发放高龄补贴金额45.4050万元，发放助学金10.84万元。在发放两项补贴的基础上，创新扶残助残模式，免费提供种苗，引导残疾人养殖绿壳蛋鸡。三是提升人居环境。创新“试点扩面”的环境治理模式，切实提升农村环境质量。以麻田、嵇家山村为试点，按照“绿村庄、清庭院、整杂物、分垃圾、专处理、严考核、长坚持”的目标，全面推行“垃圾分类减量无害化处理”，嵇家山村获评2016年长沙市垃圾分类示范村。

教育卫生。贯彻落实“教育强镇”目标，强力推进素质教育，特别注重规范管理校车，全年未发生教育领域安全事故。探索整合学校资源，引进名校联合办学机制，提升全镇教育教学质量。扎实开展食品药品安全建设与管理工作，加强农村集体聚餐管理，年内未发生食品安全事件。升级改造西湖、麻田等5个村卫生室，全面提升基层医疗水平。积极开展防疫工作，全年未出现重大传染病疫情暴发流行或重大突发公共卫生事件。组织无偿献血171次，完成年度任务的114%，获得区无偿献血“先进单位”荣誉称号。

计划生育。全年共出生人口461人，符合政策率98.9%，出生婴儿中男婴244人，女婴217人，婴儿出生性别比为112，人口自然增长率3.85‰。坚持严格执法，年内，社会抚养费征缴立案23例，立案率100%。全镇178对夫妇参加孕前优生健康检查；352人享受计生奖励扶助待遇，奖励金额达65.37万元。

党群组织建设。一是正风肃纪抓好换届工作。党委、人大、政府换届是一项严肃的政治任务，更是事关全局的大事。雨敞坪镇高度重视，召开专题会议研究部署相关工作，班子成员分工负责，严格换届纪律，确保程序到位，换届选举工作风清气正，有序推进，换届选举圆满成功。二是凝神聚力强化党员队伍建设。认真开展“两学一做”学习教育，组织党员进行专题学习与讨论，举办“两学一做”知识抢答赛，编印《基层党建应知应会知识》口袋书2000册，全体党员人手一册。严格党员教育与积分管理，创新实施农村党员素质提升工程，增强农村党员党性修养、法治观念和规矩意识。全面落实“一岗双责”，构建横向到边、纵向到底的党风廉政建设责任落实体系。三是务实创新培育党建品牌。坚持立足实际抓品牌，灵活手段抓队伍，严格措施抓作风，培育新卯村“一站四带零距离”党建模式、麻田村党建“一二三四五”工作法、卫生院“党建引领建功立业”等系列党建示范点；涌现嵇家山村李家庄“民情直达车”、中心校“45分钟未来”党团员志愿服务、社区“伸手弯腰”乡村环境自卫队和新卯村“和事佬帮帮团”等志愿服务品牌，联系服务群众“最后一公里”更加顺畅。

【合村并村圆满完成】 按照岳麓区区划调整改革工作总体要求，结合实际情况，雨敞坪镇于3月中旬启动合并村调整工作。创新推行并村工作“十步工作法”，全镇上下凝聚共识、齐心协力、克难攻坚，于4月18日全面完成并村、挂牌等工作，实现时间节点、任务数“两个100%”落实，麻田、泉水湖、嵇家山新村合并圆满完成，运转正常。

【岳宁大道雨敞坪段正式开工】 6月7日，岳宁大道雨敞坪段项目建设正式开工。岳麓区岳宁大道项目拆迁指挥部常务副指挥长陈茂学，雨敞坪镇政府、施工单位等相关负责人出席。岳宁大道起于雷锋镇坪山，往西经沙坪、杨家湾、雨敞坪、铁石坳、武胜庙、溜子洲，止于宁乡县汽车南站与宁乡二环线交叉处，全长约32.93公里。岳麓区境内长17.6公里。双向六车道，设计车速80千米/小时，路基宽度为28米。岳宁大道建成后，雨敞坪镇将真正融入长沙市“15分钟经济生活圈”。

【雨敞坪镇卫生院与长沙市第四医院结成长沙市首批医疗服务联合体】 7月6日，在雨敞坪镇卫生院举行“长沙市第四医院医疗服务联合体”揭牌仪式，标志着雨敞坪镇卫生院和长沙市第四医院组成“医疗服务联合体”单位。长沙市第四医院派两名专家长期坐诊雨敞坪镇卫生院，为雨敞坪镇卫生院普外科建设、人才培养及医疗管理规范提供帮扶，缓解卫生院医疗技术相对薄弱和镇内老百姓“看病难，看病贵”难题。

【举办首届国际虾趣节暨田园奇乐嘉年华活动】 8月20日，雨敞坪镇首届国际虾趣节暨田园奇乐嘉年华活动在镇城惠民文化广场拉开帷幕。长沙市旅游局副局长陈威、市会展办副调研员黎诚、岳麓区副区长李舜、区直相关部门负责人和雨敞坪镇负责人出席活动，辖区百余位居民参与开幕仪式。活动期间，接待国内外游客上千人，湖南经视、湖南都市频道、《长沙晚报》等30余家新闻媒体进行宣传报道。 （王淑捷）

榜上有名

（排名不分先后）

2016 年岳麓区获国家(部委)奖励(命名)单位一览表

表 1

获奖单位	获奖名称	授奖单位
橘子洲街道学堂坡社区	全国先进基层党组织	中共中央
咸嘉湖街道	全国社区教育示范街道	中国成人教育协会社区教育专业委员会
区环保局	全国环境应急能力标准化建设（县级）三级达标单位	环境保护部
区农业林业畜牧局	农村土地流程规范化管理服务试点项目推介	农业部
咸嘉湖街道	全国百强社区卫生服务中心	中国社区卫生协会
咸嘉湖街道咸嘉新村社区	全国气象科普教育基地——基层防灾减灾社区	中国气象协会
咸嘉湖街道咸嘉新村社区	全国示范性“青年之家”综合服务平台	共青团中央
岳麓街道阳光社区	全国综合减灾示范社区	民政部
梅溪湖街道阳明山庄社区	全国和谐示范社区	民政部
梅溪湖街道阳明山庄社区	全国社区学雷锋志愿者服务联络示范站	民政部
梅溪湖街道阳明山庄社区	全国综合减灾示范社区	民政部
梅溪湖街道阳明山庄社区	全国社会工作服务示范社区	民政部
梅溪湖街道阳明山庄社区	全国人口和计划生育基层自治示范社区	中国计划生育协会
区农林畜牧局　区环保局	《春暖岳麓又一年，秀美了村庄，敞亮了心房》	《人民日报》
区环保局	《传统采矿业按下了停止键，长沙岳麓区做足生态文章》	《人民日报》
区文体新局	《这里的文化馆为什么这样火》	《人民日报》

2016 年岳麓区获国家(部委)奖励(命名)个人一览表

表 2

所在单位	获奖人	获奖名称	授奖单位
坪塘街道	谢海华	中国好人	中央文明委
坪塘街道	谢　芳	中国好人	中央文明委
区文体新局	李子伊	《读〈小公文〉有感》在“我的书屋，我的梦”农村少年儿童阅读实践活动中评为优秀作品	国家新闻出版广电总局办公厅
坪塘街道	谢海华 谢　芳	《中国好人夫妻—你一次勇敢，我陪伴一生》	《人民日报》

2016年岳麓区获省(厅局)奖励(命名)单位一览表

表3

获奖单位	获奖名称	授奖单位
区财政局	2016年度预算绩效管理工作先进单位	省财政厅
区财政局	全省财政税政法制工作绩效评价先进单位	省财政厅
区财政局	2016年度全省财政监督检查先进单位	省财政厅
橘子洲街道	湖南省创新创业带动就业示范街道	省人社厅
区农林畜牧局	农村集体三资与财务管理工作先进单位	省农经局
区园林管理局	全省绿化先进单位	省绿委、人社厅、林业厅
洋湖街道	湖南省安全生产示范街道	省安委
洋湖街道	湖南省档案工作规范化管理省一级	省档案局
西湖街道石佳冲社区	湖南省"无邪教创建"先进基层单位	省委防范和处理邪教领导小组
区地税局	湖南省文明卫生单位	省文明委
区地税第二税务分局	湖南省文明窗口单位	省文明委
岳麓街道社会组织智天使公益联合会	湖南省首届青年社会组织公益创投大赛"十佳项目"	团省委、省民政厅、新华网
区住建局海普声域公租房项目	湖南省保障性安居工程示范项目	省住建厅
区环保局	全省依法办事示范窗口单位	中共湖南省委法治湖南建设领导小组
咸嘉街道白鹤咀社区	湖南省示范妇女之家	省妇联
咸嘉街道荷叶塘社区	湖南省示范妇女儿童之家	省妇联
咸嘉街道银谷国际社区	湖南省示范幸福婚姻家庭社区	省妇联
咸嘉街道银谷国际社区	湖南省科普示范社区	省科协
"咸嘉里手"智慧服务平台	智慧民生飞跃奖	湖南腾讯
梅溪湖街道阳明山庄社区	全省"青年之家"	共青团省委
梅溪湖街道阳明山庄社区	省级"同心社区"	省委统战部
坪塘街道阡佰农庄	湖南省2016年度四星级休闲农业庄园	省星级休闲农业庄园评审委员会
坪塘街道星海农庄	湖南省2016年度四星级休闲农业庄园	省星级休闲农业庄园评审委员会
坪塘街道	城乡居民基本养老保险经办管理服务"十县百乡"示范点	湖南省城乡居民社会养老保险管理服务局
西湖街道	长沙市文明标兵单位	长沙市委、市政府
咸嘉湖街道	长沙市先进基层党组织	中共长沙市委
区棚改办	棚户区改造工作优秀集体	长沙市政府
咸嘉街道白鹤咀社区	长沙市文明创建示范社区	市文明委
洋湖街道山塘社区	长沙市文明创建示范社区	市文明委
望城坡派出所	"门禁+锁芯"科技创安工程获铜牌	省公安厅
区文体新局翼之梦合唱团	全省群众文艺会演一等奖	省群众文艺会演组委会
区环保局	《绿色发展,岳麓奋蹄—岳麓区环境保护与生态文明建设实践》	湖南日报
望月湖街道	《健康义诊　服务市民》	湖南日报
区文体新局湘灵合唱团	"红旗颂"大型合唱比赛金奖	长沙市委、市政府

2016年岳麓区获省(厅局)奖励(命名)个人一览表

表4

所在单位	获奖人	获奖名称	授奖单位
岳麓街道	赵希求	长沙市优秀基层党组织书记	中共长沙市委
区地税局	李素娟	省地税系统征管业务能力	省地税局
区公安分局	谭　皓	全省“我骄傲,我是警保人”演讲比赛第一名	省公安局
区公安分局	唐　贝	《手机数据资源分析及预约推送机制》获铜牌	省公安局
区审计局	刘小曲	《义务兵家庭补助金发放合规情况的计算机审计成果》等获应用奖	省审计厅
周南梅溪湖学校	张峰源	省第三届“最美孝心少年”	省关工委
周南梅溪湖学校	戴美霞	湖南省雷锋式志愿者	省文明委、省志工委
区老干局	马雪琴	湖湘工艺美术奖《我奉献我快乐》	省文化厅

附 录

岳麓区 2016 年重点民生实事工作自评报告

长沙市岳麓区为民办实事考核办公室

(2016 年 12 月)

按照省、市重点民生实事工作总体部署及区政府关于下达 2016 年省市重点民生实事目标任务的通知要求,全区各级各部门高度重视、认真实施,全区重点民生实事工作进展顺利。现将主要情况汇报如下:

一、完成情况

2016 年,省、市重点民生实事工作年初下达我区的指标任务共 23 项,其中省级考核指标 10 项,市级考核指标 13 项。10 月份,市实事办对部分考核指标进行适当调整,取消了我区农村公路提质改造指标任务。本年度省、市重点民生实事工作涉及我区的指标任务共 22 项,其中省级考核指标 9 项,市级考核指标 13 项,预计年底将全面完成各项任务。截至 12 月 8 日,我区各项指标完成情况如下:

1.新增城镇就业:工作任务为 5800 人,目前新增城镇就业 6301 人,完成工作任务的 108.6%。

2.城市棚户区改造:工作任务为 2184 户,完成 2600 户,完成 119.0%。

3.残疾儿童实施抢救性康复:工作任务为 50 名,51 名儿童完成康复训练,完成工作任务的 102.0%。

4.农村公路安保设施建设:工作任务为 27.7 公里,完成 27.7 公里,完成工作任务的 100%。

5.农村危房改造:工作任务为 300 户,完成 401 户,完成工作任务的 133.7%。

6.自来水户表改造:工作任务为 10000 户,累计完成户改 10503 户,工作进度 105.0%。

7.美丽乡村示范村建设:工作任务为 1 个,完成建设 1 个,完成工作任务的 100%。

8.公共法律援助中心:工作任务为 1 个,完成建设 1 个,完成工作任务的 100%。

9.办理法律援助案件:工作任务为 280 件,完成援助 281 件,完成工作任务的 100.4%。

10. 新增社会治安视频监控摄像头:工作任务为 2260 个,完成 2260 个,完成工作任务的 100%。

11.新增养老服务床位:工作任务为 191 张,完成新增 300 张,完成工作任务的 157.1%。

12.改扩建敬老院:工作任务为 1 所,目前敬老院已封顶,正在安装水电,预计年底完成工作任务的 100%。

13.街道老年人日间照料中心:工作任务为 4 所,完成 4 所,完成工作任务的 100%。

14.示范性乡镇(街道)综合文化站:工作任务为 2 个,完成 2 个,完成工作任务的 100%。

15.公办幼儿园(含农村公办幼儿园):工作任务为 2 所,完成建设开园 2 所,完成工作任务的 100%。

16.创建义务教育标准化学校:工作任务为 5 所,完成创建 5 所,完成工作任务的 100%。

17.住宅小区电梯安全技术评估:工作任务为 6 台,完成评估 6 台,完成工作任务的 100%。

18.农(集)贸市场食品安全快检站:工作任务为 20 个,完成建设 20 个,完成工作任务的 100%。

19.乡镇(街道)户外全民健身中心:工作任务为 3 个,区级器材已经运送安装到位,市级器材正在配送,预计在 12 月 15 日前配送到位,完成工作任务的 100%。

20.全民健身工程:工作任务为 90 处,目前区级器材已经运送安装到位,市级器材正在配送,预计在 12 月 15 日前配送到位,完成工作任务的 100%。

21.肉菜流通追溯体系:工作任务为 4 项,所有节点硬件建设及管理台账建立已完成,进行了宣传和培训工作,正在确定数据上传率,预计年底完成任务的 100%。

22.创建绿色示范村庄和社区:工作任务为创建绿色示范村庄 2 个、社区 6 个,完成创建村庄 2 个,社区 6 个,完成工作任务的 100%。

二、主要工作措施

今年以来,我区重点民生实事工作取得了较好成效,我们主要从以下几个方面开展工作:

(一)加强组织领导。全区各级各部门按照省市要求和区委、区政府的统一部署,把重点民生实事作为工作重点、精心组织、狠抓落实。各责任单位也始终把重点民生实事工作摆在重中之重,主要领导亲自挂帅,组建工作机构,充实工作力量,加大资金投入,在全区形成了机构健全、组织严密、上下联动的良好工作机制。

(二)细化分解任务。区重点民生实事考核办按照省、市考核办要求,召开会议专题研究部署重点民生实事工作,把实事指标分解落实到了具体责任单位和责任领导,同时,将重点民生实事完成情况纳入单位年度绩效考核,对没有完成目标任务的单位进行严格考核兑现奖罚。各责任单位结合自身实际,对工作任务进一步进行了分工和细化,明确了具体责任人和完成时间,建立了严格的工作责任体系。

(三)加大资金投入。为充分保证重点民生实事的资金投入,各级各有关部门克服困难,千方百计筹措资金,切实加大重点民生实事的投入。在实事资金预算和拨付方面,区财政给予高度重视,优先考虑,克服困难确保各项实事资金能够足额、按时拨付到位,决不因为资金问题而影响工作进度。同时,进一步加强资金管理,在资金申报、预算、使用等方面严格管理,确保专项资金专款专用。

(四)正面宣传引导。区委、区政府召开专题会议安排部署区重点民生实事工作,及时分解任务指标。各责任单位主动出击,及时与省、市联系,做到任务早下达,早实施。各相关街镇积极推进,分别召开了实事工作专题会议,进行全面部署。同时,通过悬挂横幅、张贴标语等群众喜闻乐见的方式和利用区政府网站对实事工作进行大量的专题宣传,在全区上下营造了良好的工作氛围。

(五)完善工作机制。建立了由区委常委、常务副区长牵头,相关成员单位参加的落实实事工程联席会议制度,定期召集相关单位负责人,专题调度实事工作进展情况;完善了信息定期反馈制度,要求各承办单位采取逐月上报,按季自评的方式,将落实情况反馈到区统计局和区考核办,区考核办定期将实事情况刊登在区政通讯上,并通过督查通报和区政府公众信息网通报实事工作进度;健全了督促检查机制,坚持按月对重点民生实事工作进行调度,把定期督查和随机抽查、全面督查和重点督办结合起来,切实加强实事工作的督促检查。

(六)加强后续管理。认真总结几年来重点民生实事的好经验好做法,进一步完善管理机制和管理办法,建立健全长效机制,确保实事项目发挥长远作用。对尚未建立后续管理的项目,认真加以研究,提出新建议,探索新机制,研究新方法,解决实事项目中出现的困难和问题,努力把重点民生实事工程办成具有长效的惠民工程、民心工程。